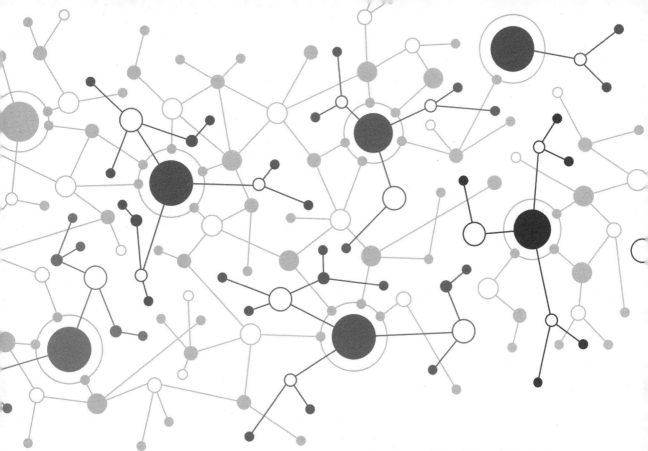

区块链
技术及应用
（第二版）

华为区块链技术开发团队 编著

清华大学出版社
北京

版权所有,侵权必究。举报:010-62782989,beiqinquan@tup.tsinghua.edu.cn。

图书在版编目(CIP)数据

区块链技术及应用/华为区块链技术开发团队编著. —2 版. —北京:清华大学出版社,2021.7(2024.1重印)
ISBN 978-7-302-58601-2

Ⅰ. ①区… Ⅱ. ①华… Ⅲ. ①区块链技术—研究 Ⅳ. ①F713.361.3

中国版本图书馆 CIP 数据核字(2021)第 138403 号

责任编辑:王巧珍
封面设计:傅瑞学
责任校对:宋玉莲
责任印制:杨 艳

出版发行:清华大学出版社
    网　　址:https://www.tup.com.cn,https://www.wqxuetang.com
    地　　址:北京清华大学学研大厦 A 座　　邮　　编:100084
    社 总 机:010-8347000　　邮　　购:010-62786544
    投稿与读者服务:010-62776969,c-service@tup.tsinghua.edu.cn
    质量反馈:010-62772015,zhiliang@tup.tsinghua.edu.cn
印 装 者:北京同文印刷有限责任公司
经　　销:全国新华书店
开　　本:185mm×240mm　　印　张:23　　字　数:514 千字
版　　次:2019 年 3 月第 1 版　2021 年 8 月第 2 版　　印　次:2024 年 1 月第 5 次印刷
定　　价:75.00 元

产品编号:092000-01

序 一
揭开区块链的神秘面纱

2009年,区块链伴随着比特币系统诞生。经过比特币类加密数字货币的"疯狂"和区块链技术在诸如金融、供应链、政务等行业的应用,人们不断感受到这种新技术的魔力,同时区块链也成为技术创新的热词。区块链是当下最受人关注的方向之一,却又让人充满了雾里看花的感觉。可以说,区块链这个名词虽然已经被大家熟悉,但人们对于区块链到底是什么却又充满了疑惑。究其原因,一方面,区块链是一种新技术,处于发展初期,而且区块链技术、生态、工具和应用正在快速发展和演进,每个人的关注点不同,导致一千个人心中就有一千个"哈姆雷特";另一方面,区块链宣传推广的不同主体,出于商业或理念的差异,从各自的角度宣扬区块链应用和所带来的价值,不同行业的从业者从不同维度仅看到区块链的"冰山一角",甚至很多人对区块链的理解仅止步于比特币类加密数字货币。

每个人对区块链可能都有着不同的理解,我们可以从两方面来看待这种情况:一方面,区块链技术从业者正尽力让每个人的理解趋于一致;另一方面,存在不同的理解很正常,也很有益,因为这种多样化的观点碰撞恰恰是创新灵感的源泉。但一个不争的共识就是,区块链正在从理论的探索,逐渐走向落地,并快速发展壮大。区块链作为一种新技术,具备透明可信、防篡改、可追溯、去中心化/多中心化等各种应用都十分需要的特性,应用已由金融领域延伸到供应链管理、政务服务、能源、版权存证、物联网等多个领域,满足了相互不信任的多个参与者建立分布式信任的需求,实现了低成本、高效的多方协同。随着区块链从金融领域向其他各领域的渗透,区块链技术逐步步入"区块链+"的时代,可以预见"区块链+"将像"互联网+"一样为各行业注入新的活力。未来,随着各种应用对"可信"要求的增强,区块链的这些特性逐步成为各应用系统的"标配",区块链技术也将逐步渗透到诸如操作系统、数据库、云平台等基础软件中。

区块链技术正在快速发展,在过去10年间经历了以加密数字货币为标志的"区块链1.0"和以智能合约为标志的"区块链2.0",目前进入了建立跨组织互信的"区块链3.0"应用阶段,与各种技术的结合正在加速,在各传统行业的产业价值也逐渐凸显。比如,区块链与云计算结合提供区块链云服务,极大降低了区块链的部署成本和技术门槛,让政府、企业等用户能够快速上手区块链,并通过实际落地应用感受区块链带来的价值。

近年来各国政府机构,国际货币基金组织以及标准、开源组织和产业联盟等纷纷投入区块链产业技术推动、标准拉通和应用落地推进的大潮中。随着区块链的产业价值逐渐明晰确定,区块链迅速引发了一场全球参与竞逐的"军备"大赛。从技术发展来看,区块链与人工智能、量子信息、移动通信、物联网等技术正在成为新一代信息技术的基石,其构建的可信机制,将有可能改变当前社会的商业模式,从而引发新一轮的技术创新和产业变革。

那么,区块链到底是什么?有什么价值?它对我们有什么影响以及如何使用这种新技术?它的未来将走向何方?这些都是值得我们思考的问题。很欣喜能看到这样一本系统讲解区块链技术、应用场景和未来发展前景的图书出版。作者来自华为区块链技术开发团队,有丰富的技术创新和应用推广经验。本书从区块链诞生与发展的角度开篇,然后介绍了区块链的核心技术,接下来通过实际案例阐述了区块链如何与各行业相结合解决痛点问题,最后进一步展望了区块链的未来发展趋势。希望广大读者通过阅读本书,能够很好地了解区块链的本质,理解其更深层次的内在逻辑,感受区块链技术在经济与社会等各个领域的显著作用和重要影响。

区块链作为一项新技术,虽然在应用方面暂时面临一些尚待解决的问题与挑战,但这也是新技术发展过程中的正常情况。恰恰是因为这些问题与挑战的存在,才促进了技术的不断发展与成熟。另外,区块链的落地,不只是技术问题,还涉及法律、经济等多方面的因素,需要各界仁人志士共同推动,给予区块链技术更多的包容与关爱,让区块链这项新技术有更多成长的沃土与空间,使它能够孕育出更美丽的花朵。对于区块链的未来,我们充满期待。

"长风破浪会有时,直挂云帆济沧海",相信区块链在未来能够更好地将"可信"数字世界带给每个人、每个家庭、每个组织,构建万物互联的"可信"智能世界。

华为云 BU CTO

张宇昕

序 二
用发展的眼光看待区块链技术

互联网技术的出现极大加快了信息传递的速度,降低了人类社会的信息传递成本,也深刻地改变了人们的生产方式、生活方式,并已经渗透到社会生活的方方面面。当前互联网只是信息传递者,即为信息互联网,它并不关心人与人之间的协作模式和信任构建方法。而区块链在信息互联网的基础上构建了一种新的可信的大规模协作方式,以解决数字经济发展的信任问题,被誉为下一代互联网的重要特征,因此区块链被寄予众多期望。李克强总理在写给2017中国国际大数据产业博览会的贺信中表示:"当前新一轮科技革命和产业变革席卷全球,大数据、云计算、物联网、人工智能、区块链等新技术不断涌现,数字经济正深刻地改变着人类的生产和生活方式,作为经济增长新动能的作用日益凸显。"

2008年年底,一个化名中本聪的神秘人士(也可能是一个组织)在网络上发表了后来被称为"比特币白皮书"的论文,两个月后发布并开源了比特币系统,区块链的序幕就此拉开。近十年间涌现出数千种加密数字货币,也催生出不计其数的ICO案例。当然,最值得人们关注的还是区块链技术的发展演进。它脱胎于比特币,却以一种独立的姿态茁壮成长。区块链作为哈希算法、数字签名、点对点传输、共识机制等多种已有技术的集成组合创新,具有抗抵赖、防篡改、可追溯、安全可信等"神奇"特性,"巧妙"地解决了多方可信协同问题,正在广泛应用于金融、供应链、政务等领域。用数据库做个对比,以数据库为核心的信息系统解决了组织内的信息管理问题,以区块链为核心的信息系统实现了组织间的可信数据管理、共享及高效协作,是对当前信息系统的有效补充。

区块链技术经常被冠以"颠覆性"技术的名号,这既为区块链技术的发展带来了备受关注的光环,促进了区块链技术的发展,又带来了一定的压力、误解甚至质疑。当前区块链技术正处于初级且快速发展阶段,回首云计算的发展历程,2010年云计算的概念和当前被大家广为接受的云计算概念已经极大不同。我们不可能直接跳到最终理想的终点,发展过程中应用驱动的中间态技术积累演进必不可少,需要业界仁人志士的共同努力,积极踏实地投入区块链基础技术研究及服务实体经济的应用推进中。另外，区块链应用的推进较普通应用难度大，尤其是因为区块链应用涉及多个参与方，原本单个组织要构建一个信息系统就要经过内部激烈的讨论，多个参与方共同讨论构建一个新的协作机制和系统的难度可想而知。虽然推进难度不小，但是我们已经看到了很多成功的价值案例。越是颠覆性的东西推广起来阻力越大，而一旦迸发将势不可当。我们要用发展的眼光看待区块链技术，坚信基于区块链技术所构建的新的协作方式能够助力实体经济往更深层次发展。

我很高兴看到本书是基于华为公司在区块链技术应用实践方面的经验，从用户的视角，用通俗的语言介绍区块链技术的基本原理、服务实体经济的应用场景，并以华为公有云区块链服务 BCS 为例进行翔实的介绍，其中部分场景已经获得商用并取得良好收益。希望读者能够通过本书客观地理解区块链技术的价值，深入了解区块链技术本质以及区块链如何巧妙地与应用场景相结合。

用发展的眼光看待区块链技术及应用，未来已来，将至已至。

用战略的眼光看待区块链技术及应用，以变革的姿态迎接未来，决胜未来。

华为 Fellow[①]

胡子昂

---

① Fellow 是代表华为公司专业技术人员重大成就的最高称号。

前　言

比特币作为区块链应用的鼻祖,是区块链在加密数字货币领域的重要应用之一。比特币诞生至今,区块链经历了很多技术和应用的创新,目前已经被应用于包括政务、金融、民生、供应链、文化旅游、环保、工程管理等众多领域,覆盖的社会群体越来越广,已经逐步发展成为改变生产关系、构建信任社会的基础技术。

在今年年初第十三届全国人民代表大会第四次会议审查批准通过的《中华人民共和国国民经济和社会发展第十四个五年规划和 2035 年远景目标纲要》中,区块链被列为七大数字经济重点产业之一,标志着区块链技术的创新和应用集成将在产业数字化过程中发挥愈发关键的作用。华为公司作为高新科技的领军者之一,在区块链的技术和应用中积累了丰富的经验。我们创作本书,一方面,希望让人们对区块链技术的认知不再仅仅局限于各类加密数字货币应用,消除区块链等同于比特币之类的误解;另一方面,希望将我们长期以来在区块链技术方面的知识积累,以及对区块链在各领域应用的实践和思考,分享给广大的读者。希望读者能够通过本书对区块链有一个系统而详尽的认识,并能够通过本书获得一些启发与感悟。

关于本书

在 2018 年年底,我们的团队创作了本书的第一版。在第一版中,我们对区块链的基础知识、应用场景以及发展趋势进行了介绍,并通过以华为云区块链服务为示范平台介绍了区块链应用实践的过程,期望帮助区块链开发人员更加快速、深入地投入区块链的开发工作当中。经过了两年的时间,我们有了更多的思考,也有了更多的实践。同时整个区块链行业也在不断地向前演进,大型区块链项目蓬勃发展,标准工作也在有条不紊地开展之中,行业对区块链监管的重视程度也越来越高。因此我们对原书的内容进行了修订,使用更多的篇幅对区块链的技术原理进行了介绍。此外,我们还介绍了区块链产业的发展概况,丰富了区块链在各行各业的应用案例,探讨了区块链监管技术和发展方向,并展望了区块链的价值前景和发展趋势。

华为区块链技术开发团队是由教授、博士、留学归国人员、华为海外研究所科研人员和技术骨干等组成的一支高水平技术研究团队,在区块链相关的领域,如分布式系统、算法、密码学、网络、数据管理等,具有丰富经验,平均从业年限超过 6 年;近年来,华为成功推动了多个政务、金融、供应链、存证等区块链应用的落地,担任可信区块链推进计划 BaaS 组组长,积极参加中国计算机学会 CCF 区块链专业委员会、ITU-T 等行业、学术和标准组织。本书是由曹朝博士主持的华为区块链技术开发团队合作完成的,作者包括(排名不分先后):曹朝、陈剑、陈黎君、程烁、丁健、杜明晓、符海芳、高巍、郭凯、郭小康、韩士泽、何超、胡广争、黄东润、冀辰、金钊、李保松、李继忠、李林、李湘识、林玲、刘奇、刘勋、刘元章、刘再耀、罗玉龙、吕小川、檀景辉、王磊、薛腾飞、查君浩、张衡、张明阳、张秦涛、张小军、张煜、张子怡、周萌萌、周润泽。

本书的内容

本书主体内容包括五个部分:区块链技术、政策与标准、区块链应用、区块链治理以及展望区块链未来。

第一部分以区块链应用的鼻祖——比特币作为引子,介绍了区块链的发展历程以及区块链的关键技术原理,对区块链的分类和代表系统、关键技术做了更详尽的展开,同时也介绍了我们对区块链未来技术突破方向的思考。介绍完区块链技术知识以后,我们通过大型区块链项目、产业组织、科技公司多维度介绍了国内外区块链产业的发展概况。

第二部分汇集了国内外区块链产业政策和标准的制定情况,供希望对区块链行业发展现状有一个全景概念的读者参考。

第三部分从政务、金融、民生、供应链、文化旅游、环保、工程管理等应用领域分析了业务场景、现状及痛点、区块链解决方案和价值,这部分内容对于创新创业和投资决策都有一定的借鉴意义。书中还以华为云区块链服务为例,展示了如何使用区块链服务快速开发区块链应用,感兴趣的开发人员可以通过华为云区块链服务进行实操演练。

第四部分探讨了区块链监管技术和发展方向。区块链并非法外之地,区块链从业人员需要依法治链,推动区块链生态的安全有序发展。

第五部分展望了区块链的价值前景和发展趋势,并在附录中针对区块链的一些常见问题进行了解答,同时对业界常见的区块链平台做了简单的介绍。

本书虽然系统地从各个方面阐述了区块链的各种知识,但各个章节之间相对独立,便于读者查阅参考。对某些章节已经比较了解的读者,可以直接跳到感兴趣的章节进行阅读。相信本书能够使读者以一种最有效率的方式充分地了解区块链。

勘误和支持

由于编写时间仓促,编写人员水平有限,书中内容出现疏漏在所难免。如果读者发现任何问题和不足,还请不吝指正。如果对本书内容有任何的疑问,也欢迎通过清华大学出版社联系我们。我们将十分感谢读者的反馈,并会及时对本书内容作出勘误和修改。

致谢

  本书是由华为区块链技术开发团队完成的，大家在繁忙的开发工作中抽出时间编写书稿。感谢大家的辛苦付出，同时感谢徐直军、李英涛、张文林、张平安、郑叶来、谢桂磊、龚体、肖然、胡子昂、徐峰、廖振钦、杜娟、黄津、金雪锋、谭焜、杨开封、谈宗玮、樊薇萱、万汉阳、陈威、饶争光、尤昉、俞岳、郑文钦和宋承朝，以及华为公司其他主管对我们写作的大力支持。感谢邢紫月与出版社的大量沟通，促成了本书的快速出版。还要感谢雷宇宁和韩士泽承担了全书的审阅工作，给出大量有价值的建议。最后，感谢我们每一位家人的支持和陪伴，我们的工作因为有了家人的支持和期待才变得更有意义。

华为区块链技术开发团队

2021 年 5 月

目 录

序一 揭开区块链的神秘面纱 ……… Ⅰ
序二 用发展的眼光看待区块链技术 … Ⅲ
前 言 ……………………………… Ⅴ

第一部分 区块链技术

第1章 区块链的起源和发展 ……… 3
1.1 比特币的故事 ………………… 3
　1.1.1 比特币的诞生 ………… 3
　1.1.2 比特币的通俗
　　　　故事 ………………… 5
　1.1.3 比特币"挖矿" ……… 7
　1.1.4 比特币的价格 ……… 10
　1.1.5 比特币的安全性 …… 10
　1.1.6 比特币的不足 ……… 12
1.2 区块链的发展历程 ………… 12
　1.2.1 区块链基础技术的
　　　　发展历程 …………… 12
　1.2.2 区块链平台的发展
　　　　历程 ………………… 14
1.3 本章小结 …………………… 17

第2章 区块链技术原理 ………… 18
2.1 区块链的概念 ……………… 18

2.2 区块链的特点 ……………… 19
　2.2.1 透明可信 …………… 19
　2.2.2 防篡改可追溯 ……… 20
　2.2.3 隐私安全保障 ……… 21
　2.3.4 系统高可靠 ………… 21
2.3 区块链的分类及代表系统 … 22
　2.3.1 公有链 ……………… 23
　2.3.2 联盟链 ……………… 40
　2.3.3 私有链 ……………… 48
2.4 区块链技术参考架构 ……… 49
　2.4.1 整体架构 …………… 49
　2.4.2 应用层 ……………… 50
　2.4.3 合约层 ……………… 51
　2.4.4 共识层 ……………… 52
　2.4.5 网络层 ……………… 53
　2.4.6 数据层 ……………… 54
　2.4.7 基础设施层 ………… 56
　2.4.8 跨层功能 …………… 57
2.5 区块链关键技术 …………… 58
　2.5.1 密码学 ……………… 58
　2.5.2 共识算法 …………… 65
　2.5.3 智能合约 …………… 82
　2.5.4 点对点网络 ………… 85

2.6 区块链技术的突破方向 …… 89
  2.6.1 交易吞吐量 …… 89
  2.6.2 存储困境 …… 92
  2.6.3 智能合约安全 …… 93
  2.6.4 区块链隐私保护 …… 96
  2.6.5 跨链互联互通 …… 101
  2.6.6 易用性 …… 107
2.7 本章小结 …… 108

第3章 区块链产业发展概况 …… 109
3.1 大型区块链项目 …… 109
  3.1.1 星火·链网 …… 109
  3.1.2 区块链服务网络BSN …… 114
  3.1.3 中国人民银行贸易金融区块链平台 …… 117
  3.1.4 央行数字票据交易平台 …… 119
3.2 区块链组织 …… 122
  3.2.1 开源组织 …… 122
  3.2.2 标准组织 …… 124
  3.2.3 产业联盟 …… 125
3.3 科技公司区块链发展动态 …… 129
  3.3.1 IBM …… 129
  3.3.2 Microsoft …… 131
  3.3.3 Facebook …… 132
  3.3.4 蚂蚁 …… 133
  3.3.5 腾讯 …… 135
  3.3.6 百度 …… 138
  3.3.7 京东 …… 139
  3.3.8 平安 …… 141
  3.3.9 微众银行 …… 143
  3.3.10 趣链 …… 145
3.4 本章小结 …… 149

第二部分　政策与标准

第4章 区块链政策 …… 153
4.1 北美产业政策 …… 153
4.2 欧洲产业政策 …… 155
4.3 中国产业政策 …… 157
4.4 本章小结 …… 159

第5章 区块链标准规范 …… 160
5.1 国际标准 …… 160
5.2 国家标准 …… 169
5.3 地方标准 …… 169
5.4 行业标准 …… 170
5.5 团体标准 …… 171
5.6 本章小结 …… 172

第三部分　区块链应用

第6章 区块链应用判断准则 …… 175
6.1 准则一：是否存储状态 …… 177
6.2 准则二：是否多方协同写入 …… 178
6.3 准则三：多方是否互信 …… 180
6.4 准则四：TTP是否完美解决 …… 181
6.5 准则五：是否限制参与 …… 181
6.6 本章小结 …… 182

第7章 政务领域应用 …… 183
7.1 区块链在政务数据共享场景中的应用 …… 183
  7.1.1 业务场景 …… 183
  7.1.2 行业现状及痛点 …… 184

7.1.3 区块链解决方案
　　　　价值 ………………… 186
7.2 区块链在电子证照场景中的
　　应用 ……………………… 189
　　7.2.1 业务场景 ………… 189
　　7.2.2 行业现状及痛点 … 189
　　7.2.3 区块链解决方案
　　　　价值 ………………… 189
7.3 区块链在司法存证场景中的
　　应用 ……………………… 192
　　7.3.1 业务场景 ………… 192
　　7.3.2 行业现状及痛点 … 192
　　7.3.3 区块链解决方案
　　　　价值 ………………… 194
7.4 区块链在房屋租赁管理场景中
　　的应用 …………………… 195
　　7.4.1 业务场景 ………… 195
　　7.4.2 行业现状及痛点 … 196
　　7.4.3 区块链解决方案
　　　　价值 ………………… 196
7.5 区块链在税务改革场景中的
　　应用 ……………………… 197
　　7.5.1 业务场景 ………… 197
　　7.5.2 行业现状及痛点 … 198
　　7.5.3 区块链解决方案
　　　　价值 ………………… 198
7.6 区块链在财政票据改革场景
　　中的应用 ………………… 199
　　7.6.1 业务场景 ………… 199
　　7.6.2 行业现状及痛点 … 200
　　7.6.3 区块链解决方案
　　　　价值 ………………… 200
7.7 区块链在政务基础设施中的
　　应用 ……………………… 201
　　7.7.1 业务场景 ………… 201

　　7.7.2 行业现状及痛点 … 201
　　7.7.3 区块链解决方案
　　　　价值 ………………… 202
7.8 区块链结合政务服务的机遇
　　和挑战 …………………… 203
7.9 本章小结 ………………… 205

第 8 章　金融领域应用 ……… 206

8.1 区块链在跨境清算场景中的
　　应用 ……………………… 206
　　8.1.1 业务场景 ………… 206
　　8.1.2 行业现状及痛点 … 207
　　8.1.3 区块链解决方案
　　　　价值 ………………… 207
8.2 区块链在供应链金融场景中的
　　应用 ……………………… 209
　　8.2.1 业务场景 ………… 209
　　8.2.2 行业现状及痛点 … 209
　　8.2.3 区块链解决方案
　　　　价值 ………………… 210
8.3 区块链在征信场景中的
　　应用 ……………………… 211
　　8.3.1 业务场景 ………… 211
　　8.3.2 行业现状及痛点 … 212
　　8.3.3 区块链解决方案
　　　　价值 ………………… 212
8.4 区块链在金融领域的机遇和
　　挑战 ……………………… 213
8.5 本章小结 ………………… 214

第 9 章　民生领域应用 ……… 215

9.1 区块链在健康档案场景中的
　　应用 ……………………… 215
　　9.1.1 业务场景 ………… 215
　　9.1.2 行业现状及痛点 … 216

9.1.3 区块链解决方案价值 ………… 217
9.2 区块链在学情分析场景中的应用 ………… 219
　9.2.1 业务场景 ………… 219
　9.2.2 行业现状及痛点 … 219
　9.2.3 区块链解决方案价值 ………… 220
9.3 区块链在精准扶贫场景中的应用 ………… 222
　9.3.1 业务场景 ………… 222
　9.3.2 行业现状及痛点 … 222
　9.3.3 区块链解决方案价值 ………… 222
9.4 区块链在防伪溯源场景中的应用 ………… 224
　9.4.1 业务场景 ………… 224
　9.4.2 行业现状及痛点 … 224
　9.4.3 区块链解决方案价值 ………… 224
9.5 区块链在民生领域的机遇和挑战 ………… 226
9.6 本章小结 ………… 227

第 10 章 供应链领域应用 ………… 228

10.1 区块链在供应链物流场景中的应用 ………… 229
　10.1.1 业务场景 ………… 229
　10.1.2 行业现状及痛点 ………… 229
　10.1.3 区块链解决方案价值 ………… 229
10.2 区块链在零部件溯源场景中的应用 ………… 231
　10.2.1 业务场景 ………… 231
　10.2.2 行业现状及痛点 ………… 231
　10.2.3 区块链解决方案价值 ………… 231
10.3 区块链在供应链协同场景中的应用 ………… 233
　10.3.1 业务场景 ………… 233
　10.3.2 行业现状及痛点 ………… 233
　10.3.3 区块链解决方案价值 ………… 233
10.4 区块链在供应链监管场景中的应用 ………… 234
　10.4.1 业务场景 ………… 234
　10.4.2 行业现状及痛点 ………… 234
　10.4.3 区块链解决方案价值 ………… 235
10.5 区块链结合供应链面临的机遇和挑战 ………… 236
10.6 本章小结 ………… 238

第 11 章 文化及旅游领域应用 ……… 239

11.1 区块链在版权保护场景中的应用 ………… 240
　11.1.1 业务场景 ………… 240
　11.1.2 行业现状及痛点 ………… 240
　11.1.3 区块链解决方案价值 ………… 241
11.2 区块链在旅游行业中的应用 ………… 245
　11.2.1 业务场景 ………… 245
　11.2.2 行业现状及痛点 ………… 246

11.2.3 区块链解决方案
价值 ······ 247
11.3 区块链结合文化及旅游领域面临的机遇和挑战 ······ 249
11.4 本章小结 ······ 250

第12章 其他领域应用 ······ 251

12.1 区块链在能源行业的应用 ······ 251
　　12.1.1 业务场景 ······ 251
　　12.1.2 行业现状和痛点 ······ 252
　　12.1.3 区块链解决方案价值 ······ 254
12.2 区块链在环保领域的应用 ······ 256
　　12.2.1 业务场景 ······ 256
　　12.2.2 行业现状及痛点 ······ 256
　　12.2.3 区块链解决方案价值 ······ 256
12.3 区块链在工程管理场景中的应用 ······ 257
　　12.3.1 业务场景 ······ 257
　　12.3.2 行业现状及痛点 ······ 258
　　12.3.3 区块链解决方案价值 ······ 258
12.4 区块链应用面临的机遇和挑战 ······ 259
12.5 本章小结 ······ 259

第13章 华为云区块链服务 ······ 260

13.1 公有云是区块链应用的最佳载体 ······ 260
13.2 华为云区块链服务BCS初探 ······ 261
13.3 基于华为云区块链服务构建企业应用 ······ 263
　　13.3.1 区块链服务的交付模式 ······ 264
　　13.3.2 区块链应用构建极速之旅 ······ 265
　　13.3.3 区块链合约模板仓库 ······ 286
13.4 区块链服务的跨云部署和云上云下混合部署方案 ······ 288
　　13.4.1 将节点加入区块链网络 ······ 288
　　13.4.2 加入区块链网络通道 ······ 289
　　13.4.3 部署链码到区块链网络通道中 ······ 289
13.5 丰富的应用插件助力企业快速构筑区块链能力 ······ 290
　　13.5.1 可信数据交换与计算服务TC3 ······ 290
　　13.5.2 分布式身份服务TDIS ······ 292
　　13.5.3 业务流程驱动区块链服务BDB ······ 293
　　13.5.4 行业区块链平台 ······ 295
　　13.5.5 轻节点实现扩容以及隐私保护 ······ 296
13.6 华为自研区块链 ······ 299
　　13.6.1 华为自研区块链简介 ······ 299
　　13.6.2 华为自研区块链使用简介 ······ 300

13.7 本章小结 ………………… 302

第四部分 区块链治理

第14章 监管 ………………… 305

14.1 区块链为什么需要监管 … 305
14.2 全球区块链的监管
   政策 …………………… 306
  14.2.1 国内监管政策 … 307
  14.2.2 国外监管政策 … 308
14.3 区块链监管技术 …………… 310
  14.3.1 对区块链本身进行
     监管 ……………… 310
  14.3.2 利用区块链实施
     监管 ……………… 310
14.4 区块链监管的发展方向 … 311
14.5 本章小结 …………………… 312

第五部分 展望区块链未来

第15章 区块链的价值与前景 ……… 315

15.1 区块链技术的价值 ………… 315
15.2 区块链的发展前景 ………… 316
15.3 本章小结 …………………… 317

第16章 区块链的发展趋势 ……… 318

16.1 区块链技术的发展趋势 … 319
  16.1.1 区块链自身技术的
     发展趋势 ……… 319
  16.1.2 区块链与周边技术
     深度融合 ……… 321
16.2 区块链产业的发展趋势 … 323
16.3 区块链仍面临的挑战 …… 324
16.4 本章小结 …………………… 325

第六部分 附 录

第17章 区块链FAQ ……………… 329

第18章 常见区块链产品及
平台介绍 ……………………… 336

18.1 比特币及其拓展 …………… 336
  18.1.1 比特币 ………… 336
  18.1.2 闪电网络 ……… 337
  18.1.3 侧链 …………… 338
  18.1.4 隔离见证 ……… 339
18.2 莱特币 ……………………… 339
18.3 以太坊 ……………………… 340
18.4 EOS ………………………… 342
18.5 瑞波网络 …………………… 343
18.6 IOTA ………………………… 345
18.7 超级账本 …………………… 346
18.8 FISCO BCOS ……………… 347

参考文献 ……………………………… 349

第一部分
区块链技术

　　区块链技术来源于比特币,也因为比特币的疯狂而备受瞩目。区块链技术发展到现在,无论是在技术的深度与广度上,还是在应用场景的宽度上,均取得了很大的突破。虽然比特币类的加密数字货币在区块链领域依然备受关注,但是百花齐放的区块链应用,尤其是大量企业级区块链应用的出现正在催熟区块链技术,区块链技术正处于快速发展演化期,未来可期拥抱一个更大的可以施展拳脚的舞台。

第 1 章
区块链的起源和发展

本部分的主要目的是以比特币作为起点,带领读者进入区块链的世界,对于刚开始接触区块链知识的读者来说,了解比特币的发展能够很好地帮助理解区块链的基础思想。需要声明的是,本部分仅从技术的角度对比特币的原理进行阐述,不代表笔者为其价值背书。

1.1 比特币的故事

1.1.1 比特币的诞生

2008 年 11 月,一位化名为中本聪(Satoshi Nakamoto)的人,在密码学论坛 metzdowd.com 发表的一篇名为"Bitcoin: A Peer-to-Peer Electronic Cash System"(《比特币:一个点对点的电子现金系统》)的论文中首先提出了比特币。2009 年 1 月 3 日,中本聪发布了比特币系统并挖掘出第一个区块,被称为创世区块,最初的 50 个比特币宣告问世。有趣的是,中本聪在创世区块中带上了一句话以证明这个区块挖出于 2009 年 1 月 3 日,这句话就是图 1.1 中《泰晤士报》2009 年 1 月 3 日的头版新闻标题——"Chancellor on brink of second bailout for banks"。图 1.2 是创世区块的原始二进制数据及其 ASCII 码文本表示,可以看到其中所携带的标题信息,在图中已用方框圈出。

截至 2021 年 2 月,比特币系统已经运行了整整 12 年。比特币系统相关代码全部开源,系统以分布式的方式运行在全球各地,没有中央管理服务器,没有任何负责统一运维的主体,没有外部信用背书。在比特币系统运行期间,有大量黑客无数次尝试攻击比特币系统,然而神

图 1.1 《泰晤士报》2009 年 1 月 3 日的头版

资料来源：https://www.163.com/tech/article/E4MBFMTH000998GP.html

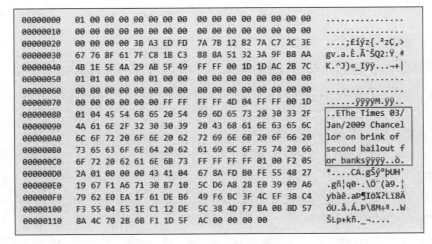

图 1.2 创世区块原始数据

资料来源：https://en.bitcoin.it/wiki/Genesis_block

奇的是，这样一个"三无"系统，十余年来一直都在稳定运行，没有发生过重大事故。这一点无疑展示了比特币系统背后技术的完备性和可靠性。近年来，随着比特币的风靡全球，吸引了越来越多的人对其背后的区块链技术进行探索，希望将这样一个去中心化的稳定系统应用到各类企业应用之中。在本书第三部分，我们即将选取有代表性的行业案例，讲述比特币背后的区块链技术的各类相关应用。

除了其背后的技术具有的价值，比特币作为一种虚拟货币，也逐渐与现实世界的法币建立起了"兑换"关系，使其本身有了狭义的"价格"。现实世界中第一笔比特币交易发生在2010年5月22日，美国佛罗里达州程序设计员拉斯洛·豪涅茨(Laszlo Hanyecz)用1万个比特币，换回了披萨零售店棒约翰(Papa Johns)的一个价值25美元的披萨。这是比特币作为加密数字货币首次在现实世界的应用。按照这笔交易，一个比特币在当时的价值为0.25美分。然而在今天来看，1万个比特币可以说是一笔巨款(注：在2021年2月21日，比特币价格达到5.6万美元，1万个比特币大约值5.6亿美元)，但在比特币刚出现时，人们并没有意识到这种新生事物在未来会引起疯狂及宏大的技术变革。

1.1.2 比特币的通俗故事

那么什么是比特币呢？它背后到底有着什么神奇之处，让如此多的人追捧，甚至是不惜消耗巨大的资源来获取它呢？让我们从一个通俗的故事开始讲起。

从前，有个古老的村庄，里面住着一群村民，这个村庄没有银行为大家存钱、记账。没有一个让所有村民都信赖的村长来记录村民之间的账务往来，也就是没有任何中间机构或个人来记账。于是，村民想出一个不需要中间机构或个人，而是大家一起记账的方法。

比如，张三要给李四1000块钱。张三在村里大吼一声："大家注意了，我张三给李四转了1000块钱。"附近的村民听到之后做了两件事：①通过声音判断这是张三喊的，而不是别人冒名张三喊的，从而防止别人去花张三的钱；②检查张三是否有足够的钱，每个村民都有个小账本记录了各个村民有多少钱，当确认张三真的有1000块钱后，每个村民会在自己的小账本记录："×年×月×日，张三转给李四1000块钱。"除此之外，这些村民口口相传，把张三转账的事情告诉了十里八村，当所有人都知道转账的事情后，大家就共同能够证明"张三转给李四1000块钱"。这样，一个不需要村长(中心节点)却能让所有村民都能达成一致的记账系统诞生了(见图1.3)。这个记账系统就可以类比为我们今天的比特币系统。

故事到此并未结束，由此引出了三个值得思考的问题。

(1) 记的账在后面会不会被篡改？

(2) 村民有什么动力帮别人记账？

(3) 这么多人记账，万一记的不一致岂不是坏事了，应该以谁记的为准呢？

比特币系统巧妙地解决了这三个问题。

第一，比特币采用两种策略保证账本不可篡改：①人人记账，人人手上都维护一本账本，这样即使某个人改了自己的账本，他也无权修改其他村民手上的账本，修改自己的账本相当

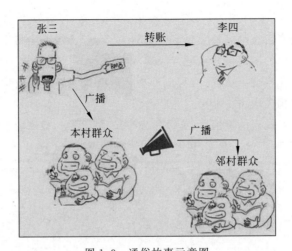

图 1.3 通俗故事示意图

资料来源：https://www.gingkoo.com/nd.jsp?id=12

于"掩耳盗铃"，无法得到别人的认可。②采用"区块+链"的特殊账本结构，区块可以类比为现实账本上的一页，而链式结构则可以类比为页码。在这种账本结构中，每一个区块保存着某段时间内所发生的交易，这些区块通过链式结构连接在一起，形成了一个记录全部交易的完整账本。如果对区块内容进行修改就会破坏整个区块链的链式结构，导致链条断开，从而很容易被检测到，这两个策略保证了从全局来看整个账本是不可篡改的。

第二，前面提到了人人参与记账，大家肯定会问："凭啥要我帮别人记账呢？"这就涉及比特币系统中的激励机制。参与记账的村民，被称为矿工。这些矿工中，首个记账且被大家认可的人，将获得一笔奖励，这笔奖励就是若干个比特币，这也是比特币发行的唯一来源，这种奖励措施使众多矿工积极地参与记账。一旦某人记录的某一块账本被认可，其他所有人都会照着这一块账本进行拷贝，从而保证所有人维护的账本是完全一致的。由此保证了区块链的自动安全运行。

第三，既然有了激励，大家就会争抢着记账并努力让自己记的账被认可，那么怎么确定以谁记的为准呢？为了能够确定以谁记的账为准，村民们想到了一个公平的办法。对每一页账本，他们从题库中找一道难题，让所有参与记账的矿工都去求解这道难题，谁若最先解出答案，该页就以他记的账为准。这个破解难题的过程，就被称为挖矿，即工作量证明的过程。这里需要说明的是，这个难题的求解过程需要不断地进行尝试，较为困难，需要花费大量的时间，但是找到答案发给别人后，别人却可以很容易验证。

因此，比特币通过"区块+链"式的分布式账本结构保障了交易的不可篡改，通过发放比特币的激励措施激励了矿工的参与，通过计算难题（矿工挖矿）解决了记账一致性的问题。这样，完美地形成了一个不依赖任何中间机构或个人即可完成记账的自动运行系统。如图1.4所示，这其中具有"区块+链"式不可篡改的账本、多方参与、结果共识的技术，就是比特币背后的区块链技术。

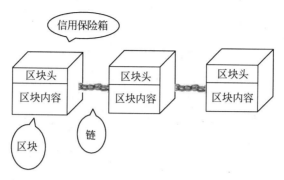

图 1.4 "区块＋链"的账本结构

1.1.3 比特币挖矿

人类在很长一段历史中使用黄金作为基本货币,黄金的获取需要大量人工进行采矿。在比特币系统中,记账者之间争抢激励的方式被形象地比作挖矿工作。比特币系统是一个参与节点互相验证的公开记账系统,而比特币挖矿的本质则是争夺记账权。

挖矿成功是指某个节点成功获得当前区块的记账权,也就是说,其他节点就"照抄"该挖矿成功的节点的当前区块。获得记账权的节点会得到一定数量的比特币奖励,以此激励比特币网络中的所有节点积极参与记账工作中。该奖励包含系统奖励和交易手续费两部分,系统奖励则作为比特币发行的手段。最初每生产一个交易记录区块可以获得 50 个比特币的系统奖励,为了控制比特币发行总量,该奖励每 4 年就会减半,到 2140 年则会基本发放完毕,最终整个系统中最多只能有 2 100 万个比特币。根据最新统计,截至 2021 年 2 月,已有 1 860 万个比特币被挖出,距系统上限还剩下 240 万个比特币。当剩余的比特币全部被挖出后,矿工将只能从交易手续费中获得收益。

比特币系统大约每 10 分钟会产生一个数据块,这个数据块里包含了这 10 分钟内全网待确认的部分或全部交易。所谓挖矿,就是争夺将这些交易打包成交易记录区块的权利。比特币系统会随机生成一道数学难题,后续会详细描述该数学难题,所有参与挖矿的节点一起参与计算这道数学难题,首先算出结果的节点将获得记账权。

每个节点会将过去一段时间内发生的、尚未经过网络公认的交易信息进行收集、检验、确认,最后打包并加上节点的签名,组成一个无法被篡改的交易记录区块,并在获得记账权后将区块进行广播,从而让这个区块被全部节点认可,让区块中的交易成为比特币网络上公认已经完成的交易记录,永久保存。

1.1.3.1 挖矿的原理

挖矿最主要的工作就是计算数学难题,最先求出解的矿工即可获得记账权。在介绍这个数学难题前,先简单介绍一下哈希算法。哈希算法的基本功能概括来说,就是把任意长度的输入通过一定的计算,生成一个固定长度的字符串,输出的字符串即该输入的哈希值。比特币系统中采用SHA-256算法,该算法最终输出的哈希值长度为256bit。由于本小节主要介绍挖矿原理,关于哈希算法的详细介绍请参见2.5.1.1小节。

比特币中每个区块生成时,需要把上一个区块的哈希值和本区块的账本信息计算一个新的哈希值。为了保证10分钟产生一个区块,该工作必须具有一定难度,即哈希值必须以若干个0开头。哈希算法的特点是,输入信息的任何微小改动都会引起哈希值的巨大变动,且这个变动不具有规律性。因此,本区块的账本信息不仅包含所有交易的相关信息,还需要引入一个随机数。因为哈希值的位数是有限的,通过不断尝试随机数,总可以计算出一个符合要求哈希值,且该随机数无法通过寻找规律计算出来。这就意味着,该随机数只能通过暴力枚举的方式获得。挖矿中计算数学难题就是寻找这个随机数的过程。

哈希值由256bit的二进制数字表示,即每一个bit位有两种可能。根据哈希算法的特性,在任意一个bit位上出现"0"和"1"的概率是均等的,即每一个bit位为"0"的概率为1/2。某一个bit位为"0"平均需要2次哈希运算,要求前n个bit为"0",则需要进行哈希计算的平均次数为2的n次方。由此可见,矿工为了计算出该随机数,需要花费一定的时间进行大量的哈希运算。

某个矿工成功计算出该随机数后,则会进行区块打包并全网广播。其他节点收到广播后,只需对包含随机数的区块按照同样的方法进行一次哈希运算即可,若哈希值以"0"开头的bit数满足要求,且通过其他合法性校验,则接受这个区块,并停止本区块的计算,开始下一个区块随机数的计算。

随着技术的发展,进行一次哈希计算的速度越来越快,即算出满足哈希值以"0"开头的bit数的随机数的时间越来越短。为保证比特币始终按照平均每10分钟一个区块的速度出块,必须不断调整计算出随机数的平均哈希计算的次数,即调整哈希值中以"0"开头的bit位的数量要求,以此调整难度。比特币中,每生成2 016个区块就会调整一次难度,即调整的周期大约为两周(2 016×10分钟=14天)。简单来说,对比生成最新2 016个区块花费的实际时间和按照每10分钟出一个块生成2 016个块的期望时间,若实际时间大于期望时间则降低难度,若实际时间小于期望时间则增加难度。

同时,为防止难度变化波动太大,每个周期的调整幅度必须小于一个因子(当前为4倍)。若幅度大于4倍,则按照4倍调整。如果按照该幅度调整,出块速度仍然不满足预期,则会在下一个周期继续调整。

1.1.3.2　矿池的原理

随着比特币的日渐火爆,参与挖矿的人越来越多,按照比特币原本的设计模式,只有成功打包一个区块的人才能获取奖励。如果每个矿工都独立挖矿,在如此庞大的基数下,挖矿成功的概率几乎为0,只有一个幸运儿可以获取一大笔财富,其他矿工投入的算力、电力资源就会白白亏损。有统计显示,一台算力为100TH/s的矿机(每秒执行100万亿次哈希计算的计算机),经过79年的挖掘,累积只能挖出0.976 1个比特币。

为了降低这种不确定性,矿池应运而生。假如有10万个矿工参与挖矿工作,这10万个矿工的算力总和占整个网络的10%,则这10万个矿工中的某个矿工成功挖到下个块的概率为1/10。即平均每个矿工成功挖到下个区块的概率为1/1 000 000,也就是说,平均每个矿工花费19年才可以成功挖到一个区块,然后获得几个比特币。这种挖矿模式风险过大,几乎没有人可以承受。但是假设这10万个矿工共同协作参与挖矿,则平均每100分钟即可成功挖到一个区块,然后按照每个矿工提供的算力分配该次收益。这10万个矿工的收益也会趋于稳定。

当然上述只是对矿池原理进行一个简化的分析,实际情况则要复杂得多。当前大部分矿池是托管式矿池,一般由一个企业维护一个矿池服务器,运行专业的软件,协调矿池中矿工的计算任务。矿工不需要参与区块的验证工作,仅由矿池服务器验证即可,因此矿工也不需要存储历史区块,这极大地降低了矿工的算力及存储资源消耗。

协调矿工进行计算的思路也非常简单,矿池将打包区块需要的交易等信息验证完成后发送给矿工,然后降低矿工的挖矿难度。比如,某个时段比特币系统需要哈希值以"0"开头的bit数大于50个,矿池可以将难度降低到以40个"0"开头的bit数,矿工找到一个以40个"0"开头的bit的哈希值方案后,即可提交给矿池。当矿池收到一个满足哈希值以"0"开头的bit数大于50个的哈希值方案时,即可提交至比特币网络。最后矿池按照矿工提交的方案数量计算贡献的算力,最后根据算力分配收益。当然,你也许会想,如果矿工计算得到一个以"0"开头的bit数大于50的哈希值后,则直接提交给比特币网络,独享该区块的收益;如果计算得到一个以"0"开头的bit数在40~50之间的哈希值,则提交到矿池,享受整个矿池分配的收益,岂不美哉。当然,这个方案是行不通的,因为区块内容是由矿池发送给矿工的,即受益者地址已经包含在该区块中了,即使直接提交,最终受益的也是矿池。如果修改该地址,即意味着区块内容改变,则前面计算的哈希值也无效了。

当前矿池协调矿工计算工作最为流行的协议为Stratum协议,该协议采用主动分配任务的方式。矿工首先需要连接到矿池订阅任务,矿池会返回订阅号ID、矿池给矿工指定的难度及后续构造区块所需要的信息。连接成功后,需要在矿池注册一个账户,添加矿工,每个账户可以添加多个矿工。注册完成后即可申请授权,矿池授权成功后才会给矿工分配任务。矿池分配任务时,会提供任务号ID及打包区块需要的相关信息。收到任务后,矿工即开始哈希计算并打包区块。如果矿工收到新任务,将直接终止旧任务,开始新任务,同时矿工也可以主动申请新任务。

这种托管式矿池一直饱受争议,矿池的存在大大降低了挖矿的门槛,使普通设备也可以参与到挖矿中,吸引更多矿工参与到区块链网络,同时降低矿工的风险。但是弊病也非常明显,矿池的存在在一定程度上违背了区块链去中心化的理念。于是有人提出了P2P矿池来取代托管式矿池,但是由于其效率远低于托管式矿池,收益低下。司马迁老爷子说得好:"天下熙熙皆为利来,天下攘攘皆为利往。"大部分矿工都更愿意忠于利益而选择托管式矿池。

由于托管式矿池掌握着大量的算力资源,拥有非常大的话语权,甚至当某个矿池或者几个矿池联合掌握的算力超过整个网络的50%时,就可以随意决定出块内容、篡改交易等。但是也不用太过担心,从经济学的角度来讲,拥有大量算力的矿池已经是既得利益者,为保障自己的利益,他们肯定会不遗余力地保障比特币网络的平稳运行。

1.1.4 比特币的价格

物以稀为贵,比特币的稀缺性决定了其价格必然会处于风口浪尖。自诞生之日起,比特币的价格经历了多次的暴涨暴跌,其变动犹如过山车一般。

在2011年1月,1个比特币的价格还不到30美分,但在2013年12月,单枚比特币的价格就已经突破了1147美元,超越了当时的国际黄金价格。2014—2016年,比特币市场陷入低迷,2015年8月,比特币单枚价格跌至200美元。随后的2016年,比特币市场迎来了巨大变化,在内、外共同因素的作用下,比特币的价格持续上涨,到2017年年底达到惊人的2万美元。2018年开年后,市场表现并不理想,受多方政策影响,比特币又一次迎来了低谷期,最低跌至3000美元。经过多次小幅涨跌后,2020年年末,比特币迎来了大爆发期,2020年10月比特币还只要1万美元,一下跃升到2021年3月的6.1万美元的顶点,虽然后续几天有小幅调整,但截至笔者发稿前,比特币单枚价格仍需要4.8万美元左右。2013年4月以来,比特币价格走势如图1.5所示,从中可以对比特币价格的疯狂变动略窥一斑。

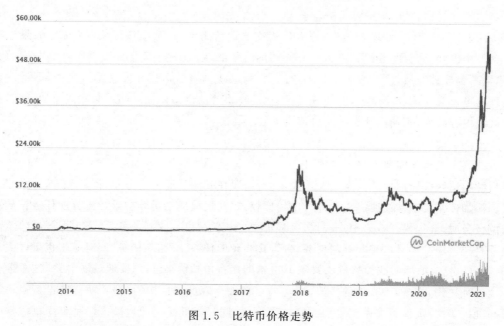

图 1.5 比特币价格走势

资料来源:https://coinmarketcap.com/currencies/bitcoin/#charts

1.1.5 比特币的安全性

比特币价格高涨的背后,安全性成了不容忽视的话题。那么比特币安全吗?

比特币存储在比特币网络中,正如银行取款、网银转账需要输入密码一样,动用网络中的比特币也需要密码,这个密码被称为"私钥"。与"私钥"对应的是"公钥","公钥"就像银行账户。每个银行账户都有唯一的账户编号,也就是银行卡号。在比特币网络中,这个银行卡号就是"地址"。别人只要知道你的"银行卡号"(即地址),就可以给你转比特币了。

银行的开户流程基本是"开设银行账户—获得银行卡号—设置银行卡密码—开户成功"。但在区块链世界里,是先设置"密码"(私钥),再开设"银行账户"(公钥),最后给"银行卡号"(地址)。如果你在路上捡到了一张纸条,上面只写着银行卡密码,没写银行卡号,即便这个银行卡密码是真的,你也无法取走相关账户里的钱。但在区块链世界里,你只要知道了别人的"银行卡密码"(私钥),就可以知道别人的"银行账户"(公钥)和"银行卡号"(地址),可以取走里面的币。因为在比特币中,私钥通过加密生成公钥,公钥转换格式生成地址。也就是说,私钥可以推导出公钥,公钥可以推导出地址。因此,只要获取私钥即可窃取比特币。

理论上,有两种方法窃取私钥:一是通过地址或公钥,反向推导出私钥;二是逐个尝试所有可能的私钥,进行暴力破解。

第一种方法不可行,比特币采用了 ECDSA 椭圆曲线数字签名算法,这个算法利用椭圆曲线中离散对数问题的困难性来保证安全性。这个算法类似于玩贪吃蛇,假设在一个平面上有无数小点,有一只贪吃蛇在吃这些小点。蛇吃了一个小点后随机换个方向吃下一个小点,如果贪吃蛇撞到平面的墙则切换到对面墙的相同位置以相同方向继续前进。经过一段时间,可以得到贪吃蛇吃点路线的起点和终点。椭圆曲线算法的私钥保存了贪吃蛇的行进路线,公钥保存了贪吃蛇的起点和终点。通过行进路线很容易推算出起点和终点,但是要通过起点和终点推算出行进路线非常的困难,所以通过公钥反推出私钥几乎不可能。

第二种方法同样不可行,我们先看下私钥是怎么产生的,假设抛硬币,正面朝上为 1,反面朝上为 0,连续抛 256 次,把每次抛的结果记录下来,再转换成十六进制数,就是一个比特币私钥。比特币的私钥就是通过程序"抛 256 次硬币"随机生成的。所以,比特币私钥的本质是 256 位二进制数。每次抛硬币,都有正反两面,所以抛 256 次,一共可以出现 2^{256} 种结果。所以,比特币的私钥总数,理论上有 2^{256} 个。2^{256} 多大呢?它约等于 10^{77}。那 10^{77} 又是多大呢?如果我们居住的这个地球,海洋、岩石、地底下的岩浆全部用沙子来填充,整个地球的沙子数量大概是 10^{30}。也就是说,一个和地球一样大,全部由沙子组成的星球,需要用到 10^{30} 粒沙子。在比一个地球的沙子数量还要多 10^{47} 倍的比特币私钥集里,想要通过逐个尝试去破解出某个地址对应的私钥,简直比大海捞针还难。即便超级计算机,都无法暴力破解比特币私钥。

超级计算机无法破解比特币私钥,那量子计算机又如何呢?2020 年 12 月 4 日,中国科学技术大学宣布成功构建了 76 个光子的量子计算原型机"九章",求解数学算法高斯玻色取样只需要 200 秒,比目前最快的超级计算机快 100 万亿倍。在量子计算机如此高的算力下,通过公钥反向推导私钥成为可能。但是大家完全无须担心,首先量子计算仍处于早期阶段,所谓秒杀超算也只是特定任务而已,目前完全没有办法胜任通用计算任务。这一实验只是条件被严格控制下的实验室结果,只有学术价值,还没有产生实际应用价值。再者,现在已经涌现出了抗量子算法的研究,比如,基于晶格(lattice)的体系(NTRU)、基于纠错码的体系(McEliece),还有基于多变量的体系。一旦量子计算真的来临了,比特币也可以通过分叉切换到新的加密算法来应对。

与其担心量子计算机,不如担心私钥丢失造成的损失。2013年,英国IT工程师詹姆斯·豪威尔斯曾不小心将藏有7500枚比特币私钥的硬盘当垃圾扔掉,按照发稿时的现价4.8万美元估算,大约造成了3.6亿美元的损失。据不完全统计,目前为止大约有300万~400万个比特币将永远丢失,直接造成的损失多达1000多亿美元,远超一些国家的GDP总量。

1.1.6 比特币的不足

任何事物都有两面性,比特币也不例外。比特币在具有开放、安全等优点的同时,也有很多不足的地方。

首先,比特币造成了大量能源的浪费。比特币使用工作量证明的共识机制,在保护账本安全的同时造成了大量的资源浪费。英国《卫报》2017年的一篇研究表示,比特币矿工一年消耗的电力已经超过了克罗地亚、爱尔兰、冰岛、斯洛文尼亚以及拉脱维亚等19个欧洲国家一年所消耗的电力总和。从全球范围来看,比特币一年的耗电量已经超过了159个国家,占全球总耗电量的0.13%。实际上,目前的众多区块链应用平台根据其应用场景及环境采用了不同的共识协议及相关算法,大大避免了不必要的能源消耗。

其次,比特币的价格波动极大。早期纸币和黄金挂钩,国库有多少黄金,就印刷多少纸币,纸币的价值由黄金背书。随着布雷顿森林体系的崩溃,纸币与黄金脱钩,政府根据市场需求决定印刷纸币的数量,由政府信用为其价值背书。比特币没有真实的资产背书,也没有中央权威机构的背书调节,其价格平衡完全来自市场的博弈和群体的想象。为了制造稀缺性,诱导投机行为,引导用户持币,只能采取固定发行上限,逐步减少发行量的措施。这些因素导致了比特币价格波动剧烈,无法承担价值尺度的货币职能。如果某天人们失去了对比特币的热情,或者一种新的数字货币代替了比特币的地位,比特币将变得毫无价值。

然后,比特币的交易确认时间长,不利于实际应用。由于区块大小和出块时间的限制,比特币交易发出后需要等待较长的时间才能确认交易完成,因此无法用于快捷支付的应用场景。

最后,比特币缺乏监管,易滋生非法交易。比特币去中心化以及匿名的特点,使得政府无法有效地对比特币实施监管。因此,比特币被大量用于黑市交易、洗钱、博彩等领域。

1.2 区块链的发展历程

1.2.1 区块链基础技术的发展历程

区块链的诞生与密码学和分布式计算的发展有着重要的联系。

1976年,迪菲(Whitfield Diffie)和赫尔曼(Martin Hellman)发表了一篇开创性的论文《密

码学的新方向》(New Directions in Cryptography),这篇论文覆盖了现代密码学的主要研究方向,涵盖非对称加密、椭圆曲线算法、哈希等内容,首次提出公共密钥加密协议与数字签名概念,构成了现代互联网中广泛使用的加密算法体系的基石。同时,这也是加密数字货币和区块链技术诞生的技术基础。

同年,哈耶克(Friedrich August von Hayek)出版了《货币的非国家化》。他从经济自由主义出发,认为竞争是市场机制发挥作用的关键,而政府对货币发行权的垄断对经济的均衡造成了破坏,通过研究竞争货币制度的可行性和优越性,他提出非主权货币(货币非国家化)、竞争发行(由私营银行发行竞争性的货币,即自由货币)等概念,从理论层面引导去中心化加密数字货币技术的发展。

1977年4月,罗纳德·李维斯特(Ron Rivest)、阿迪·萨莫尔(Adi Shamir)和伦纳德·阿德曼(Leonard Adleman)参加了犹太逾越节的聚会,喝了些酒。回到家后李维斯特怎么都睡不着,于是信手翻阅起心爱的数学书来,这时一个灵感从脑海浮现出来,于是连夜整理自己的思路,一气呵成写出了论文 A Method for Obtaining Digital Signatures and Public-Key Cryptosystems,次日李维斯特将论文拿给阿德曼审阅讨论。他已经做好了再一次被击破的心理准备,但这一次阿德曼认输了,认为这个方案应该是可行的。在此之前,阿德曼已经40多次击破李维斯特和萨莫尔的算法。按照惯例,李维斯特按姓氏字母顺序将三人的名字署在论文上,也就是李维斯特、萨莫尔、阿德曼。这篇论文提出了大名鼎鼎的 RSA 算法,RSA 是一种非对称加密算法,后来在数字安全领域被广泛使用,这一工作成果被认为是《密码学的新方向》的延续。

1979年,默克尔(Ralph Charles Merkle)提出了 Merkle-Tree 数据结构和相应的算法,现在被广泛用于校验分布式网络中数据同步的正确性,对密码学和分布式计算的发展起着重要作用,这也是比特币中用来做区块同步校验的重要手段。默克尔是《密码学的新方向》的两位作者之一赫尔曼的博士生(另一位作者迪菲是赫尔曼的研究助理),实际上《密码学的新方向》就是默克尔的博士生研究方向。

1982年,莱斯利·兰伯特(Leslie Lamport)提出拜占庭将军问题,并证明了在将军总数大于$3f$,背叛者个数小于等于f时,忠诚的将军们可以达成一致,标志着分布式计算理论和实践正逐渐走向成熟。莱斯利·兰伯特指出,在存在消息丢失风险的不可靠信道上,通过消息传递的方式达到一致性是不可能的,因此,分布式一致性的研究一般假定信道是可靠的。拜占庭将军问题是分布式对等网络通信容错问题。最初的版本如下:拜占庭帝国的将军们计划攻打另一个强大的国家多米诺,采取的战略是兵分十路围攻多米诺。每个将军带领军队驻扎下来,等待最后进攻时刻。十支部队相距甚远,只能依靠信使传递消息达成共识。将军中可能有叛徒,忠诚的将军们希望通过某种协议达成行动的共识(进攻或撤退),叛徒会通过发送错误消息阻挠忠诚的将军达成一致。在分布式计算中,不同的计算机通过通信交换信息达成共识而按照同一套协作策略行动。有时候,系统中的成员可能出错或故意发送错误信息,用于传递信息的通信网络也可能导致信息损坏,使得网络中不同的成员关于全体协作的策略得出不同结论,从而破坏系统一致性。拜占庭将军问题被认为是容错性问题中最难的问题之一。

同年,大卫·乔姆(David Chaum)公布了密码学支付系统 ECash,随着密码学的发展,具有远见的加密数字货币先驱们开始尝试将其运用到货币、支付相关领域,ECash 是加密数字货币最早的先驱之一。

1985 年,尼尔·科布利茨(Neal Koblitz)和维克托·米勒(Victor Miller)各自独立发明了著名的椭圆曲线加密算法(Elliptic Curve Cryptography,ECC)。由于 RSA 的算法计算量大实际落地时遇到困难,ECC 的提出极大地推动了非对称加密体系真正进入生产实践领域并发挥出巨大影响。ECC 算法标志着现代密码学理论和技术开始走向更加普遍的应用。

1993 年,尼克·萨博(Nick Szabo)提出了智能合约(Smart Contract),萨博希望创造一种由多个约定构建的合同,包括让各方履行这些约定的协议,淘汰掉"无生命的纸质合同"。他认为,数字革命正在加速改变人与人之间的联系,并为利用这些联系形成新机构或应用服务提供了方法。

1997 年,亚当·贝克(Adam Back)提出了 Hashcash 算法,用于解决垃圾邮件(Email Spam)和 DoS(Denial-of-Service)攻击问题,Hashcash 是一种 PoW 算法,后来被比特币系统采纳。

1998 年,华裔工程师戴伟(Wei Dai)和尼克·萨博各自独立提出加密数字货币的概念,其中戴伟的 B-Money 被公认为比特币的精神先驱,而萨博的比特黄金(BitGold)设想基本就是比特币的雏形,以至于至今仍有人怀疑萨博就是中本聪,但被萨博本人否定了。

21 世纪初,点对点分布式网络技术飞速发展,先后诞生了 Napster、BitTorrent 等流行软件系统,为加密数字货币的实现夯实了技术基础。

2008 年 11 月,神秘的中本聪发表了论文,描述了一种完全去中心化的加密数字货币——比特币,而区块链则作为其底层技术进入公众视野。经过 10 余年的发展,区块链技术正逐渐成为最有可能改变世界的技术之一。

2013 年,以太坊区块链诞生,尼克·萨博在 1993 年提出的智能合约愿景得以实现。自诞生以来,以太坊已发展成为全球第二大区块链,其开发者一直在探索数字时代的发展方向。

1.2.2 区块链平台的发展历程

区块链的发展先后经历了加密数字货币、企业应用、价值互联网三个阶段。下面将分别对这几个阶段进行简要的介绍。

1.2.2.1 区块链 1.0:加密数字货币

2009 年 1 月,在比特币系统论文发表两个月之后,比特币系统正式运行并开放了源码,标志着比特币网络的正式诞生。通过其构建的一个公开透明、去中心化、防篡改的账本系统,比特币开展了一场规模空前的加密数字货币实验。在区块链 1.0 阶段,区块链技术的应用主要聚集在加密数字货币领域,典型代表即比特币系统以及从比特币系统代码衍生出来的多种加密数字货币。

加密数字货币的"疯狂"发展吸引了人们对区块链技术的关注,对区块链技术的传播起了很大的促进作用,人们开始尝试在比特币系统上开发加密数字货币之外的应用,比如存证、股权众筹等。但是比特币系统是一个为加密数字货币设计的专用系统,存在以下的问题使得基于比特币系统开发应用并不适用:

(1) 比特币系统内置的脚本系统主要针对加密数字货币交易而专门设计,不是图灵完备的脚本,表达能力有限,因此在开发诸如存证、股权众筹等应用时有些逻辑无法表达。在比特币系统内部做大量的开发,对于开发人员来说要求高、难度大,因此无法基于比特币系统构建大规模的非加密数字货币类的应用。

(2) 比特币系统在全球范围内只能支持每秒 7 笔交易,交易记账后追加 6 个区块才能比较安全地确认交易,追加一个块大约需要 10 分钟,意味着大约需要 1 小时才能确认交易,不能满足实时性要求较高的应用的需求。

1.2.2.2 区块链 2.0:企业应用

针对区块链 1.0 存在的专用系统问题,为了支持如众筹、溯源等应用,区块链 2.0 阶段支持用户自定义的业务逻辑,即引入了智能合约,从而使区块链的应用范围得到了极大拓展,开始在各个行业迅速落地,极大地降低了社会生产消费过程中的信任和协作成本,提高了行业内和行业间协同效率,典型的代表是 2013 年启动的以太坊系统。同时,针对区块链 1.0 阶段存在的性能问题,以太坊系统从共识算法、分片等角度进行了提升。

1. 智能合约

以太坊项目为其底层区块链账本引入了被称为智能合约的交互接口,对区块链应用进入 2.0 时代发挥了巨大作用。智能合约是一种通过计算机技术实现的旨在以数字化方式达成共识、履约、监控履约过程并验证履约结果的自动化合同,极大地扩展了区块链的功能。

从人类分工协同的角度来看,现代社会已经是契约社会,而契约的可信签订和可靠执行往往需要付出高昂的成本。以公司合同为例,小强机器人和小明机械签订了一笔供货合同,后来小明机械违反了合同条款,导致小强机器人供货不足产生重大损失,于是小强机器人向法院提起诉讼,在历经曲折并耗费大量人力、物力后终于打赢了官司。不料小明机械拒绝履行判决,小强机器人只得向法院申请强制执行,从立案、提供人证物证到强制执行,整个流程浪费了大量社会资源。

而通过智能合约,整个履约过程将变得简单、高效、低成本。小强机器人和小明机械签订了一笔供货合同,合同以智能合约的形式通过计算机程序编码实现,经过双方确认后,供货智能合约连同预付违约金账户被安装到区块链平台上自动执行,后来小明机械违反了合同条款,导致小强机器人供货不足产生重大损失,小强机器人提供电子证据并通过平台真实性验证后触发供货智能合约的违约赔偿条款,违约赔偿条款自动将小明机械预付的违约金按照合约规定汇入小强机器人账户作为补偿。

有了智能合约系统的支持,区块链的应用范围开始从单一的加密数字货币领域扩大到涉及合约共识的其他金融领域,区块链技术首先在股票、清算、私募股权等众多金融领域崭露头角。比如,企业股权众筹一直是众多中小企业的梦想,区块链技术使之成为现实。区块链分布式账本可以取代传统的通过交易所的股票发行,这样企业就可以通过分布式自治组织协作运营,借助用户的集体行为和集体智慧获得更好的发展,在投入运营的第一天就能实现募资,而不用经历复杂的IPO流程,产生高额费用。

2. 性能改进

各种区块链系统采用不同的共识方法以提升区块链的性能。比如,以太坊采用改进的工作量证明机制将出块时间缩短到了15秒,使得每秒能够处理30笔交易,从而能够满足绝大多数的应用。2020年发布的以太坊2.0拟从多角度进一步提升区块链性能。首先,以太坊2.0采用PoS共识算法替换原来的PoW共识算法,这种算法大大地降低了能量的消耗,同时提高了共识的速度。其次,以太坊2.0还将采用信标链协同分片链的方式提升以太坊的扩展性,解决了区块链长期以来被诟病的扩展性问题。经过2.0的优化,未来以太坊能够支持每秒10万笔交易的吞吐量。

随着区块链2.0阶段智能合约的引入,其"开放透明""去中心化"及"不可篡改"的特性在其他领域逐步受到重视。各行业专业人士开始意识到,区块链的应用也许不仅局限在金融领域,还可以扩展到任何需要协同共识的领域中去。于是,在金融领域之外,区块链技术又陆续被应用到了公证、仲裁、审计、域名、物流、医疗、邮件、鉴证、投票等其他领域,应用范围逐渐扩大到各个行业。

1.2.2.3 区块链3.0:价值互联网

2018年5月28日,习近平总书记在中国科学院发表讲话,"进入21世纪以来,全球科技创新进入空前密集活跃的时期,新一轮科技革命和产业变革正在重构全球创新版图、重塑全球经济结构。以人工智能、量子信息、移动通信、物联网、区块链为代表的新一代信息技术加速突破应用",表示区块链是"新一代信息技术"的一部分。

2019年10月24日,习近平总书记在中央政治局第十八次集体学习会上强调,把区块链作为核心技术自主创新的重要突破口,加快推动区块链技术和产业创新发展,要构建区块链产业生态,加快区块链和人工智能、大数据、物联网等前沿信息技术的深度融合,推动集成创新和融合应用,发挥区块链在促进数据共享、优化业务流程、降低运营成本、提升协同效率、建设可信体系等方面的作用。

从技术的角度来看,应用CA认证、电子签名、数字存证、生物特征识别、分布式计算、分布式存储等技术,区块链可以实现一个去中心、防篡改、公开透明的可信计算平台,从技术上为构建可信社会提供可能。区块链与云计算、大数据和人工智能等新兴技术交叉演进,将重构数字经济发展生态,促进价值互联网与实体经济的深度融合。

虽然区块链已在众多行业中逐步落地应用,但是各行业的区块链应用还是彼此相互独立,价值只能在自身区块链内流转,形成一座座"数据孤岛"。区块链3.0的目标是打破这个现状，将这些"数据孤岛"联结起来，形成一张互联的价值网络。

价值互联网是一个可信赖的实现各个行业协同互联，实现人和万物互联，实现劳动价值高效智能流通的网络，主要用于解决人与人、人与物、物与物之间的共识协作效率提升问题，将传统的依赖于人或依赖于中心的公正、调节、仲裁功能自动化，按照大家都认可的协议交给可信赖的机器来自动执行。通过对现有互联网体系进行变革，区块链技术将与 5G 网络、机器智能、物联网等技术创新一起承载着我们的智能化可信赖梦想飞向价值互联网时代。

30 年前，万维网之父 Tim Berners Lee 创建了万维网，给世界带来了划时代的变革。30 年之后的今天，Tim Berners Lee 正在打造一个名为 Solid 的项目，旨在从根本上改变当前 Web 应用的工作方式，改善隐私，让用户真正拥有数据控制权，用户可以选择如何将这些数据用于获利，从而获得公平、安全的互联网体验。而自带密码学和去中心化属性的区块链技术在分布式身份体系的构建中具备天然优势。互联网先驱们正在积极探索如何通过区块链技术解决现有 Web 协议存在的效率低下、版本变更、中心化和骨干网依赖等问题，现阶段称其必将取代 HTTP 尚为时过早，但当前作为万维网协议的补充是非常有益的。

在即将到来的智能价值互联时代，区块链将渗透到生产生活的方方面面，充分发挥审计、监控、仲裁和价值交换的作用，确保技术创新向着让人们的生活更加美好、让世界更加美好的方向发展。

1.3 本章小结

本章作为本书的第 1 章，以比特币作为起点，带领读者进入区块链的世界。对于刚开始接触区块链知识的读者来说，了解比特币的发展历史能够很好地帮助其理解区块链的基础思想。同时，本章也客观地讲述了比特币的安全性以及当前面临的不足。随后本章介绍了区块链的发展历程，从最早期的加密数字货币发展到企业级应用，最后扩展到价值互联网，让读者能够有一个感性认识，帮助读者更好地开启区块链技术的旅程。

第 2 章
区块链技术原理

从 2009 年比特币问世至今,区块链技术已经发展了十几年。随着比特币的价格飙升至 2 万美元,区块链的关注度开始爆发式增长。"币圈"各种暴富神话牵动着大众的神经,区块链一度成为大家茶余饭后的讨论对象。乱象丛生的"空气币"项目打着区块链的名号,进行 ICO 融资圈钱。这些"割韭菜"项目,随着监管"大刀"的落下,瞬间销声匿迹。这些不利于区块链健康长远发展的项目被清除的同时,区块链的热度也不复往昔,至于比特币跌至 3 000 美元,再后来冲至 6.1 万美元新高,也仅仅只是在小范围引起一些波澜。与此同时,区块链去中心化的理念也吸引了一大批实干家,各地政府对区块链进行积极投入和扶持,国内外科技及金融巨头纷纷涉足区块链行业。经过几年的努力,区块链发票、政务链、冷链溯源等项目已经悄然试点或落地,开始造福大众。

2.1 区块链的概念

那么到底什么是区块链呢?工信部指导发布的《区块链技术和应用发展白皮书 2016》的解释是,狭义来讲,区块链是一种按照时间顺序将数据区块以顺序相连的方式组合成的一种链式数据结构,并以密码学方式保证的不可篡改和不可伪造的分布式账本。广义来讲,区块链技术是利用块链式数据结构来验证和存储数据、利用分布式节点共识算法来生成和更新数据、利用密码学的方式保证数据传输和访问的安全、利用由自动化脚本代码组成的智能合约来编程和操作数据的一种全新的分布式基础架构与计算范式。

专业的解释或许有些拗口。顾名思义，区块链（blockchain）是一种数据以区块（block）为单位产生和存储，并按照时间顺序首尾相连形成链式（chain）结构，同时通过密码学保证不可篡改、不可伪造及数据传输访问安全的去中心化分布式账本。区块链中所谓的账本，其作用和现实生活中的账本基本一致，按照一定的格式记录流水等交易信息。特别是在各种加密数字货币中，交易内容就是各种转账信息。只是随着区块链的发展，记录的交易内容由各种转账记录扩展至各个领域的数据。比如，在供应链溯源应用中，区块中记录了供应链各个环节中物品所处的责任方、位置等信息。

要探寻区块链的本质，即什么是区块、什么是链，首先需要了解区块链的数据结构，即这些交易以怎样的结构保存在账本中。区块是链式结构的基本数据存储单元，聚合了所有交易相关信息，主要包含区块头和区块主体两部分。区块头主要由父区块哈希值（Previous Hash）、时间戳（TimeStamp）、默克尔树根（Merkle Tree Root）等信息构成；区块主体一般包含一串交易的列表。每个区块中的区块头所保存的上一区块的哈希值，便唯一地指定了该区块的上一区块，在区块间构成了逻辑关系，从而组成了区块链的基本数据结构。

总体来说，区块链的数据结构示意图如图 2.1 所示。本章的后续小节将对区块链如何利用其数据结构、基础技术来达成区块链的特性进行介绍。

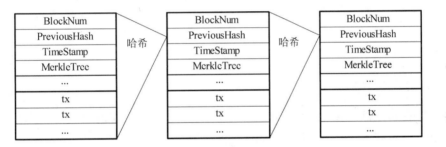

图 2.1　区块链数据结构示意图

2.2　区块链的特点

区块链是多种已有技术的集成创新，主要用于实现多方信任和高效协同。通常，一个成熟的区块链系统具备透明可信、防篡改可追溯、隐私安全保障以及系统高可靠四大特点。

2.2.1　透明可信

1. 人人记账保证人人获取完整信息，从而实现信息透明

在去中心化的系统中，网络中的所有节点均是对等节点，大家平等地发送和接收网络中的消息。所以，系统中的每个节点都可以完整观察网络中的全部行为，并将观察到的这些行为在各个节点维护一个本地账本，整个系统对于每个节点都具有透明性。这与中心化的系统是不同的，中心化的系统中不同节点之间存在信息不对称的问题。中心节点通常可以接收到更多信息,而且中心节点也通常被设计为具有绝对的话语权,这使得中心节点成了一个不透明的黑盒,而其可信性也只能借由中心化系统之外的机制来保证(见图2.2)。

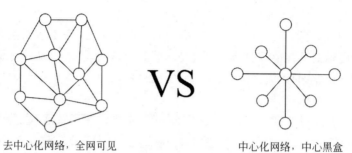

去中心化网络,全网可见　　　　中心化网络,中心黑盒

图 2.2　网络架构对比

2. 节点间决策过程共同参与,共识保证可信性

区块链系统是典型的去中心化系统,网络中的所有交易对所有节点均是透明可见的,而交易的最终确认也由共识算法保证了在所有节点间的一致性。所以整个系统对所有节点均是透明、公平的,系统中的信息具有可信性。

所谓共识,简单地理解就是指大家都达成一致的意思。其实在现实生活中,有很多需要达成共识的场景,如投票选举、开会讨论、多方签订一份合作协议等。而在区块链系统中,所有节点共同参与共识过程,共识算法则保证了所有节点的账本一致。

2.2.2　防篡改可追溯

"防篡改"和"可追溯"可以被拆开来理解,现在很多区块链应用都利用了防篡改可追溯这一特性,使得区块链技术在溯源等场景得到了广泛应用。

"防篡改"是指交易一旦在全网范围内经过验证并添加至区块链,就很难被修改或者抹除。当前在联盟链中普遍采用的 PBFT 一类的共识算法保证数据一旦写入就无法篡改。而对于以比特币为代表的部分公有链系统采用了 PoW 作为共识算法,其篡改的难度大且其激励模型保证了篡改行为的不值得,攻击者需要控制全网超过 51% 的算力才能进行交易篡改,代价极其高昂。因为掌握 51% 的算力需要大量资金成本,而攻击行为一旦发生,区块链网络虽然最终会接受攻击者计算的结果,但是攻击过程仍然会被全网见证,当人们发现这套区块链系统已经被控制以后便不再会相信和使用这套系统,这套系统也就失去了价值,攻击者为购买算力而投入的大量资金便无法收回成本,所以一个理智的个体不会进行这种类型的攻击。

在此需要说明的是,"防篡改"并不等价于不允许编辑区块链系统上记录的内容,只是整个编辑的过程被以类似于"日志"的形式完整记录下来,而这个"日志"是不能被修改的。

"可追溯"是指区块链上发生的任意一笔交易都是有完整记录的,我们可以针对某一状态在区块链上追查与其相关的全部历史交易。"防篡改"特性保证了写入到区块链上的交易很难被篡改,这为"可追溯"特性提供了保证。例如,在供应链体系中,将生产、运输、存储、销售数据全部记录在区块链上,如果中途发生意外,则直接根据链上数据界定责任(见图2.3)。

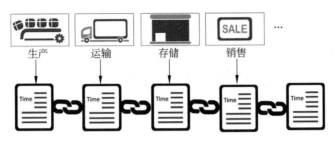

图 2.3 区块链存储信息示意图

2.2.3 隐私安全保障

区块链的去中心化特性决定了区块链的"去信任"特性:由于区块链系统中的任意节点都包含完整的区块校验逻辑,所以任意节点都不需要依赖其他节点完成区块链中交易的确认过程,也就是无须额外地信任其他节点。"去信任"的特性使得节点之间不需要互相公开身份,因为任意节点都不需要根据其他节点的身份进行交易有效性的判断,这为区块链系统保护用户隐私提供了基础。

区块链系统中的用户通常通过公私钥体系中的私钥对身份进行控制,并使用与私钥对应的公钥,或公钥经密码学变换得到的地址作为唯一的身份标识,用户只要拥有私钥即可参与区块链上的各类交易,至于是谁持有该私钥则不是区块链所关注的事情,区块链也不会去记录用户与公私钥的对应关系,所以区块链系统知道某个私钥的持有者在区块链上进行了哪些交易,但并不知晓这个持有者是谁,从而在一定程度上保护了用户的隐私(见图2.4)。

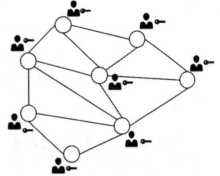

区块链各节点成员有唯一私钥

图 2.4 区块链隐私保护示意图

从另一个角度来看,快速发展的密码学为区块链中用户的隐私提供了更多保护方法。同态加密、零知识证明、盲签名、环签名等前沿技术可以让链上数据以加密形态存在,任何不相关的用户都没法从密文中读取到有用信息,而交易相关用户可以在设定权限范围内读取有效数据,这为用户隐私提供了更深层次的保障。

2.3.4 系统高可靠

区块链系统的高可靠体现在以下方面:

（1）每个节点对等地维护一个账本并参与整个系统的共识，也就是说，即使其中某个节点发生了故障，都不影响整个系统的正常运转。这就是为什么我们可以自由加入或者退出比特币系统网络，而整个系统依然工作正常的原因。

（2）区块链系统支持拜占庭容错。传统的分布式系统虽然也具有高可靠特性，但是通常只能容忍系统内的节点发生崩溃现象或者出现网络分区的问题，而系统一旦被攻克（甚至是只有一个节点被攻克），或者说修改了节点的消息处理逻辑，则整个系统都将无法正常工作。

通常，按照系统能够处理的异常行为可以将分布式系统分为崩溃容错（Crash Fault Tolerance, CFT）系统和拜占庭容错（Byzantine Fault Tolerance, BFT）系统。CFT 系统顾名思义，就是指可以处理系统中节点发生崩溃（Crash）错误的系统，而 BFT 系统则是指可以处理系统中节点发生拜占庭（Byzantine）错误的系统。拜占庭错误来自著名的拜占庭将军问题，现在通常是指系统中的节点行为不可控，可能存在崩溃、拒绝发送消息、发送异常消息或者发送对自己有利的消息（即恶意造假）等行为。

传统的分布式系统是典型的 CFT 系统，不能处理拜占庭错误，而区块链系统则是 BFT 系统，可以处理各类拜占庭攻击行为。区块链能够处理拜占庭错误的能力源自其共识算法，而每种共识算法也有其对应的应用场景（或者说错误模型，简单来说，就是拜占庭节点的能力和比例）。例如，PoW 共识算法不能容忍系统中超过 51% 的算力协同进行拜占庭行为；PBFT 共识算法则不能容忍超过节点总数 1/3 的节点进行拜占庭行为；Ripple 共识算法不能容忍系统中超过 1/5 的节点存在拜占庭行为等。因此，严格来说，区块链系统的可靠性也不是绝对的，只能说是在满足其错误模型要求时，能够保证系统的可靠性。然而由于区块链系统中，参与节点数目通常较多，其错误模型要求完全可以被满足，所以我们一般认为，区块链系统是具有高可靠性的。

2.3　区块链的分类及代表系统

根据网络范围及参与节点特性，区块链可划分为公有链、联盟链、私有链三类。这三类区块链特性的对比如表 2.1 所示。这里首先对表中术语做简要的介绍。

- 共识机制：在分布式系统中，共识是指各个参与节点通过共识协议达成一致的过程。
- 去中心化：去中心化是相对于中心化而言的一种成员组织方式，每个参与者高度自治，参与者之间自由连接，不依赖任何中心系统。
- 多中心化：多中心化是介于去中心化和中心化之间的一种组织结构，各个参与者通过多个局部中心连接到一起。
- 激励机制：鼓励参与者参与系统维护的机制，比如，比特币系统对获得相应区块记账权的节点给予比特币奖励。

表 2.1　区块链的类型与特性

特　性	公　有　链	联　盟　链	私　有　链
参与者	任何人自由进出	联盟成员	个体或公司内部
共识机制	PoW/PoS/DPoS 等	分布式一致性算法	分布式一致性算法
记账人	所有参与者	联盟成员协商确定	自定义
激励机制	需要	可选	可选
中心化程度	去中心化	多中心化	（多）中心化
突出特点	信用的自建立	效率和成本优化	透明和可追溯
承载能力	3～20 笔/秒	1 000～1 万笔/秒	1 000～20 万笔/秒
典型场景	加密数字货币、存证	支付、清算、公益	审计、发行

2.3.1　公有链

公有链中的"公有"就是任何人都可以参与区块链数据的维护和读取，不受单个中央机构的控制，数据完全开放透明。

公有链的典型案例是比特币系统。使用比特币系统，只需下载相应的客户端。创建钱包地址、转账交易、参与挖矿，这些功能都是免费开放的。比特币开创了去中心化加密数字货币的先河，并充分验证了区块链技术的可行性和安全性，比特币本质上是一个分布式账本加上一套记账协议，但比特币尚有不足，在比特币体系里只能使用比特币一种符号，很难扩展用户自定义的信息结构来表达更多信息，比如资产、身份、股权等，从而导致扩展性不足。

为了解决比特币的扩展性问题，以太坊应运而生。以太坊通过支持图灵完备的智能合约语言，极大地扩展了区块链技术的应用范围。以太坊系统中也有地址，当用户向合约地址发送一笔交易后，合约激活；然后根据交易请求，合约按照事先达成共识的契约自动运行。

公有链系统完全没有中心机构管理，依靠事先约定的规则来运作，并通过这些规则在不可信的网络环境中构建起可信的网络系统。通常来说，需要公众参与、需要最大限度地保证数据公开透明的系统，都适合选用公有链，如加密数字货币系统、众筹系统等。

公有链环境中，节点数量不定，节点实际身份未知、在线与否也无法控制，甚至极有可能被一个蓄意破坏系统者控制。在这种情况下，是如何保证系统可靠可信的呢？实际上在大部分公有链环境下，主要通过共识算法、激励或惩罚机制、对等网络的数据同步保证最终一致性。

公有链系统存在的问题包括：
- 效率问题：现有的各类 PoX 共识，如比特币的 PoW 及以太坊 2.0 推出的 PoS，具有的一个很严重的问题就是产生区块的效率较低。由于在公链中，区块的传递需要时间，为了保证系统的可靠性，大多数公链系统通过提高一个区块的产生时间来保证产生的区块能够尽可能广泛地扩散到所有节点处，从而降低系统分叉（同一时间段内多个区块同时被产生，且被先后扩散到系统的不同区域）的可能性。因此，在公链中，区块的高生成速度与整个系统的低分叉可能性是矛盾的，必须牺牲其中的一个方面来提高另一方面的性能。同时，由于潜在存在的分叉情况可能会导致一些刚生成的区块的回滚，一般来说，在公链中每个区块都需要等待若干个基于它的后续区块的生成，才能够以可以接受的概率认为该区块是安全的。比特币中的区块在有 6 个基于它的后续区块生成后才被认为是足够安全的，而这大概需要一个小时，这对于大多数企业应用来说根本无法接受。

- 隐私问题：目前公有链上传输和存储的数据都是公开可见的，仅通过"地址匿名"的方式对交易双方进行一定隐私保护，相关参与方完全可以通过对交易记录进行分析从而获取某些信息。这对于某些涉及大量商业机密和利益的业务场景来说也是不可接受的。另外，在现实世界的业务中，很多业务（如银行交易等）都有实名制的要求，因此在实名制的情况下，当前公有链系统的隐私保护确实令人担忧。
- 最终确定性（Finality）问题：交易的最终确定性是指特定的某笔交易是否会最终被包含进区块链中。PoW 等公有链共识算法无法提供实时确定性，即使看到交易写入区块也可能后续再被回滚，只能保证一定概率的收敛。如在比特币中，一笔交易在经过 1 小时后可达到的最终确定性为 99.999 9%，这对现有工商业应用和法律环境来说，可用性有较大风险。
- 激励问题：为促使参与节点提供资源，自发维护网络，公有链一般会设计激励机制，以保证系统健康运行。但在现有大多数激励机制下，需要发行类似于比特币的代币，这不一定符合各个国家的监管政策。

加密数字货币是区块链技术的起点，也是最热门的方向。而加密数字货币大部分都是采用公有链的形式，因此公有链项目最多。此处介绍最具有代表性的两个项目，即比特币和以太坊。

1. 比特币系统

比特币系统是区块链系统的第一个典型应用，也是为比特币这个加密数字货币设计的专用系统，本书在前述章节已对其进行了较为详细的介绍，此处不再对其发展历程和原理进行赘述，而是对其一些较为独特的特性，如 UTXO 模型、锁定脚本和解锁脚本等进行介绍。

1）比特币 UTXO 模型

首先，比特币系统中是没有严格意义上的"账户"概念的，取而代之，比特币系统提出了其独特的未消费的交易输出（Unspent Transaction Output，UTXO）模型，本书中简称 UTXO 模型。UTXO 是一个包含交易数据和对应执行代码的数据结构，所有的 UTXO 条目构成了比特币的"账本"，其中每个传统意义上的"账户"的数据可以通过与它相关的 UTXO 推算出来。

在一个具有传统"账户"概念的传统支付系统中，每个用户都对应着一个账户，支付系统会对每个账户的余额进行单独的记录和管理。当系统中有用户之间发起了支付的交易，支付系统会分别对参与交易的账户的余额信息进行检查和修改。例如，A 向 B 转账 50 元，首先需要检查 A 的账户中有 50 元的余额，再同时从 A 的账户中扣除 50 元，并向 B 的账户中添加 50

元。可以看到，为了保证整个系统的正确性，防止双花等情况的存在，支付系统需要确保对应的业务规则得到遵守（A 的账户中至少有 50 元的余额），同时也需要保证每个交易的"事务性"，即原子性、一致性、隔离性及持久性（ACID），简单来说，即保证从 A 的账户扣款和向 B 的账户添加款项这两个动作必须同时执行，不受其他事件影响，且不会丢失。

然而，比特币系统并没有采取如此的设计，而是创新性地提出了 UTXO 的方案。UTXO 方案的核心就在于，通过交易本身来构成系统账本，而不是通过账户信息构成账本。具体来说，在比特币的每一笔交易（TX）中，都有"交易输入"（资产来源）和"交易输出"（资产去向），且每个交易都可以有多个交易输入和多个交易输出，交易之间按照时间戳的先后顺序排列，且任何一个交易中的交易输入都是其前序的某个交易中产生的"未花费交易输出"，而所有交易的最初的交易输入都来自 coinbase 交易，即矿工得到的挖矿奖励。

我们给出一个例子来说明 UTXO 模型下的转账过程。首先，矿工 A 挖到了 12.5 枚比特币，此后，他进行了两笔交易：首先，他将自己拥有的 5 枚比特币转账给了用户 B；一段时间后，他又与用户 B 合资，每人各出 2.5 枚比特币付给用户 C。在 UTXO 系统中，这样的一系列操作可由三个前后依赖的 TX 完成，见表 2.2～表 2.4。

表 2.2　示例交易（1）

coinbase 交易，#1			
	来源/去向	数　　额	编　　号
交易输入		12.5	
交易输出	A 的地址（公钥）	12.5	(1)

表 2.3　示例交易（2）

coinbase 交易，#2			
	来源/去向	数　　额	编　　号
交易输入	#1(1)	12.5	
交易输出	B 的地址（公钥）	5.0	(1)
	A 的地址（公钥）	7.5	(2)

表 2.4　示例交易（3）

coinbase 交易，#3			
	来源/去向	数　　额	编　　号
交易输入	#2(1)	5.0	
	#2(2)	7.5	
交易输出	C 的地址（公钥）	5.0	(1)
	B 的地址（公钥）	2.5	(2)
	A 的地址（公钥）	5.0	(3)

表 2.2 给出了这一系列交易的起始交易——交易♯1。可以看到,该交易无交易输入,表示来源为 coinbase,即矿工挖出一个区块的奖励,且仅有一个交易输出,对应着接受该区块奖励的矿工的地址。这个交易就提供了一个 UTXO,即可以理解为地址 A 有了相应数额(12.5)的未消费交易输出储备,此后,可以基于该 UTXO 进行进一步的交易。

表 2.3 给出了示例交易中的第二个交易,在该交易中,交易来源引用了交易♯1 的未使用交易输出作为交易输入,且有两笔对应该交易输入的交易输出,分别编号为 1 和 2,其中编号为 1 的交易输出指向了 B,即意味着地址 B 现有了价值 5 个比特币的 UTXO 可以在后续交易过程中引用(相当于 A 向 B 转账了 5 个比特币)。编号为 2 的交易输出指向了 A,意味着作为交易输入的交易♯1 还剩余的 7.5 个比特币(作为找零)又流入了 A 的地址,即 A 后续仍可以用价值 7.5 个比特币的 UTXO 作为交易输入。

表 2.4 给出了示例交易过程的最后一步,即用户 A 与用户 B 合资,每人各出 2.5 枚比特币付给用户 C。在该交易中,交易输入引用了交易♯2 中的两个 UTXO,分别是交易♯2 中的 1 号交易输出和 2 号交易输出。而对应的交易输出则有三个,其中,编号为 1 的交易输出流入了 C 的地址,价值 5 个比特币,剩下的 2 号和 3 号交易相当于对 A 和 B 的找零,分别对应着 A 和 B 提供的交易输入在该交易中未使用完的部分。

从上述的例子可以看出,比特币系统中,实际上不存在明显的"账户余额"的概念。每个账户都对应着某个地址,而某个地址在某个时间点所具有的"余额",是需要通过他具有的 UTXO 的情况进行计算得出的。在比特币系统中,这种跟踪计算由比特币钱包代为负责。

基于如此设计的 UTXO 系统,比特币如何保证 UTXO 只能被对应的地址所引用为交易输入呢?答案是比特币的脚本特性。比特币支持较为简单的交易脚本编写,用于对相应资产使用方式的规则的制定。

2) 锁定脚本与解锁脚本

比特币系统中,交易的合法性验证依赖于两类脚本,即锁定脚本与解锁脚本。实际上,比特币的交易过程中,要在交易输入中提供一个用于解锁 UTXO 的脚本,这类脚本即"解锁脚本",是一类能够"解决"所引用的交易输出上设定的花费条件的脚本;同时,交易的输出需要指向一个用于锁定当前交易的交易输出的脚本,这类脚本即"锁定脚本",该脚本的意义在于,在后续的交易中,谁能够提供与该锁定脚本匹配的解锁脚本,就能够使用该脚本所锁定的 UTXO 输出。交易的验证过程中,每个节点会通过执行当前交易的解锁脚本和当前交易所引用的上一个交易的锁定脚本来对交易进行验证,当两个脚本匹配时,交易才会被验证为有效。

比特币的交易脚本是一种基于逆波兰表示法的基于堆栈的执行语言。逆波兰表示法(Reverse Polish Notation,RPN)是由波兰数学家扬·武卡谢维奇于 1920 年引入的一种数学表达式方式。这种表达方式的规则是,所有的操作符都置于相应的操作数之后。例如,"三加四"这一数学表达式,常规中缀记法表达式为"3+4",而用逆波兰表示法表示为"34+";常规中缀记法的表达式"(3+4)*5"用逆波兰表示法表示为"34+5*"。可以看出,这种表达方法的好处在于不需要使用括号来标识操作符的优先级,首尾遍历表达式,每遇到一个操作符,将其前方存放的对应数目的操作数取出进行计算即可。逆波兰表达式的这种特点,使得其很适合用堆栈结构进行解释。堆栈为一种特殊的数据结构,可以理解为一堆数据的集合,其中维护一个"栈顶"元素,允许两种操作,即出栈和入栈。出栈即取出并在栈中删除栈顶的元素,入栈即在栈顶放入一个项目。栈内部的维护可以有许多种原则,如最大元素在栈顶,或者最新入栈的元素在栈顶等。利用一个栈顶维护最新入栈元素的栈,很容易实现逆波兰表示法的表达式解释器,即遇到操作数则压入栈中,遇到操作符时,从栈顶取出该操作符所需数目的操作数,进行计算后再将对应结果入栈;从左至右遍历对应表达式后,栈顶所维护的值即表达式的值。图 2.5 给出了逆波兰表达的脚本语言"2 3 ADD 5 EQUAL"的执行过程。

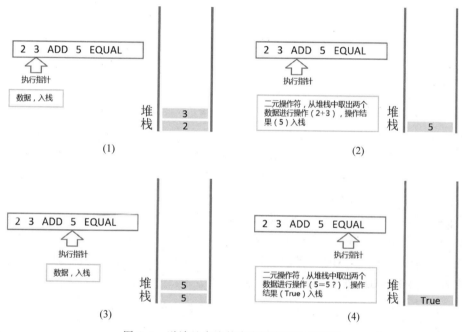

图 2.5 逆波兰表达的脚本语言的执行过程

具体地,执行指针从命令"2 3 ADD 5 EQUAL"的头部开始执行,首先会遇到两个操作数 2 和 3,则按顺序将其压入栈中,此时堆栈中的元素由栈顶至栈底有 3、2 两个操作数;执行指针继续向右移动,遇到二元操作符"ADD",即会从堆栈中按顺序取出两个操作数进行"ADD"操作,也就是相加操作,得到的结果为 5,并将结果 5 压入堆栈中;执行指针继续右移,遇到操作数 5,即将其压入栈中,目前堆栈中的元素有 5、5 两个操作数;继续右移,遇到二元判等操作符"EQUAL",便从堆栈中移出两个操作数,进行判等操作;判等操作结果为 True(真),即将 True 压入栈中。此时,执行指针已移至命令串末尾,执行完毕。

比特币交易脚本的语言即采用如此的执行流程,并对与交易相关的一些操作符进行了规定。在编写的过程中,用户可以通过选取相应的操作符并填入相关的操作数来进行脚本的编写。

需要说明的是，比特币所使用的脚本语言，具有图灵非完备性及执行结果确定的两种性质。其中，图灵非完备性对应着英国数学家图灵所提出的抽象计算模型：确定性图灵机，它是一个能够计算任何可计算函数的、具有无限存储能力的计算机器；若一个语言能够用图灵机做到的所有事情，则称该语言为"图灵完备"的。然而，由于比特币的交易脚本语言不支持循环或者较为复杂的流控制，所以它是图灵非完备的，换句话说，比特币的交易脚本的表达能力是极为有限的，其执行的流程、循环的次数都是可以预见的且确定的。然而，就是这种受限性所带来的确定性，保证了比特币的安全性。由于交易脚本语言的确定性，保证了相同的脚本在所有节点上的执行结果都是一致的，因此，一个有效的（可以通过验证的）交易在所有节点上都是有效的。相对于后期的一些支持非确定性的高级编程语言的智能合约平台，比特币在这一方面的安全性是十分可靠的。

另一方面，为了进一步保证比特币的安全性，比特币开发者对客户端可以操作的脚本类型进行了限制，规定了客户端可运行的五种标准交易脚本，分别为 P2PKH、P2PK、P2SH、MS 和 OP_Return，对应着不同的特性和用处。接下来，我们将对这五类脚本进行简要的介绍。

（1）P2PKH(Pay-to-Public-Key-Hash)。该类脚本为目前比特币网络上大多数交易所采用的交易脚本。这类交易脚本包含着一个锁定脚本，该脚本对交易输出进行锁定，即公钥和对应的公钥哈希值(PKH)。比特币网络上的大多数交易都是 P2PKH 交易，此类交易都含有一个锁定脚本，该脚本由公钥哈希实现阻止输出功能，公钥哈希即广为人知的比特币地址。由 P2PKH 脚本锁定的输出可以通过键入公钥和由相应私钥创设的数字签名得以解锁。

下面，我们通过一个例子对 P2PKH 脚本进行介绍。假定在一笔交易中，Bob 给 Alice 支付了 0.15BTC。由于比特币并没有传统的"账户"概念，用户通过其地址（即其公钥）来标记，因此这笔交易中仅写明了 Alice 公钥的哈希值。然而，为了限定只有 Alice 才能够花费这笔交易对应的 UTXO，Bob 会在这笔 0.15BTC 的交易中创建一个输出脚本：

OP_DUP OP_HASH160 < Alice Public Key Hash > OP_EQUAL OP_CHECKSIG

这个脚本即表示对于输出交易的解锁条件，即需要提供一个签名和一个公钥。而有效的签名需要用户的私钥生成，因此仅有 Alice 能够创建出能够通过该脚本验证的签名。

Alice 在需要花费该交易中的 0.15BTC 的 UTXO 时，需要提供 Bob 生成的锁定脚本所对应的解锁脚本：

< Alice Signature >< Alice Public Key >

将解锁脚本和锁定脚本进行组合，获得如下的组合脚本：

< Alice Signature >< Alice Public Key > OP_DUP OP_HASH160 < AlicePublic Key Hash > OP_EQUAL OP_CHECKSIG

该组合脚本的执行过程示意图如图 2.6 及图 2.7 所示。

具体地，执行指针从组合脚本的头部开始执行，首先遇到< Signature >及< PubKey >两个

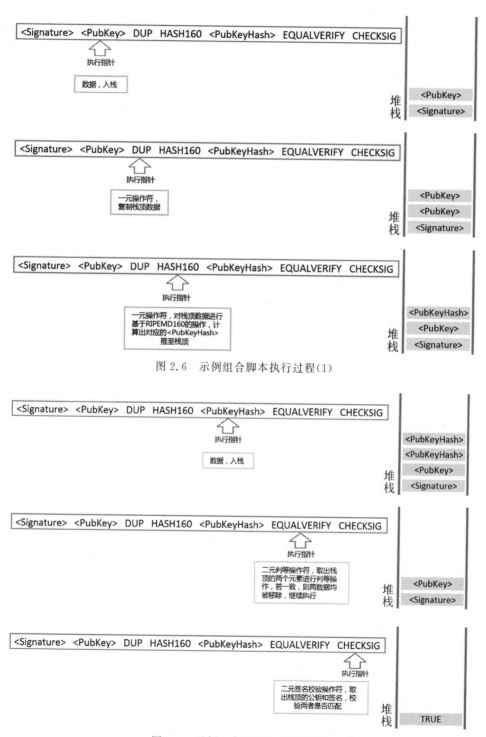

图 2.6 示例组合脚本执行过程(1)

图 2.7 示例组合脚本执行过程(2)

操作数,则按顺序将其压入堆栈;执行指针继续向后移动,遇到一元操作符"DUP",该操作符的作用为复制栈顶元素并将其压入栈顶,执行完成后堆栈中现有元素按从栈顶到栈底的顺序排列有<PubKey>、<PubKey>、<Signature>三个;执行指针继续后移,遇到一元操作符"HASH160",该操作符的作用为计算栈顶元素的哈希值,并将计算结果压入栈顶;计算完后,堆栈中现有元素的排列变成了<PubKeyHash>、<PubKey>、<Signature>;执行指针继续后移后遇到操作数<PubKeyHash>,直接压入栈顶,堆栈中元素变为<PubKeyHash>、<PubKeyHash>、<PubKey>、<Signature>;执行指针指向的下一个操作符为二元操作符"EQUALVERIFY",该操作符的作用为对两个操作数进行判等,若判等通过,则将两操作数移除,并继续执行;EQUALVERIFY 成功执行完毕后,堆栈中元素变为<PubKey>、<Signature>,执行指针继续右移,执行指针最终指向二元操作符"CHECKSIG",该操作符会对一组公钥和签名进行检查,确认签名是由公钥对应的私钥生成的;执行完毕后,会将对应的执行结果压入栈中。

可以看到,只有当解锁脚本与锁定脚本的设定条件相匹配时,执行组合脚本时才会显示结果为真(Ture)。即只有当解锁脚本提供了 Alice 的有效签名,交易执行结果才会被通过(结果为真)。

(2) P2PK(Pay-to-Public-Key)。P2PK 模式是一种较为简单的交易脚本模式。但相比于 P2PKH,由于其并未对用户的公钥进行哈希,所以可能会泄露用户公钥。目前,coinbase 的交易常使用该模式。

该模式中,锁定脚本的形式如下:

<Public Key A> OP_CHECKSIG

解锁脚本仅包含一个操作数,即使用者的签名:

<Signature from Private Key A>

组合脚本如下:

<Signature from Private Key A><Public Key A> OP_CHECKSIG

该组合脚本的意义为调用 OP_CHECKSIG 操作符,对私钥 A 的签名和私钥 A 对应的公钥进行验证,如果验证通过,则返回结果为真,通过校验。

(3) P2SH(Pay-to-Script-Hash)。P2SH 相比于前两种脚本模式具有更强的灵活性,具体来说,其仅记录 20 字节的脚本哈希,从而对具体的脚本细节进行了保护。在需要使用通过该类脚本锁定的 UTXO 时,出示对应该哈希值的原始脚本,并保证脚本的运行结果为真即可。

该模式中,锁定脚本的形式如下:

HASH160 PUSHDATA(目标脚本哈希) EQUAL

解锁时提供对应的目标脚本即可。

(4) 多重签名 MS(Multi-Signature)。多重签名提供了这样一种解锁场景,即在相关的 N 个公钥中,需要提供 M 个公钥对应的签名,才可以对相应 UTXO 进行解锁。这类脚本在涉及多方协商交易的场景下较为有效。

该模式中,通用的 $M-N$ 多重签名锁定脚本(M 为至少需要提供的签名数量,N 为涉及的公钥总数)的形式如下:

M < Public Key 1 >< Public Key 2 > … < Public Key N > N OP_CHECKMULTISIG

对应的解锁脚本的形式如下:

OP_0 < Signature k >< Signature j > …

锁定脚本与解锁脚本结合,即可对提供的签名进行验证,从而达到多重签名锁定的目的。

(5) 数据记录输出(OP_Return)。数据记录输出脚本主要是用于对比特币功能的拓展。通过该类脚本,开发者可以在交易输出上增加 80 字节的非交易数据。

比特币交易脚本可以视为智能合约的雏形,不过它的机制相对来说比较简单,仅是一个堆栈式的指定 OP 指令解析引擎,所能够支持的规则较少,难以实现复杂的逻辑。然而比特币脚本无疑为后续区块链系统的智能合约的提出提供了一个原型,相当于给区块链系统增添了一个功能拓展接口,使区块链能够在更多的场景下发挥作用。

可以说,比特币系统作为区块链领域的开山之作,其中各种设计都是非常精巧且值得借鉴的。当前,比特币已经走过了十多年,除部分交易所因为自身防范不周曾发生过被黑客盗取储备币等问题,目前还没有因为比特币自身的机制产生过严重的安全问题,同时,比特币系统的各种设计仍被各类区块链系统广为借鉴和拓展。

3) 比特币的 51% 攻击问题

比特币的安全性保证源自其独特的 PoW 共识机制,以及其每个节点都可以独立正确验证的交易脚本机制。

要分析比特币系统的安全性,我们首先考虑在比特币系统中可能存在的攻击形式。一个攻击者若想通过攻击比特币系统获益,显然需要掌控"记账权",即产生区块的权利。由于比特币系统中,由谁来产生下一个区块是一个完全随机的事件,因此由一个攻击者节点产生部分区块是完全有可能的,但由于比特币中的正常节点都会对产生区块中的交易进行验证(通过运行交易中的锁定脚本和解锁脚本),因此,所有诚实的节点都不会接受一个包含无效交易的区块,这意味着攻击者无法凭空创造价值,也无法对不属于自己的比特币进行掠夺,攻击者所能够进行的仅仅是对自己能够发出的交易信息进行修改(因为它无法伪造其他参与者的签名等信息)。一个典型的攻击场景即"双花攻击",在这种攻击中,攻击者先将自己所拥有的资产(UTXO)在一笔交易(记为 TX1)中支付给另一个参与者以换取某些其他资产,该交易被写入当前比特币区块链(记为链 A)的第 $N+1$ 个区块;此时攻击者同时秘密地准备另一条基于原比特币区块链第 N 个区块的后续链(记为链 B),该链中并不包含 TX1;攻击者等待实际获取到 TX1 交易中所涉及的其他资产之后,再使用自己准备的这条秘密链 B 对原记录有 TX1

交易的链 A 进行替换,便可"抹消"自己所参与的 TX1 交易,收回自己在 TX1 交易中所使用的 UTXO。

当然,由于比特币的"最长链胜出"原则,攻击者所秘密产生的链 B 需要在替换时比原有链 A 更长,才能够成功实行"双花攻击"。而比特币系统中采用的 PoW 机制保证了某节点产生下一个区块的概率与该节点的算力占所有参与 PoW 节点的算力的比例成正比,因此,"双花攻击"的成功概率与攻击节点的算力密切相关。

在实践方面,若交易双方在记录其交易 TX1 的区块 N+1 生成后,等待若干个(记为 z 个)基于该区块的后续区块的成功生成之后,再对 TX1 交易进行确认(即进行交易所涉及其他资产的交接),则攻击者若要用自己秘密生成的链 B 成功替换已生成的这 z 个区块所在的链 A(即在相同的时间内生成数量多于 z 个区块),其难度显然是与 z 的长度相关的。

我们不妨做如下的假定来对恶意节点在 z 个区块生成后仍能够成功进行攻击的概率进行分析:

$$p = 诚实节点制造出下一个区块的概率$$
$$q = 恶意节点制造出下一个区块的概率$$

若使用 q_z 来表示攻击者最终在 z 个区块长度时,产生的链 B 的长度超过了诚实者产生的链 A 的长度(成功攻击),则 q_z 可被表示为

$$q_z = \begin{cases} 1, & 若 p \leqslant q \\ \left(\dfrac{q}{p}\right)^z, & 若 p > q \end{cases}$$

可以看到,在恶意节点产生区块的概率 q 小于诚实节点产生区块的概率 p 时(即恶意节点的总算力小于诚实节点的总算力时),恶意节点攻击成功的概率随着链上区块数的增长而呈现指数化下降。中本聪的比特币白皮书中,对这种攻击实行的可能性进行了分析,同时给出了一系列关于 q、z 以及对应的攻击成功的概率 q_z 的计算结果。

当 $q=0.1$,即恶意节点的总算力占所有节点总算力的 10% 时,对应的 z 值和 q_z 的值如表 2.5 所示。

表 2.5　恶意节点占 10% 算力时对应的 z 值和 q_z

z	0	1	2	3	4	5	6	10
q_z	100%	20.5%	5.19%	1.32%	0.346%	0.091 4%	0.024 3%	0.000 12%

当 $q=0.3$,即恶意节点的总算力占所有节点总算力的 30% 时,对应的 z 值和 q_z 的值如表 2.6 所示。

表 2.6　恶意节点占 30% 算力时对应的 z 值和 q_z

z	0	5	10	15	20	25	30	50
q_z	100%	17.7%	4.17%	1.01%	0.248%	0.061 3%	0.015 2%	0.000 06%

需要说明的是，q 所代表的恶意攻击者的比例实际上应该是所有"合谋"的恶意攻击者的比例，因为它们需要互相配合以在同一条恶意链上进行延续。中本聪也给出了保证攻击成功率 $q_z<0.1\%$ 时，z 跟随 q 的变化规律如表 2.7 所示。

表 2.7　保证攻击成功率小于 0.1% 时 z 与 q 的变化

q	0.10	0.15	0.20	0.25	0.30	0.35	0.40	0.45
z	5	8	11	15	24	41	89	340

在当前比特币系统中，由于参与计算的算力总量是十分可观的，攻击者所能够掌控的算力的总比例实际上是非常小的，因此目前的比特币系统中，一般取 6 个区块作为交易确认时间，即在交易被写入区块后再等待 6 个基于该区块的区块的生成（一般是 60 分钟），再实际进行该交易其他资产的交接。

4）比特币的隐私模型

传统的交易系统为交易的参与者提供了一定程度的隐私保护。具体地，用户需要将交易信息和个人身份信息递交给可信任的第三方，由可信任的第三方对用户信息和交易信息进行维护和保护。这种方案具有一定的安全性，因为可信任的第三方通常会采取一些方式对自己保存的用户信息和交易信息进行保密。然而，可信任的第三方也不是完全安全的，它可能会被攻击者攻破，也存在因为某些利益原因主动将部分数据交由其他人进行处理和分析的风险。

在比特币系统中，由于所有的交易都会被广播至全网，所以传统的中心化的隐私保护方法均不适用。然而，由于比特币的独特设计，用户的隐私依然可以得到保护。正如前面章节所述，比特币系统中不存在"账户"，其账本是由一个个交易组成的，而交易中的参与者仅是一系列"地址"，或者说是公钥。公众所能够从公开的账本中得知的信息仅仅是某些地址将一定数量的货币发送给了另一些地址，然而，对于具体的地址与人的对应关系却一无所知。作为额外的防护措施，比特币的使用者甚至可以在每次交易中都产生并使用一个新的地址，从而使交易的追溯更加困难。从比特币被发明到现在的十多年间，中本聪作为发明者和较大量的比特币持有者，其真实身份一直未被大众所获知，也可以从一定程度上说明比特币的隐私保护功能的强大。

然而需要指明的是，比特币系统虽然可以通过地址和用户不对应的方式对用户隐私进行保护，但其账本完全公开的特性，也给所有人提供了分析账本数据，找出特定地址交易规律，从而定位地址与人的对应关系的可能。

2. 以太坊系统

随着比特币的蓬勃发展，有越来越多的人参与到比特币的交易、研究之中。由于比特币本身在当时是一个非常"极客"的新生事物，参与到比特币社区的人也大多都是各有抱负的年轻极客。在当时参与讨论的极客群体中，有一位出生于 1994 年的俄罗斯青年 Vitalik Buterin

(后被称为V神)。在接触到比特币的魅力之后,Vitalik决定完全投入到对这样的一个完全去中心化的系统的研究之中。2013年,Vitalik高中毕业后进入以计算机科学闻名的加拿大滑铁卢大学,但倍感在学校的学习不能够完全满足他想与更多的区块链爱好者交流学习的需求后,他在入学仅8个月时便毅然退学,走访美国、西班牙、意大利以及以色列等国家的比特币开发者社群,并积极参与到比特币转型工作之中。

然而,随着Vitalik对比特币转型工作,即寻求比特币在加密数字货币以外的应用的开展,Vitalik意识到比特币系统在设计上具有一些先天的局限性,比如,带来巨大能源损失的挖矿机制。而这些局限性是难以通过后期的完善来克服的。因此,Vitalik决定自己开发一个全新的通用的区块链平台,该平台的目的主要在于扩展区块链在更多领域的应用,让所有的开发者能够利用该平台构建各种各样的去中心化应用(Decentralized Application,DApp),这就是以太坊。以太坊改进了比特币的挖矿方式,使得大规模专用矿机不再有优势,同时以太坊平台增添了"智能合约"的功能,即开发者能够基于以太坊虚拟机提供的智能合约开发接口,对他们自己的去中心化应用进行搭建。

在2020年年底,以太坊已经启动了1.0版本到2.0版本的升级。以太坊2.0最重要的改变是使用了新的共识算法及分片机制,大幅提升了整体性能,解决以太坊的拥堵问题。同时优化账户模型,解决费用过高的问题。

本部分将对以太坊的一些设计思路,包括其账户模型、采用的挖矿算法、提供的智能合约实现等,进行简要的介绍。

1) 以太坊账户模型

与比特币不同,以太坊没有采用UTXO模型,而是采用了传统记账系统的账户模型,即每个用户对应一个直接记录余额的账户,交易中附带有参与交易的账户的信息。相比于比特币的UTXO模型,以太坊所采用的传统账户模型显然更易于理解和进行智能合约的编程。

具体地,以太坊的每一个账户都由一对公私钥进行定义,账户的地址为其公钥的最后20个字节,以太坊以地址来对账户进行索引。在以太坊中,共有两种账户模型,即外部拥有账户(Externally owned account,EOAs)和合约账户(Contract account)。以太坊的外部拥有账户一般是给用户分配的账户,拥有该账户的用户可以通过账户对应的私钥创建和签署交易,发送消息至其他外部账户或合约账户。合约账户一般是由合约代码控制的账户,可以被外部拥有账户触发从而执行其对应的合约代码,进行各种预先定义好的操作。

这些账户都是具有状态的"实体账户"(相对于比特币的"虚拟账户"),例如,外部账户有余额,合约账户有余额和合约储存。以太坊中所有账户的状态即以太坊网络的状态,以太坊通过产生区块对其状态进行更新。

以太坊的账户状态包括如下四个部分:

(1) nonce:随机数,用于唯一指定一个交易或合约代码;

(2) balance:账户余额;

(3) root:账户状态树的树根的哈希值;

(4) codeHash：账户合约代码的哈希值，对外部拥有账户，此字段为空。

2) 以太坊共识算法

以太坊 1.0 中采用了与比特币类似的 PoW 共识机制，俗称挖矿，但其所选用的挖矿算法与比特币不同。在比特币所使用的 SHA-256 挖矿算法中，挖矿的速度与机器的算力成正比，从而催生了利用大规模专用矿机集群进行合作挖矿的集中式矿场，降低了比特币的去中心化程度，因此，以太坊采取了 Ethash 算法作为其工作量证明算法。Ethash 算法具有挖矿效率与内存大小和内存带宽正相关的特点，这就防止了部分矿场通过堆叠专用矿机算力而获取挖矿效率上的提升。

以太坊的挖矿算法 Ethash 又名 Dashimoto（Dagger-Hashimoto），是 Hashimoto 算法结合 Dagger 算法产生的一个变种算法。本书仅对其算法基本流程进行简要的介绍，不深入该算法的数学细节。

Ethash 算法的大致流程如下：

(1) 先根据相关区块的内容计算出一个种子（seed），再利用种子产生一定大小（16MB）的伪随机数数据集，称为 cache。

(2) 基于 cache 生成较大规模（1GB）的数据集，称为 the DAG；DAG 中的每一个元素都是利用 cache 中的某几个元素计算得出的，并且如果给出 cache 和其中的指定几个元素，就可以很快计算出 DAG 中对应的元素。

(3) 挖矿的过程即从 DAG 中随机选取元素对其进行哈希，获得一个哈希值满足指定的"难度要求"的元素。

在这种挖矿设定下，挖矿的过程需要客户端保存 DAG 的全部信息，而对挖出的区块的验证过程仅需要较小的 cache 中的信息，即验证节点仅需要基于 cache 快速计算出 DAG 中指定位置的元素，然后验证该元素的哈希结果符合难度要求。验证过程仅需要普通 CPU 及内存即可快速完成。

在以太坊的设定中，cache 和对应的 DAG 每个周期更新一次，而一个周期的长度一般是几千个区块。因此，挖矿过程中的主要开销在于频繁地从 DAG 中读取数据进行计算，而不是对 cache 及 DAG 进行计算和更新，这就是 Ethash 算法内存敏感的原因。

以太坊挖矿的难度调整是动态进行的，每个区块的难度系数都会根据上一区块的生成时间、上一区块的难度系数以及区块高度等因素由指定计算公式计算得出，并写在相应的区块头中。由于以太坊尚处于不断的开发迭代演进中，其具体使用的难度计算公式及其中的参数都处于不断的变化调整中。

以太坊 2.0 采用权益证明（Proof of Stake，PoS）共识算法替代 PoW，PoS 算法的详细介绍请参见 2.5.2 章节。

3) 以太坊智能合约及以太坊虚拟机 EVM

以太坊为区块链系统添加了"智能合约"的实现。关于智能合约技术本身的介绍可以参考 2.5.3 章节，此处我们仅对以太坊本身所提供的智能合约进行简单的介绍。

相比于比特币所提供的极为受限的交易脚本语言，以太坊所提供的智能合约极大增强了区块链的功能，同时也为区块链赋予了可编程性。通过以太坊平台提供的智能合约编程语言和相应的对智能合约进行解释执行的以太坊虚拟机，区块链开发者可以直接在以太坊平台上进行各种可能的操作的开发，赋予以太坊区块链各种方向的应用。

我们可以将以太坊视为一个可以实现去中心化应用的平台，其核心是一套用于对运行以太坊的节点所要执行的智能合约进行编程的语言，以及相应的在保证节点运行其他服务的环境不受影响的条件下，对所编写的智能合约语言代码进行解释执行的虚拟机。用户通过调用以太坊提供的接口对自己所希望部署的去中心化应用进行编写，在调用时，通过共识协议在所有以太坊节点间对将要执行的智能合约达成一致，进而在每个节点的 EVM 上进行执行。

具体地，可以将智能合约理解为代码和数据的集合。以太坊所提供的智能合约编程语言是图灵完备的，也就是说，以太坊的智能合约可以做到所有能够用图灵机做到的事情，类似于常见的高级编程语言，如 C++、Golang 等。以太坊提供了几套编写智能合约的高级语言，如 Solidity、Vyper、Serpent 及 LLL 等，其中目前较为流行的是 Solidity 及 Vyper。以太坊默认的智能合约编程语言是 Solidity，用该语言编写的智能合约对应的文件扩展名为 .sol，目前有许多可用的在线 Solidity 集成开发环境（IDE），如 Browser-Solidity Web IDE 等，用户可以很方便地在其上编写并编译自己所需的智能合约代码。

用户通过这些高级语言编写出较为复杂的智能合约代码后，对应的代码被编译为可以在 EVM 上执行的 EVM 字节码，这些字节码再被上传至以太坊区块链，从而使所有节点均可获取代码段字节码，进而在每个节点上都能够利用本地的 EVM 对字节码进行执行。

EVM 在设计上具有如下的特性：

（1）基于堆栈＋区分存储类型。EVM 是一种基于堆栈的虚拟机，其对栈的大小不做限制，但限制栈调用深度为 1024；使用 256bit 的机器码，用于智能合约字节码的执行；同时，以太坊区分临时存储和永久存储，其临时存储（Memory）存在于 EVM 的每个实例中，而其永久存储（Storage）则存在于区块链状态层。

（2）图灵完备＋Gas 限制计算量。EVM 是图灵完备的；然而，图灵完备会导致一些问题，比如，某些恶意节点可能上传无限执行的智能合约代码，从而达到消耗以太坊计算资源的目的。因此，EVM 中引入了 Gas 的概念。以太坊节点在创建执行智能合约代码的消息时，需要支付一定量的 Gas 用于"购买"执行智能合约所需的计算量。当 EVM 执行交易时，Gas 将按照一定的规则被逐渐消耗，执行完后剩余的 Gas 会返还至支付节点。若在执行合约代码的过程中 Gas 被消耗殆尽，则 EVM 会触发异常，将当前已执行的相关合约代码已修改的状态进行回滚，并不会将 Gas 回退给支付节点。Gas 可以通过以太坊购买，概念上类似于云计算中对提交任务所占用的计算资源进行付费的机制。

（3）环境隔离。EVM 在节点上是一个隔离的环境，它保证了在其中执行的所有智能合约代码均不能影响以太坊节点的其他与以太坊 EVM 无关的状态，从而保证了运行 EVM 的以太坊节点的安全性。

尽管以太坊所引入的智能合约概念极大地拓展了区块链的应用范围，但其仍存在如下的一些不足：

（1）缺少标准库。目前，以太坊的各类智能合约编码语言中均无高级编程语言中常见的标准库。因此，开发者进行编码的难度较高，很多开发者为了方便编程，会大段复制粘贴一些开源智能合约的实现。一方面，造成了不必要的开发难度；另一方面，也降低了智能合约代码的安全性（若某开源实现中的智能合约代码存在漏洞，则直接复制其部分代码的其他智能合约代码也会沿袭其漏洞）。

（2）受限的数据类型。目前，以太坊采用了极其非主流的 256bit 整数，降低了 EVM 的运算效率；同时，EVM 也不支持浮点数运算，在一定程度上限制了以太坊的应用场景。

（3）难以调试和测试。目前 EVM 仅能抛出 OutOfGas 的异常，同时不支持调试日志的输出。另外，尽管以太坊提供了创建测试网络私有链的功能供开发者局部地对编写的智能合约进行测试运行，但私有链对公有链的模拟极其有限，使得很多智能合约代码在部署前并不能得到充分的测试，可能会引起严重的后果。

随着以太坊的不断"进阶"，以太坊社区正不断地对这些不足进行改良，使人们能够更方便地利用以太坊进行各类去中心化应用的开发，从而进一步扩大区块链的应用范围。

4）典型的以太坊应用

随着以太坊的不断发展，基于以太坊的开发者生态圈已经相对完善。目前，已有数千个基于以太坊开发的 DApp 正在运营中。StateoftheDApps 网站（http://www.stateofthedapps.com/）集合了当前各类 DApp（其底层平台包括但不限于以太坊）当前的用户量、交易量以及用户月活量等信息。目前 DApp 所涉及的领域囊括游戏、金融、社交、博彩、交易市场、软件开发、媒体、钱包、治理、安全、财产、存储、身份、能源、健康、保险等 16 个领域。由于涉及的领域已经很广泛，所以相较于本书上个版本时的统计并没有太大变化，但是每个领域的 DApp 数量及 DApp 的质量都有较大提升。基于以太坊开发的数目最多的四类 DApp 及其代表项目分别如下：

（1）游戏类。目前有 535 个活跃的游戏类 DApp，如 RPG 类的 Axie Infinity，策略类的 Sorare，游戏交易平台 Tap 等。相较于本书上个版本时的统计，游戏数量大幅增加，游戏种类更加丰富。最初的游戏大部分是收集、养成等简单的类目，现在 RPG、策略类等可玩性更高、内容更加复杂的游戏开始逐渐增多并成为主流。

（2）博彩类。目前有 416 个活跃的博彩类 DApp，如赌博类游戏平台 FunFair，赌博游戏社区 decentral，提供骰子、滚轮、基诺等玩法的 Dicether，彩票平台 PoolTogether 等。相较于本书上个版本时的统计，除了赌博类 DApp 数量的增加，赌博游戏平台、社区也在逐渐活跃，生态更加完善。

（3）金融类。目前有 374 个活跃的金融类 DApp，如加密货币平台 Tether，借贷平台 MakerDAO，算法市场交易平台 Compound 等。区块链最初涉及的领域就是金融领域，也是区块链最重要的领域。虽然该类型 DApp 的数量不是最多的，但是相较于本书上个版本时的统计，增长速度非常可观。

(4) 社交类。目前有 263 个活跃的社交类 DApp，如视频网络专门平台 Livepeer，社交采购平台 2Key，社区平台 Sapien 等。相较于本书上个版本时的统计，虽然社交类 DApp 的数量增加并不多，但是形式已经从传统的婚恋、慈善、匿名聊天等发展为更多元化的形式。

实际上，当前各类 DApp 的用户量及用户活跃度都十分有限，究其原因，以太坊本身的性能无疑是限制 DApp 发展的一个因素。有评论认为，当前在以太坊上开发 DApp，相当于在 20 世纪 60 年代的硬件上进行计算。毕竟，以太坊交易的吞吐量、延时都远不及中心化系统，同时，在以太坊中进行信息记录的开销也十分大。

以太坊同时也在提供一些基础设施服务，典型代表是以太坊域名服务（Ethereum Name Service，ENS）。ENS 是以太坊基金会开发的一个 DApp，它是一个建立在以太坊平台之上的分布式域名系统。简单来说，就是在以太坊系统中提供类似于计算机网络中域名服务（Domain Name Service，DNS）的服务。

我们在前面的章节中提到过，以太坊的地址通常都是一段较长的无规律的字符串，难以记忆和索引（例如，ENS 的智能合约地址为 0x6090A6e47849629b7245Dfa1Ca21D94cd15878Ef，十分不便于阅读且难以记忆），类似于因特网中的 IP 地址。用这类地址进行转账等操作时，很容易出现错误，也容易受到攻击（例如，用户若通过复制粘贴来输入一个转账地址，则黑客可能通过将用户剪贴板中存储的地址调换为自己的地址，从而达到使用户误转账给黑客的目的）。因此，ENS 即旨在为部分以太网地址提供一个便于记忆的、简短易读的域名（就像 DNS 会为部分 IP 地址提供一个有意义的域名一样），在后续给对应地址进行转账时，可以通过直接指明对应地址的域名，即可成功进行操作。

ENS 提供的域名格式是 yourname.eth，其中 yourname 是自定义选项，需要至少 8 个字符，.eth 是固定项。注册一个 ENS 域名是一个完全去中心化的过程。通过执行 ENS 对应的智能合约，用户抵押一定量的以太币而参与到某一域名的拍卖之中，拍卖成功则需要把对应的以太币存储在相应注册合约中锁定至少一年，从而获取对应域名的使用权。

ENS 的拍卖过程采用维克里拍卖（Vickrey auction），或称"次价密封投标拍卖"。其竞拍流程主要分为三个阶段：①竞标：从域名开标到竞价截止共计 72 个小时，此阶段接受任何人的竞标，但所有人的竞标价都会被保密；②揭标：此阶段共 48 个小时，限定参加第一阶段的所有竞价者必须揭标，否则其提供抵押的 99.5% 的竞价金将被销毁；③结标：此阶段在揭标阶段之后，所有揭标者中的出价最高者以揭标者中的第二高的价格获得待拍域名，投标过程中的多余款项会被退回。

至笔者截稿时，目前 ENS 平台上已拍卖出的最贵的域名为 darkmarket，价值 20 103.101 以太币。随着 ENS 项目的不断发展，部分钱包应用也开始对 ENS 提供支持，其中较有代表性的是 Myetherwallet 和 Imtoken，用户可以通过 ENS 域名进行转账，同时也可以通过这两个钱包进行 ENS 域名的注册。

5）以太坊与 ICO

尽管 V 神启动以太坊项目的初衷是为 DApp 开发者们提供开发去中心化分布式应用的

平台,但以太坊的大规模推广以及以太币的大幅度增值都与 ICO 的大范围开展和 ERC-20 (Ethereum Request for Comment-20)标准的发布息息相关。

ICO 是以众筹的方式换取投资者手中的资金(通常为比特币或以太坊)。而 ERC-20 标准,则是以太坊的代币设计标准,它提供了一系列对基于以太坊智能合约构建的数字代币的规则和标准,利用以太坊智能合约,任何人都能够按照 ERC-20 标准中所要求的几个规则进行填充,编写对应的智能合约代码,从而发行自己的 ERC-20 代币,大大降低了发行代币的门槛。

显然,比起 DApp,以太坊在数字代币发行方面的应用也很受关注。随着区块链技术影响的扩大,在 2017 年及 2018 年年初,曾掀起了一股 ICO 热潮。由于发币的成本大幅度降低,利用以太坊,甚至在 10 分钟内就可以发行一种所谓的"数字货币"。这些"空气币"一方面极大地提升了以太坊项目本身的影响力;另一方面又使得 ICO 项目整体的公信度急剧下降,给普通群众一种"割韭菜"的不良印象。在国内,随着监管政策的及时发布,这类项目也迅速消失在大众的视线中。

6)以太坊 2.0 升级

在以太坊这样的系统中,系统软件的升级并不能像普通的单机系统或者中心化的云服务升级一样,去中心化的特质意味着系统的更新需要耗费较多的时间及工程量。当前以太坊上同时存在 PoW 和 PoS 两条链,未来这两条链会逐步融合。以太坊 2.0 的升级将分为 4 个阶段进行(见图 2.8)。

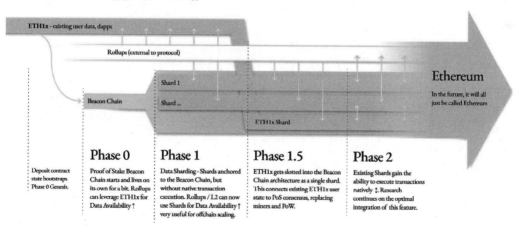

图 2.8　以太坊 2.0 升级过程

资料来源:https://www.coindesk.com/ethereum-2-0-beacon-chain-goes-live-as-world-computer-begins-long-awaited-overhaul

第一个阶段被称作"阶段 0",目标是实施信标链,作为其他分片的信任根。信标链部署完成后,将会引入 PoS 共识算法,存储和管理验证者的交易。

第二个阶段被称作"阶段1",计划于2021年启动,目标是引入分片。PoS共识算法的验证者会被分配到不同的片上出块,将每个分片通过交叉链锚定到信标链,验证者会将相关信息提交到信标链上。

第三个阶段被称作"阶段1.5",以太坊的共识算法正式升级为PoS,并将当前的网络作为2.0的一个分片。

第四个阶段被称作"阶段2",基于eWASM的执行虚拟机,添加分片链的执行引擎,以便在分片链上安装智能合约,并执行交易。每个分片都可以访问所有的运行环境,并进行跨片交易。

7) 以太坊2.0分片机制

在以太坊2.0升级的第一个阶段,分片被添加到系统中。最初的计划是以1 024个分片开始,但现在这个数字已经减少到64个。信标链仍然被认为是主链,但现在也包含分片引用。由于有64个分片,而每个信标区块可以与64个分片相关联,所以假设在正常操作中,每个信标区块可以与每个分片相关联。

分片区块和信标区块之间采用双向链接机制,分片链区块引用信标区块(带有信标区块的哈希值),以及信标区块引用分片链区块,分片链平行于主链,信标链作为网络的系统链,将确保整个网络的共识和状态的最终性,并将促成分片链之间的跨分片通信(见图2.9)。

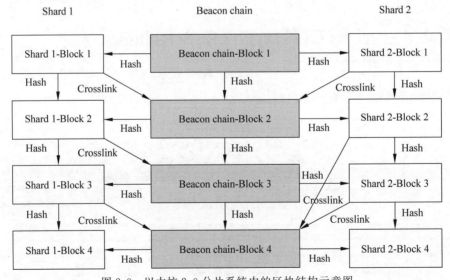

图2.9 以太坊2.0分片系统中的区块结构示意图

资料来源:https://medium.com/coinmonks/what-is-ethereum-2-0-1c8ad1cface6

2.3.2 联盟链

联盟链通常在多个互相已知身份的组织之间构建,比如,多个银行之间的支付结算、多个企业之间的供应链管理、政府部门之间的数据共享等。因此,联盟链系统一般都需要严格的身份认证和权限管理,节点的数量在一定时间段内往往也是确定的,适合处理组织间需要达成共识的业务。联盟链的典型代表是 Hyperledger Fabric 系统。

联盟链的特点如下:

(1) 效率较公有链有很大提升。联盟链参与方互相知道彼此在现实世界的身份,支持完整的成员服务管理机制。成员服务模块提供成员管理的框架,定义了参与者身份及验证管理规则。在一定的时间内,参与方个数确定且节点数量远远小于公有链,对于要共同实现的业务在线下已经达成一致理解,因此联盟链共识算法较比特币 PoW 共识算法约束变少,共识算法运行效率变高,比如,PBFT、Raft 等,可以实现毫秒级确认,吞吐率有极大提升(几百到几万 TPS)。

(2) 更好的安全隐私保护。数据仅在联盟成员内开放,非联盟成员无法访问联盟链内的数据。即使在同一个联盟内,不同业务之间的数据也进行一定的隔离,比如,Hyperledger Fabric 的通道(Channel)机制将不同业务的区块链进行隔离;在 1.2 版本中推出的 Private Data Collection 特性支持对私有数据的加密保护。不同的厂商又做了大量的隐私保护增强,比如,华为公有云区块链服务(Blockchain Service,BCS)提供了同态加密对交易金额信息进行保护,通过零知识证明对交易参与方身份进行保护等。

(3) 不需要代币激励。联盟链中的参与方为了共同的业务收益而共同配合,因此有各自贡献算力、存储、网络的动力,一般不需要通过额外的代币进行激励。

超级账本(Hyperledger)是一个由 Linux 基金会牵头并创立的开源分布式账本平台。超级账本于 2015 年 12 月正式宣布启动,由若干个各司其职的顶级项目构成。与其他区块链平台不同,超级账本的各个子项目都是锚定"平台"的,仅提供一个基于区块链的分布式账本平台,并不发币。

超级账本项目的整体目标是区块链及分布式记账系统的跨行业发展与协作,并着重发展性能和可靠性,使之可以支持主要的技术、金融和供应链公司中的全球商业交易。其目标是开发一个"开源的分布式账本框架,构建强大的行业特定应用、平台和硬件系统,以支持商业级交易"。加入超级账本联盟的首批成员,大多是银行、金融服务公司或 IT 公司,但随着时间的推移,越来越多的公司加入了该项目。

Hyperledger Fabric(本书后续在没有歧义的情况下简称 Fabric)是超级账本项目中的基础核心平台项目,它致力于提供一个能够适用于各种应用场景的、内置共识协议可插拔的、可部分中心化(即进行权限管理)的分布式账本平台,是首个面向联盟链场景的开源项目。本节以 Fabric 为例,讲述该项目的核心思想、整体架构和关键技术。

1. 核心思想

Fabric 是一个带有节点许可管理的联盟链系统。在传统的区块链系统中,系统对节点的加入没有限制,这使得系统的治理非常复杂。为了利用区块链的特性,同时避免复杂的系统治理,Fabric 采用了带有许可认证的节点管理方式,也就是系统是在一系列已知的、具有特定身份标识的成员之间进行交互。虽然对于系统来说,节点本身身份是已知的,但是节点之间并不互相信任,所以节点之间还是需要一个一致性的算法来保证数据是可信的。区别于比特币等公有链系统的 PoW 算法,在节点可知的 Fabric 系统中,可以采用传统的 BFT 类共识算法。

Fabric 另外一个具有创新意义的做法是采用"执行—排序—验证—提交"模型。传统的区块链系统采用的是一种顺序执行的方式,交易是在排序完成之后或者是排序的过程中执行智能合约(order-excute-update)生成的。这使得所有节点都必须按顺序执行智能合约,限制系统的可扩展性和性能。Fabric 使用了一种不一样的架构,称之为"执行—排序—验证—提交",使得 Fabric 有更好的扩展性和灵活性;而且交易预先执行的方式避免了非确定性的状态,也使得系统能够抵抗一些恶意攻击,如资源耗尽。在这样的模型基础上,Fabric 能够将交易拆分为构建区块和更新状态两个阶段,一方面,使得系统可以将交易的执行、排序、提交单独剥离出来,让系统的架构更加灵活;另一方面,也使得系统架构更加具有扩展性,开发者可以针对不一样的企业需求,对执行、排序、验证、提交各个阶段定制不一样的服务。

2. 整体架构

在前面的设计思想的基础上,Fabric 充分利用了模块化的设计、容器技术和密码学技术,使得系统具有可扩展性、灵活性和安全性。总体来说,在具体架构设计上,它主要采用了以下几个核心思想:

(1) 灵活的链码(Chaincode)信任机制。Fabric 系统中,链码即智能合约。链码的运行与交易背书、区块打包在功能上可以分割到不同节点角色上完成,且区块的打包可以由一组节点共同承担,从而实现对部分节点失败或者错误行为的容忍。而对于每一个链码,背书节点(Endorser)可以是不同的节点,保证了交易执行的隐私性、可靠性。

(2) 高效的可扩展性。相比于其他区块链系统中所有节点对等的设计方式,Fabric 中交易的背书节点与区块打包的排序节点(Orderer)解耦,这将保证系统有更好的伸缩性。特别是当不同链码指定了相互独立的背书节点时,不同链码的执行将相互独立开来,即允许不同链码的背书并行执行。

(3) 隐私保护。为了保护用户、交易的隐私及安全,Fabric 实现了一套完整的数据加密传输、处理机制。同时,通过将不同的业务或用户通过通道(Channel)隔离,实现数据的隔离,从而进一步保护隐私。

(4) 共识算法模块化。系统的共识由排序节点完成,并且在 Fabric 中,允许各类共识算法以插件的形式应用于排序节点,比如,Solo 共识、Kafka 共识、PBFT 共识等。

从系统逻辑架构的角度来看,Fabric 系统主要提供成员管理、区块链服务、智能合约服务、监听服务、客户端等。Fabric 的系统逻辑架构见图 2.10。其各个服务介绍如下:

1) 成员管理服务

成员管理服务为网络节点提供了管理身份、隐私、机密和审计的功能。Fabric 采用了 PKI 公钥体系,每一个网络节点首先需要先向证书颁发机构(CA)获取身份证书,然后使用身份证书加入 Fabric 网络。节点发起操作的时候,需要带上节点的签名,系统会检查交易签名

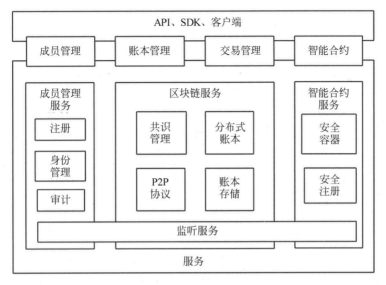

图 2.10 Fabric 系统逻辑架构

是否合法,并且具有指定的交易或者管理权限。

2) 区块链服务

区块链服务主要包含交易管理和账本管理。Fabric 中客户端提交交易请求,背书节点进行背书,通过共识管理模块将交易排序打包生成区块文件,主记账节点获取到区块之后,通过 P2P 协议广播区块到不同的记账节点中,记账节点拿到区块之后,通过账本存储管理模块写入本地账本中。上层应用程序还可以通过账本管理模块查询交易,包括通过交易号、区块编号、区块哈希值,等等。

从系统部署架构的角度来看,Fabric 系统常见的网络部署架构如图 2.11 所示。在常见的部署方式中,Fabric 区块链系统一般是由多个组织构成的,每一个组织有自己的背书节点、排序节点、主节点和记账节点。系统中主要包含 CA、客户端、排序节点和 Peer 节点。其中排序节点功能比较单一,主要完成交易排序的功能。Peer 节点根据功能不同可以划分为背书节点(Endorser)、记账节点 Peer、主节点。某一个 Peer 网络节点可能有多个功能。因为 Peer 节点的功能独立,这也使得节点的加入和退出比较灵活。

(1) Peer 节点。Peer 节点是整个 Fabric 系统中的核心节点,同时承担着背书节点和记账节点两个角色。其具体作用分别如下:

- 背书节点:背书节点由客户端指定。被某个客户端指定的背书节点需要完成对相应交易提案的背书处理。具体的背书过程为:收到来自客户端的交易提案后,首先进行合法性和权限检查,若检查通过,则背书节点在其本地对交易所调用的链码进行模拟运行,并对交易导致的状态变化进行背书并返回结果给客户端。
- 记账节点:负责维护区块链账本结构。

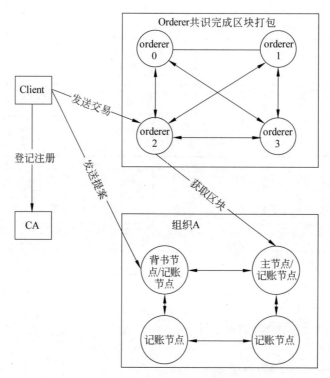

图 2.11 Fabric 系统部署架构

- 主节点：该节点会定期从 Orderer 获取排序后的批量交易区块结构，对这些交易进行落盘前的检查，并最终对交易进行落盘(写入账本)。一般主节点也是记账节点。

(2) Orderer。负责对交易进行排序的节点。Orderer 为网络中所有合法交易进行全局排序，并将一批排序后的交易组成区块结构，传送至记账节点进行区块落盘的动作。

(3) CA。负责网络中所有证书的管理，实现标准的 PKI 架构。

3) 智能合约服务

Fabric 采用 Docker 作为其链码的安全执行环境。一方面，可以确保链码执行和用户本地数据隔离，保证安全；另一方面，可以更容易地为支持多种语言的链代码提供智能合约开发的灵活性。

4) 监听服务

用于监听交易的最终执行状态。交易在打包进区块之后，还需要校验交易的签名是否符合背书策略、是否存在"双花"等问题。交易是否通过校验，即执行成功，可以通过监听服务获取。

5) 客户端

客户端是调用 Fabric 服务的节点。要发出一个对 Fabric 系统的访问，首先客户端需要获取合法的身份证书来加入 Fabric 网络内的应用通道。客户端在发起交易时，先要构造交易提案(Proposal),提交给背书节点背书。在收集到足够的背书后,可以组装背书结果构造一个合法的交易请求,再发给 Orderer 进行排序处理,Orderer 排序确认后最终被组装成区块并发送至记账节点完成交易的落盘。

3. Fabric 交易流程

区别于比特币的 UTXO 模型,Fabric 项目使用的模型是账户/余额模型。它类似于日常所使用的银行卡,银行系统记录了银行卡对应账户所剩余的余额,当我们需要使用银行卡去交易的时候,银行会在批准交易前检查以确保我们有足够的余额。账户余额模型更加简单和高效,基于 Fabric 的智能合约开发者可以直观地根据账户是否有足够的余额来判断交易是否可以进行,因此也可以开发出更加复杂的智能合约。

在 Fabric 中账户信息存储在称之为世界状态(World State)的对象中。世界状态代表了当前账本所有账户的最新值,用户可以直接根据账户获取账户信息的最新值,而不需要遍历整个区块文件进行计算。在实际实现中,Fabric 世界状态是通过 Key-Value 对象存储的,每一笔交易会对世界状态中某个/多个 Key 值进行读取、更新或者删除操作,Fabric 将这种交易结果抽象成读写集对象。读集包含链码(智能合约)中对世界状态中 Key 的所有读操作以及对应读操作读取到的版本,版本用对应 Key 最后一次被合法交易更新的交易所在区块的编号和交易编号表示;写集包含待更新的所有 Key 和对应的 value。Fabric 利用交易的读写集来保证对世界状态更新的全局一致性。整个交易的过程如图 2.12 所示。

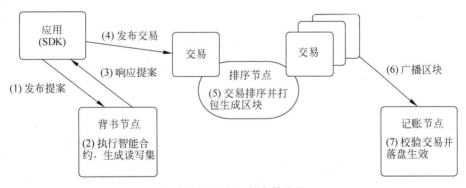

图 2.12 Fabric 的交易流程

(1) 客户端 SDK 发送提案给背书节点,提案中包含调用者的签名和应用程序生成的交易号,背书节点和记账节点可以通过交易号检查是否有重复的交易。

(2) 背书节点调用对应的链码程序执行交易操作,生成读写集。链代码程序会查询世界状态中对应的 Key 值生成的读集,然后执行一系列链代码中所写的业务逻辑,最后计算出对世界状态中 Key-Value 的更新。背书节点对这个过程进行记录,最后的结果生成了一个读写集对象。

(3) 背书节点将背书结果返回给客户端 SDK,其中包含读写集对象。

(4) 客户端 SDK 将包含读写集的背书结果打包成交易发送给排序节点。

（5）排序节点会接收到来自不同客户端的并行交易，它在内部将交易排序编号，然后组装成区块。

（6）记账节点从排序节点拉取区块。

（7）记账节点验证区块合法性。例如，验证交易是否满足背书规则，交易是否存在"双花"等。如果交易验证通过，则将区块写入本地的区块链账本，同时将区块中合法交易包含的写集内容写入世界状态数据库中。这样一次完整的交易就完成了。

4. Fabric 共识设计

共识服务在 Fabric 系统中占有十分重要的地位。所有交易在发送到 Fabric 系统以后，都要经由共识服务对交易顺序进行共识，然后将交易按序打包进入区块链，保证了任意一笔交易在区块链中的位置在整个 Fabric 系统中各节点上的一致性和唯一确定性。

当前 Fabric 最新版本中，官方提供的共识服务主要有 Solo、Kafka 和 Raft 三种共识算法。这几种算法简要介绍如下：

（1）Solo：提供单节点的排序功能。只有一个节点，不能进行扩展，也不支持容错，仅供测试，不建议在生产环境下使用。

（2）Kafka：提供基于 Kafka 集群的排序功能。支持 CFT(Crash Fault Tolerance)，支持持久化，可以进行扩展，是允许 CFT 情况下，Fabric 当前推荐在生产环境下使用的共识方法。

（3）Raft：Fabric 在 1.4 版本中新增了 Raft 共识算法。Raft 是一种主从模型，常用于分布式数据库中。通过选举产生主节点，然后直接从主节点复制数据。Raft 节点具有一定的容错能力，只要超过一半的节点正常运作，则整个网络即可以正常运转。当主节点异常后，会重新选举产生主节点。

在 0.6 的 Alpha 版本中，Fabric 还支持过 PBFT 实用拜占庭容错共识算法，这是一种状态副本复制算法，不同共识节点保存了一个状态机副本，副本里面保存了服务的操作和状态。在系统可能存在 f 个失效节点的情况下，如果能保证系统总的节点个数大于 $3f+1$，那么在 PBFT 算法下系统总能达成一致状态。在后续正式版本 1.X 中不再包含该共识算法。

5. Fabric 智能合约

智能合约是区块链的重要组成部分之一，在 Fabric 系统中，智能合约被称为链码。链码分为两类，分别是系统链码和用户链码。系统链码主要是实现系统管理的功能，同时提供系统内置的功能，因为在系统中内置，减少了链码和背书节点通信的开销。用户链码是用户编写的智能合约。Fabric 支持使用 Golang、Nodejs、Java 语言来编写链码，这些语言对大多数应用开发者来说并不陌生，能够快速上手，有利于区块链应用的快速开发。链码运行在容器中，使得智能合约的执行和背书节点进程及账本分离。在 Fabric 系统中，用户链码的整个生命周期中主要有开发、安装、实例化、升级、运行几个阶段。各阶段简要介绍如下：

（1）开发。用户基于 Fabric 所提供的链码接口（ChaincodeStub）操作状态数据块以完成智能合约代码。最终形成的是 Golang 或者其他语言的代码文件。

（2）安装。管理员指定链代码的名称和版本号，调用 SDK 将链码文件打包发送给背书节点。背书节点将链码包以链码名称和版本号的组合形式（例如，mychaincode.1.0），存储在本地特定的目录下。在很多公有云服务供应商提供区块链即服务（BaaS）的情况下，链码的安装和后续实例化及升级都可以一键完成，增强了区块链的易用性。

（3）实例化。管理员指定通道、链码名称、版本号、背书策略和链码初始化函数，向背书节点发起实例化请求，背书节点从本地链码包获取链代码文件。根据不同的链码语言，背书节点使用对应语言的编译器编译链码文件，生成可执行文件，并将可执行文件打包生成一个 Docker 镜像，然后使用该镜像创建一个运行对应链码的容器。链码启动后和 Peer 之间通过 gRPC 进行通信。

（4）升级。链码升级过程主要是使用新的链码文件上传到背书节点，然后生成新的链码镜像和容器的过程。链码名称必须保持一致，链码版本号必须是不一样的，但是没有大小规则，也就是最后升级的链码就是最新的。

（5）运行。在运行阶段，链码主要完成用户的交易操作。用户通过 gRPC 向背书节点发起对应链码的调用请求，背书节点将请求转发给链码。链码执行智能合约逻辑，在此过程中，它会有多次和世界状态数据进行交互的过程，包括从背书节点状态数据库中读取特定的值和向背书节点状态数据库中写入特定的值。

6. Fabric 安全及隐私保护

区块链的安全和隐私主要体现在以下几个方面的需求：交易数据安全保密、不可更改，交易匿名，符合监管和审计的要求。为了满足这些需求，Fabric 采用了密码学相关的技术，包括对称加解密、非对称加解密、数字摘要等。

如图 2.13 所示，为了实现更加灵活的安全隐私服务，Fabric 将安全服务模块划分为通道管理、通信管理、身份管理、区块链密码服务管理模块。

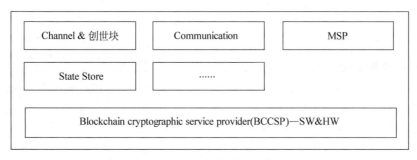

图 2.13　Fabric 安全服务模块

- BCCSP 服务：区块链密码服务管理提供了一组密码学的工具，基于这个工具集来实现应用层的数据安全和隐私保护。它提供了包括非对称加密（RSA）、分组加密算法（AES）、椭圆曲线签名（ECDSA）、哈希算法（HASH）、哈希消息认证码（HMAC）、X.509 证书、标准的安全接口（PKCS11）。如果要支持国密算法，则需要扩展 BCCSP 服务。

- 通道管理服务：通道(Channel)是 Fabric 的一种保护机制,用于交易参与方安全地和 Peer 进行通信而对其他参与方不可见,另外对于一个通道而言,具备自己独立的服务空间,也就是说,背书、链码、链码执行环境都是独立的,部署和升级链码也只是影响当前的通道。管理员通过通道配置文件(configtx.yaml)创建创世块,创世块里面保存了一些配置和安全标识;创世块会被客户端从背书节点获取回来,作为加入通道的依据。
- 身份管理服务：身份管理服务(Membership Service Provider, MSP)习惯直译为成员关系服务提供者。在一个运行 Fabric 系统的网络中有众多的参与者,MSP 就是为了管理这些参与者,辨识验证哪些人有资格,哪些人没有资格,既维护某一个参与者的权限,也维护参与者之间的关系。MSP 中也使用了 BCCSP 提供的密码学服务,因为 MSP 维护了参与者的权限,一旦泄露,对系统可能产生不可估量的损失。
- 通信服务：不同节点之间是通过 gRPC 通信的,主要是通过 TLS 来保证信道的安全。

总体来说,相对于其他区块链平台,Fabric 具有如下几点拓展和优化:

(1) 高效的可拓展性。相比于其他区块链系统中所有节点对等的设计方式,Fabric 中交易的背书节点与区块打包的 Orderer 节点解耦,这将保证系统有更好的伸缩性。特别是当不同链码指定了相互独立的背书节点时,不同链码的执行将相互独立开来,即允许不同链码的背书并行执行。

(2) 更强的隐私保护。为了保护用户、交易的隐私及安全,Fabric 实现了一套完整的数据加密传输、处理机制。同时,其特有的智能合约执行流程也对用户隐私进行了一定程度的保护。

(3) 可插拔的共识算法。Fabric 系统将共识交由 Orderer 节点来完成,并且允许各类共识算法以插件的形式应用于 Orderer 节点,从而使用户能够根据具体的应用场景和错误模型选择不同类型和特性的共识算法。

2.3.3 私有链

私有链与公有链是相对的概念,所谓私有,就是指不对外开放,仅仅在组织内部使用。私有链是联盟链的一种特殊形态,即联盟中只有一个成员,比如,企业内部的票据管理、账务审计、供应链管理等,或者政府部门内部管理系统等。私有链通常具备完善的权限管理体系,要求使用者提交身份认证。

在私有链环境中,参与方的数量和节点状态通常是确定的、可控的,且节点数目要远小于公链。私有链的特点如下:

(1) 更加高效：私有链规模一般较小,同一个组织内已经有一定的信任机制,即不需要对付可能捣乱的坏人,可以采用一些崩溃容错类、对区块进行即时确认的共识算法,如 Paxos、Raft 等。因此确认时延和写入频率较公有链和联盟链都有很大的提高,甚至与中心化数据库的性能相当。

(2)更好的安全隐私保护：私有链大多在一个组织内部，因此可充分利用现有的企业信息安全防护机制，同时信息系统也是组织内部信息系统，相对于联盟链来说，隐私保护要求弱一些。

相比于传统数据库系统，私有链的最大好处是加强了审计和自证清白的能力，没有人可以轻易篡改数据，即使发生篡改也可以追溯到责任方。

因为私有链一般不对外开放，加之和区块链的理念不太契合，因此私有链并没有引起太大的关注，也没有比较有代表性的平台。

2.4 区块链技术参考架构

2.4.1 整体架构

区块链技术发展到今天，面向不同的业务场景和技术需求，涌现出了非常多的链，每种链根据自身的需要发展出了不同的架构。本书介绍其中一种比较经典的六层架构（见图2.14）。

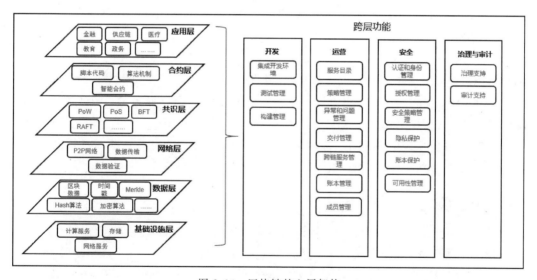

图2.14 区块链的六层架构

区块链模型自底向上分为基础设施层、数据层、网络层、共识层、合约层以及应用层。其中数据层、网络层、共识层是区块链的核心层级，是实现区块链的基础保障，缺一不可。基础设施层是区块链的构建基础，也是必不可少的。合约层是扩展层级，区块链的可编程性质主要通过该层来实现。应用层主要实现各种应用场景，并和具体的业务进行对接。

- 基础设施层提供了区块链的操作环境，包括区块链系统正常运行所需的网络、计算和存储组件。该层提供了系统实现的必要基础，可作为一组云计算资源提供，也可以作为物理设备提供。
- 数据层是区块链底层的数据结构,通常是以链式区块"区块＋链"式结构呈现。该层的技术解决了数据怎么存、何时存的问题。
- 网络层实现了区块链去中心化的交互模型,保证了区块链的去中心化特质。区块链在大部分场景下,涉及大量互相连接的分布式节点或装置,这些节点在网络中是平等的,没有权威中心节点,所以区块链网络是一个去中心化网络。网络层包括 P2P 网络、数据传播机制以及数据验证机制,本质上区块链网络就是一个 P2P 的网络。
- 共识层是区块链的核心之一,保证了各节点在高度去中心化的环境中对区块数据的有效性达成一致。其中,比较有名的共识算法主要有工作量证明(PoW)、权益证明(PoS)、拜占庭容错算法(BFT)以及多种基于 BFT 优化的算法等。
- 合约层实现区块链的可编程性。合约按照预置的逻辑对链上的状态、资产、加密数字货币等数据进行处理,达到预置条件自动触发,无须第三方的介入,因此合约是区块链去信任的基础。合约层包括各种脚本代码、算法机制和智能合约执行环境。
- 应用层包括各种应用场景和示例。尽管区块链现在还没有完全成熟,但是近几年已经有一大批的应用浮现。区块链应用涉及金融、供应链、医疗、教育、政务等领域,在可预期的未来,区块链应用必定会像 PC 和手机应用一样普遍。

除了上述六层结构外,大部分公有链系统还会有一个激励层。该层提供了经济激励措施,鼓励用户参与到本区块链中,是公有链吸引用户的重要机制之一。例如,比特币在新区块产生时奖励比特币给挖矿者,吸引大量节点参与挖矿。同时,激励层会对不遵守规则的节点给予惩罚,从一定程度上遏制节点作恶行为。

在很多区块链系统中,还会有一些跨层的功能,主要用于区块链的开发、运营、安全、治理与审计等方面的支持。

2.4.2 应用层

区块链的应用层主要负责适配区块链的各类应用场景,为用户提供各种服务和应用,同时我们看到越来越多不同类型的客户端和工具现已支持区块链框架。

客户端应用程序通常通过触发交易来启动整个业务工作流。指定节点调用智能合约层功能继续向底层执行相应的功能。客户端应用程序可以使用任何软件编程语言来实现,主流的有 Java、Golang、Python 等,并且可以运行在各种操作系统中。

应用程序既可以使用任何区块链框架实现所提供的命令行接口(CLI)工具,也可以使用特定编程语言的软件开发工具包(SDK)与网络上的节点通信。用户在开发客户端时,只需要关注自己的业务逻辑,调用相应接口封装并发送消息即可,不需要关注底层消息发送接收的具体过程。

在以容器方式和虚拟机方式承载的智能合约诞生之前,区块链的应用十分有限,主要集中在加密数字货币上。随着区块链技术的演进,早已超越其传统的基于加密数字货币的网络形象,同时智能合约的发展为应用层的丰富带来了福音。

2.4.3 合约层

智能合约(Smart Contract)并不是区块链首创的概念。早在 1993 年,跨领域学者 Nick Szabo 就提出了智能合约的概念,他对智能合约的定义为:"一个智能合约是一套以数字形式定义的承诺,包括合约参与方可以在上面执行这些承诺的协议。"简单来说,智能合约是一种在满足一定条件时,就自动执行的计算机程序。例如,自动售货机就可以视为一个智能合约系统,客户需要选择商品,并完成支付,这两个条件都满足后,售货机就会自动吐出货物。合约在生活中处处可见,如租赁合同、借条、等等。传统合约依靠法律进行背书,当产生违约及纠纷时,往往需要借助法院等政府机构的力量进行裁决。智能合约不仅仅是将传统的合约电子化,它的真正意义在于,革命性地将传统合约的背书执行由法律替换成了代码。俗话说"规则是死的,人是活的",程序作为一种运行在计算机上的规则,意味着它会被严格执行。

区块链系统中的合约层主要负责智能合约的功能和实现。简单来说,智能合约是一段在区块链上存储、验证和执行的代码,被认为是第二代区块链的技术核心。它是区块链从虚拟货币、金融交易协议到通用工具发展的必然结果。目前几乎所有的区块链技术公司都已在其产品中支持智能合约产品,例如,以太坊基于虚拟机的智能合约平台、基于 Bitcoin 区块链的 RSK 平台,IBM 公司提出的企业级 Hyperledger Fabric 平台等,这些产品的推出极大地丰富了智能合约技术的内涵和范围,为区块链技术在不同领域的现实应用奠定了基础,也代表了区块链未来发展的方向。

以 Fabric 为例,智能合约模块主要完成智能合约的生命周期管理,以及交易背书过程。智能合约生命周期管理包括智能合约的安装、启动、更新、销毁。交易背书过程包括合约服务调用、状态数据访问以及交易构造等关键技术功能。

智能合约不仅是区块链上的一段可执行代码,而且是封装了智能合约语言、运行环境以及与系统账本直接交互的相关过程方法的一个完整的计算系统,且支持被应用程序调用,被调用时智能合约会自动执行合约功能。智能合约可以操作账本中的状态,这些状态记录着与业务相关的数据。区块链系统可以部署多个智能合约,应用程序通过名称、版本号来指定具体调用哪个智能合约。

为了支持上述智能合约的实现,技术上必须覆盖到智能合约的程序设计、合约编译与环境、部署安装及执行等多个阶段。这里主要介绍以下几个关键技术点:

1. 智能合约编译与环境

为智能合约的开发提供开发环境,包括智能合约的编程语言规范、开发和编译工具,能够帮助开发者撰写智能合约程序并编译成可执行代码。

例如,比特币脚本是非图灵完备的,指令类型简单、实现功能有限;以太坊首先提供了图灵完备的智能合约编程语言 Solidity 与执行环境 EVM（Ethereum Virtual Machine）。Hyperledger Fabric 的智能合约称为 Chaincode,其运行在 Docker 容器中,可以用 Golang 与 Java 等通用编程语言编写智能合约。从语言形式和运行环境上讲,目前的智能合约可分为三类,即脚本型智能合约、通用型智能合约以及专用型智能合约。

2. 智能合约部署安装

一般通过部署工具来完成的,以区块链系统能够接受的形式部署到区块链系统中,同时也会考虑能够记录合约运行所带来的合约属性值和合约状态的改变。对于智能合约的使用者和编程人员而言,当前智能合约平台已经屏蔽了区块链中的很多技术细节,使得区块链中的各种复杂机制变成了智能合约平台提供的承诺。因此开发和使用人员只需要关注自己的业务需求,充分利用智能合约平台提供的部署工具,即可简单、高效地完成安装部署。

例如,在华为自研区块链系统中,智能合约支持 Golang 语言合约源码和 TypeScript 合约语言编译的 WASM 格式字节码两种合约格式。对于 Golang 语言源码合约,在合约安装模块需要通过客户端接口,启动合约编译容器,完成 Golang 合约的编译,同时将源码及编译好的合约存放在区块链节点本地；对于 WASM 字节码合约,直接将合约存放在节点本地,而这些合约都支持安装、升级以及销毁。

3. 智能合约运行环境

提供一种可信运行环境来运行智能合约代码,包括接收外部发来的可信事件或内部交易,建立可信智能合约运行虚拟机或沙箱,获取相关区块链交易中的合约代码,通过执行机构和指令系统执行合约代码对事件或交易进行响应,并将输出结果以交易方式写入区块链。

目前主要的智能合约的运行方式有容器、虚拟机、可信执行环境等。

合约层提供了智能合约的生命周期管理,以及与区块链账本系统交互的 API 接口,帮助开发者能够快速地实现业务功能逻辑的开发。但需要注意的是,与传统软件类似,开发者仍需十分关注智能合约的安全问题,在一个去中心化的分布式系统中,程序的更新需要花费更多的精力,智能合约的安全漏洞往往需要花费更多的时间和工作进行修复,这往往意味着可能会造成较大的经济损失。在区块链的发展历史上已经多次出现过类似的安全事件,值得引起区块链从业者的高度重视。

智能合约的研究和发展已经得到了越来越多的人的关注,但同时智能合约跨领域合作、标准统一、法律化结合等多个研究方向都还不够完善。这些问题的存在限制着智能合约的市场普及和应用广度,是未来智能合约研究极具挑战性的方向。

2.4.4 共识层

区块链系统是一个高度去中心化的系统,各节点需要维护相同的账本数据。但在现实网络环境中，节点数据的一致性面对诸多威胁：网络消息可能存在阻塞、丢包或重传，节点运行可能宕机或错误，同时系统面临"女巫攻击""双花攻击"等潜在风险。如何在如此复杂的网络环境中保证各节点数据的一致性，是共识算法需要解决的主要问题。

共识层是区块链系统的核心，主要封装了区块链节点间协同运行的各类共识算法，并利用这些共识算法实现高安全性、去中心化、去信任化等特性。首先，共识算法需具备高安全性，即使在存在节点崩溃甚至恶意攻击风险的网络中，仍然需要确保正常节点之间就特定数据达成一致；其次，共识算法是去中心化的，支持多个节点组成分布式共识集群，共同参与交易的验证与执行，无须依赖中心化的第三方就能正常运转；最后，共识算法是去信任化的，共识节点之间并不需要彼此信任，而是只要参与共同的共识机制，就能最终达成对账本的一致认知。有关共识算法的详细介绍，可参阅本书的 2.5.2 章节。

共识层承担着保障分布式节点对特定交易达成一致的使命，为此，共识层需要承担交易验证、排序，区块生成、验证的功能。区块链系统运行时，会收到来自多个客户端的交易请求，共识层首先要对海量交易安排确定的执行顺序，确保任意节点都能按相同顺序执行交易。同时，为了提高共识效率，通常共识层会将一批交易数据进行打包，从而批量进行共识，一批打包好的交易数据会被存储到区块结构中，在共识集群内广播。当其他共识层节点收到区块后，需要对区块的合法性与其中众多交易的合法性进行独立验证，对于验证不合法的区块或交易，节点有权拒绝执行，以抵御可能存在的恶意攻击；如果区块与交易在该节点校验通过，共识层会按指定的交易顺序请求合约层对交易进行执行，并将执行结果发送到数据层，发起数据更新的请求，最终会由数据层完成交易结果的持久化。一般而言，为了降低系统的复杂度，共识过程中通常会由特定节点承担交易排序与区块生成的职能，这些特定节点往往被称为"记账节点"或"出块节点"。这些特定节点可能由竞争、投票、随机指定等不同策略产生，而这些策略往往正是决定区块链共识层执行效率、公平性乃至安全性的核心。

在进行共识层的设计时，首先需要重点考虑的是共识协议的选择。当前业界的共识协议种类繁多，在安全假设、性能和可扩展性等方面各有侧重。例如，在公有链场景中，由于节点可自由加入、退出，无须进行身份认证，因此共识算法大多是以证明类的算法为主，共识的效率较低，共识结果往往是非确定性的，为了吸引节点参与网络交易的见证，通常还会设置激励机制。而在联盟链的场景中，以多中心化的应用场景为主，因此在共识算法的选择上更加关注性能，通常选择经典分布式共识中的拜占庭容错共识算法（详见 2.5.2 节），但在共识节点的扩展性方面则不那么友好。其次，为了实现区块链系统的可持续演进，良好的工程设计非常重要。例如，为提升系统的可维护性，可以考虑组件化设计，共识协议与区块链系统松耦合，进而实现共识协议的插拔式替换。

2.4.5 网络层

与 TCP/IP 定义的网络层不同，在区块链系统中，网络层实现了分布式组网机制、消息传播协议和数据验证机制。

在绝大多数区块链系统中,网络层都采用了点对点组网的方式,区块链中节点可以自由地组网,任意两个节点之间通过消息传播协议实现消息和交易的传播。每个节点都承担了网络路由、验证区块数据以及传播区块数据的功能。经过一段时间后,在整个区块链网络中的每个节点都具有同样的数据。

P2P 组网方式有如下特点:
- 节点之间采用扁平化拓扑结构进行连接,不存在任何中心化的节点和层级结构。
- 节点的地位相互平等,每个节点均承担了节点发现、网络路由、传播区块、验证区块等功能。

数据通过消息传播协议在区块链网络中传播。不同的区块链系统采用的消息传播协议不同,例如,比特币系统和 Fabric 系统采用了 Gossip 协议,以太坊系统采用了 Kademlia 协议。网络中的每个节点都会进行消息监听,当发现新数据后会使用数据校验机制进行校验,并根据校验通过与否来决定是否继续传播。

数据验证机制保证传播的数据是可验证的。不同的区块链系统,校验的数据内容也略有不同。通常来说,会对数据结构、数据长度、共识证明、数字签名和时间戳等字段进行校验。

2.4.6 数据层

数据层主要描述区块链的物理形式,是最底层的技术。本节主要从数据结构、数据存储方面进行总体介绍。

1. 数据结构

在数据结构的设计上,现有的区块链平台借鉴了 Haber 与 Stornetta 的研究工作,基于时间戳、哈希、数字签名等技术,为了实现数据的不可篡改性,形成以区块为单位的链式结构。不同区块链平台在数据结构的具体细节上虽有差异,但整体上基本相同。以比特币为例,每个区块由区块头和区块体两部分组成,区块体中存放了自前一区块之后发生的多笔交易;区块头中存放了前块哈希(PreBlockHash)、随机数(Nonce)、默克尔根(Merkle Root)等,详细结构如表 2.8 所示。

表 2.8 区块头结构

数 据 项	目 的	大小/字节
Version(版本)	区块版本号	4
PreBlockHash(前一区块的 Hash 值)	前一区块的 256 位 Hash 值	32
Hash Merkle Root(根节点 Hash 值)	基于一个区块中所有交易的 256 位 Hash 值	32
Time(时间戳)	从 1970-01-01 00:00 UTC 开始到现在,以秒为单位的当前时间戳	4
Bits(当前目标的 Hash 值)	压缩格式的当前目标 Hash 值	4
Nonce(随机数)	从 0 开始的 32 位随机数	4

区块链基于两种哈希结构保障了数据的不可篡改性，即默克尔树和区块链式结构。图 2.15 描述了比特币的区块链式结构。

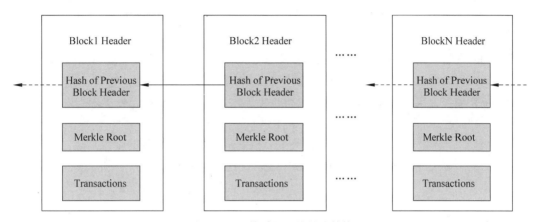

图 2.15　比特币的区块链式结构

（1）默克尔树。Ralph Merkle 提出的默克尔树（Merkle Tree）原用于生成数字证书目录的摘要，后来提出了很多种改进，比特币使用了最简单的默克尔二叉树。树上的每个结点都是哈希值，每个叶子结点对应块内一笔交易数据的 SHA-256 哈希；两个子结点的值连接之后，再经哈希运算可得到父结点的值。如此反复执行两两哈希，直至生成根哈希值，即交易默克尔根（Merkle Root）。通过默克尔根，块内任何交易数据的篡改都会被检测到，从而确保交易数据的完整性。无须树上其他结点参与，仅根据交易结点到默克尔根路径上的直接分支，即可基于简单支付验证（Simplified Payment Verification，SPV）确认一个交易是否存在于该块。有关默克尔树的详细概念和说明可参见 2.5.1 节。

（2）区块链式结构。对区块头中的前块哈希（PrevBlockHash）、随机数（Nonce）和默克尔根等元数据进行哈希运算即可得到该区块的块哈希。如图 2.15 所示，PrevBlockHash 存放前一区块的块哈希，所有区块按照生成顺序以 PrevBlockHash 为哈希指针链接在一起，就形成了一个链式结构。区块头包含交易默克尔根，所以通过块哈希可以验证区块头部和区块中的交易数据是否被篡改；区块头还包含前块哈希 PrevBlockHash，所以通过块哈希还可验证该区块之前直至创世区块的所有区块是否被篡改。依靠前块哈希指针 PrevBlockHash，所有区块环环相扣，任一区块若被篡改，都会引发其后所有区块哈希指针的连锁改变。当从不可信节点下载某块及之前所有块时，基于块哈希可验证各块是否被修改过。

2．数据存储

在数据存储的设计上，由于区块链式结构数据需要在磁盘上进行持久化，通常会以文件形式存储，也有部分区块链系统使用数据库形式存储。文件存储更方便以日志形式的追加操作，数据库存储则更容易实现增删改查功能。比特币、Fabric 的区块链式结构以文件形式存储，其索引数据存储在 LevelDB 数据库；以太坊的区块链式结构与索引都存储在 LevelDB 数据库。

除了存储区块链式结构数据，以太坊、Fabric 还都基于 LevelDB 构建了状态数据库 (World State) 以存储账户余额或业务状态数据。在基于账户模型的区块链平台中，交易数据被打包进区块且经共识算法确认后，先追加写入区块链式结构，而后写入状态数据库。当新的节点加入区块链网络时，为了和已有节点数据保持一致，新节点需要同步区块链式结构数据以达到全网区块的高度，同时，状态数据库也需和全网同步。

为了让更多常规计算能力的个人计算机节点加入区块链网络，以充分实现去中心化的理念，比特币和以太坊都选择了 LevelDB 数据库存储索引或状态数据，因为 LevelDB 是轻量级的单机数据库，无须安装部署且写入性能高效。但是基于 LevelDB 数据库的架构方案显然无法满足企业级的业务需求（如高并发访问、Non-Key 查询、复杂查询等），因此，很多区块链系统平台提供了插件化的数据访问机制，其除了支持 LevelDB 数据库，还额外支持 CouchDB 分布式数据库、SQL 等关系型数据库等。

2.4.7 基础设施层

基础设施层为应用层、合约层、共识层、网络层和数据层提供其所需的计算、存储和网络等资源。为了使基础设施层满足多租户、弹性、稳定可靠和安全等需求，技术上必须进行资源的池化管理。即通过虚拟化技术将资源虚拟化形成资源池，然后根据用户的需求弹性分配，同时确保安全和隔离。根据资源类型的不同，基础设施层主要进行计算的虚拟化、存储的虚拟化和网络的虚拟化。

1. 计算资源

计算资源为区块链系统的运行提供数据处理能力。传统的计算资源设备主要为 x86 处理器和 ARM 处理器。而在当前业界主流的区块链系统中，一种新的可为代码提供更安全的可信执行环境 TEE 得到了越来越广泛的应用。

TEE 全称 Trusted Execution Environment，即可信执行环境。它是 CPU 上的一块区域。这个区域的作用是给数据和代码执行提供一个更安全的空间，并保证它们的机密性和完整性。具体的 TEE 实现技术有 Intel 的 SGX 和 ARM 的 TrustZone。

另外，GPU 在数据并行处理方面和轻量级运算方面有着强大的能力，而区块链系统的交易处理过程中存在着大量的加验签和加解密处理，正是符合这两方面特点的场景，因此也得到了一定的应用。

计算的虚拟化技术相对已经比较成熟了，主流的虚拟化软件有 XEN、KVM、VMware 等，但是在性能、稳定性方面还有所欠缺，有待于进一步的优化和完善。

2. 存储资源

存储资源为区块链系统的运行提供数据存储服务。区块链系统需要存储的数据主要是账本数据，账本数据类似于日志，以一定的顺序记录着系统发生的每一笔交易，以文件的形式存储在磁盘上。在部分区块链系统中,为了便于数据的快速查询,系统还维护了一份状态数据,通常通过数据库的方式进行存储。

存储的虚拟化当下还比较稚嫩,业界还没有一个比较成熟的开源系统。存储虚拟化主要分文件型存储虚拟化和块设备存储虚拟化。文件型存储的实现基本都大同小异,主要受 GFS 的思路启发具体实现的,如 Openstack 的 Swift。而块设备存储则百花齐放,Nova Volume、盛大云和 UCloud 都各自实现了块设备存储。此外,最近业界非常热门的 SDS(软件定义存储),本质上也是一种存储虚拟化。

3. 网络资源

网络资源为区块链系统的运行提供数据传输服务。区块链系统是天然的分布式系统,节点之间不可避免地要进行数据传输,如交易的发送、共识协议的运行以及区块的广播与同步等,都依赖网络资源。

为了保证节点之间能够高效、安全地进行通信,节点之间的数据传输需要具备足够的带宽和较小的时延。光纤通信的普及以及 5G 的到来,很大程度上解决了带宽不足的问题。网络的虚拟化旨在一个物理网络资源上创建出多个虚拟子网,从而实现对网络资源更方便的管理。简单来讲,就是将一个大的物理网络分割成多个逻辑子网,各个逻辑子网之间相互独立,实现多租户隔离,从而实现网络的弹性伸缩,以提高网络资源利用率。结合网络切片技术,一方面,大幅提高了网络资源利用率,实现弹性的网络;同时也为数据传输的服务质量(Quality of Service,QoS)保证提供了有力支撑。当下最常见的网络虚拟化技术方案是 SDN(软件定义网络),SDN 实现了物理网络的管理,网络资源的虚拟化和网络隔离,使得网络虚拟化的实现更加方便和灵活。

2.4.8 跨层功能

跨层功能提供了跨越多个层次的功能组件,根据对外提供的功能,大体可分为开发、运营、安全、治理与审计几大类别。

开发组件主要是为了支撑区块链服务开发方的开发活动,包括区块链服务的集成开发环境、编译构建工具、测试验证工具和相应的环境。集成开发环境提供了用于区块链系统、智能合约及相关应用的开发、调试和部署等服务。编译构建工具用于构建可发布的软件包,该软件包既包含用于服务实现的软件,也包含相关的配置元数据和配置脚本。测试验证工具能对区块链的所有服务进行测试,并生成相应的测试报告,帮助开发者提前发现问题并及时修复。在当前业界大多数区块链平台中,都提供了在线可视化的配套工具集。

运营组件主要包括与区块链操作相关的管理功能,用于管理和控制提供给用户使用的区块链服务,包括成员管理、策略管理、异常管理、跨链服务管理等。成员管理主要用于联盟链场景,通常负责管理成员真实身份和链上身份的对应关系,设置相关数据的访问权限。策略管理提供了区块链服务的定义、更新和访问策略以及针对这些策略的管理能力,包括用于区块链服务本身及其使用的业务、技术、安全、隐私和认证等策略。异常管理提供了系统的运行监控能力,用于及时发现问题,通过分析,及时处理问题并产生异常报告。跨链服务管理提供了区块链系统之间、区块链与业务系统之间互联互通的连接和访问能力,包括系统的注册、服务请求和连接、身份认证等功能。

安全组件是区块链的重要基础,为区块链的各层功能以及层与层之间的数据通信提供机密性、完整性、可用性和隐私保护的基本功能。安全组件提供身份与认证管理、授权管理、安全策略管理、隐私保护等功能。身份与认证管理提供用户身份的确认能力,确定用户是否具有对某种资源或某一数据的访问权限,进而有效地保证区块链系统的访问控制策略能够得到有效执行。授权管理和安全策略管理负责对用户访问某种资源授予权限,制定某一安全区域内的访问规则。隐私保护功能主要是保护区块链应用中用户身份和交易内容等敏感信息不被泄露或非法获取,相关信息仅在获得授权后才能被访问。

治理和审计组件是根据区块链服务关联方的治理要求,使区块链服务符合可治理与可审计的特性集合。治理组件需保证系统满足治理机构对区块链服务的环境、系统、可用性、灾备、系统运维、所支持业务的合规性等方面的规定,支持通过事前准入控制、事中权限控制、事后追溯等技术手段实现治理目标,保证记录不可篡改、可追溯与可稽核。审计组件实现区块链网络的审计内控、责任鉴定和事件追溯等方面的要求,以有效的技术手段,配合业务所属的行业标准进行精确的审计管理。

2.5 区块链关键技术

2.5.1 密码学

区块链作为综合性技术产物,密码学是其基石技术之一。密码学技术使区块链具备了不可篡改、消息(身份)验证、通信安全、存储安全、隐私保护等众多能力和特性。

从技术角度来看,主流区块链系统都会使用如下密码学技术:哈希算法、非对称加密算法、数字签名算法、数字证书、对称加密算法。对于一些高阶使用场景,还会使用到可信执行环境(TEE)、同态加密、零知识证明等技术。

2.5.1.1 哈希算法

1. 什么是哈希运算

哈希算法(Hash Algorithm)即散列算法的直接音译。其基本功能概括来说,就是把任意长度的输入信息通过一定的计算,生成一个固定长度的输出。

在此以常用的SHA-256算法分别对一个简短的句子和一段文字求哈希值来说明。

- 输入:This is a hash example!

哈希值:1aedc9c83533fd8bcf82e1c1d47caaaa4eb37333a570f533aacb6940d13f679a

- 输入:此处以比特币白皮书英文原版摘要部分作为输入

> A purely peer-to-peer version of electronic cash would allow online payments to be sent directly from one party to another without going through a financial institution. Digital signatures provide part of the solution, but the main benefits are lost if a trusted third party is still required to prevent double-spending. We propose a solution to the double-spending problem using a peer-to-peer network. The network timestamps transactions by hashing them into an ongoing chain of hash-based proof-of-work, forming a record that cannot be changed without redoing the proof-of work. The longest chain not only serves as proof of the sequence of events witnessed, but proof that it came from the largest pool of CPU power. As long as a majority of CPU power is controlled by nodes that are not cooperating to attack the network, they'll generate the longest chain and outpace attackers. The network itself requires minimal structure. Messages are broadcast on a best effort basis, and nodes can leave and rejoin the network at will, accepting the longest proof-of-work chain as proof of what happened while they were gone.

哈希值：3143293acc4a9692a3db8460b24f6c0777dbbed03909ad8eeb27849039a5113b

2. 哈希运算的特性

一个优秀的哈希算法要具备正向快速、逆向困难、输入敏感、强抗碰撞等特征。

正向快速：对给定输入信息，通过哈希算法，可以在极短时间内快速计算得到哈希值。

逆向困难：根据哈希值逆向运算出原输入值在计算上是不可行的，即该运算不存在一个多项式时间的算法。该特性是哈希算法安全性的基础。哈希算法在密码学中的应用很多，此处以对网站密码进行哈希来举例说明。如果登录网站的密码简单保存在数据库中，一旦数据泄露，将造成极大风险。所以在网站后台数据库仅会保存密码的哈希值（实际使用中，为防止"彩虹表攻击"，哈希过程需要加"盐值"），每次登录时，只需校验密码的哈希即可。即使数据泄露，黑客也无法根据哈希值得到密码原文。

输入敏感：输入信息发生任何微小变化，哪怕仅仅是一个字符的更改，重新生成的哈希值与原哈希值也会有天壤之别。同时，完全无法通过对比新旧哈希值的差异推测数据内容发生了什么变化。因此，通过哈希值可以很容易地验证两个文件内容是否相同。该特性广泛应用于错误校正。在网络传输中，发送方在发送数据的同时，发送该内容的哈希值。接收方收到数据后，只需要将数据再次进行哈希运算，对比输出与接收的哈希值，就可以判断数据是否被修改或损坏。

强抗碰撞性：很难找到两个不同的输入可以产生相同的哈希输出。当然由于哈希算法输出位数是有限的，也就是说，哈希输出数量是有限的，而输入却是无限的，所以不存在永远不发生碰撞的哈希算法。但是哈希算法仍然被广泛使用，只要算法保证发生碰撞的概率足够小，通过暴力枚举获取哈希值对应输入概率就更小，代价也相应更大。就像我们购买双色球彩票时,虽然可以通过购买所有组合保证一定中奖,但是付出的代价远大于收益。优秀的哈希算法即需要保证找到碰撞输入的代价远大于收益。

3. 通过哈希构建区块链的链式结构,实现防篡改

哈希算法正是因为具备输入敏感和强抗碰撞等特性,从而保证了区块链的不可篡改性。通过哈希算法可对一个块的所有数据进行计算得到一个哈希值,而通过这个哈希值无法反推出原来的内容。因此区块链的哈希值可以唯一、准确地标识一个区块,任何节点通过简单快速地对区块内容进行哈希计算都可以独立地获取该区块哈希值。如果想要确认区块的内容是否被篡改,利用哈希算法重新进行计算,对比哈希值即可确认。

区块链账本数据主要通过每个区块头中记录前一个区块的区块头哈希(创世区块除外),组成链式结构来保证不可篡改性。

一个典型区块哈希相连的示意图如图2.15所示。

每个区块头包含了前一个区块数据的哈希值,这些哈希值层层嵌套,最终将所有区块串联起来,形成区块链。区块链里包含自该链诞生以来发生的所有交易,因此,要篡改某区块里的一笔交易,意味着该区块头中"默克尔根哈希值"会发生变化,从而导致该区块头的哈希值发生变化,进而导致区块头哈希值与下一个区块记录的当前区块头哈希值不相等,从而发生校验错误。在公有链中,必须依靠大量的算力,穷举出一个随机数,使得区块头哈希值满足特定要求,将篡改区块的后续区块的哈希值全部篡改一遍,才能保证区块头哈希值环环相扣的特性——相当于要伪造后续的所有区块。大多数区块链都通过算法使得这种伪造的成本非常高昂。在公有链中,只要整个网络的算力总和足够大,恶意节点连续伪造区块的运算速度超过其他节点几乎是不可能实现的。

综上所述,区块链的防篡改能力是利用哈希算法的特性,在区块头中构造环环相扣的哈希链条,提高区块链的篡改难度和代价。

4. 通过哈希构建默克尔树,实现内容改变的快速检测

除上述防篡改特性外,基于哈希算法组装出的默克尔树也在区块链中发挥着重要作用。区块头中,默克尔树根哈希的计算示意图,如图2.16所示(此处仅体现哈希相关的关键信息)。

默克尔树本质上是一种哈希树,1979年瑞夫·默克尔申请了该专利,故此得名。在区块链中默克尔树根哈希就是当前区块所有交易信息的一个哈希值,但是这个哈希值并不是直接将所有交易内容计算得到的哈希,而是通过一个哈希二叉树计算得到。首先,对每笔交易

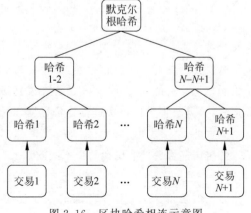

图2.16 区块哈希相连示意图

计算哈希值；然后，进行两两分组，并对这两个哈希值计算得到一个新的哈希值，两个旧的哈希值就作为新哈希值的叶子节点，如果哈希数量为单数，则对最后一个哈希值再次计算哈希值即可；重复上述计算，直至最后只剩一个哈希值，这就是默克尔树的根哈希。

默克尔树因为是哈希值的二叉树，结合哈希算法输入敏感的特点，任何一笔底层交易发生篡改，都会导致计算的默克尔根哈希与之前不同。找出两个默克尔树的差异点，算法复杂度为 $O(\log(n))$，因此，可以通过默克尔树，快速比较两个区块中存储的交易是否完全一致，从而快速识别某交易是否被篡改。

默克尔树在生活中其他领域的应用也非常广泛。例如，BT 下载，数据一般会分成很多个小块，以保证快速下载。在下载前，先下载一个该文件的默克尔树，下载完成后重新生成默克尔树进行对比校验。若校验不通过，可根据默克尔树快速定位损坏的数据块，重新下载即可。

目前应用在区块链中的典型哈希算法包括：SHA-256、SHA-512 以及国密 SM3。

2.5.1.2 数字签名算法

1. 签名的作用

签名相信大家都不陌生，作为确定身份、责任认定的重要手段，各种重要文件、合同等均需要签名确认。同一个字，不同的人写出来虽然含义完全相同，但是字迹这种附加值是完全不同的，刻意模仿也能通过专业的手段进行鉴别。因为签名具有身份标识和不可否认性，所以可以通过签名来确定身份及定责。

2. 数字签名的效力

数字签名即通过一定算法实现类似传统物理签名的效果。目前已经有欧盟、美国和中国等 20 多个国家和地区认可电子签名的法律效力。2000 年，中国新的《合同法》首次确认了电子合同、电子签名的法律效力。2005 年 4 月 1 日，中国首部《电子签名法》正式实施。数字签名在 ISO 7498-2 标准中定义为："附加在数据单元上的一些数据，或是对数据单元所做的密码变换，这种数据和变换允许数据单元的接收者用以确认数据单元来源和数据单元的完整性，并保护数据，防止被人（例如，接收者）进行伪造。"

3. 数字签名的原理

这里要澄清一个误区，即数字签名并不是指通过图像扫描、电子板录入等方式获取物理签名的电子版，而是通过密码学领域相关算法实现。一套数字签名算法一般包含签名和验签两种运算，数据经过签名后，非常容易验证完整性，并且不可抵赖。只需要使用配套的验签方法验证即可，不必像传统物理签名一样需要专业手段鉴别。

数字签名算法其实是非对称加密算法与哈希算法的结合使用。

消息签名的简化过程（见图 2.17）如下：

(1) 消息签名者，持有非对称加密的私钥；

(2) 通过哈希算法对待签名的消息计算哈希值；

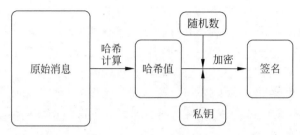

图 2.17　消息签名过程示意图

（3）通过非对称加密算法，利用私钥对消息哈希值执行加密，得到签名结果（为了提高安全性，在签名计算过程中，一般会引入随机数，从而使得同样的私钥、同样的消息即使进行多次签名，其结果也是不同的）。

消息验签的简化过程（见图 2.18）如下：

（1）消息验签者需要持有签名私钥对应的公钥（私钥和公钥一一对应，私钥秘密持有，公钥公开）。

（2）消息验证者收到一段消息和消息的签名，通过公钥对签名进行解密，如果解密失败，证明消息不是来自公钥对应的私钥持有者，从而证明签名者不合法；如果解密成功，得到原始消息的哈希值。

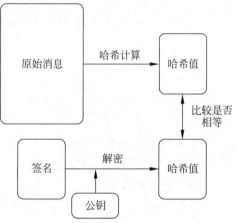

图 2.18　消息验签过程示意图

（3）对接收的消息利用与签名时相同的哈希算法和随机数，重新计算一遍哈希值，如果重新计算的哈希值和解密得到的哈希值不同，则说明消息传输过程中被篡改；如果相同，证明收到的原始消息没有被篡改（基于哈希算法的敏感性）。

因此，通过签名和验签，保证了一段消息来自对的人，而且传输过程中没有被篡改过，即消息签名者可验证，消息完整性可验证。

4. 数字签名在区块链中的用法

在区块链网络中，每个节点或用户都拥有一对公、私钥。节点（用户）发送交易时，使用私钥对交易内容生成一段数字签名，将签名以及公钥附加在交易中。其他节点收到广播消息后，首先利用公钥，对交易中附加的数字签名进行验证。只有签名验证通过，才能证明该交易在传播过程中的完整性未被破坏，且交易确实由公钥对应的私钥签名发出，从而认定该交易为一笔有效交易，进而触发后续交易执行、交易排序共识等处理流程。

目前在区块链中常见的数字签名算法包括 ECDSA、Ed25519 以及国密 SM2。

2.5.1.3 数字证书

1. 数字证书的概念

数字证书是指在互联网通信过程中,标识通信各方身份信息的一个数字标识。它本质上是一种电子文档,由权威的证书签发机构签发,借助数字签名等密码学手段,在网络上安全、有效地代表真实世界中的某种身份。

2. 数字证书的主要内容

数字证书正是为了标记数字身份而产生的技术。在介绍数字证书的技术原理之前,我们先看看一本数字证书中主要包含哪些内容(见图2.19)。

图 2.19 数字证书示意图

这是在 Windows 操作系统中打开的一本证书。从图 2.19 中可以看到,一本证书有序列号、签名算法、哈希算法、颁发者、使用者、公钥、有效期等关键信息,这些信息可以标识一个现实世界中的身份。单纯从图 2.19 中的文字信息,我们可以猜测到,这本证书大概是颁发给域名为 peer0.org1.example.com 的一个网络服务,它的有效期为 1 年,使用的签名算法为 ECDSA,哈希算法为 SHA-256。同时,有一个公钥也包含在这本证书中,这样,我们就可以将这个公钥所代表的地址(账户)与这本证书一一对应起来,从而把数字签名者的身份与现实世界中的身份对应起来。

3. 数字证书的原理简介

如同数字签名技术构筑于非对称加密技术之上,数字证书技术又是构筑于数字签名技术之上。刚刚对证书直观的展示中,并未回答一个问题:公钥被包含在一本证书中,就能证明这本证书所代表的真实世界的身份,就是这个公钥的所有者吗?如果系统中随便一个参与者A,制作了一本证书,在证书中包含了参与者B的公钥,这不就张冠李戴了吗?我们如何防止这种情况发生呢?

这里需要引出另外一个概念 CA(Certificate Authority)——认证中心。

CA 被认为是可信机构(信任根,作为整个体系中信任关系的基础),用来审核用户的证书制作请求,并给合法用户"签发"证书。在 CA 机构中,保存着一对公、私钥,私钥被称作根密钥(ca.key),公钥保存在证书中,这本证书被称作根 CA 证书(ca.crt)。

当用户(比如,上段中提到的 peer0.org1.example.com 域名的拥有者)向 CA 机构申请证书时,会递交一份申请材料(即证书请求文件:Certificate Signing Request,CSR)。CSR 文件中包含用户的身份信息(如,域名/用户名、国家、省份、公司等)、该用户的公钥以及该用户的私钥对身份信息的签名。CA 机构会审核申请者的真实身份(如,实名认证),并利用用户公钥验证 CSR 文件的签名(验证是否是私钥的持有者生成了当前这份 CSR 文件)。当所有审核通过后,CA 机构会使用根密钥对 CSR 文件进行签名,在补充其他附加信息后,形成一本完整的证书(server.crt)。

在实际使用中,证书的签发过程有可能是多级的,即根 CA 机构签发中级 CA 的证书,中级 CA 机构签发下一级的证书,形成一个链式结构,如图 2.20 所示。

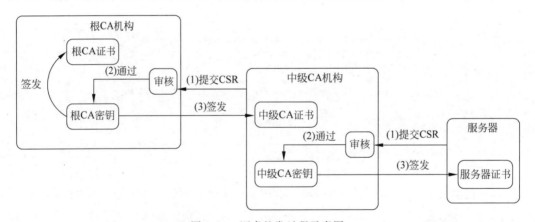

图 2.20　证书签发过程示意图

如何验证证书 server.crt 的真实性:验证方(比如,访问 https 网站的浏览器,或者区块链中的节点等)首先从可信的渠道拿到 CA 根证书,这个可信渠道可以是 CA 机构的官方网站,也可以在系统部署启动的时候预置到系统中。通过 CA 根证书中的公钥,验证 ca.key 对 server.crt 的签名,验证通过后,则可以确信 server.crt 是一本真实可信的身份证书,可以作为身份判断的依据。

同样,证书的验证过程也可能是多级的,如图 2.21 所示。

证书验证过程的关键是保证根 CA 证书(包括中级 CA 证书)来源的可靠性,CA 作为信任根,一旦来源不可靠,那整个证书验证链条将变得不可靠。

在确认 server.crt 真实可信之后,就可以提取 server.crt 中包含的公钥,作为可信公钥,来验证 server.crt 所代表的用户发过来的消息中的签名。

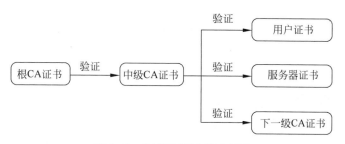

图 2.21　证书验证过程示意图

4. 数字证书在区块链中的应用场景

在比特币等公链中，是没有准入门槛的，仅是使用了公、私钥，由私钥对交易进行签名，由公钥对交易进行验签，同时，公钥做一定的变换之后，可以作为账户地址。公钥一般和交易一起发送出去，其他的节点拿到交易之后，可以通过交易里面的公钥验证当前交易是否是这个公钥对应的私钥签发的。但整个过程无法将公钥、私钥与任何现实世界中的身份对应起来，甚至可以说，谁拥有私钥，谁就拥有这个私钥所对应的所有权利。

联盟链大多是许可链（Permissioned Blockchain），除了需要校验交易签名的正确性，还需要校验交易发出者的身份是否符合联盟链的准入要求。在联盟链中，一笔交易通常的校验过程如下：①校验交易发送者身份，是否满足联盟链的权限管理要求；②校验交易签名。只有①和②都验证通过后，才被认为是一笔合法的交易。

数字证书在联盟链中，处于身份/权限管理的核心地位。很多联盟链作为一个封闭系统，会自建 CA 认证中心，用来为区块链中各个节点、用户签发数字证书。每个区块链节点或者客户端，都部署或者在线获取可信的 CA 根证书。消息发送方发送的消息中，除了消息、签名之外，还会包含用户的证书 user.crt（或可以索引到 user.crt 的标志信息）。消息接收方通过可信 CA 根证书，可验证消息发送方的证书是否真实可信，以及该身份证书是否满足区块链系统的访问控制策略。在验证过证书之后，再从证书中提取公钥信息来验证消息的签名。有了数字证书，不但可以判断消息的完整性，还可以判断消息发出者的真实身份。

除了哈希运算、非对称加密、数字签名、数字证书等技术外，在区块链系统中，在密钥管理和隐私保护等场景下，还会用到对称加密、密钥协商、环签名、同态加密、零知识证明等技术，在此不一一赘述。

2.5.2　共识算法

2.5.2.1　概述

共识算法是区块链技术的基础和核心，决定了集群节点之间以何种方式对交易的执行顺序与内容达成一致，保障节点账本数据的一致性。

共识问题的研究源远流长，追溯到 1975 年，Akkoyunlu、Ekanadham 和 Huber 提出了计算机领域的"两军问题"，证明节点间通过通信在不可靠的通信链路上达成共识是不可能的，标志着业界对共识问题研究的开端。1977 年,Lamport 提出共识机制的正确性模型,只有同时满足安全性与活性的分布式共识机制才是可靠的。这一模型影响深远,时至今日,任何共识算法的提出,都需要在安全性与活性两个维度给出严谨的证明。1982 年,Lamport、Shostak 和 Pease 提出了著名的拜占庭将军问题,以多位东罗马帝国将军如何达成共识围攻敌军的场景,研究在一个互不信任的多节点网络中,可能存在故障节点或恶意攻击的情况下,网络中的诚实节点如何达成共识的问题。由此,原本指代东罗马帝国首都的名词"拜占庭",在共识研究领域戏剧性地成为一种故障模型的代名词,业界对共识机制的研究正式延伸出拜占庭容错与崩溃容错两大分支。1985 年,Fisher、Lycnh 和 Paterson 提出了 FLP 不可能定理,促进了网络模型的进一步完善,为后期共识算法的发展奠定了坚实的理论基础。FLP 定理证明,在异步网络中,只要有一个进程存在故障的可能性,就不存在一种确定的共识机制能够保证所有进程在有限时间内达成一致。为了寻求可行的工程解,研究者们基于传统的异步网络模型,提出了工程中可实现且约束相对宽松的"半同步网络模型",如今绝大多数共识算法都是以此作为基本假设(模型介绍详见下文)。

共识理论的发展为共识协议的提出打下了坚实基础,上文中提到的正确性模型、故障模型与网络模型更是影响深刻,对我们理解共识算法会有很大帮助。下面我们就逐个展开介绍。

1. 正确性模型

在 Lamport 提出的正确性模型中,只有每一个请求都保证安全性与活性的分布式共识系统才能被认为是正确可靠的。

(1) 安全性(Safety)。系统对请求的回复必须是正确且无须修改的。

(2) 活性(Liveness)。系统能在有限时间内对请求作出回复。

2. 故障模型

(1) 崩溃错误(Crash Fault)。节点消息的发送与处理过程,可能因网络故障或节点崩溃而发生延时、丢失、重复等异常,但消息内容并不会被伪造或篡改。崩溃错误本质上是拜占庭错误的子集。

(2) 拜占庭错误(Byzantine Fault)。拜占庭错误不仅可以包括崩溃错误的所有行为,还包括伪造消息内容,对不同节点发送不同消息,甚至联合其他拜占庭节点一起破坏分布式系统。与崩溃错误相比,关键差异是增加了伪造消息内容的攻击方式。需要注意的是,拜占庭错误虽然理论上被描述为"可以发生的任意类型的错误行为",但在工程中,由于签名算法的存在,我们假设拜占庭节点只能伪造自身消息,而不能伪造或篡改其他节点的消息,这一约束是依赖投票机制抵抗拜占庭攻击的算法能够成立的关键。

3. 网络模型

(1) 同步网络(Synchronous Network)。在同步模型中,消息的发送与处理时间都是有限且已知的。显然,这个模型中假设的网络过于理想化,对于网络的不确定性与节点宕机的可能性都没有假设,难以保障在实际工程中的可靠性。

(2) 异步网络(Asynchronous Network)。在异步模型中,消息的发送与处理时间都是不确定、已知的,且时延有可能无限长,甚至无法确定系统等待回复导致的阻塞,是由于网络故障还是节点失效导致的。FLP 定理已经证明,没有一种确定的基于此种网络假设的共识算法能同时满足安全性与活性。

(3) 半同步网络(Partially Synchronous Network)。为了同时满足安全性与活性,大多数共识算法会选择基于工程可实现且约束相对宽松的半同步网络模型假设。在该模型下,网络中的消息传输时延虽然存在上限,但并不可知,因此不能作为共识协议参数使用。但是系统能够确保节点发出的消息在有限时间内,最终能够到达其他所有节点。工程上,我们通常会采用异常恢复机制来实现半同步网络,当节点等待直到超时仍未收到回复,系统会启动相应的异常恢复机制,例如,消息重发、宕机节点重启、不再与异常节点通信等,来保障消息最终能够在有限时间内同步到集群所有诚实节点。

理论地基的夯实为共识机制的发展打下了坚实的基础。以区块链的出现为分界点,共识机制的发展可以大致划分为经典分布式共识时代与区块链共识时代。

经典分布式共识,以分布式数据库为主要应用场景,实现节点间状态机复制的功能。其发展可以追溯到 1998 年,Paxos 算法随着 Lamport 尘封 9 年之久的论文的发布最终面世,标志着崩溃容错共识领域的里程碑。论文中 Lamport 以讲故事的方式,描述了在一个虚构的希腊城邦 Paxos 上的议员们如何在可能存在消息丢失与延迟的情况下,就某项提案达成共识的机制。Paxos 中的提案-批准制,节点分工配合等基本思想对后来的分布式共识算法有着深远影响,其本身也在 Google 的 Chubby、Spanner 等一系列产品有所应用。然而,Paxos 算法虽然能够容忍网络中一定数量的节点崩溃,却不能应对拜占庭攻击。在随后的 1999 年,迎来了拜占庭共识研究的里程碑,Castro 和 Liskov 提出的实用拜占庭容错算法(Practical Byzantine Fault Tolerance,PBFT)。作为第一个有工程实践意义的拜占庭容错共识算法,PBFT 能在诚实节点超过 2/3 的半同步网络中,以多项式级的消息复杂度在诚实节点间达成共识。其设计思路对后来的 Honey Badger BFT、SBFT 等算法有着深刻影响。以上早期的共识算法主要以分布式数据库为应用场景,节点并不会对外开放,工程中以崩溃容错为主要诉求,这些算法通常被称为经典分布式共识算法。

时间来到 2008 年,以比特币为代表的区块链系统正式进入大众视野。区块链网络的开放性、安全性、可扩展性、去中心化、大规模化,对共识机制提出了新的挑战,这也为区块链共识算法的崛起打下了坚实基础。共识领域的研究随之掀开了新的篇章,读者耳熟能详的 PoW、PoS、DPoS 等区块链共识算法开始大放异彩。

早期共识研究的发展见图 2.22。

对区块链系统而言,不同共识算法基于不同的基本假设,使用不同的实现方式,提供不同的故障容错及节点参与方式等特性,其分类维度是多样的。其中常见的维度归纳如下:

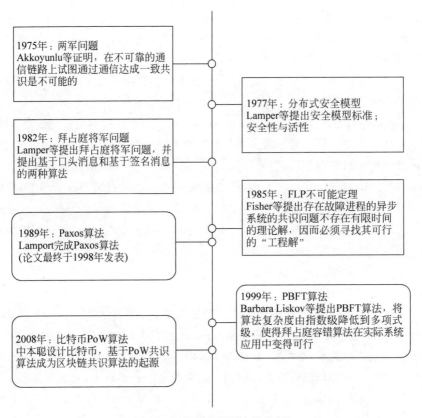

图 2.22 早期共识研究的发展

1. 容错类型

（1）崩溃容错共识（Crash Fault Tolerance Consensus）。能够在节点消息存在延迟或丢失等崩溃错误的网络中，确保分布式系统的正常节点间就特定数据达成一致的共识算法，称为崩溃容错共识算法。

（2）拜占庭容错共识（Byzantine Fault Tolerance Consensus）。能够在节点消息存在延迟、丢失、重复甚至内容伪造等拜占庭错误的网络中，确保分布式系统正常节点间就特定数据达成一致的共识算法，称为拜占庭容错共识算法。

2. 节点身份认证

（1）授权共识（Permissioned Consensus）。授权共识是指节点在通过身份认证后才能参与的共识机制。授权共识中，节点的加入与退出都是受管理的，因此共识节点数量相对稳定，每个节点都能获知参与节点数量和身份等信息。

（2）非授权共识（Permissionless Consensus）：非授权共识是指节点不需要经过身份认证，即可自由加入或退出共识流程的共识机制。非授权共识中，网络中节点数量可能随时变化，节点也无法获知系统所有参与节点数量和身份等信息。

3. 实现方式

（1）基于纯软件实现共识。以纯软件的方式实现的共识算法，灵活性高、通用性强，但所有特性的实现都依赖 CPU 算力和网络带宽，性能容易遇到瓶颈。

（2）基于软硬结合实现共识。以软件与硬件结合的方式实现的共识算法，例如，以硬件安全能力提升抗攻击性的共识算法。由于硬件的高性能与高可靠性，通常具有更优异的性能表现与更强的稳定性，但需要依赖特定的硬件环境，可移植性较弱。

可见，共识算法类型丰富，并不存在适应所有场景需求的完美算法，因此需要设计者针对应用场景的关键需求进行合理设计与选型。为此，我们将基于以上分类维度，结合实际场景需求，将较为常用的共识算法归结为以下几类（见图 2.23），相信能为读者进行共识算法设计与选型提供一定帮助：

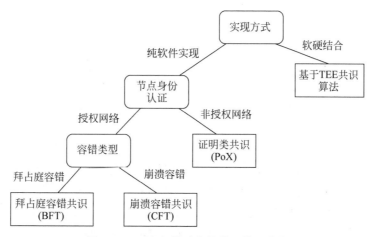

图 2.23 面向场景需求的共识简要分类

第一类，是证明类（Proof of X，PoX）共识算法，它是区块链共识机制的主流。这类算法中，共识节点通常也被称为矿工。在每一轮共识过程中，矿工节点中必须通过提供某种证明与其他矿工节点竞争，胜出的节点将获得记账权，生成区块并获取相应的收益。典型的算法包括工作量证明（Proof of Work，PoW）、权益证明（Proof of Stake，PoS）、委托权益证明算法（DPoS），等等。

第二类，是拜占庭容错（Byzantine Fault Tolerance，BFT）共识算法。1999 年，Liskov 等提出实用拜占庭容错算法（Practical Byzantine fault tolerance，PBFT），将算法复杂度降低到多项式级。但随着区块链场景的出现，人们发现只有将复杂度进一步降低，才能适应新场景中大规模网络的需求。为此，研究者们开展了孜孜不倦的研究，如 2019 年 Gueta、Abraham 等提出的可扩展拜占庭容错算法（Scalable Byzantine Fault Tolerance，SBFT），以及同于 2019 年 Maofan Yin、Malkhi 等提出的 HotStuff 算法等，已经将算法降低到线性复杂度，并在区块链领域落地应用。

第三类，是崩溃容错(Crush Fault Tolerance，CFT)共识算法。自 1998 年 Paxos 算法正式发表以来，研究人员在此基础上增加了 Basic Paxos、E-Paxos 等多个改进版本，逐步形成了 Paxos 算法家族。但是早期的 Paxos 算法仍然晦涩难懂，其算法结构难以直接应用到实际的系统中。为了解决 Paxos 难以理解与实现的问题，2013 年，斯坦福大学 Diego Ongaro、John Ousterhout 提出 Raft 共识算法，并在知名分布式项目中获得广泛应用，如服务发现框架 consul、配置信息管理框架 etcd，等等。崩溃容错共识算法虽然性能较高，但并不能容忍拜占庭错误，只在不会存在拜占庭节点的区块链网络中才能选用，这是需要注意的。

第四类，是基于硬件可信执行环境(Trusted Execution Environment，TEE)的共识算法。随着纯软共识算法性能瓶颈问题愈发凸显，研究者们开始探索结合硬件技术提升性能的解决方案。2009 年，一种高性能、高可靠的硬件安全技术 TEE 进入人们的视野。TEE 能为数据存储和代码执行提供安全的运行空间，约束攻击者作恶行为。TEE 与共识算法结合，可以有效提高系统的抗攻击性。例如，可以使用 TEE 生成节点公钥与私钥，私钥保存在 TEE 中，即使节点被攻击者劫持，TEE 仍然可以避免私钥被攻击者盗用并伪造消息，避免集群受到恶意消息的攻击，大大提升了系统对拜占庭攻击的抵抗性，同时具备优异的性能。典型算法如备受瞩目的 FastBFT 算法，就是结合 TEE 技术实现了低时延、高吞吐的拜占庭容错。

2.5.2.2 证明类共识算法

1. 工作量证明

工作量证明是一种应对拒绝服务攻击和其他服务滥用的经济对策。它要求发起者进行一定量的运算，也就意味着需要消耗计算机一定的时间。这个概念由 Cynthia Dwork 和 Moni Naor 于 1993 年在学术论文中首次提出。而"工作量证明"这个名词，则是 1999 年在 Markus Jakobsson 和 Ari Juels 的文章中才被真正提出。在比特币之前，哈希现金被用于垃圾邮件的过滤，也被微软用于 Hotmail/Exchange/Outlook 等产品中。工作量证明系统的主要特征是客户端需要做一定难度的工作得出一个结果，验证方却很容易通过结果来检查出客户端是不是做了相应的工作。这种方案的一个核心特征是不对称性：工作对于请求方是困难的，对于验证方则是简单的。具体来讲，每个可出块节点通过不断猜测一个数值(Nonce)，使得该数值可以使所出块中所包含的交易内容的哈希值满足一定条件。

由于哈希问题在目前的计算模型下是一个不可逆的问题，除了反复猜测数值，进行计算验证外，还没有有效的方法能够逆推计算出符合条件的 Nonce 值。且比特币系统可以通过调整计算出的哈希值所需要满足的条件来控制计算出新区块的难度，从而调整生成一个新区块所需的时间的期望值。Nonce 值计算的难度保证了在一定的时间内，整个比特币系统中只能出现少数合法提案。另一方面，在节点生成一个合法提案后，会将提案在网络中进行广播，收到的用户在对该提案进行验证后，会基于它所认为的最长链的基础上继续生成下一个分叉。这种机制保证了系统中虽然可能会出现分叉，但最终会有一条链成为最长的链，被绝大多数节点所共识。

然而，由于比特币采用 SHA-256 算法，挖矿速度与机器算力成正比，这就催生了专门的挖矿专用集成电路，即矿机。矿机的挖矿效率相比于普通的 GPU 高数个数量级，带来的影响是算力越发集中于专用矿场，使得普通用户难以入场，降低了区块链的去中心化程度。针对这个问题，莱特币采用了一种"内存难题算法"——Scrypt 作为其挖矿算法，其求解速度主要取决于计算机内存大小，这大大降低了大规模矿场在莱特币中的优势，使得去中心化这一特性得以保证。当前，以太坊所采用的 PoW 算法——Ethash 也与 Scrypt 类似，是一种"内存难题算法"，其所要解决的主要问题也是专用矿机相对于普通 PC 在挖矿上展现出来的巨大优势。

2. 权益证明

随着 PoW 的应用日益广泛，其高能耗、低性能的不足也愈发凸显。为此，2012 年，Scott Nadal 和 Sunny King 提出权益证明（Proof of Stake, PoS）作为 PoW 的替代。在基于 PoS 共识的区块链系统中，节点获得生产（或者提议）区块权利的概率，主要取决于其拥有权益的多少，而不仅仅是算力的差异。

纵观 PoS 历史，可以大致划分为以下三个阶段：

第一阶段，是以 Peercoin 为代表的 PoW+PoS 混合共识。Peercoin 提出将"币龄"作为权益的计算标准，节点持有通证的数量越多、时间越长，累计的币龄也越多。生成区块仍按 PoW 方式进行，但币龄能降低节点寻找随机数的难度，从而加快其挖矿速度。可见，Peercoin 只是通过选择性地降低高权益节点挖矿难度的方式，来提升 PoW 算法挖矿效率，并没有从根本上解决 PoW 的功耗问题。

第二阶段，是以 Nextcoin 为代表的纯 PoS 共识。这类 PoS 共识机制采用分布式的、可验证的随机数生成机制来选择节点生成区块，权益越高的节点被选为出块节点的概率越大。这类算法已经能够基本解决 PoW 依赖哈希计算带来的高功耗问题，但面临另一种安全隐患，即无利害（Nothing At Stake）攻击。这种攻击的底层逻辑是作恶成本极低却收益丰厚，其中最著名的一种即"理性分叉"，当生成区块的节点发现两条高度一致的区块链分叉时，可能选择在主链与分叉链上同时追加新区块，而不是遵守系统规则只在主链上挖矿的行为。因为在 PoS 算法中，节点同时在主链与分叉链上挖矿并不需要像 PoW 算法一样承担更多算力成本，却可以获得两条链的利息收益，是节点自身利益最大化的选择，但无疑会破坏区块链价值生态。

第三阶段，是以 Casper 为代表的新型 PoS 共识。这类共识同样实行"权益经济"，节点根据拥有权益的比例获取区块奖励，不同点是为了解决无利害攻击风险，加入了对不诚实节点的经济惩罚措施。例如，Casper 共识会通过没收不诚实节点缴纳的保证金的方式约束作恶行为，加强了 PoS 共识的安全性。

3. 委托权益证明

委托权益证明机制（Delegated Proof of Stake, DPoS）是 PoS 的一种衍生算法。其基本思想是由持有权益的节点投票选出的一部分代表,类似"董事会",轮流获取区块记账权,因此DPoS的本质实际上是一个中心化的共识机制。其中,EOS网络即对DPoS共识算法进行了可靠尝试。

EOS网络在刚发布的时候采用了DPoS的共识机制。这种共识机制的基本原理是,网络中的所有节点依据其所拥有的代币数量,分配对应的投票权重;网络中的所有节点进行投票,选出一定数量的(EOS使用的是21个)区块生产者进行新区块的生产与协商。区块生产者通过某种方式(随机或顺序)进行出块,且每个区块生产者通过新出的块来对之前的块进行确认。一个交易在2/3以上(14个)的见证人确认后,达到不可逆状态。这样,在EOS每个超级节点在6秒之内出12个块,平均每半秒出一个块的速度下,一个交易需要达到不可逆状态所需的确认时间为90秒(需要等待14个其他见证人出块以确认自己)。总体来说,由于每期选举出固定数目的区块生产者后,区块生产者之间可建立直接连接从而保证通信的可靠及快速,DPoS能在较快的时间里达成共识。

虽然算法丰富多样,证明类共识算法的核心仍然是集中在"选主竞争"环节上,只是参与竞争所依赖的证明有所不同。参与竞争的共识节点在每一轮共识过程中必须证明自己具有某种特定的能力,在竞争中胜出的共识节点将获得记账权。其核心思想是,通过记账权的相对公平分配,结合激励层的设计,以更高的收益预期引导大部分理性节点诚实记账,从而最大限度地提高作恶行为的成本,在工程意义上杜绝作恶风险,进而保障系统的稳定运行。

2.5.2.3 拜占庭容错共识算法

拜占庭容错共识起源于1982年Leslie Lamport提出的拜占庭将军问题。其论文借多位拜占庭将军围攻敌军的虚构场景,来解释异步系统中存在恶意节点情况下的共识问题。

拜占庭地域宽广,守卫边境的多个将军需要通过信使来传递消息,进而达成一致决定是否攻击某一支敌军。问题是这些将军在地理上是分隔开来的,并且将军中存在叛徒。叛徒可以任意行动以达到以下目标:

- 欺骗某些将军采取进攻行动;
- 促成一个不是所有将军都同意的决定,如当将军们不希望进攻时促成进攻行动;
- 迷惑某些将军,使他们无法做出决定。

如果叛徒达到了这些目的之一,则任何攻击行动的结果都是注定要失败的,只有完全达成一致才能获得胜利。拜占庭假设是对现实世界的模型化,由于硬件错误、网络拥塞或断开以及遭到恶意攻击,计算机和网络可能出现不可预料的行为。拜占庭容错协议必须处理这些失效,并且这些协议还要满足所要解决的问题要求的规范。这些算法通常以f表示算法可以容忍的错误节点数上限。很多经典算法问题只有在集群总节点数N满足$N \geqslant 3f+1$才有解,例如,实用拜占庭容错算法(PBFT)。

算法的核心在于少数服从多数。以4个将军为例,当叛变者小于或等于1时,系统总能达成共识。具体说明如下:将军A将信息传递给将军B、C、D,且传递一定有结果,消息简单分为进攻、撤退(分别用0、1表示)两种,假定大家各自的决定是进攻(0)。第一种情况,当发令者将军 A 不是叛徒,而传递后的将军中有一个叛徒(如 B)。则会有以下情况：A 的信息正确传递到 B、C、D,B 将错误的信息发送给 C、D,但是由于 C、D 发送的结果是正确的,所以最终每个节点都以多数 0 胜过了少数 1,达成一致的进攻决议。共识过程示意图如图 2.24 所示。

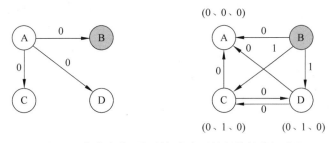

图 2.24　拜占庭将军问题提案者不是叛徒的共识过程

当发令者将军 A 是叛徒时,A 向 B 发送消息 0,向 C、D 发送 1。但由于 B 接收到 C、D 的消息为 1,且相互传递后有 4 条正确信息。因此最终结果还是以多数正确(4 个 1)赢过少数错误(两个 0)而最终实现一致。共识过程示意图如图 2.25 所示。

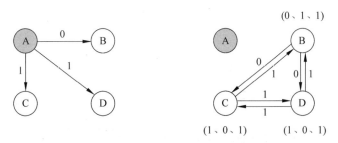

图 2.25　拜占庭将军问题提案者是叛徒的共识过程

可见,无论哪种情形,系统均可达成一致共识。当然上述描述只是一个简单示意,具体一个完全可用的拜占庭容错共识算法可以参见 PBFT 及其变种算法。而近期大红大紫的 HotStuff,其本质上也是一种拜占庭容错算法。

1. PBFT 实用拜占庭容错算法

1999 年,Barbara Liskov 等提出了实用拜占庭容错算法,解决了异步网络环境下拜占庭容错算法效率不高的问题,使得拜占庭容错算法在实际系统应用中变得可行。

在 PBFT 算法中,有以下几个关键概念：

- Primary：集群主节点,也称为 Leader 节点,负责对客户端发来的交易请求进行排序(工程实现中通常还有对交易打包出块的功能,通过批处理提升系统性能)。
- Replica：副本节点,其状态机与主节点保持同步。
- Transaction：交易,在区块链中通常指由客户端发起的操作请求。
- View：视图,PBFT 中配置状态,关键信息是集群当前由哪个节点担任 Primary 角色。

集群中在多数节点投票确认当前 Primary 节点异常时,会执行切换 Primary 节点的流程,此配置状态的更新流程也被称为"视图切换"。
- f:能容忍的拜占庭节点数量。
- N:集群结点的数量,且 $N>3f$(工程中常取 $N\geqslant 3f+1$)。
- quorum:完成 Prepare 与 Commit 阶段需要的相同消息数,且 quorum $>\dfrac{N+f}{2}$ (工程中常取 quorum $=\left[\dfrac{N+f}{2}\right]+1$)。

PBFT 算法的主要流程(见图 2.26)如下:

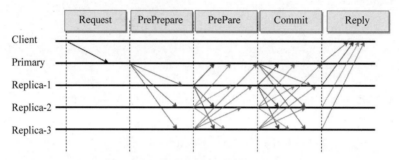

图 2.26 实用拜占庭算法的共识流程

(1) Request 阶段。Client 客户端发送交易请求至集群 Primary 节点,若交易被误发送到 Replica 节点,则会转发给 Primary 节点。

(2) PrePrepare 阶段。Primary 节点收到 Client 发送的交易请求后,会执行验证、打包、排序流程操作。

- 交易验证:Primary 节点会对客户端发来的交易进行合法认证与查重,通过验证的交易会顺序进入 Primary 缓存中,等待打包。
- 交易打包:Primary 节点将缓存中顺序排列的交易打包成一组,进而通过批处理的方式降低通信开销,提高系统性能。打包的策略通常有两种,分别是按交易数量打包与超过超时时间打包。当缓存的交易数目达到设定的区块最大交易数量阈值,或达到设定的超时时间,缓存仍有少量交易,都会触发打包操作。
- 交易排序:Primary 节点会对打包后的交易分配一个顺序递增的编号(Sequence Number,SN),进而可以确保集群中的 Replica 节点按相同的顺序执行交易,不会因网络故障等原因打乱提交次序。

(3) Prepare 阶段。Replica 节点会对主节点发送的 Pre-Prepare 消息进行合法性检查,若检查通过,就会向其他共识节点广播 Prepare 消息内容,进行交叉验证;若检查不通过则不发送消息。若系统中多数节点不发送 Prepare 消息,则会导致后续环节无法正常进行,此次交易超时乃至触发视图切换。

(4) Commit 阶段。Replica 节点会对收到的 Prepare 消息内容与缓存中 Pre-Rrepare 消

息内容的一致性进行检查。若收到(quorum－1)个与 Pre-Prepare 内容一致的 Prepare 消息，证明 Primary 节点可靠，且集群节点能对账本数据达成一致，可以广播 Commit 消息表示本节点可以执行交易；若超时时间内未能收到足够多内容一致的 Prepare 消息，则存在 Primary 节点作恶的可能，会广播 View-Change 消息，申请切换 Primary 节点。

（5）Reply 阶段。Replica 节点会对收到的 Commit 消息内容与缓存中 Prepare 消息内容的一致性进行检查。若收到 quorum 个与 Prepare 内容一致的 Commit 消息，说明集群中大多数节点已经准备好执行交易，因此可以将执行结果写入本地账本，并向客户端反馈交易结果。客户端若能在超时时间内收到 $f+1$ 个内容一致的执行结果，则本轮交易正常结束；若客户端未能收到足够多个一致反馈，则认为主节点可能存在异常，会向集群中所有节点再次广播 Request 消息，便于所有 Replica 节点共同验证 Primary 节点的可靠性。

PBFT 算法要求总节点数满足约束 $N \geqslant 3f+1$，在部署能容忍 f 个拜占庭节点的共识集群时，总节点规模至少为 $3f+1$。这是为什么呢？由于集群中可能存在 f 个拜占庭节点通过拒绝投票阻碍共识流程，因此 PBFT 在收到的 $N-f$ 个投票后就进行统计，而不会等待所有节点的投票消息。这保证共识能正常进行，但也存在将网络延迟较大的正常节点投票丢弃的可能。最差情况下，丢弃的投票都来自诚实节点，而 $N-f$ 张投票中有 f 个拜占庭投票，$N-2f$ 张诚实节点投票。显然，要得到正确的投票结论，需要诚实节点投票占大多数，因此 $N-2f>f$。工程上，PBFT 算法通常取总节点数 $N \geqslant 3f+1$，来杜绝拜占庭节点通过拒绝投票与错误投票的手段干扰共识进程的风险，基于 PBFT 发展而来的共识算法多数都沿用了这一约束。

同样影响深远的还有 PBFT 中对于 quorum $> \dfrac{N+f}{2}$ 的约束。避免拜占庭节点通过向不同节点发送不同内容的投票，造成集群分裂的可能。我们可以通过反证法来理解，假设由于拜占庭节点发送不同消息，导致集群节点 n_1 收到 quorum 个投票消息 $<m>$，同时 n_2 收到 quorum 个投票消息 $<m'>$，n_1 与 n_2 执行不同操作，导致集群分裂。由于收到的 $2 \times$ quorum 个消息来自至多 N 个投票节点，且 quorum $> \dfrac{N+f}{2}$，必然有超过 f 个节点同时发送 $<m>$ 与 $<m'>$。因拜占庭节点总数不超过 f，则说明有诚实节点也同时发送 $<m>$ 与 $<m'>$，这显然与算法基本假设相悖。可见，quorum $> \dfrac{N+f}{2}$ 能够有效避免集群分裂的风险。在实际工程中，可以取 quorum $= \left[\dfrac{N+f}{2} \right] +1$，至于工程中另一种常见形式 quorum $= 2f+1$，正是总节点数取 $N=3f+1$ 时的特例。

PBFT 是拜占庭算法发展史的里程碑，但以现在的眼光来看，仍然有几点不足。首先，PBFT 算法需要预知节点的数量，难以动态管理，无法满足公有链场景下节点自由进出的需求；其次，对于节点数为 n 的集群，PBFT 消息复杂度为 $O(n^2)$，性能会随着节点数量的增加迅速下降，难以应用于大规模的共识场景。

2. HotStuff 算法

HotStuff 协议由 Abraham、Gueta 等人提出,是一种在 PBFT 等共识算法的基础上实现的三阶段投票的 BFT 共识算法。该协议满足共识算法安全性(Safety)、活性(Liveness)和响应性(Responsiveness),同时可以实现线性的消息复杂度,即使在 Leader 转换过程中依然可保持为线性。

PBFT 是最早的可实用的拜占庭容错共识算法,但由于其在视图转换(ViewChange)时需要大量的消息转发,导致每当共识集群需要切换 Leader 时消息复杂度过高,在实际项目中很难承受。

HotStuff 是基于 View 的共识协议,一个 View 表示一个共识单元,使用 ViewNumber 表示,共识过程由一个接一个的 View 组成。其中 View 相当于 PBFT 中视图的概念。在一个 View 中,存在一个 Leader 来主导共识协议,共识流程分为 Prepare、Pre-Commit 和 Commit 三个阶段,经过三阶段投票达成共识后切换到下一个 View 继续进行共识。如遇到异常情况,导致某个 View 超时未能达成共识,不会影响切换下个 View 继续进行共识流程。共识过程中通过 QC(Quorum Certificates)表示某区块的投票证明,其内容可包含被 $(n-f)$ 个节点签名确认的数据集合及 ViewNumber。HotStuff 共识过程的三阶段如图 2.27 所示。

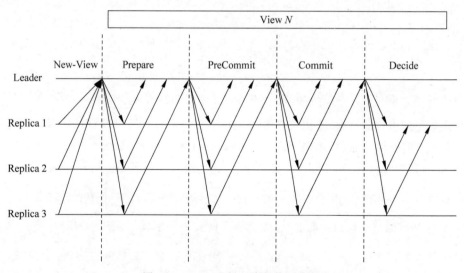

图 2.27 HotStuff 三阶段共识流程

图 2.27 即 ViewNumber 为 N 的 View 共识过程。

1) Prepare 阶段

每个 View 开始时,当前 View 的 Leader(类似于 PBFT 中 Primary 节点角色)收集由 $(n-f)$ 个副本节点发送的 New-View 消息,Leader 收到消息后,选择 ViewNumber 最高的分支,基于该分支创建新的共识请求,并广播给各副本节点。各副本节点一旦收到当前 Leader 对应的提案,校验提案合法后,则向 Leader 回复一个经过自己私钥签名的 Prepare-Vote。

2) PreCommit 阶段

Leader 发出提案消息后,等待 $(n-f)$ 个节点对该提案的投票签名,集齐投票签名后会将这些签名组合成一个新的签名,表明有 $(n-f)$ 个节点对该提案投过票。然后组装 PreCommit 消息广播至各副本节点,副本节点收到消息后验证签名,验证通过后表示第一轮 Prepare 投票成功。最后用自身私钥对 PreCommit 消息签名投票并回复给 Leader。

3) Commit 阶段

Commit 阶段与 PreCommit 阶段类似,也是先由 Leader 先收集 $(n-f)$ 个对 PreCommit 消息的投票签名,组装成 Commit 消息并广播给各副本节点。然后各副本节点验证通过消息签名后,表明第二轮 Commit 投票成功。最后用自身私钥对 Commit 消息签名投票并回复给 Leader。

4) Decide 阶段

当 Leader 节点收到了 $(n-f)$ 个对 Commit 消息的投票签名,则表示第三轮 Commit 阶段投票成功,然后将 Decide 消息广播至各副本节点。副本收到 Decide 消息后,认为当前提案投票成功,最后执行相应交易,并将 ViewNumber 加 1,开始新一轮 View 的共识流程。

在上述阶段中,副本节点侧有一个定时器,若在一个 View 中定时器超时,则将递增 ViewNumber,开始新的 View。

在 PBFT 算法中,投票消息是节点间相互广播,各个节点都要做投票收集工作,每轮投票,各个副本节点都需要至少验证 $(n-f)$ 个签名。HotStuff 中副本节点利用各自的私钥对信息签名,仅由 Leader 节点收集签名,不需广播至所有节点,Leader 节点收到足够数量的签名消息后,通过门限签名算法将各副本节点的签名信息联合成一个新的签名信息,再在下一个阶段作为证据发给所有副本节点。此种方法的每一轮投票,每个副本节点只需要验证一次签名。因此,HotStuff 通过引入门限签名方案避免了各副本节点之间广播消息,把复杂度从 PBFT 的 $O(n^2)$ 降低到 $O(n)$。同时,HotStuff 将视图转换融入算法正常流程,极大地简化了视图转换的复杂度。

由上述流程可看出,在基本 HotStuff 三阶段共识流程中,每一阶段动作均相似,即先由 Leader 向副本节点发出消息然后收集投票。Maofan Yin 等提出链式 HotStuff(见图 2.28)协议(Chained-HotStuff),并对协议的安全性进行了严格证明,该协议将 HotStuff 各阶段做并行化流水线处理以简化协议,同时提升协议性能。

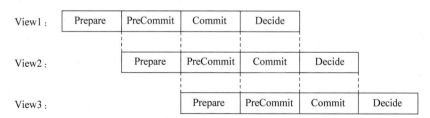

图 2.28 链式 HotStuff 示意图

链式 HotStuff 具体来说，即在 Prepare 阶段的投票由当前 View 对应的 Leader1 收集，集齐后将 Prepare 消息发送至下一个 View 的 Leader2，Leader2 基于 Prepare 消息开始新的 Prepare 阶段，此为 View2 的 Prepare 阶段，同时是 View1 的 PreCommit 阶段。以此类推，Leader2 产生新的 Prepare 消息然后发送给 Leader3 开始 View3，View3 开始 Prepare 阶段，同时是 View2 的 PreCommit 阶段，View1 的 Commit 阶段。

在链式 HotStuff 中，一个区块的确认是对其直接父区块的确认，称之为 1-chain，同理，一个区块 b 后面连续产生了 k 个有效区块，则称这段分支是对区块 b 的 k-chain。每当一个新的区块生成后，节点都会检查是否对前述区块形成 1-chain、2-chain、3-chain。1-chain 表明区块 Prepare 阶段投票成功；2-chain 表明区块链 PreCommit 阶段投票成功；3-chain 表明区块 Commit 阶段投票成功，即可以成功确认区块，然后执行相关交易。因此只要一个区块后面产生了 3 个连续的区块，即可表明该区块已经通过了三轮投票确认，其中的交易便可以确认。

传统 BFT 共识机制一般是进行 Prepare(定序)和 Commit 两轮共识，然后落盘，即先达成共识，然后上链。而链式 HotStuff 通过"3-chain"原则，结合聚合签名算法，先上链再共识，可省去"定序"阶段。抛开传统两轮共识思想，在链式 HotStuff 中，每一轮流程均相同，即 Leader 负责出块和收集签名进行聚合，其他节点负责对 Leader 出的块进行签名，只要 Leader 收到了 $(n-f)$ 个签名，就可以出一个区块，该区块后面有 3 个连续的区块就相当于已达成共识。

HotStuff 算法还有一个创新是在算法实现中将安全性和活性进行了解耦，两者可以独立设计，算法的安全性有严格的数学证明，用户不必担心，可根据实际系统灵活设计算法活性部分，也称为算法的 Pacemaker 模块。HotStuff 自提出以来，其以同时具备共识协议安全性、活性和响应性，以及更低的消息复杂度及链式流水线优化结构，使其迅速成为 BFT 共识家族重要的一分子。

目前 Facebook 推出的加密货币项目 Libra 中使用的共识算法 LibraBFT 是在基于链式 HotStuff 的基础上进行了更新优化，其确认规则遵从链式 HotStuff 的 3-chain 的确认规则，并根据 Libra 系统提供了一个详细的算法活性设计和 Pacemaker 实现。LibraBFT 协议同时提供了对共识节点投票权力的重配置机制和节点的奖惩机制，以提供安全高效的 BFT 协议。

2.5.2.4　崩溃容错共识算法

崩溃容错共识算法假设网络中共识节点均为"诚实"节点或可信节点，即节点均按照既定算法协议履行职责，不会作恶，不会出现拜占庭将军问题。该类算法可在系统出现如网络、磁盘故障或服务器宕机等故障的情况下仍正常运行，可容忍不超过一半的故障节点，常被应用于联盟链或私有链中，以提供更高效的共识服务，提升系统性能。当前主流的崩溃容错共识算法主要有 Paxos 及其衍生的 Raft 共识算法，下面对这两类算法进行说明。

1. Paxos 算法

Paxos 算法于 1990 年由 Leslie Lamport 在论文 *The Part-time Parliament* 中首次提出，

其实现了一种最大化保证分布式系统一致性的机制。但由于最初发布的论文中描述比较晦涩难懂，2001年，作者 Leslie Lamport 专门发表论文 *Paxos Made Simple* 进行进一步的解释说明。Paxos 算法包括三种角色，即提案者（Proposer）、受理者（Acceptor）和同步者（Learner）。提案者（Proposer）需要先对某提案（Proposal，由编号 n 进行区分）进行投票，得到大多数 Acceptor 的支持后，才将该提案再发送至所有人进行确认。算法详细流程可由如下三阶段（见图 2.29）表示（其中决议过程为前两阶段）：

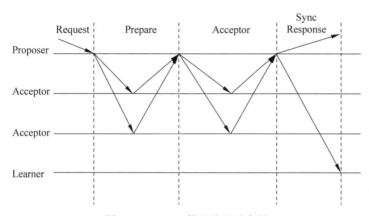

图 2.29 Paxos 算法流程示意图

1) Prepare 阶段

Proposer 对某提案生成全局唯一的编号 n 并广播 Prepare 请求至 Acceptors，即提案的受理者，由 Acceptor 进行投票。

当 Acceptor 收到一个 Proposal 后，对比其编号 n 与本地记录的已经投票过的最大提案编号 max，若 n 大于 max 则对该提案投赞成票，回复 Proposer 投票结果，同时承诺不再接受任何编号小于 n 的提案。

2) Accept 阶段

如果 Proposer 收到超过一半的 Acceptor 对提案 n 投赞成票，则 Proposer 广播 Accept 请求至这些 Acceptors，Accept 请求内容为一个键值对[Key, Value]，其中 Key 为提案编号 n，Value 为决议值，代表提案本身内容。

Acceptor 收到编号为 n 的提案 Accept 请求后，检查其是否对高于 n 的提案投过 Prepare 赞成票，若没有则接受该请求，并回复 Proposer。

3) 同步阶段

Proposer 收到多数受理者的 Accept 消息后，表明本次提案决议成功，并将决议发给所有 Learner 节点同步。

Paxos 并不保证系统总处于强一致的状态，但由于每次提案共识均需要至少超过一半的节点同意，最终整个系统会达到一致的状态，即保证最终一致性。目前 Google 的 Spanner、Chubby 等系统中均应用了 Paxos 算法。但 Paxos 算法由于其原理细节描述较少以及很高的工程复杂度,实际应用中常以 Paxos 算法为基础,对其算法流程进行优化更新,得到 Paxos 的改进算法,以更适用于工程应用,其中最经典的即 Raft 共识算法。

2. Raft 算法

Raft 算法即以 Paxos 为基础,最初由斯坦福大学的 Diego Ongaro 和 John Ousterhout 于 2013 年在发表的论文 *In Search of an Understandable Consensus Algorithm* 中提出,在 Diego Ongaro 的博士论文 *Consensus:Bridging Theory and Practice* 中,对该算法的细节进行了详尽的描述。该算法对 Paxos 进行了简化设计和流程优化,比 Paxos 更易于理解和实现,在实际应用场景中更加实用。Raft 算法的核心思想是集群中各节点从相同的初始状态开始,以相同的顺序执行各个操作,最终使集群达成一致的状态。

Raft 算法将节点划分为三种角色,即领导者(Leader)、跟随者(Follower)、候选者(Candidate),三种角色之间可以相互转换。算法采用日志方式进行同步,通过选举一个 Leader 进行决策来简化后续流程。Leader 决定日志的提交顺序,日志只能由 Leader 向 Follower 进行单向复制,以此保证集群中各节点最终的日志顺序一致。Raft 算法中节点三种角色状态的转换如图 2.30 所示。

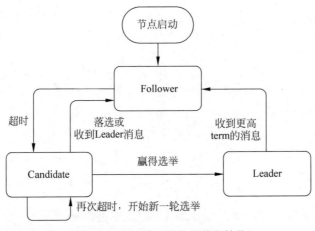

图 2.30 Raft 算法角色的状态转换

(1) Leader:集群中有且只有一个 Leader,负责接收客户端的请求、管理日志复制以及与 Follower 保持心跳(Heartbeat)。

(2) Follower:节点启动时均初始化为 Follower 状态,响应 Leader 的日志复制请求和 Candidate 的投票请求。

(3) Candidate:Candidate 是处于 Follower 和 Leader 之间的中间状态。Follower 超时后发起 Leader 选举前需要先转换至 Candidate 状态,Candidate 接收到超过一半以上节点的赞成票后才转换为 Leader。

Raft 算法中另一个重要的概念是任期(Term)。Term 是一个连续递增的编号,每一轮选举是一个 Term。在一个任期内可以没有 Leader,若存在 Leader,则有且仅有一个 Leader。

Raft 算法共识流程主要分为两个阶段,即 Leader 选举阶段和日志复制阶段。

(1) Leader 选举。当 Follower 超时后增加 Term 转换为 Candidate,向其他节点发送投票请求,等待下述三种情况发生:①赢得选举,即 Candidate 获得了当前集群超过半数以上节点的赞成票,当选为当前 Term 的 Leader;②输掉选举,即已有另一个节点成了 Leader,并收到其发来的心跳消息或日志复制请求,成为 Follower;③没有输赢,即本次选举超时结束时集群中仍没有 Leader 产生,则 Candidate 继续递增任期号,再发起一次新的选举。

(2) 日志复制。Leader 节点接收客户端的请求,更新日志条目,向集群中其他节点发送添加日志请求,当集群中超过半数节点成功同步日志后,表示该条日志已成功复制,Leader 节点回复客户端。

以上为 Raft 算法的流程概述,可参考文献 *The Secret Lives of Data* 中的动画更形象地理解 Raft 算法流程。Raft 算法中还有一些其他的特性如集群成员变更、日志压缩等,也可在 Ongaro 作者博士论文中进行更深入的了解。目前 Raft 算法已经在多种主流语言中实现,基于 Raft 算法的应用也十分广泛,如由 Raft 保证数据一致性的分布式协调服务 etcd 和 Consul,分布式 KV 系统 TiKV 等。Raft 算法目前也已经在各区块链项目中均有支持或实现,如 HyperLedger Fabric、XuperChain、蚂蚁链等项目。

2.5.2.5 基于可信硬件的共识算法

可信执行环境 TEE 受硬件机制的保护,提供受保护的内存和执行环境的隔离,可提供高可靠的安全隐私保证。在共识场景下,TEE 环境可被视为"诚信"节点,只会出现故障而不会出现拜占庭问题,对于接收到的数据,均会诚实地按照既定的逻辑执行。因此可考虑结合 TEE 环境的安全性来设计共识算法,假设使用 TEE 环境的节点均为诚信节点,不会作恶,原有共识协议可以在此基础上进行优化,降低复杂度等,以提供更高效的共识服务。

FastBFT 即结合可信硬件实现的一种高性能 BFT 共识协议,即使对于大规模网络,FastBFT 也能提供低延时和高吞吐量。其使用的可信硬件是 Intel SGX,由 SGX 的可信代码 (enclave)侧负责密钥生成和加解密等操作,维护共识状态变量的变更,非可信侧仅能调用由 enclave 向外提供的接口来修改 enclave 内部状态,获取可信信息。在 FastBFT 中,密钥的聚合拆分在 enclave 内部进行,拜占庭节点无法获取原始密钥也无法篡改,保证了消息聚合的安全性。同时 FastBFT 指出,通过借助可信硬件能力,可减少共识集群所需节点数量,与 PBFT 需要 $3f+1$ 数量的节点不同,FastBFT 仅需要 $2f+1$ 数量的节点就能抵御拜占庭攻击,通过基于可信硬件的轻量级密钥分享方案可实现高效的消息聚合,减少节点间通信,提升了算法性能。

一方面,基于可信硬件的共识机制可优化共识流程,降低算法复杂度;另一方面,也有观点认为,基于可信硬件的共识方案可能具有中心化的风险,中心信任锚点为硬件厂商。因此设计者可根据系统架构或实际业务等方面,综合考虑是否借助可信硬件实现共识机制。

2.5.3 智能合约

智能合约的引入可谓是区块链发展过程中的一个重要里程碑。区块链从最初单一的加密数字货币应用,到今天融入社会生产生活的各个领域,智能合约的作用不容忽视。这些金融、政务服务、供应链、游戏等各种类别的应用,几乎都是以智能合约的形式,运行在不同的区块链平台上。

(1) 智能合约是什么?

智能合约的由来在前文 2.4.3 节中已有详细介绍。智能合约的英文是 Smart Contract,Smart 的中文意思是聪明的、敏捷的,与当下火热的人工智能 AI(Artificial Intelligence)是有差异的,这点往往容易让人产生误解。

智能合约的核心是当满足了一定的触发条件,就能被自动执行。例如,拍卖行可以通过智能合约实现对某件商品的拍卖。可以设计这样一个智能合约:所有账户余额大于最新出价记录的用户都可以参与拍卖,对商品进行出价,出价成功的用户会把其出价对应的金额打入到指定账户 A 中,如果有其他用户出价更高,则归还出价次高用户的出价金额。假设小明先出价 100 元,这时智能合约会自动从小明账户中把 100 元打入到账户 A 中,同时智能合约会记录最高出价者和竞拍金额;后面的竞拍者只有出价大于 100 元才能出价成功,假设此时小华出价 101 元,那么智能合约会自动将 A 账户中的 100 元返还到小明的账户,然后从小华的账户中把 101 元打入到账户 A 中,同时智能合约更新最高出价者和竞拍金额;最后在规定的时间内选出出价最高的竞拍者 L,拍卖结束,智能合约自动将 A 账户的钱打入受益人账户中。整个过程非常高效、简单,不需要第三方的中间人进行裁决,也完全不会有赖账问题。

(2) 为什么区块链的出现使智能合约受到了广泛的关注?

尽管智能合约这个如此前卫的理念早在 1993 年就已被提出,但是一直没有引起广泛的关注。虽然这个理念很美好,但是缺少一个良好的运行智能合约的平台,确保智能合约一定会被执行,触发执行的数据源是真实的,执行的逻辑没有被中途修改,执行的结果可以被可信地记录。区块链这种去中心化、防篡改的平台,完美地解决了这些问题。智能合约一旦在区块链上部署,所有参与节点都会严格按照既定的逻辑执行。基于区块链上大部分节点都是诚实的基本原则,如果某个节点修改了智能合约逻辑,那么执行结果就无法通过其他节点的校验而不会被承认,即修改无效。

(3) 智能合约的原理

一个基于区块链的智能合约需要包括事务处理机制、数据存储机制以及完备的状态机,用于接受和处理各种条件。并且事务的触发、处理及数据保存都必须在链上进行。当满足触发条件后,智能合约即会根据预设逻辑,读取相应数据并进行计算,最后将计算结果永久保存在链式结构中。智能合约在区块链中的运行逻辑如图 2.31 所示。

对应前面拍卖的例子,智能合约即通过代码实现的竞拍流程。该智能合约的预置触发条件即竞拍者的出价、竞拍时间结束等,同时需要规定获取结果的途径(例如,每轮出价结束后,

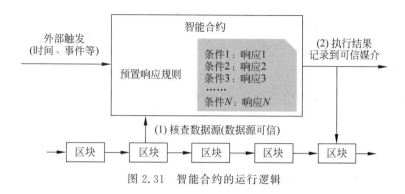

图 2.31　智能合约的运行逻辑

可以查看是否出价成功)。满足预置响应条件即触发事件后,智能合约具体执行内容为:①返还前一个最高出价者的出价金额;②将新的最高出价者的出价金额打入指定账户中,记录最高出价者和金额;③竞拍结束后,将最高出价金额打入受益人账户,出价人则获得商品。该智能合约一经部署,其内容就会永久地保存在链上,并严格执行。拍卖时,区块链网络中的节点均会验证响应条件,并将执行结果永久记录在链上。

(4) 智能合约的编程语言与运行环境

如前所述,智能合约是一种在满足一定条件时,就自动执行的计算机程序。由于我们希望它方便安装与卸载、具有安全性,所以智能合约一般运行在独立隔离的运行环境中,目前主流的智能合约运行方式有虚拟机(EVM)、容器(Docker)、WASM 等。而智能合约的编程语言又跟其运行环境密不可分。

虚拟机通常指用软件模拟的可以执行程序的计算机系统。有些虚拟机会模拟出一个完整的物理计算机,具备完整的物理计算机功能,如 VMware、Hyper-V 等,可以在这些虚拟机上安装操作系统和应用程序;还有一些虚拟机则只提供了物理计算机硬件层的抽象,屏蔽了与硬件的差异,使得程序可以不加修改地在多种平台上运行,如 JVM。部署一个模拟完整物理计算机的虚拟机,需要消耗大量的资源,且性能不足,同时很难兼容不同的硬件架构,这不是智能合约系统的设计者希望看到的,所以大多数区块链系统采用轻量级的虚拟机这种方式,例如,以太坊专门开发了用于其系统的虚拟机 EVM。

以太坊虚拟机(EVM)是一个完全独立的沙盒环境,可以保证智能合约与外界环境隔离。在以太坊系统中,采用 gas 计费机制来防止智能合约过度消耗资源,一旦 gas 超过计费限制 gasLimit,则整个交易将会被回滚,这样就保证了智能合约的运行安全。EVM 被部署在执行智能合约操作码的各个节点上,负责对智能合约进行指令解码,并按照堆栈完全顺序执行代码。EVM 本身运行一个状态函数,也称状态机,用于持续监测状态的变化。当新的进程触发时,EVM 运行代码并将一定数据写入内存或永久存储,每一个新状态都是基于上一个状态进行改变。

以太坊专门为智能合约设计开发了高级编程语言——Solidity,在 EVM 中运行的智能合约主要以 Solidity 编写,语法接近 JavaScript,是一种面向对象的语言。但作为一种真正意义上运行在网络中的去中心化智能合约编程语言,它又有很多的不同,比如:①提供特殊的 Address 类型,用于定义合约地址。②支持数字货币支付属性 payable,可以在语言层面直接支持支付,使其在代码层支持以太币等数字货币的支付以及收款操作,使得合约可以接受交易并持有一定数量的货币。③提供两种数据存储方式,即 Memory(内存型)和 Storage(持久型),Memory 类似于其他高级语言的变量存储方式,使用完被回收。默认的函数参数即 Memory 类型,然而在区块链上有非常多的状态需要永久记录下来,状态变量默认保存为 Storage 类型。④支持灵活的变量声明,在作用范围内,状态变量的定义声明与调用没有绝对的顺序关系,定义声明可以在调用语句之后。⑤支持异常回滚机制,一旦出现异常,所有的执行都将会被回撤,这主要是为了保证合约执行的原子性,以避免中间状态出现的数据不一致。⑥具有严格控制的可见性,函数和状态变量共有四种可见性定义,即 External、Internal、Public、Private,用来限制函数或状态变量在合约内外以及继承关系中的调用和访问权限。具体可参考 https://docs.soliditylang.org/en/v0.8.2/。

Docker 是谷歌公司推出的基于 Linux 的容器化技术。Docker 跟虚拟机的作用类似,对进程进行封装隔离,使进程独立于宿主和其他的进程,从而使智能合约运行在一个独立的环境中。Docker 本身没有采用虚拟化技术,而是让程序直接运行在底层操作系统上,且程序本身不用关注操作系统层面的差异,代码的执行效率相对高于虚拟机的执行效率,但是由于部署和启动 Docker 需消耗大量的资源和时间,这在一定程度上限制了智能合约系统的性能。比如,Hyperledger Fabric 的智能合约基于 Docker 运行,可以使用 Golang、Java 等语言编写。智能合约运行在一个受保护的容器中,可以通过相应的 API 与区块链网络中的节点进行数据交互,同时区块链客户端也可通过相应的 API 对容器中的智能合约进行生命周期管理(如打包、安装、实例化、升级、删除等)。

WASM(WebAssembly)是一个虚拟机,包含了一门低级汇编语言和对应的虚拟机体系结构,而 WebAssembly 这个名字从字面理解就说明了一切——Web 的汇编语言。它的优点是文件小、加载快、执行效率非常高,可以实现更复杂的逻辑。WASM 最初被设计用来解决 Web 端的性能问题,让开发者能运用自己熟悉的语言(最初以 C/C++ 为实现目标)来编译成字节码,加载到 WASM 运行时当中在浏览器内运行。由于 WASM 具有良好的安全性和隔离性,且运行速度快、可移植性高、轻便灵活,被越来越多的区块链系统青睐。当前对 WASM 支持较好的语言有 AssemblyScript(语法类似于 TypeScript)、Rust、C 语言等。智能合约编译成 WASM 字节码的形式,再借助于虚拟机引擎运行在区块链系统中。有些区块链系统也将 WASM 与可信执行环境相结合,充分利用两者的优势,具体可参考 2.6.3 节。

(5) 智能合约的安全性需要关注

合约往往是严肃的事情,传统的合约往往需要专业的律师团队来撰写。古语有云"术业有专攻",当前智能合约的开发工作主要由软件从业者来完成,所编写的智能合约在完备性上可能有所欠缺,因此相比于传统合约,更容易产生逻辑上的漏洞。另一方面,由于现有的部分支持智能合约的区块链平台提供了利用如 Golang、Java 语言等高级语言编写智能合约的功能,而这类高级语言不乏一些具有"不确定性"的指令,可能会造成执行智能合约的节点的某些内部状态发生分歧,从而影响整体系统的一致性。因此,智能合约的编写者需要极为谨慎,避免编写出有逻辑漏洞或是执行动作本身有不确定性的智能合约。一些区块链平台引入了不少改进机制,对执行动作上的不确定性进行了消除,如超级账本项目的 Fabric 子项目,即引入了先执行、背书、验证,再排序写入账本的机制;以太坊项目也通过限制用户通过其提供的确定性的语言(Solidity)进行智能合约的编写,确保了其运行的智能合约在执行动作上的确定性。

2016 年,著名的 The DAO 事件,就是因为智能合约漏洞导致了大约价值 6 000 万美元以太币的直接损失。The DAO 是当时以太坊平台最大的众筹项目,上线不到一个月就筹集了超过 1 000 万个以太币,当时价值 1 亿多美元。但是该智能合约的转账函数存在漏洞,攻击者利用该漏洞,盗取 360 万个以太币。由于此事件影响过大,以太坊最后选择进行硬分叉回滚以挽回损失。

虽然在区块链的发展历史上出现了类似的安全事件,但我们并不能因此而否认智能合约的价值,任何事物在发展初期必然因为不完善而存在风险,为了减少和避免这种情况的发生,一方面,可以从智能合约运行的环境入手;另一方面,可以通过设计具有更强约束性和安全性的语言,结合形式化验证技术,进而减少智能合约自身的安全漏洞。智能合约安全、语言及形式化验证在 2.6.3 节有详细介绍,在此不做进一步展开。

随着智能合约的普及,智能合约的编写必然会越来越严谨、规范,同时,其开发门槛也会越来越低,对应领域的专家也可以参与到智能合约的开发工作中,智能合约必定能在更多的领域发挥越来越大的作用。

2.5.4 点对点网络

传统的网络服务架构大部分是客户端/服务端(Client/Server,C/S)架构,即通过一个中心化的服务端节点,对许多个申请服务的客户端进行应答和服务。C/S 架构也称为主从式架构,其中服务端是整个网络服务的核心,客户端之间通信需要依赖服务端的协助。例如,当前流行的即时通信(Instant Message,IM)应用大多采用 C/S 架构:手机端 APP 仅被作为一个客户端使用,它们之间相互收发消息需要依赖中心服务器。也就是说,在手机客户端之间进行消息收发时,手机客户端会先将消息发给中心服务器,再由中心服务器转发给接收方手机客户端。

C/S 架构应用非常成熟,优势也非常明显:中心化的服务端能够保持一致的服务形式,方便对服务进行维护和升级,同时也便于管理。然而,C/S 架构同样也存在很多不足。首先,由于 C/S 架构采用中心化的服务端,因此当服务端节点发生故障时,整个服务都会陷入瘫痪。另外,服务端节点的处理能力是有限的,因此中心服务节点的性能往往成为整体网络的瓶颈。

点对点网络(Peer-to-Peer Networking,P2P 网络)是一种去中心化的互联网信息交换方式,其消除了中心化的服务节点,将所有的网络参与者视为对等者(Peer),并在他们之间进行任务和工作负载分配。P2P结构打破了传统的C/S模式,去除了中心服务器,是一种依靠用户群共同维护的网络结构,每个节点可以从任意(有能力的)节点处得到服务。由于节点间的数据传输不再依赖中心服务节点,P2P网络具有极强的可靠性,用户可以随时加入或者退出网络,任何单一或者少量节点故障都不会影响整个网络正常运转。同时,P2P网络的网络容量没有上限,随着节点数量的增加,整个网络的资源也在同步增加,P2P网络提供的服务质量也相应提高。

P2P网络的这些特性对于去中心化的区块链应用来说至关重要。在区块链系统中,要求所有节点共同维护账本数据,即每笔交易都需要发送给网络中的所有节点。如果按照传统的C/S模式,中心节点需要将大量交易信息转发给所有节点,这几乎是不可能完成的任务。P2P网络的设计思想与区块链的理念完美契合。在区块链中,所有交易及区块的传播并不要求发送者将消息发送给所有节点。节点只需要将消息发送给一定数量的相邻节点即可,其他节点收到消息后,会按照一定的规则转发给自己的相邻节点。最终通过一传十、十传百的方式,最终将消息发送给所有节点。

以转账业务为例,传统银行系统采用C/S网络架构,即银行服务器作为中心节点,各个网点、ATM作为客户端。当我们需要发起转账时,首先提供银行卡、密码等信息证明身份。然后生成一笔转账交易,发送到中心服务器后,由中心服务器校验余额是否充足等信息,然后记录到中心服务器,即可完成一笔转账交易。

而在区块链网络中,并不存在一个中心节点来校验并记录交易信息,校验和记录工作由网络中的所有节点共同完成。当一个节点发起转账时,需要指明转账目的地址、转账金额等信息,同时还需要对该笔交易进行签名。由于不存在中心服务器,该交易会随机发送给网络中的邻近节点,邻近节点收到交易消息后,对交易进行验签,确认身份合法性后,再校验余额是否充足等信息。校验完成后,则会将该消息转发至自己的邻近节点。以此重复,直至网络中所有节点均收到该交易。最后矿工获得记账权后,则会将该交易打包至区块,然后广播至整个网络。区块广播过程和交易的广播过程一样,仍然使用一传十、十传百的方式来完成。收到区块的节点完成区块内容验证后,即会将该区块永久地保存在本地,即交易生效。

P2P网络经历了较长的发展历史,典型的代表性技术及发展历程包括:

- 最早追溯到1979年杜克大学研究生Tom Truscott及Jim Ellis开发出的使用P2P结构的新闻聚合网络USENET。由于当时计算机及计算机网络还处于初步发展阶段,文件的传输需要通过效率较低的电话线进行传输,集中式的控制管理方法效率极其低下,便催生了P2P网络这种分布式的网络结构。
- 随着P2P网络技术的发展,在20世纪90年代,出现了世界上第一个大型的P2P应用网络——Napster。它同样是由几位大学生开发的,用于共享mp3文件。Napster采用一个集中式的服务器提供它所有的mp3文件的存储位置,而将mp3文件本身放置于千千万万的个人电脑上。用户通过集中式的服务器查询所需mp3文件的位置,再通过P2P方式到对等节点处进行下载。Napster由于版权问题,被众多唱片公司起诉而被迫关闭,然而其所用的 P2P 技术却因此而广为传播。
- 借鉴 Napster 的思想,Gnutella 网络于 2000 年早期被开发。这是第一个真正意义上的"分布式"P2P 网络。它为了解决 Napster 网络的中心目录服务器的瓶颈问题,采用了洪泛式文件查询技术。网络中并不存在中枢目录服务器,关于 Gnutella 的所有信息都存放在分布式的节点上。用户只要安装了 Gnutella,即将自己的电脑变成了一台能够提供完整目录和文件服务的服务器,并会自动搜寻其他同类服务器。

在几十年的发展历程中,为适应各种不同类型的应用,催生了大量具有不同特性的网络协议。下面简单介绍一下在比特币及以太坊系统中采用的 Gossip 和 Kademlia 协议。

1. Gossip 协议

Gossip 协议于 1987 年在 ACM 上的论文 *Epidemic Algorithms for Replicated Database Maintenance* 中提出,主要应用于分布式数据库系统中各个 slave 节点的数据同步,从而保证各个节点数据的最终一致性。

Gossip 算法又被称作"病毒传播算法""流言算法"。这些别名可谓形象地描述了 Gossip 的工作原理。Gossip 来源于流行病学的研究,类似于病毒传播或者办公室八卦信息传播过程,一个节点发生状态变化后,即开始向邻近节点发送消息,节点收到消息后又会发送给相邻节点,最终所有节点都会收到消息。

Gossip 协议共有 Anti-Entropy(反熵)、Rumor monge(谣言传播)两种交互模式。两种模式的介绍及相应优、缺点如下:

(1) Anti-Entropy。每个节点周期性地随机选取一定数量的相邻节点,互相同步自己的数据。该方式可以保证数据的最终一致性。但是由于在该模式下,节点会不断地交换数据,网络中消息数量非常巨大,网络开销巨大。

(2) Rumor monge。当一个节点收到消息后,该节点周期性地向相邻节点发送新收到的消息。由于在该模式中,节点仅在收到新消息后的一段时间内转播新消息,所以相对于 Anti-Entropy 模式来说,网络开销小很多,但是有一定概率无法达到强一致性。

实际上,Gossip 协议中,节点之间的同步率和节点间的通信开销是一组互相矛盾的指标。在实际应用中,需要对这一对指标进行细致的考量,根据应用对节点同步率的具体需求和可用的网络情况做出权衡。

Gossip 协议中,每个节点都会维护数据的键(Key)、值(Value)、版本(Version)信息。信息交换共支持 pull、push、pull/push 三种通信方式。例如,A、B 两个节点同步信息,三种方式的过程分别为:

- pull:A 点仅将 Key、Version 信息发送给 B,B 收到消息后返回本地比 A 新的信息。
- push:A 点将 Key、Value、Version 信息发送给 B,B 收到消息后更新比本地信息新的内容。
- pull/push:在 pull 的基础上多了一步,A 收到返回后会再次将本地新的消息发送给 B。

2. Kademlia 协议

Kademlia 协议于 2002 年发布，是由 Petar 和 David 为非集中式 P2P 计算机网络而设计的一种通过分布式哈希表实现的 P2P 协议。在 Kademlia 网络中，所有信息均以哈希表条目形式加以存储，这些条目被分散地存储在各个节点上，从而在全网中构成一张巨大的分布式哈希表。在不需要服务器的情况下，每个客户端负责一个小范围的路由，并负责存储一小部分数据，从而实现整个分布式哈希表网络的寻址和存储。Kademila 协议中使用的分布式哈希表，与其他的分布式哈希表技术相比，具有独特的以异或算法（XOR）为距离度量基础的特性，大大提高了路由查询速度。

Kademlia 协议也对节点间的信息交换方式进行了规定。具体地，Kademlia 网络节点之间使用 UDP 进行通信。参与通信的所有节点形成一张虚拟网（或者叫作覆盖网），这些节点通过一组数字（或称为节点 ID）来进行身份标识。节点 ID 不仅可以用来做身份标识，还可以用来进行值定位（这里的值通常是文件的 Hash 值或者关键词）。例如，节点 ID 与文件 Hash 值直接对应，进而表示某个节点存储着能够获取对应文件和资源的相关信息。当节点作为客户端在网络中搜索某些值对应的节点（即搜索存储文件 Hash 或关键词的节点）的时候，Kademlia 算法需要知道与这些值相关的键，然后分步在网络中开始搜索。其中，每一步都会找到一些节点，这些节点的 ID 与键逐步接近，在找到对应键值（ID）的节点或者无法继续寻找更为接近的键值时，搜索便会停止。这种搜索值的方法是非常高效的：在一个包含 n 个节点的系统的值的搜索中，Kademlia 仅访问 $O(\log(n))$ 个节点，降低了值的查询开销。

目前，点对点网络技术广泛应用于计算机网络的各个领域，如分布式计算、文件共享、流媒体直播与点播、语音即时通信、在线游戏支撑平台等。其具体的应用包括如下方面：

（1）分布式计算。点对点网络技术可以应用于分布式计算领域，从而将众多终端主机的空闲计算资源进行联合，从而服务于一个共同的计算量巨大的科学计算。每次计算过程中，计算任务被划分为多个片，被分配到参与计算的点对点网络节点机器上。节点机器利用闲置算力完成计算任务，返回给一些服务器进行结果整合以达到最终结果。世界上最著名的点对点分布式科学计算系统非"SETI@home"莫属。它召集具有空闲计算资源的用户组成一个分布式计算网络，共同完成通过分析射电望远镜传来的数据来搜寻地外文明的任务。

（2）文件共享。点对点网络技术最直接的应用就是文件共享。在这些应用中，每个用户都可以上传文件至网络中，供其他用户下载，不需要借助中心服务器存储这些文件。用户下载完成后，也可以作为服务端，供更多用户下载。整个网络中下载人数越多，则下载速度越快。完全不会发生传统中心架构网络中，下载数量过多，导致资源抢占、速度过慢的问题。在文件共享领域，最典型的应用是 Bit Torrent。除此之外，还有不少各具特性的文件共享协议，如 Gnutella、Chord、Pastry 等。

（3）流媒体直播。点对点模式应用于流媒体直播也是十分合适的，目前已有许多这方面的研究。目前较为成熟的流媒体直播解决方案有香港科技大学的 Coolstreaming、清华大学的 Gridmedia 等。同时，国内也涌现了很多成功的 P2P 流媒体直播商业产品，如 PPLive、

PPStream 等。

（4）IP 层语音通信。IP 层语音通信（Voice over Internet Protocol，VoIP）是一种全新的网络电话通信业务，它和传统的公共交换电话网（Public Switched Telephone Network，PSTN）电话业务相比，有着扩展性好、部署方便、价格低廉等明显的优点。目前，最为流行的点对点 VoIP 应用是 Skype，它能够提供清晰的语音质量和免费的服务，使用起来极其方便快捷。

2.6 区块链技术的突破方向

2.6.1 交易吞吐量

2.6.1.1 当前存在的问题

可扩展性是传统分布式系统的基本特性。区块链由于其去中心化的特性，以及为了解决去中心化特性所带来的安全和信任问题，需要进行大量重复的计算，导致其可扩展性难以满足。业界总结了一个三元悖论（见图 2.32）来描述去中心化与可扩展性之间的矛盾，即去中心化（Decentralization）、安全性（Security）和可扩展性（Scalability）三个属性无法同时满足。它尚未被严格证明，只能被称为猜想，但在实际系统设计过程中却能感觉到时时受其挑战。

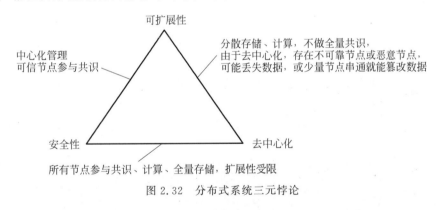

图 2.32 分布式系统三元悖论

比特币诞生时还只是黑客的玩具，对其有了解的人还很少。随着比特币知名度的提高，越来越多的交易涌向比特币系统，其性能问题就凸显了出来：交易确认时间久，吞吐量低。比特币每 10 分钟出一个区块，区块最大 1MB，换算下来就是每秒可以处理的交易数是 7 笔，这与当前很多金融系统相比实在太少了。

吞吐量过低是比特币系统的严重问题，这会大大限制其可用场景。后来为数不少的公有链项目都以改进性能为首要目标，或者增加区块大小，或者提高出块频率。在比特币的框架下，靠调整这类参数虽然可以在一定程度上改善吞吐量，但其上限也就是每秒几百笔交易，很难有本质上的突破。而作为联盟链代表的 Hyperledger Fabric，其吞吐量也只有每秒几百到几千笔交易的量级。就当前业界发布的相关产品，性能已经可以提升到每秒两万笔交易，距离满足当前金融系统对吞吐量(每秒几万笔交易)的需求依然存在差距。

究其吞吐量过低的根因,其实在于共识过程。在一个完全去中心化的环境里,为了保证数据的一致性,节点之间必须达成共识。而要在多数节点间达成共识,往往需要多次交互,而每次交互又均伴随着网络延迟,在此两者的共同影响下,区块链系统的吞吐量注定难以提高。也正因为需要参与节点之间达成共识,导致系统天然地对并行化不够友好,难以像中心化应用系统那样通过并行化来提高系统吞吐量。此外,在去中心化的环境下,参与系统的节点之间往往是不信任的,利益是相互制衡甚至是冲突的。为了保证去中心化环境下数据的防篡改和不可抵赖性,就需要频繁地进行签名、验签和数据校验。此外,参与节点之间的网络通信信道也是不安全的,为了保证数据传输过程中的安全,还需要对数据频繁地加密解密。这些签名验签、加密解密的动作需要进行大量的密码学计算,导致计算开销的增大,吞吐量降低。

2.6.1.2 技术突破方向

1. 异步共识

在共识协议里,主流的做法是每出一个块,所有节点之间要进行同步,共识通过以后再继续出下一个块。另一类做法是出块以后无须立即达成共识,每个节点在遵循某种规则的前提下,尽最大的能力出块。如果规则制定得足够巧妙,各自为战的节点在经过一段时间之后,仍然可以达成一致。这就是著名的异步 Graph 算法。IOTA、HashGraph 就是其中的佼佼者。Graph 算法比较复杂,由于篇幅限制,此处不再赘述,有兴趣的读者可以自行查阅相关资料进行深入学习。

2. 随机共识

全网所有节点参与共识效率较低,那么一个提高性能的直接想法就是用部分节点间的共识代替全网共识。然而,如何证明"部分"="全部"呢?其实,这个证明并不存在。但是,"部分"能否极大程度地代表"全部"呢?这个其实有解决办法:如果"部分"是完全随机地从节点中抽取,在达到一定样本量时,统计学上是可以表达"全部"意义的。

Algorand 算法在"随机抽取"上研究了一套算法,将整个共识过程分为若干步骤,每个步骤随机选举出若干节点组成委员会,由这个委员会完成共识。而下一个步骤又是随机选出另外一个委员会,在更长的时间跨度里实现了公平,也达到了高效共识的目的。

可验证随机函数(Verifiable Random Functions,VRFs)是 Algorand 算法的核心,每个节点凭此函数获知是否在加密抽签中获胜。获胜的用户进入"验证者"委员会,接下来的共识过程便可以在"验证者"中直接完成。

Algorand 有近乎完美的数学设计。但因流程较为复杂,使其在实际网络中的表现还有待验证。

3. 分区方案

区块链系统,单纯从数据储存的角度来看,属于分布式日志数据库,所以分布式日志数据库中用来提高性能的方案理应可以用于区块链系统。数据库的技术已经非常成熟,在处理大数据时分区是不二选择。所以,区块链系统理应也可以分区。

怎么分区是分区方案的关键,可以选择的方式有很多:按交易发送者地址分,按交易 ID 分,按交易类型分,按地域分,按市场分等。分区技术的瓶颈是跨区数据交换,数据交换主要受限于网络宽带。另外,特别地针对区块链系统,交易之间冲突的解决、不可篡改特性的保证以及交易确认时间不能过长都将是区块链分区方案所面临的直接问题。不过,虽然分区是很有前途的方案,但这方面的研究甚至是产品并不多,原因是实现难度大,同时对智能合约的使用限制明显。

需要指出的是,以太坊 2.0 中的分片并不是分区技术。分片更接近下面介绍的子链,每一个片是内部耦合度很高的自治区,片与片之间的数据交换较少;而分区同属于一个整体,区与区之间的数据交换量较大。分区往往只是在数据存储层面上进行分区,以解决单节点数据量过大带来的各种问题;而分片不仅仅将存储层进行分区,共识层甚至合约层都会进行"分区"。从配置上来说,一个分片拥有一条完整链所具有的全部能力。

4. 子链/侧链技术

一条链的区块链系统性能较差,那么一个直观的想法就是多链并行可以提高区块链系统的整体性能表现。闪电网络(Lighting Network)是子链技术的代表:它指的是 A 和 B 两人用多重签名的方式冻结自己的比特币,然后进行链下交易,交易参与方可以随时关闭交易通道,关闭时的余额信息会写回比特币区块链。

闪电网络是基于比特币的扩展,雷电网络则是以太坊的闪电网络,其实现原理与闪电网络基本一致。区别在于闪电网络只支持 BTC 传输,而雷电网络支持所有 ERC20 代币。还有走得更远的方案,类似于银行结算系统,交易在某个子链内发生,只有最后结算的信息回写到主链。这个子链可以是某个很大的市场,比如淘宝、京东等,而主链可以对应银联。

信标链是以太坊 2.0 为了解决共识问题和可拓展性问题而提出的概念。信标链本质上是一种全新的权益证明区块链,旨在解决共识问题,并不能直接解决可拓展性问题,而是通过分片链解决可拓展性问题。分片链通过多分片技术提升系统的吞吐量,而信标链负责协调和管理各分片子链。

5. 可信执行环境

如果某类节点的运行环境具备如下特征:要么不运行,一旦运行必然可靠,无法被外界做任何修改,那么这类环境便可称为可信执行环境。基于可信执行环境假设而设计的共识可以在一定程度上进行简化,因为不必考虑节点可以任意篡改共识逻辑,也就是不必考虑拜占庭攻击,所以通常应用可信执行环境来提高区块链的性能表现。

6. 隐形中心化

区块链界有一种说法:完全去中心化并无必要,受限制的中心化更贴切现实情况。具体来说,受限制的中心可以是多个中心,也可以是中心节点轮换的形式。

典型的如 DPoS 就是中心轮换的共识算法。EOS 便采用了 DPoS 共识算法,其中的超级节点权力很大,已经有了中心化的特征,可以看作区块链系统对去中心化的妥协。

而实际上,大多数共识协议都或多或少会引入一些隐性中心化的机制。如果协议中有"领导者""超级""委员会"这类概念,那么其实就已经赋予某些节点以特权。在现在的区块链技术发展阶段,如果能改善性能,受限制的特权(前提是特权没有大到拥有绝对的控制力)还是可以接受的。

2.6.2 存储困境

2.6.2.1 当前存在的问题

在区块链系统中要满足安全性与去中心化,就需要所有节点参与共识、计算、全量存储。但是,单个节点的存储空间是有上限的,区块链系统的业务只要不下线,其业务数据量会趋向于无限,账本数据会随着时间的推移而不断膨胀,单个节点的存储开销将会变得越来越难以承受。例如,以太坊全节点的数据量已接近 6TB,已经超出了普通设备的磁盘存储容量,而这仅仅只是在每秒 25 笔交易的业务压力之下产生的数据存储量,设想如果每秒产生 25 000 笔交易,存储的开销将被放大很多(见图 2.33)。因此,如果不解决单节点的存储开销问题,区块链系统的准入门槛将会把大多数普通人拒之门外,这将与区块链系统的去中心化特性背道而驰。

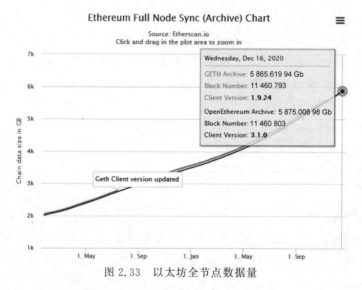

图 2.33 以太坊全节点数据量

2.6.2.2 技术突破方向

1. 轻节点

解决单节点存储开销问题的一种思路是轻节点。轻节点是相对于全量节点而言的概念。轻节点的核心在于数据量的轻,即轻节点不会存储全量的数据,甚至可能完全不存储区块数据,只存储部分状态数据。轻节点有利于降低区块链系统对设备的硬件要求,让普通设备也能参与系统。这对于区块链系统的推广和应用具有非常积极的作用,甚至为物联网时代下终端设备参与区块链系统提供了可能性。

2. 数据压缩

数据压缩也是一种解决单节点存储开销问题的方法。即通过各种压缩方法来降低数据存储所需要的存储空间,以此来达到缓解存储空间增长过快所带来的存储压力。但要注意的是,数据压缩的方法只能缓解存储增长的压力,也只是延迟了节点达到其存储空间上限的时间而已。

3. 数据归档

数据归档的方法是通过定期将数据归档转移来达到解决单节点存储开销问题。具体而言,数据归档主要分为两步,即数据快照和数据转存。数据快照是指系统管理员向一个区块链节点发起制作快照请求,区块链节点接收到该请求后,将本地维护的账本数据进行备份,与此同时对账本数据进行全量的哈希计算,将结果作为元数据一并存储;完成数据快照后,系统管理员可以基于一个快照点进行数据转储,将区块高度小于快照点区块高度的区块数据,以及相关的交易数据、回执数据、账本修改日志数据、非法交易记录数据等进行转储,完成数据归档。

4. 存储分片

存储分片的方法是将账本数据通过某种策略分摊到各个节点上,以此来解决单个节点的存储开销问题。如在 Key-Value 存储方式的系统中,将 Key 通过哈希的方式分散到各个节点上去,从而使单个节点的存储压力成倍地降低。这种方法的优点显而易见,可以通过不断地增加机器,来使单节点的存储压力线性降低;此外,在分布式存储中,存储分片已经是一种很成熟的解决方案,实现起来相对更加容易。但是,存储分片方法也不是完美的,存储分片必然会导致节点不能做全量共识,使得攻击网络的难度降低,安全性难以保证。

2.6.3 智能合约安全

1. 当前存在的问题

区块链作为一个分布式软件系统,传统软件受到的安全与隐私泄露威胁,在区块链系统中依然存在,例如,越权操作、目录遍历漏洞、身份仿冒、SQL 注入攻击、DoS 攻击等。因此,一些常见的安全工程手段,例如,妥善的密钥管理,严格的身份校验和权限控制,严格的入参校验与格式化,业务面与控制面隔离,故障隔离以及辅助以防火墙等安全设备,实现安全策略设定和异常流量清洗等,在区块链系统安全防护中,依然非常重要。

除去这些传统的安全威胁,区块链系统还面临一些新的威胁,例如,区块链系统通过智能合约承载核心业务逻辑,因此,智能合约安全漏洞不可忽视。

智能合约作为区块链平台上运行的业务逻辑,承载了区块链系统的信息处理、写入、读取的重任。在以加密数字货币为核心业务的公有链中,智能合约更是承载了加密数字货币的创建、转移、销毁等关键业务逻辑。它的安全性关系到整个区块链生态的生死存亡。围绕智能合约的漏洞也是层出不穷，在以太坊的 The DAO 事件中，攻击者利用递归调用的漏洞盗取了价值约 6 000 万美元的以太币。还有一类常见的威胁是整数溢出，比如，著名的美链事件（参见 https://zhuanlan.zhihu.com/p/36131192），因为代码的整数溢出漏洞，损失了约 64 亿元人民币。

2．技术突破方向

为了应对智能合约的安全风险，业界在多个层面对智能合约进行安全加固，主要包括智能合约语言、智能合约运行环境、智能合约代码检测和形式化验证工具等。

1) 智能合约语言

在联盟链中，很多区块链平台直接使用通用编程语言作为智能合约开发语言，比如，Golang、Java、Rust、JavaScript 等。这些语言并不是为智能合约而生，它们的编程灵活性更大，很难实现语言的静态检查和严格的代码形式化验证，也较难约束编程者的行为，使区块链状态数据保持一致性（除非屏蔽网络 IO、文件 IO、随机数等 API）。

目前在公有链的智能合约中，由于直接处理加密货币等关键数字资产，需要约束性更强的编程语言。因此，以太坊专门开发了智能合约编程语言 Solidity。作为专门的智能合约编程语言，Solidity 在安全性上做了很多考虑。它被设计为强类型和静态类型的语言，变量的类型全部在编译时指定，避免很多错误延迟到运行阶段才被发现；除此之外，Solidity 还专门设计了 contract 类型和 address 类型，用于更好地与区块链系统交互。

如本节开头所述，尽管 Solidity 已经做了一定的安全性考虑，但在数字资产这个高安全要求的领域，显然做得还不够，在发展过程中也出现过严重的智能合约程序漏洞，并造成不小的经济损失。2019 年，由 Facebook 发起的一个名为 Libra 的区块链项目，开发了一门新的智能合约编程语言 Move。Move 也使用了静态类型，但相对于 Solidity 或其他通用编程语言，Move 在安全性上做了更进一步的考量，主要体现在以下几个方面：

（1）从编程语言层面支持资源类型（resource）定义。资源类型是相对于信息类型来讲的。平时，我们接触到的编程语言中，变量（或者类的实例对象）是可以随意复制的，在大部分高级语言中，变量无人引用时，内存将被自动垃圾回收。我们将这样的变量看作信息类型。但是在数字资产领域，某些数字资产，如加密货币是不能随便被复制的。为此，Move 语言专门引入了 resource 关键字，来描述资产类型。定义为 resource 类型的变量，只能够从一处转移到另外一处（move），或者显式销毁（unpack），否则代码在编译阶段就会报错。这就在语言层面约束了数字资产不会无限复制，也不会随意丢弃、销毁。

（2）提供基于引用的内存管理机制（类似于 Rust 语言），从语言层面杜绝空指针、悬挂指针等不安全因素。

（3）变量被定义为静态类型，不支持函数动态分发，函数调用关系在编译时确定，这为静态检查和代码形式化验证（Formal Verification）提供了便利。

在 Move 的 github 主页中，已经可以看到 Move 语言配套的静态验证工具 bytecodeverifier，以及形式化验证工具 move-prover。可见，一门设计得当的智能合约语言，不但从语言自身角度杜绝一部分安全问题，同时，也为语言的静态检查和形式化验证提供了便利性。

更多 Move 语言的介绍，参见 Move 的白皮书：https://developers.diem.com/papers/diem-move-a-language-with-programmable-resources/2020-05-26.pdf。

2）智能合约运行环境

目前市面上主流的智能合约运行环境包括 Docker（运行二进制程序）、EVM（运行 Solidity 字节码）、WASM（运行遵循 WASM 规范的字节码）。因为智能合约是由用户编写，从系统安全性的角度来说，我们期待合约运行环境具有良好的隔离性。EVM 和 WASM 都是遵从各自规范的字节码运行环境，可以提供较好的沙箱隔离效果。Docker 是 Linux 的容器化技术，使用方便，可以在 Docker 内运行独立程序，灵活性优于 EVM 和 WASM，但从安全性和隔离性角度来看，EVM 和 WASM 优于 Docker。

虽然 EVM 和 WASM 都是字节码运行环境，但从运行速度来看，WASM 明显优于 EVM，因此，越来越多的区块链平台宣布支持 WASM 作为智能合约的运行环境。随着 WASM 生态的发展，目前已经有很多语言开始支持以 WASM 字节码作为编译目标文件，这里面支持最好的包括 AssemblyScript（语法类似于 TypeScript）、Rust、C 语言等。

除了考虑智能合约运行环境的隔离性，还要考虑到智能合约生命周期管理和密钥管理的安全性。而近年持续发展的可信执行环境，则为智能合约提供了严格的权限管控和硬件级别的密钥安全性。

这里首先介绍一下可信执行环境的几个概念。

（1）TEE：Trusted Execution Environment 可信执行环境；

（2）TA：Trusted Application 可信程序，运行在 TEE 内；

（3）REE：Rich Execution Environment 富执行环境，相对于 TEE 来讲的外部运行环境。

通俗地讲，可信执行环境是 CPU 上的一块区域，这块区域为其中的程序和数据提供独立的运行空间，并保证代码和数据的机密性和完整性。TEE 内运行的应用程序叫作 TA（Trusted Application）。在 REE 侧操作系统中的程序或者用户，在未授权的状态下，几乎无法篡改/替换 TEE 里面运行的 TA 程序，也无法窃取 TEE 里面保存的密钥，或者仿冒 TEE 内的密钥对数据签名。

正是 TEE 这些优良的特性，部分区块链系统，开始考虑将 WASM＋TEE 作为智能合约的可信运行环境。将 WASM 的运行时（Runtime）逻辑和交易构造、交易签名等辅助逻辑，编译成 TA 程序。TA 程序携带有程序开发厂商的签名，并被记录到服务器厂商的 TA 白名单中。任何恶意用户或者程序都无法替换、更新 TA 程序，从而保证了智能合约底层逻辑的安全性和可靠性。TA 程序作为 WASM 字节码的运行时，可以接收来自授权的区块链参与方的合约字节码，并对参与方身份进行验证，例如，通过 TEE 内预置的 CA 证书，对安装合约的参与方身份进行验证。而 CA 证书处于 TEE 内，无法被恶意地替换，TA 程序也处于 TEE 内，验签的逻辑也无法被恶意修改，从而保证整个身份验证过程安全、可靠，进而保证合约字节码的安装、升级、销毁过程安全、可靠。

其整个过程如图 2.34 所示。

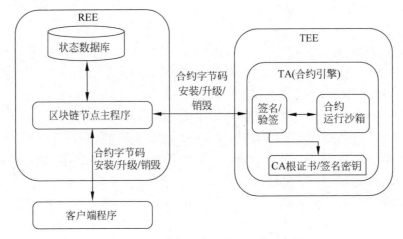

图 2.34 可信智能合约执行环境示意图

TA 程序内预置可信的 CA 根证书列表,并生成签名密钥对,CA 根证书列表和签名密钥对由 TEE 提供的加密接口进行加密保存。TEE 的加密接口是具备硬件级别安全性的,它依赖于 TEE 内的硬件密钥进行加密,该硬件密钥仅能在 TEE 内被使用,任何人无法读取该密钥。

授权的区块链客户端发起合约字节码安装操作,将携带有证书和消息签名的合约字节码发送到区块链节点。区块链节点程序访问 TEE 内的 TA 合约引擎,将消息发送给 TA。

当 TA 合约引擎接收到请求消息时,首先通过信任的 CA 根证书列表,验证客户端身份和权限,以及签名的有效性,在验证通过后,调用 WASM 运行时接口,加载合约字节码到内存中。

当有交易通过区块链节点访问 TA 合约引擎时,TA 合约引擎会调用合约内的业务逻辑,并根据合约业务逻辑形成数据库读写集,构造交易结构,然后用签名密钥对交易进行签名。

在 TEE+WASM 的模式下,充分保障了智能合约运行的隔离性、合约生命周期管理的安全性、交易的可靠性。

除了智能合约语言本身和智能合约运行环境之外,还有不少针对合约语言静态检查和形式化验证的研究在持续推进中,在此不再一一赘述。

2.6.4 区块链隐私保护

2.6.4.1 当前存在的问题

区块链是一个分布式账本,具有公开、透明、不可篡改等优点。但区块链应用到现实商业世界的时候,还有很多问题亟待解决,首当其冲的就是隐私保护问题。在普通软件系统中,隐私保护可以通过隔离、加密、脱敏等手段完成,但在区块链系统中,隐私保护有特殊之处:既要保证敏感信息不公开、不泄露,又要保证交易可以多方验证。如何解决公开、透明与隐私保护之间的矛盾,一直是区块链技术发展的重要方向。

2.6.4.2 技术突破方向

比特币系统有着较好的匿名性,但并不意味着其具有绝对的隐私保护能力。这是因为任何人都可以不通过一个中心化的机构开立比特币钱包,也就是说,无须进行实名验证就可以参与到比特币的世界中去,且比特币的账户地址是以比特币钱包私钥所对应的公钥经过一系列变换得到的,在比特币交易的时候,很难与现实世界中的人联系到一起,从而给人造成一种比特币隐私保护能力较好的"假象"。但是,比特币在网上传输的所有交易都是公开的,一旦持有比特币的用户通过交易所将比特币和现实世界的货币进行兑换,或者用户使用比特币消费时被摄像头拍摄到,就会使比特币账户与现实世界的人产生关联,这种关联性一旦被确认,该账户所有过往的交易记录将完全暴露。

例如,对于常见的银行间转账业务,如果采用区块链系统来记录交易过程,虽然有严格一致的账本,省去了繁杂的对账工作,但没有任何一家银行希望自己的资金往来完全暴露在众目睽睽之下。即使在联盟链的场景下,虽然交易不会被公众知晓,仅在联盟内成员之间可见,但依然是不可接受的。试想联盟内存在A、B、C三家银行,A和B银行的资金往来,A和B银行的客户账户信息,肯定不希望被C银行知晓。

又如,在供应链金融场景中,区块链的参与方为核心企业、多个上游供应商、银行,可实现信用票据在链上的流转、拆分、授信等操作。但多个供应商之间处于竞争关系,各自与核心企业之间开立的票据,并不希望其他竞争对手查看到,因此,链上流动的信息必须通过隐私保护技术,保证只有相关方(比如,核心企业和某一家供应商以及相关银行)才能查看交易相关信息。

除了在企业领域以外,在个人消费者领域,隐私保护的要求也越来越高。2018年5月25日,史上最严格的欧盟隐私保护法案 GDPR(《通用数据保护条例》)付诸实施。一旦有用户个人数据上链,区块链服务提供者(如果有区块链服务提供者而非公有链的话)必须保证用户数据的隐私性。在 GDPR 中,规定了公民对个人信息的若干隐私保护权利,包括知情权、访问权、更正权、被遗忘权、限制处理权、拒绝权、数据可携带权、免受自动决策权等。对于没有服务提供方、参与者完全对等的公有链,例如,以太坊已经暴露出一些隐私保护方面的难题:如果有人将其他人的隐私信息,以一条交易信息的附加信息方式,记录到以太坊的公链上,则没有人可以将这条信息删除,这条信息永久存在于以太坊的公链上。

如果对链上数据采取加密措施,仅交易的参与双方可以解密,则可以解决大部分隐私保护的问题,但区块链系统必须直面一个问题,就是如何在链上数据加密的情况下,实现多方校验,并达成共识,从而完成一笔交易。

那么业界是如何解决隐私保护与交易可验证这对看似矛盾的需求的呢?

目前有两种思路,一种是纯软件思路;另一种是软硬件结合的思路。

1. 纯软件思路

纯软件思路就是利用同态加密、零知识证明、安全多方计算等密码学手段，在不公开原始信息的情况下，得到想要的结论。

同态加密(Homomorphic Encryption)是一种特殊的加密方法，对密文直接进行处理，它与对明文进行处理后再对处理结果加密所得到的结果相同。从抽象代数的角度来讲，保持了同态性。它一般包括四种类型，即加法同态、乘法同态、减法同态和除法同态。以加法同态为例，它的基本思想是，如果有一个加密函数 f，满足 $f(A)+f(B)=f(A+B)$，我们将这种加密函数叫作加法同态。

零知识证明(Zero Knowledge Proof)是由 S. Goldwasser、S. Micali 及 C. Rackoff 在 20 世纪 80 年代初提出的。它指的是证明者能够在不向验证者提供任何有用的信息的情况下，使验证者相信某个论断是正确的。零知识证明是代数数论、抽象代数等数学理论的综合应用，如果不是数学科班出身，很难真正理解其内部原理。在此，笔者不准备尝试剖析其内部数学原理，感兴趣的读者可以翻阅零知识证明的基础性论文 *The knowledge complexity of interactive proof systems*。

在区块链领域中，交易的隐私保护和交易的多方校验、共识之间的矛盾，正是零知识证明技术要解决的问题。

举一个实际的场景：利用区块链系统，多家银行组成联盟链。联盟中某银行的 A 账户给另外一家银行的 B 账户转账 100 元，我们不希望区块链系统各节点看到 A 给 B 的具体转账金额，同时，又需要确定 A 给 B 的转账是有效的。何为有效呢？

(1) A 的当前余额足以支撑这笔转账，即 $Ac>At$(Ac：A 当前余额，At：A 转账金额)；

(2) A 转账后剩余的金额加上转账金额，等于原来的金额，即 $Ac2+At=Ac$($Ac2$：A 转账后余额，At：A 转账金额，Ac：A 转账前余额)；

(3) A 减少的金额，等于 B 增加的金额，即 $At=Bt$(At：A 转出的金额，Bt：B 接收到的金额)。

为了保证交易金额的隐私性，A 账户给 B 账户的转账金额，在整个区块链系统中都是采用同态加密技术进行加密的。对于执行智能合约的节点，当它执行 A 给 B 的转账逻辑时，面对的是一堆加密过后的金额，如何判断以上三个条件是成立的？

在以上的场景中，可以利用零知识证明相关的技术，在密文状态下，判断出以上三个条件是否有效，比如，可以判断出 $At>0$ 且 $Ac>At$，且无须解密具体金额。同时，利用同态加密技术完成在密文状态下的金额之间的加减运算。

目前在区块链领域，通用的零知识证明技术主要有 zk-SNARKs、zk-STARKS、Bulletproof、Supersonic 等，其中以 zk-SNARKs 应用最为广泛。

zk-SNARKs 是一种非常适合区块链数字货币的零知识证明技术，它的全称是 zero-knowledge Succinct Non-Interactive Arguments of Knowledge (零知识，简洁，非交互的知识论证)。它可以实现验证节点在不知道具体交易内容的情况下，验证交易的有效性。听起来非常不可能的事情,但确实是可实现的。感兴趣的读者,可以参阅 Zcash 的论文:*Zerocash: Decentralized anonymous payments from bitcoin*(参见:https://z.cash/technology/zksnarks.html)。

Zcash 是 zk-SNARKs 技术的第一个成功的商业应用,它成功实现了加密数字货币交易过程中交易金额和交易方身份的完全隐藏。通过 Zcash 应用我们可以看出,zk-SNARKs 零知识证明技术具有证明材料生成慢(几十秒)、验证快(毫秒级)、证明材料体积小(288B)的特点。与比特币区块链系统相比,单笔交易的时延较大,但最耗时的证明材料生成过程是在交易发起方节点完成的,而链上交易的验证过程是快速的,因此系统整体吞吐率与非零知识证明加密数字货币相比并没有显著差异。

zk-SNARKs 零知识证明技术目前也在飞速发展中。Zcash 于 2017 年 9 月在对 zkSNARKs 技术的更新中,已经大幅度提升了零知识证明的计算性能,证明的生成时间由 37 秒缩短到 7 秒,证明材料生成过程中的内存消耗也由大于 3GB 降低到 40MB。相信在不久的将来,zk-SNARKs 技术在移动设备上的应用将变得更加可行。

zk-SNARKs 技术有一个让人诟病的地方就是其算法依赖于一个初始的公共参数作为信任设置(Trusted Setup)。这个公共参数是一个随机数,由它来生成 zk-SNARKs 的证明公钥(Proving Key)和验证公钥(Verify Key),这个原始随机数使用完之后需要立刻销毁,一旦泄露,拥有原始随机数的人可以随意伪造证明,从而使得零知识证明的正确性荡然无存。目前,学术界采用安全多方计算的方案来降低原始随机数泄露的概率。利用安全多方计算构造原始随机数的过程可简单描述为:每一方都生成原始随机数的一部分,多方拼凑成随机数整体,而且每一方无法知晓其他方的随机数部分,在原始随机数利用完之后,只要有任意一方销毁了自己持有的随机数部分,将无法再还原这个随机数,从而保证了整个零知识证明系统的安全。

诞生于以色列理工学院的 zk-STARKs 技术是最近兴起的区块链零知识证明技术。公开资料显示,该技术与 zk-SNARKs 技术相比,优点是不需要信任设置(Trusted Setup),并具有后量子安全性(在量子计算这种算力更加强劲的破解手段出现后,所应用的加密手段依然具备安全性);缺点是零知识证明材料的长度由 zk-SNARKs 的 288B 上升至几百 KB,另外,截至目前,笔者未搜索到使用 zk-STARKs 技术的区块链平台,但发现有一家加密货币交易所,使用了该技术(参见:https://www.finder.com.au/blockchain-breakthrough-first-live-use-of-zk-starks-for-scaling)。

Bulletproof 是一款在门罗币(Monero)系统中使用的零知识证明技术(Bulletproof 的技术论文参见:https://ieeexplore.ieee.org/document/8418611)。与 zk-SNARKs 相比,它不需要信任设置,同时,与 zk-SNARKs 相似,它的证明材料也较小,接近 1KB,而且 Bulletproof 支持证明聚合,当为 m 个交易提供证明时,证明材料的体积相较于单个交易,仅仅增加了 $O(\log(m))$(参见:https://crypto.stanford.edu/bulletproofs/)。

2019 年 10 月 22 日,Findora 区块链技术公司联合创始人,斯坦福大学密码学家 Ben

Fisch 和 Benedikt Bünz 以及 Alan Szepeniec 发布了他们在零知识证明方面的最新突破,即 Supersonic(超音速)。据称,Supersonic 不依赖于信任设置,而且证明时间大大缩短,是 zkSTARKs 的 50 倍,是 Bulletproof 的 1 000 倍(参见:https://aithority.com/technology/blockchain/the-first-practical-trustless-zk-snark-supersonic-proofs-are-25-times-smaller-and-more-efficient-to-verify-than-any-other-trustless-zero-knowledge-proof-system/)。

由于隐私保护方面的巨大需求,相信在未来一段时间,零知识证明技术依然会保持一个较高的研究热度和发展速度。基于零知识证明技术的区块链系统也会不断涌现。

安全多方计算(Secure Multi-Party Computation,MPC)的研究主要是针对在无可信第三方的情况下,如何安全地计算一个约定函数的问题。安全多方计算是电子投票、门限签名以及网上拍卖等诸多应用得以实施的密码学基础。安全多方计算协议允许多个数据所有者在互不信任的情况下进行协同计算,输出计算结果,并保证任何一方均无法得到除应得的计算结果之外的其他任何信息。换句话说,MPC 技术可以获取数据使用价值,却不泄露原始数据内容。目前安全多方计算主要有基于混淆电路(Garbled Circuit,GC)和基于秘密共享两种研究思路。

传统区块链保障了数据的一致性及数据防篡改;而安全多方计算,则保障的是参与计算各方数据的隐私性,二者是不同的技术,但是可以相互结合。对于不敏感数据,可以直接上链;对于敏感的隐私数据,则不直接记录到链上,而是通过安全多方计算技术构建链下的计算平台,将隐私数据的共享规则、算法模型以及安全多方计算的结果等信息写入链上。通过区块链+安全多方计算这种链上链下协同的方式,实现数据一致性共享情况下的隐私保护。

2) 软硬件结合思路

纯软件的零知识证明技术和同态加密技术以及安全多方计算技术,虽然得到了长足的进步和发展,但依然存在一些问题。例如,计算速度还有较大提升空间;通用的零知识证明技术,要想适配到具体的应用场景,还有很大的难度和工作量,很难以低成本来解决各式各样的场景化的隐私保护需求;安全多方计算技术随着参与方数量的增加,运算量增长迅速,而且也存在一定的扩展性困难。

基于可信执行环境(TEE)的软硬件结合思路,目前被越来越多地应用在区块链的隐私保护领域中。TEE 在系统中(包括手机终端、服务器)是一个独立的环境,受硬件机制保护,与现有系统隔离,提供从文件到内存的全方位的安全能力。它可以为区块链中密钥保护提供硬件级别的加密能力。同时,TEE 作为一个安全、可靠、中立的环境,可以用来执行区块链系统中隐私性要求比较高的业务逻辑。比如,前文提到的密文状态的交易有效性验证,在 TEE 内部,可以将密文解密成明文再进行运算,而不用担心明文数据被窃取,在数据离开 TEE 环境时,先转换成密文,再返回通用操作系统。

交易验证过程在 TEE 内部完成,交易数据在 TEE 内已经解密成明文,因此,验证过程简单迅速。交易验证结束后,数据经过加密再返回富执行环境(REE),最终加密存储到账户和状态数据库中。TEE 内加密数据的密钥,可以由各 TEE 之间协商得到,不由任何参与方掌握。

基于TEE的区块链隐私保护方案,运算速度优于基于数学计算的纯软件零知识证明算法,而且在TEE内加入灵活的权限控制策略,可以应对各种场景的隐私保护诉求。但基于TEE的隐私保护方案,信任假设是TEE环境,不具备可证明性,而基于数学计算的纯软件隐私保护方案,信任假设是数学问题,具备可证明性。二者各有优劣,在实际应用中,需要结合具体的使用场景,权衡运算效率和信任假设,做合理的选择。

这里需要提一点,区块链系统仍会继承现有的中心化系统的隐私保护问题,因此,常规系统的隐私保护安全防护,在区块链系统里同样重要(例如,数据脱敏、日志脱敏、数据隔离等)。同时,区块链系统应该给用户足够的安全及隐私保护提示,很多时候不是系统不够安全,而是用户把钥匙交给了黑客。因此,如何防范通过社交工程学相关的手段,破坏区块链系统的安全及隐私性,同样是区块链设计者需要考虑的问题。

再回到本章开始提到的问题,对链上数据加密,并通过数学手段验证交易的有效性,或者通过TEE来实现高性能的隐私保护,确实能够解决区块链大部分的隐私保护难题,尤其是企业数据上链的情况。但对于个人数据的隐私保护,尤其对于GDPR中提到的公民对个人数据的更正权、被遗忘权,与区块链的不可篡改性依然是相冲突的。也有可能个人隐私数据上链是个伪命题,个人的隐私数据,并不适合在区块链上传播,也有可能在不远的将来,真的出现"可修改"的区块链,当然,区块链的修改过程也是在多方见证和共识下完成的。

2.6.5 跨链互联互通

2.6.5.1 当前存在的问题

随着区块链项目的加速落地,链上承载的业务类型也在迅速增加。同时,应用场景的复杂化对不同业务链之间的数据交叉处理提出了要求,然而区块链本身的封闭性却极大地限制了此类场景的发展。

区块链天然具备防篡改、可溯源的能力,近年来,在可信存证领域有大量的落地场景。比如,中国版权保护中心与华为基于数字版权唯一标识符(Digital Copyright Identifier,DCI)体系共建区块链版权保护服务,通过将数字作品版权的确权、流转信息上链存证,从而保证版权持有者的合法权益。北京、杭州、深圳等地的互联网法院推出司法区块链服务,利用区块链和智能合约技术对电子诉讼证据进行存证,为法院解决了在数字经济时代面临的电子证据存证、验证的难题。但是,这些存证链只能基于自身链上的信息数据进行业务处理,当出现复杂的业务场景时,如出现侵权纠纷,进行司法干预时,需要从数字版权区块链上获取版权的相关信息(见图2.35),验证数据有效性后,与司法区块链上的卷宗进行关联,并且将关联信息记录在司法区块链上。如果智能合约直接通过网络请求数据,由于网络访问存在被恶意拦截篡改的风险,可能会导致司法链上的合同仲裁出现违背事实的结果,进而损害了合同参与方的利益。因此需要设计可靠的跨链交互技术,以保证从其他链上获取的信息真实可信。

应用于金融领域的IT技术需要做到高安全、高可靠,而区块链技术透明可信、可靠安全

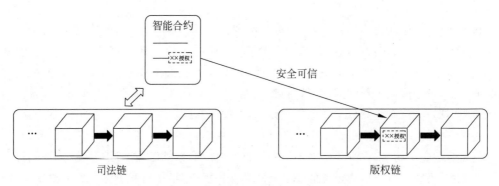

图 2.35 跨链交互业务示意图

的特性正好可以满足这些严苛的要求。各个金融机构可以选择适合业务需求的底层区块链平台，构建自身的区块链系统并提供金融服务。在现实的金融系统中，不同的金融机构之间存在着复杂且高频的交互业务，当涉及不同的金融区块链之间进行交易操作时（例如，跨境汇款业务），需要确保各参与链的操作结果保持一致。如果各金融区块链单独执行转移过程的一部分，由于网络不稳定、资产数额不满足等因素会导致单个链上的执行结果不确定，从而无法保证转移过程的一致性。针对这类场景，跨链交互技术需要保证交易在不同链上执行的原子性，保证资产转移不会出现丢失、"双花"的现象。跨链交互的一致性需求在业务场景中普遍存在，除了资产转移，如电商场景中，用户的单笔消费交易会同时修改账户链、商品链以及物流链等多条链上的记录，同样需要保证这些链上修改结果的一致性。

跨链交互技术能够打破区块链自身的"数据孤岛"，安全可信地接受外部链传递的信息，并保证跨链交互流程的一致性，为区块链大范围应用后所面临的复杂业务场景提供了技术保障。然而，设计实现跨链交互能力存在一定的技术壁垒。

当前，业界提供底层区块链内核的平台较多，如国内的 FISCO BCOS、趣链平台，开源的 Hyperledger Fabric 等，不同的底层区块链技术采用的通信流程、数据结构以及安全信任机制各不相同。例如，Fabric 采用先智能合约预执行，后共识出块的流程；而 FISCO BCOS 基于 EVM 采用先共识出块，后执行智能合约的流程。不同的底层区块链内核存在一定的差异性，如何设计兼容差异的方案是跨链技术的难点。

区块链的封闭性保证了链上数据的可信安全，而跨链是将链外数据传递到链上，这就有可能打破自身数据集的可信性。因此在数据传递的同时，也需要将数据在原链上的可信性一并传递到目的链上，以保证目的链的可信数据集不被破坏。因此，如何实现数据的可信属性在链间转移也是跨链流程的关键步骤。

此外，跨链交互的一致性是多链间的协同操作，类似于分布式事务的能力，需要解决诸如原子性、隔离性等问题。传统的分布式事务在解决这些问题时就有较大的难度，再结合区块链的技术框架，导致跨链交互的解决方案极具挑战性。

2.6.5.2 技术突破方向

针对异构通用的可信跨链技术,业界已有多家厂商推出了跨链服务平台,比如,蚂蚁链的跨链通信,趣链科技的 BitXHub 以及微众银行的 WeCross 平台等。各家的跨链服务平台针对上述跨链的难点问题给出了相应的解决方案,主要包括如下几类:

1. 公证人机制

公证人机制是跨链技术中相对简单的解决方案,通过在跨链交互的过程中引入可信的第三方机构,用于监督与验证交互信息,保证跨链参与方执行的操作安全可信。基于这种机制实现的跨链价值传输协议(Interledger Protocol,ILP)能够兼容区块链内核的差异性,并实现链间价值资产的可信转移。

ILP 协议通过对资产转移交互信息的标准化,并引入"路由验证器"用于传递、验证数据流,保证各参与方链上资产转移的结果一致。协议的流程如图 2.36 所示,发起方产生包含资产转移信息的执行数据包,并经过验证路由校验后传递至接收方,接收方根据执行数据包内的信息,完成数字资产的账户转移或者拒绝执行数据包内的信息,将执行结果返回至发起方,发起方再根据执行结果确定是否需要进行资产回退。

图 2.36 公证人机制 ILP 协议的流程

2. 侧链

侧链是相对于主链的一个概念,主要用于锚定主链上的数字资产,并实现主、侧链间的资产转移。侧链通过将一定数额的数字资产锁定,并等待主链上完成相应数额的资产转移,然后使用主链上资产转移成功的证明释放侧链上的锁定资产,完成链间的资产互换。侧链技术的代表性方案 BTC-Relay,如图 2.37 所示,利用以太坊的智能合约实现对比特币的锚定,完成比特币与以太币之间的价值互换。通过在侧链以太坊上部署 BTCSwap 合约,发起方将一定数额的 ETH 转移到合约上并锁住,接收方确认侧链上锁住资产后,在主链上完成比特币的转账交易,并由 BTC-Relay 将包含转账交易的区块头推送至 BTCSwap 合约,合约内验证成功后将锁定的 ETH 释放给接收方账户。

3. 哈希时间锁定

哈希时间锁定技术起源于闪电网络,使用智能合约实现逻辑上的哈希锁和时间锁,用于完成双方资产转移。哈希锁使用密码的哈希值锁定资产,在不考虑哈希碰撞的情况下,只能输入原密码才能解锁获取资产。时间锁引入超时机制,保证在有效时间内输入密码才能解锁资产,如果超时未解锁会自动把资产回退到发起方,从而避免由于交易欺诈造成的资产损失。使用哈希时间锁定进行资产转移的流程如图 2.38 所示。

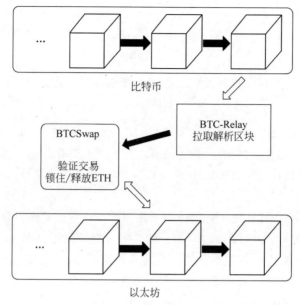

图 2.37 侧链技术的代表性方案 BTC-Relay

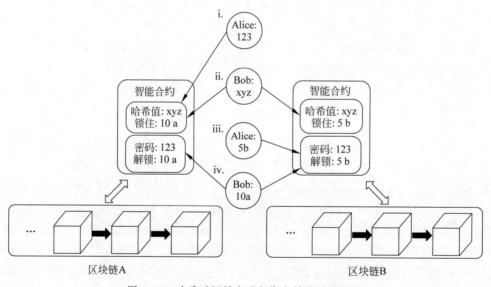

图 2.38 哈希时间锁定进行资产转移的流程图

- Alice 用户生成密码 123,计算密码哈希值为 xyz,在区块链 A 上使用哈希值 xyz 锁定 10 数额的 a 资产;
- Bob 用户查询链 A 后获取哈希值 xyz,并在区块链 B 上使用该哈希值锁定 5 数额的 b 资产;
- Alice 使用密码 123 在区块链 B 上解开哈希锁获取 5 数额的 b 资产;

- Bob 便能够从区块链 B 上查询到密码 123,并从链 A 上解锁 10 数额的资产 a,完成资产转移。

哈希时间锁定实现了质押效果,为资产转移提供了信任基础,而哈希密钥的传递保证了跨链交互操作的一致性。

4. 中继链技术

区块链对链上发生的交易具备可溯源性,如果出现异常,可以通过追溯发现作恶行为。但是在跨链的过程中,链间传递的数据信息并没有被记录存证,导致跨链的操作流程存在作恶的情况发生。为了保证跨链流程的可信性,可以使用区块链作为链间信息传递的载体,将所有链间交互的信息上链,使得跨链流程具备可溯源性,该流程就是中继链技术。

如图 2.39 所示,中继链采用拜占庭容错共识,对每次链间交互操作记录上链,并且可以依赖智能合约服务,灵活地配置数据处理流程,同时针对异构链加载不同的验证逻辑完成对数据的可信校验,最后将验证结果以交易的形式记录在中继链上,保证跨链处理流程的防篡改和可追溯性。

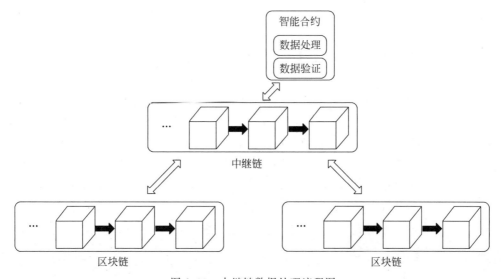

图 2.39　中继链数据处理流程图

此外,中继链技术具备较好的网络可扩展性。如图 2.40 所示,单个中继链服务可以承载多条链间的跨链交互,形成跨链局域网络;多个跨链局域网络的中继链之间建立通信,便可以构建多层次的跨链网络拓扑结构,为大规模的跨链应用场景提供通信支持。

5. 可信执行环境

智能合约是区块链上运行业务逻辑的载体,当业务出现跨链获取数据的需求时,可以通过调用跨链 API 接口向目的链发送网络请求获取数据。然而,网络通信存在一定的不可信性,直接使用目的链返回的网络数据有作恶的风险,比如,伪造目的链的网络地址,服务器被

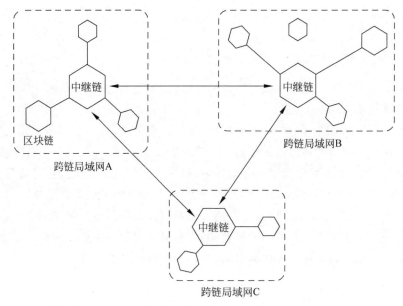

图 2.40 中继链交互示意图

攻破引起私钥泄漏等情况,这些恶意行为会导致接受到的数据可能是被篡改的,如果直接使用会对链上数据集的可信性造成不可恢复的损害。因此,需要安全可靠的技术手段保护数据通信的过程。

可信执行环境基于硬件隔离技术,运行独立的微内核系统,能够保证代码、数据的机密性和完整性。结合该技术的特性,可以将 TEE 运用于保护跨链交互的网络通信流程,如图 2.41 所示。首先,依赖 TEE 的远程证明机制获取目的链的地址和身份信息,并将这些信息安全存储到 TEE 内,需要发送网络请求时,从 TEE 内查找目的链地址并对消息追加身份签名,再由目的链的 TEE 环境对消息进行身份验证,验证合法后才将消息传递到链上的智能合约内。通过 TEE 保护通信地址以及私钥身份等信息,避免了被恶意攻击的风险,进而保证了合约运行时获取的跨链信息具备可信性。

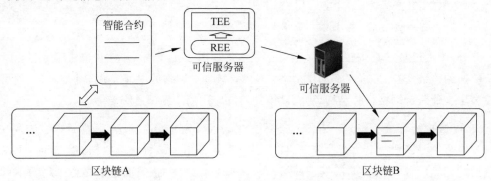

图 2.41 可信执行环境跨链流程示意图

针对跨链的技术难点，相应的解决方案也在不断地更新与优化，为了更好地解决异构通用性等问题，构建统一的跨链交互标准是业界的共识。标准化的跨链交互可以由通用的可验证数据格式以及符合一致性要求的操作构成，新的区块链系统只需要适配标准中的规范，即可与其他遵循标准的区块链系统进行交互。这将极大地促进跨链交互业务场景的发展，为区块链技术的持续落地提供内在动力。因此，跨链流程的标准化是区块链技术演进的重要方向。

2.6.6　易用性

2.6.6.1　当前存在的问题

区块链作为一个新兴的分布式信息系统，吸引了众多的开发者参与其中，近年来，在政务、金融、民生、供应链、文旅等方面都逐步展开了应用。但随着参与者数量的增加，对于区块链易用性的关注也越发突出。如何让开发者能够快速上手，基于区块链平台进行业务的设计开发，成为各大区块链服务提供商重点考虑的问题。

2.6.6.2　技术突破方向

易用性是一个很宽泛的话题，从区块链服务的部署，到其上运行的智能合约的生命周期管理，再到后续的运维监控，都需要删繁就简，从设计上就要做到简单易用，全面降低开发者和使用者的使用成本，提升使用效率。本节主要从区块链服务的部署、智能合约的生命周期管理以及区块链的运维服务三个维度进行介绍。

1. 区块链服务的部署

区块链服务应做到简单易用，向用户提供区块链服务的自动化配置和部署。通常区块链即服务（Blockchain as a Service，BaaS）厂商会提供可视化的操作界面。用户可根据业务需求和负载，在资源配置页面进行简单操作，按需购买计算、存储和网络资源；并且可通过部署配置界面设置少量参数，例如，区块链服务名称、集群名称、共识算法类型、节点参数等信息，一键完成区块链的服务部署，这个过程通常仅需几分钟就可以完成。此外，区块链服务商还需提供成员、节点的管理能力，如支持动态增删、查询监控等，使用户可以根据业务的需要，方便地实现成员的邀请，有效提高用户部署区块链服务的效率。

2. 智能合约的生命周期管理

智能合约的易用性，即智能合约支持的编程语言、智能合约的开发验证环境、智能合约的安装部署，都应该做到简单易用。部分区块链系统支持通用的编程语言，如 Java、Golang 等，也有部分区块链系统开发了新的合约语言，如以太坊的 Solidity 和 Facebook 在 Diem（Libra）项目推出的 Move 编程语言，用户可以选择擅长的语言编写智能合约，减少学习成本。在智能合约的开发验证环节，通常情况下，用户需要在线下自行搭建开发环境，创建区块链项目，引入和配置区块链 SDK，过程十分烦琐，业界许多 BaaS 厂商在产品中提供了适合编辑和调试的在线编辑器，可以实现智能合约的在线开发和功能验证，更有甚者推出了无代码或者低代码的开发能力，使得开发者可以通过拖拽的方式快速地进行智能合约逻辑的搭建。合约开发验证完毕后，还需要进行安装和部署才能供用户调用，因此合约的管理也要考虑易用性。通过合约的管理界面进行一键式新增、上传、编译、升级、安装及销毁合约等，出现失败能做相应的失败信息提示，明确指示用户错误信息，指导用户做出进一步动作，例如，编译或者部署失败、用户可参考步骤重新上传合约进行再次编译、部署等。支持用户对合约的简单升级、销毁，在合约管理的界面还可通过合约名称等进入合约详情页，进行合约内容、合约地址、合约 API 的查看，并支持合约下载等。

3. 区块链的运维服务

运维服务包括对区块链服务的状态监控和异常处理。用户可通过可视化监控界面，查看区块链服务的节点运行状态，对节点的计算、存储等资源进行扩缩容，对节点的证书进行更新等操作。此外，还可通过区块链浏览器，对区块链的运行状态进行查看，例如，查看区块高度、交易数量等信息，方便实时了解服务状况。

区块链服务还为开发者配备了完善的运维手册，囊括常见错误、升级、管理、治理等模块。区块链系统的运行逻辑具有分布式一致性，不同节点的软硬件配置也基本一致，先天地具备标准化特性，开发者可参照运维手册，自主诊断，快速获取解决方案，使用相应的工具、运维策略和运维流程等对区块链系统进行构建、部署、配置以及故障处理，从而提升反应速度，降低运维成本，最终提升运营效率。

以上各层面的易用性，便于各领域的合作伙伴以较低成本快速搭建上层区块链应用，并且持续高效地治理和运营。在推进区块链技术普及的同时，也协助合作伙伴将精力聚焦在业务本身和商业模式的运营上，构建科技和业务深度合作的长效机制，最终实现多方受益，共同打造业务创新的区块链共赢生态。

2.7 本章小结

本章主要介绍了区块链的概念和特点，当前业界普遍采用的区块链分类及其代表系统，对比特币、以太坊和 Hyperledger Fabric 三大区块链平台进行了较为详细的展开。此外，本章还介绍了较为经典的区块链分层架构，并从密码学、共识算法、智能合约和点对点网络几个维度阐述了区块链的关键技术，以及基于这些技术实现区块链透明可信、防篡改、隐私保护、系统可靠等特性的原理。在本章的最后，还讲述了笔者对区块链技术突破方向的理解，希望能对读者的学习研究方向有所帮助。

第 3 章
区块链产业发展概况

在国家政策、基础技术推动和下游应用领域需求不断增加的促进下,区块链行业市场规模不断扩大。在国内,由工业和信息化部(简称工信部)、国家信息中心、中国人民银行共同牵头建设了几个大型的区块链网络项目,旨在构建新型基础设施。同时,产业界开源组织、标准组织、产业联盟和各大科技公司也在积极地推进区块链技术和应用的发展。区块链的星星之火已经点燃,未来将成为多方协作业务的信任基石。

3.1 大型区块链项目

3.1.1 星火·链网

星火·链网(见图 3.1)是基于现有国家顶级节点的建设,为持续推进产业数字化转型,进一步提升区块链自主创新能力,而谋划布局的面向数字经济的"新型基础设施"。星火·链网以代表产业数字化转型的工业互联网为主要应用场景,以网络标识这一数字化关键资源为突破口,推动区块链的应用发展,实现新基建的引擎作用。

星火·链网有两类节点:其一,星火·链网超级节点。面向政府提供监测监管能力,面向企业提供底层技术支持能力、生态接入能力、应用服务能力等,催生数字经济新业态,打造区域数字技术创新引擎载体。其二,星火·链网骨干节点。提供子链接入管理、数字身份管理、标识资源分配等基础服务能力,以扩大互通为目的,接入行业/区域应用,构建行业/区域的产业生态集群发展模式。

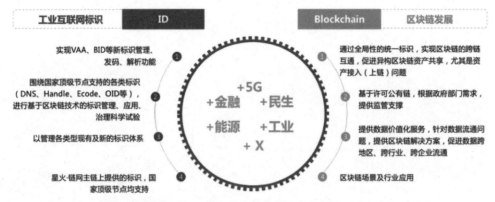

图 3.1 星火·链网涉及的业务领域

星火·链网的一大职能是支撑各类工业互联网标识方案的注册、管理需求,其基础标识体系包括 BID 标识和 VAA 标识。BID 是基于 W3C 的 DID 协议,可验证的分布式标识符,可基于星火链实现自注册、管理,具备永久性、全球可解析、加密可验证和分散等特点。VAA 由国际标准 ISO/IEC15459 注册管理机构国际自动识别与移动技术协会(AIM)官方批准,可进行全球标识分配的编码。星火·链网的另一大职能是作为通用的底层区块链平台,提供资产上链、跨链互通、监管支撑、数据价值化等服务,应用于 5G、金融、能源、民生、工业等各大领域。

星火链底层采用"1+N"主从链群架构,支持同构和异构区块链接入主链。在全国重点区域部署星火·链网超级节点,作为国家链网顶层,提供关键资产和链群运营管理、主链共识、资质审核等功能,并面向全球未来发展;星火·链网在重点城市/行业龙头企业部署骨干节点,锚定主链,形成子链与主链协同联动。星火·链网的超级节点和骨干节点具备监管功能,并协同运行监测平台,对整个链群进行合法合规监管。星火·链网还引入了国内现有区块链服务企业,打造区域/行业特色应用和产业集群。其体系架构如图 3.2 所示。

星火·链网是以许可公有链形态构建的区块链网络,通过内置的标识管理能力向整个接入的区块链网络提供标识基础服务,并以此来提供跨链互通的能力。

2020 年 4 月,由工信部提出"星火"品牌,并于同年 5 月完成具体方案论证与政府财政政策匹配,于 2020 年 8 月 30 日顺利完成项目启动,随后迅速发展并落地各省市。截至 2021 年 2 月,星火·链网已经拥有 12 个超级节点、3 个骨干节点和 34 个服务节点,运行了 23 条子链,最新的运行数据如图 3.3 所示。

星火·链网的详细发展里程碑如图 3.4 所示。

星火·链网在各业务领域的主要技术产品包括星火区块链底层平台、公共数据服务平台、数据资源管理平台、业务管理平台、多标识融合平台、运行监测平台、区块链浏览器七大部分(见图 3.5)。

(1)星火区块链底层平台。立足于安全、自主、可控原则,旨在构建国家级区块链基础设

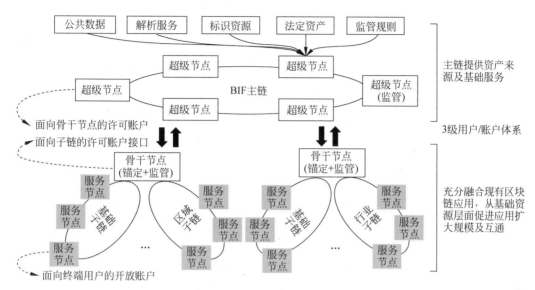

图 3.2 星火·链网的体系架构

资料来源：星火·链网白皮书。

图 3.3 截至 2021 年 2 月星火·链网最新的运行数据图

资料来源：星火·链网官网：http://xinghuo.space/

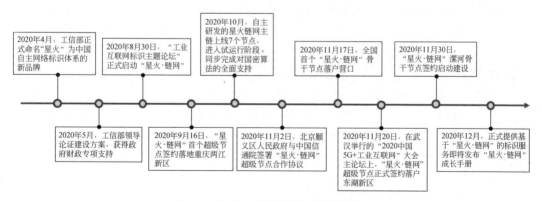

图 3.4 星火·链网的详细发展里程碑

施，面向各行业领域提供区块链运营产品，构建分布式商业应用生态，以及高性能、高可用、易扩展的区块链底层平台。

（2）公共数据服务平台。基于星火区块链，支持个人和企业用户身份信息的安全存储，并

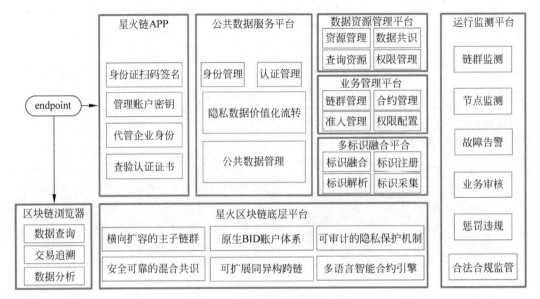

图 3.5 星火·链网的产品架构

资料来源：根据星火·链网官网资料整理：http://xinghuo.space

可在隐私保护的情况下，对用户、用户信息提供方、用户信息使用方提供身份标识和信息交互。使用的企业和机构可以更合规地使用和管理用户身份信息及数据授权，使身份信息的真实性得到极大的保障，帮助用户充分保护其身份和数据的隐私和安全，赋予他们全面掌控自己的身份和数据的权利。

（3）数据资源管理平台。实现链上、链下数据分布式存储，支持数据上链和链上、链下数据管理，实现数据权限配置、数据共享、数据版本等功能，并开放了跨链执行、数据认证、密钥调用等相关接口。

（4）业务管理平台。支持同构/异构区块链的创建与接入、节点接入配置、智能合约管理、区块链网络监控、成员准入管理、权限配置等功能，全流程可视化操作，大幅度降低区块链应用门槛，提升区块链运维管理的效率。

（5）多标识融合平台。强而有效的互联互通的异构标识融合系统，可支持各异构标识体系相互融合互联。工业互联网标识包括新型分布式标识（Handle、OID、Ecode、UID、DNS）等异构标识和分布式网络相结合起来。新型分布式标识为人、载体、对象等接入互联网的异构标识提供了基础结构。

（6）运行监测平台。提供穿透式监测监管技术，辅助运营机构对链的日常运维工作；支持区块链的监管功能，保证区块链运行管理制度化、透明化和规范化，促进区块链生态健康发展。

（7）区块链浏览器。星火·链网区块链浏览器是将底层区块链的数据通过采集、分析、存储等手段进行归类展示，最终形成一款对链上数据可查、可追溯、可分析的链上资源浏览工具。开发者可基于星火·链网区块链浏览器开放平台的数据服务，更快速地为应用系统赋予链上"查证"功能。

星火·链网在各方面都有着卓越的表现,特别在技术竞争力方面,主要包括以下几点:

(1) 高性能,从链自治理。独立执行共识,极大地减轻了主链的共识压力,保障了整个链群的性能;

(2) 数据隔离防控。在架构设计上使不同业务场景对应的各从链之间数据相互隔离,从根源上确保隐私数据无泄漏风险;

(3) 业务场景广泛适用。从链可以根据不同行业具体业务需求个性化定制数据模板及应用服务,大大拓展了星火链的使用场景;

(4) 天然可信。通过内生的分布式标识验证声明和可信认证机制,为节点、用户数字身份提供可信认证和可信存证服务,确保交易双方身份可信和跨链数据的可信;

(5) 跨平台数据共享。各从链之间通过主链实现互联互通及数据跨链交互、共享,为整个生态的发展提供一个数据共享平台,促进产业发展共促、互融;

(6) 跨链协议标准化。星火链制定了统一的跨链数据模板和交互协议,为各个区块链跨链交互提供了一个标准协议,推进规范化建设进程。

星火·链网在后续的规划里还有几个重要的推进计划,具体如图3.6所示。

图 3.6 星火·链网推进计划

资料来源:星火·链网白皮书。

相较于大多数区块链系统或项目,星火·链网项目启动时间较晚,但是从其品牌被提出至当前,项目方案与落地推进都非常高效,当前已经在重庆、济南等全国各省市落地超级节点、骨干节点,一路发展非常迅猛。近来,中国信息通信研究院(简称信通院)也开源了星火·链网的"BID-SDK",这将更大地促进各大应用集成到"星火·链网"超级节点、骨干节点的建设中,同时,系统其他的开源工作也将逐步实施,积极地构建着自身生态。接下来,在各行各业,在数字化的推进和提供更稳固的区块链基础设施方面,星火·链网到底能否发挥出其价值,让我们拭目以待。

3.1.2 区块链服务网络 BSN

区块链服务网络（Blockchain-based Service Network，BSN）是由国家信息中心顶层设计，中国移动通信集团公司、中国银联股份有限公司、北京红枣科技有限公司等单位共同建设的一个跨云服务、跨门户、跨底层框架，用于部署和运行区块链应用的全球性公共基础设施网络。其目的是极大地降低区块链应用的开发、部署、运维、互通和监管成本。

BSN 致力于解决目前联盟链应用的高成本问题，为开发者提供公共的区块链资源环境。区块链应用发布者和参与者不再需要购买物理服务器或者云服务来搭建自己的区块链运行环境，而是使用 BSN 统一提供的公共服务，并按需租用共享资源，从而降低发布者和参与者的成本。通过这种方式，鼓励中小微企业以及个人进行区块链应用的创新、创业，促进区块链技术的快速发展和普及。

BSN 于 2019 年 8 月 16 日正式发布上线，最初采用 Linux 基金会旗下的 HyperLedger Fabric 底层框架，是一个多链多账本区块链系统。部署在若干公共城市节点上的每个应用通过专用通道进行交易处理、数据通信和存储。通道与通道之间完全隔离。如果两个应用相互授权，通道之间还可以进行数据的相互调用。这种方式既保证了每个应用的数据隐私要求，又能灵活地进行链与链之间的业务处理。

随着 BSN 的发展，目前 BSN 已逐步适配了 Fabric 国密、FISCO BCOS、百度 XuperChain、CITA 等多种联盟链底层框架，以及以太坊和 EOS 公有链框架，同时推出了基于 Poly Enterprise 跨链通信枢纽服务，以及开放联盟链文昌链（基于 COSMOS/IRISnet SDK）与泰安链（基于 FISCO BCOS）、IPFS 服务专网等业务，进一步丰富业务支持能力（见图 3.7）。

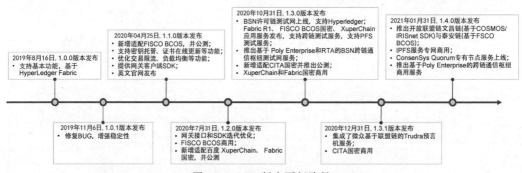

图 3.7　BSN 版本更新路径

资料来源：根据 BSN 开发者社区版本更新说明整理。

BSN 由公共城市节点、共识排序集群服务、权限管理链、智能网关组成（见图 3.8）。

公共城市节点是服务网络的基础运行单元，其本身并非区块链上的一个节点。公共城市节点是一个资源池，主要功能是为区块链应用运行提供访问控制、交易处理、数据存储和算力等系统资源。每个城市可以建立一个或多个公共城市节点，所有公共城市节点通过互联网连接起来，形成遍布全国的区块链服务网络。

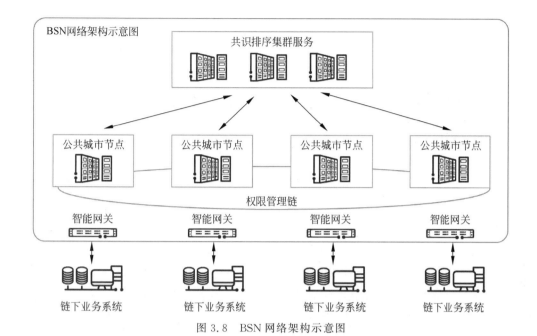

图 3.8　BSN 网络架构示意图

公共城市节点的所有方为云资源或数据中心的提供者。所有方在云资源内安装公共城市节点软件并完成入网流程后，即完成 BSN 公共城市节点的建立，使用者可通过购买资源的方式获取服务能力。

根据已运行的应用数量和并发需求，每个公共城市节点均动态部署一定数量的公共交易背书和记账节点（统称为"记账节点"），并通过负载均衡机制为高并发应用动态分配独享的高性能资源配置记账节点，而让多个低并发应用共享一个记账节点。

BSN 共规划了 128 个公共城市节点，其中国内节点 120 个，海外节点 8 个。截至 2020 年 6 月，BSN 已经在全国建立了 76 个公共城市节点，仍有 44 个在建设中。同时在巴黎、悉尼、加利福尼亚、圣保罗、东京、新加坡、约翰内斯堡等地的海外节点也在建设中。

与公共城市节点内记账节点的共享理念一致，为了降低区块链应用的部署和运营成本，服务网络为所有应用提供统一的共识排序集群服务。共识排序集群服务由中国银联负责建设和运营。BSN 提供集中式集群和分散式集群两种方式，通过负载均衡机制为不同负荷的应用提供不同的资源配置，优化服务网络整体运行成本。

权限管理链是 BSN 中用于管理每个应用内角色与权限配置关系的系统基础链。其部署在所有的公共城市节点内，为各应用提供统一链上存储、应用开发者完全控制、基于应用-角色访问控制模型（Application-Role-Based AccessControl，ARBAC）的权限管理机制。

应用可以根据自身业务特点，定义多级 ARBAC 管理模型，使不同角色的参与者具有不同的数据处理权限。在参与者通过公共城市节点接入服务网络中的应用时，系统会根据应用内的 ARBAC 管理模型，进行数据处理的权限控制和审计。

权限管理链为应用提供联盟式和集权式两种组织管理模式:在联盟式管理中,参与应用的组织之间是对等的,可以共同参与整个应用的管理,如用户参与和退出、参与者的权限分配等机制可由各联盟成员协商投票决定。而在集权式管理中,应用发布者为唯一管理组织,决定整个应用内部机制。

部署在每个公共城市节点内的智能网关负责链下业务系统与公共城市节点之间的适配,除了提供应用身份认证、操作鉴权和接入管理外,还提供通用和易学的网关接口标准,使服务网络的复杂性对外部业务系统隐藏,从而帮助链下业务系统简单、高效地使用服务网络。

为了进一步降低开发者的成本和简化开发者使用服务网络的学习过程,BSN 推出了预制链码机制。传统业务系统开发者可以在完全没有区块链开发人员和完全不了解区块链编程语言的情况下,直接选择服务网络提供的基础预制链码包完成部署,接入 BSN 进行区块链数据处理,使传统业务系统与区块链进行对接。同时,BSN 的开发者门户设有链码市场,专业区块链开发者可以上架处理更复杂业务的预制链码,以方便其他开发者免费或付费使用。

另一方面,BSN 推出了针对政务的专网产品——BSN 区块链政务专网(见图 3.9)。

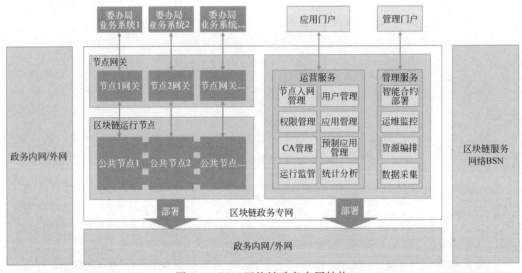

图 3.9 BSN 区块链政务专网结构

资料来源:https://finance.sina.com.cn/blockchain/roll/2020-04-20/doc-iircuyvh8812363.shtml

BSN 公网类似于互联网,BSN 专网则类似于局域网,专网依托于公网的技术架构,可以实现与公网的互联互通。BSN 政务专网能够在不改变现有政务内网/外网的情况下,将区块链系统与传统政务信息化系统进行融合,充分利用了已有的硬件资源,避免重复建设。此外,专网能够与公网进行互联互通,为后期实现跨地区的数据共享与业务协同创造了可能。

1. BSN 的优势

(1) 价格低,适用于中小企业的入门;

(2) 适配广,可作为多企业链的衔接,需要根据联盟标准形成。

2. BSN 的风险

(1) BSN 随 TPS 越高/节点越多，成本就越高，在 TPS 达到 2 000 以上时，将接近自建区块链网络的成本；

(2) BSN 是面向全球建设的，包含公链和联盟链，多链混合数据安全保护难度大。

3.1.3　中国人民银行贸易金融区块链平台

中国人民银行贸易金融区块链平台是由中国人民银行数字货币研究所（简称数研所）与中国人民银行深圳中心支行牵头发起、建设和运营的金融科技基础设施。其目标是创建基于区块链技术的开放、可信、安全、标准、合规、高效、公益、共享的贸易金融资产登记、托管、交易和流转平台，致力于服务国家战略发展，积极解决实体经济发展中，中小微企业融资难、融资贵的问题。通过该平台，提高企业贸易融资效率，方便银行审核业务，丰富监管当局监管手段，构建跨部门贸易金融生态圈，提升贸易金融一体化水平，实现监管方、融资方、资金方、贸易服务方多方共赢的局面，最终营造辐射全球的开放金融贸易生态。

根据工业和信息化部的统计数据，我国中小微企业贡献了 50% 以上的税收，60% 以上的 GDP，70% 以上的技术创新，80% 以上的城镇劳动就业，90% 以上的企业数量，是国民经济和社会发展的主力军，是建设现代化经济体系、推动经济实现高质量发展的重要基础，是扩大就业、改善民生的重要支撑。然而，中小微企业融资难、融资贵却一直是一个痛点问题，尚未得到解决，体现在一是核验成本居高不下；二是融资企业相关信息不完整（客户情况、贸易背景等）；三是重复融资风险控制，金融监管难度较大；四是融资成本高。国家统计局数据显示，2018 年 7 月月末，规模以上工业企业应收账款 13.9 万亿元人民币，同比增长 11.5%，显示了社会上有巨大的融资需求。中国人民银行以粤港澳大湾区为试点，基于区块链技术优势，充分发挥金融为实体经济助力的理念，建设贸易金融区块链平台，以缓解我国中小微企业融资难、融资贵的问题。

2018 年下半年，中国人民银行设立的金融科技公司、深圳金融科技研究院联合中国银行、建设银行、招商银行、平安银行、渣打银行以及比亚迪经过两个月的封闭开发构建完成贸易金融区块链平台。平台一期上线初期主要解决中小企业融资难、融资费用高问题。截至 2020 年 10 月，贸易金融区块链平台（以下简称贸金平台）参与推广应用的银行已达 50 家，实现业务上链 5 万余笔，累计交易金额 2 056 亿元人民币。贸金平台已成功实现"供应链应收账款多级融资""对外支付税务备案表""再贴现快速通道""国际账款监管""跨境贸易融资"等多个业务应用场景。

贸金平台建设的关键里程碑见图 3.10。

贸金平台的意义和价值在于，打破了传统中心化系统信息不对称的现状，利用区块链技术解决了平台上金融与政务各参与方之间的互信问题，优化了资金配置，构建了区块链＋供应链的金融生态网络，同时通过统一规划中台，打造出一个提供公共基础服务的技术能力中心。

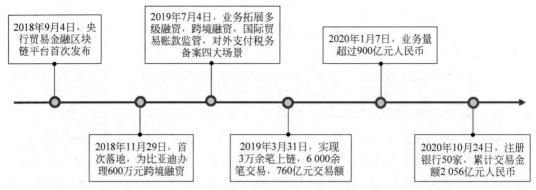

图 3.10 贸金平台建设的关键里程碑

一个成功的联盟区块链平台,需要一个具有权威的行业领导者。数研所作为国家法定数字货币和金融科技研发工作的承载部门,承担了这个领导者的角色。目前,数研所已牵头编制了多项区块链金融分布式账本的标准,并积极参与国际清算银行(BIS)、金融稳定理事会(FSB)等国际金融标准组织的相关规则制定工作,在区块链方向的专利在全球央行中遥遥领先。人民银行总行金融市场司、宏观审慎局等司局部门也作为具体业务场景的指导单位参与了贸金平台的建设。贸金平台还与香港金管局的"贸易联动"平台进行对接,首次利用区块链技术实现官方的境内外贸易金融平台的互联互通。在未来,贸金平台还将与其他同类平台进行对接,为不同经济体的贸易主体架设数字化贸易金融桥梁,助推"一带一路",促进跨境贸易金融的创新发展,使贸易金融区块链平台成为真正的金融基础设施。

贸金平台的竞争力体现在如下几个方面:

(1) 构建交叉验证的公共数据服务总线,实现跨机构、跨平台、跨地区的完整无缝对接,完善数据真实性确认环节,从源头监管上链数据的真实性。

(2) 多参与方实现互联互通,统一平台,打通业务流程痛点,使用区块链技术实现各方共同维护,共同协作的机制。

(3) 基于区块链技术突破传统系统信任边界,构建开放平台与生态,易于扩展,通过自动化与数字化增进各方信任度。

(4) 优化业务流程串行化,通过智能合约技术实现流程并行化、自动化,提升效率,降低成本。

(5) 构建全生命周期的智能监管闭环能力,综合运用数据实时同步、节点动态管理等手段,打造全生命周期的监管闭环,提高监管的灵活性与时效性。

目前,贸金平台正在加快生态建设和全国推广。数研所副所长狄刚表示,获得国家高规格立项支持后,该平台继续以服务实体经济、防控金融风险、深化金融改革为关键任务和核心目标,以共建、共管、共治的模式打造新一代金融基础设施,助力中国经济高质量发展。未来,贸金平台仍将继续与生态合作伙伴一道,积极推动科技化、数字化、智能化建设;通过金融科技服务实体经济,接纳境内各职能机构的参与,帮助解决中小微企业融资难问题;通过与不同国家和地区的贸易融资平台互连,实现信息共享和增值,实现平台国际化服务,助推中国经济向更高质量的发展目标迈进。

3.1.4 央行数字票据交易平台

票据分为纸质票据与电子票据,票据兼具支付结算和短期融资功能,对满足企业支付需要、拓宽融资渠道、降低财务费用、提高商业银行支付服务水平、强化资产负债管理,以及丰富中央银行货币政策手段都有着非常重要的作用。但在票据的使用过程中,却存在如下问题:

(1) 真实性问题。纸质票据易造假,虽然 2009 年 10 月 28 日建成的电子商业汇票系统有效地解决了效率低下、信息不对称等风险,但依然未能解决票据的核验查询烦琐复杂、使用普及率不高等问题。

(2) 结算即时性问题。票据承兑是指付款人(单位)在汇票签"承兑"字样,票据到期后由银行凭票从付款人(单位)账户划款给收款人(单位)的行为,如付款人(单位)账户金额不足时,银行将汇票退回收款人(单位)。在此过程中,收款人(单位)有可能产生收款不及时或收不到款的风险。

(3) 违规交易问题。由于票据的核验成本很高,需要通过各种系统、传真、实地查询等方式,继而产生票据"双花",清单交易,由于监管要求不满足而产生的出租账户等一系列违规操作。这些违规操作对银行会造成重大损失,间接影响了中小企业的融资需求。

2016 年 7 月,央行启动了基于区块链和数字货币的数字票据交易平台原型研发工作,旨在探索解决票据使用过程中的上述问题。该项目是央行牵头并自主创新研发的重大金融科技成果,是央行在全球范围内,首个研究发行数字货币并开展真实应用的交易平台。它率先探索了区块链技术在货币发行中的实际应用,显示出央行紧跟金融科技国际前沿趋势,力求把握对金融科技应用的前瞻性和控制力,探索实践前沿金融服务的决心和努力。工商银行、中国银行、浦发银行、微众银行、杭州银行等商业银行参与了本次试点。2016 年 12 月,数字票据基于区块链的全生命周期的登记流转和基于数字货币的票款兑付(DVP)结算功能得以实现,标志着数字票据交易平台原型系统开发成功并达到预期目标,显示数字货币在数字票据交易场景中的应用验证落地。

央行数字票据交易平台的关键里程碑见图 3.11。

央行数字票据交易平台项目集合了诸多前沿科技亮点,包括数字货币、区块链、数字票据、智能合约,自主创新研发了符合数字票据和数字货币等金融业务场景特点的底层联盟链,并在传统区块链技术基础上,对隐私保护、安全加密等设计了创新机制。在吸收区块链和智能合约等分布式技术优点的基础上,也针对其缺点和不适用性进行了特殊改造,解决了传统区块链智能合约不易升级,以及升级后繁重的历史数据迁移等问题。

央行数字票据交易平台主要应由以下五个层级构成(见图 3.12):

(1) 基础设施层:机房、服务器、操作系统等。

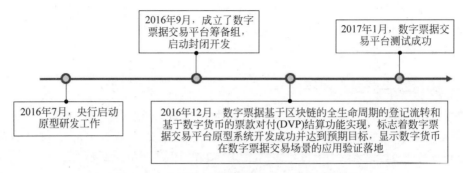

图 3.11 央行数字票据交易平台的关键里程碑

图 3.12 央行数字票据交易平台构成

(2) 区块链平台：区块链账本、P2P 网络、分布式共识、智能合约管理等。

(3) 接口层：提供开发用 API 接口，是应用与平台的桥梁。

(4) 运营层：管理平台应用信息，账户、票据管理等。

(5) 应用层：机构、账户、票据、交易方式设计，区块链平台操作 SDK 等。

央行数字票据交易平台项目自主创新研发了一套符合数字票据和数字货币等金融业务场景特点的底层联盟链，主要创新点包括：

(1) 底层技术方面，吸收借鉴部分国外区块链技术的成果并结合自身业务特点进行了优化和改进。如在参考以太坊智能合约虚拟机技术的基础上，扩充了 OPCODE 指令操作码，实现隐私保护机制所需要的同态加法操作。又如，参考 Fabric 的共识机制，对 PBFT（拜占庭容错）算法进行了优化，使得底层联盟链支持节点的动态管理。

(2) 安全加密方面，根据金融业务的需求，对底层联盟链进行了大量安全方面的加固和创新。比如，实现了节点通信加密、数据落盘加密，并改造金融密码机和芯片智能卡，以实现联盟链上用户私钥的安全存储和运算。同时，还进行了将区块链底层加密算法改造成国密算法 SM2、SM3 的验证与测试。

(3) 隐私保护方面，跟踪和研究国外区块链信息隐私保护技术的发展，根据数字票据特定场景下的隐私保护需求,结合同态加密和零知识证明算法,既解决了数字票据交易金额对交易无关方的信息保密,又保证了票交所等监管方在必要时拥有看穿机制。

(4) 监管方面,在吸收区块链和智能合约等分布式技术优点的基础上,也针对其缺点和不适用性进行了特殊改造。如改造联盟链底层实现智能合约的干预机制,以满足司法干预等现实中存在的特殊需求等。

(5) 易用性方面,创新性地提出并设计了区块链中间件,实现了底层联盟链与上层类中心式业务应用系统之间的消息传递机制,给出了中心式业务应用系统并发访问区块链节点、时间戳共识、交易确认事件通知等问题的解决方案。使得底层在基于区块链节点开发的同时,上层业务应用系统仍可保留类传统中心式系统的开发架构,有效降低了开发门槛。

(6) 业务设计方面,采用业务逻辑智能合约与数据智能合约相分离的新型设计模式,解决了传统区块链智能合约不易升级,以及升级后繁重的历史数据迁移等问题。在这种设计模式下,可以支持票交所对包括数字票据交易在内的业务逻辑的在线升级,而无须进行数字票据数据迁移。以类似于 The DAO 事件带来的区块链分叉来解决业务逻辑升级,可以在这种设计模式下避免。

(7) 场景结合方面,通过区块链技术也带来了业务方面的创新。如引入数字货币进行结算,可实现数字票据交易的资金流和信息流同步转移,从而实现 DVP 票款兑付结算。又如,区块链数字身份方案解决了不同金融机构间对用户重复 KYC 认证的问题等。

基于区块链技术的央行数字票据交易平台具有如下特点:

(1) 去中介化。区块链天然解决了跨机构信任问题,资产上链后,各个机构不需要重复 KYC 流程,降低核验、交易成本。智能合约降低监管和清结算成本,如结合数字人民币可保障承兑即时性,可真正地实现 DVP 货到即付款功能。

(2) 数据可信可视化。区块链技术承载了票据完整的生命周期,票据从发行、流转、贴现、转贴现、再贴现、回购、承兑到资金到账的每个环节记录在区块链的每个节点上,不可篡改。结合智能合约的灵活性可最大限度地完成各个环节的自动化,提升全流程效率。

(3) 去风险易监管。监管方可方便地查询链上票据数据且结合智能合约实时地发现并中止有风险的票据交易。

中国人民银行金融市场司前巡视员兼票据交易平台筹备组组长徐忠和中国人民银行数字货币研究所前所长姚前在联名文章《数字票据交易平台初步方案》中表示:"借助区块链构建数字票据本质上是替代现有电子票据的构建方式,实现价值的点对点传递。若在区块链构建的数字票据中,依旧采用线下实物货币资金方式清算,那么其基于区块链能够产生的优势将大幅缩水;如果在联盟链中使用数字货币,其可编程性本身对数字票据就有可替代性,可以把数字票据看作有承兑行、出票人、到期日、金额等要素的数字货币。"如果在央行票据交易平台引入数字人民币 DCEP 直接链上清算,将会是区块链技术与数字货币结合的成功应用。

3.2 区块链组织

3.2.1 开源组织

区块链技术始于开源社区,从最早的比特币、以太坊等公有链应用,到后续以联盟链为主要应用场景的 Hyperledger Fabric,都通过开源社区构建了很大的影响力,吸引了大量的开发者参与到区块链技术的贡献中来。2016 年以来,区块链开源社区的参与成员方进入了一个快速增长的时期,截至 2021 年 2 月,仅 Hyperledger 开源社区的成员就有 250 多家,而开源的以太坊社区其核心开发组织则包含了 400 名以上的开发人员。企业以太坊联盟(EEA)自 2017 年 2 月成立以来,已有超过 500 家机构加入。在国内,从 2020 年下半年开始,自主开源成为区块链技术发展的趋势。随着国内开放原子开源基金会的成立,围绕区块链的开源项目逐步进入集中的局面。前期国内的开源项目,如 FISCO BCOS 开源生态圈、百度 Xuperchain 在开放原子开源基金会的项目,以及北京市围绕长安链打造的开源区块链平台,都体现了中国希望快速构筑自己的区块链开源平台的决心,且逐步形成主流。但目前来看,中国的开源尚处于混战状态,且开源与闭源,以及开源与商业版本之间的关系等很多问题都尚未解决。因此,中国的开源可能会需要较长的时间进行孵化。

目前主流的开源组织如下:

1. 超级账本(Hyperledger)

超级账本(Hyperledger)是由 Linux 基金会于 2015 年发起的推进区块链数字技术和交易验证的开源项目,希望借助项目成员和开源社区的通力协作,共同建立并维系一个开放、跨产业、跨国界的分布式账本技术平台,满足来自多个不同行业用户的数字化转型需求,并简化现有的业务流程。Hyperledger 的会员目前有 250 多家,包括 IBM、英特尔、Fujitsu、SWIFT、华为、蚂蚁、Oracle、三星、腾讯云、百度等众多公司都参与其中,目前由 Apache 软件基金会创始人 Brian Behlendorf 担任超级账本项目的执行董事。自成立以来,Linux 基金会已经收到多个不同的代码库,它们都被称为"Hyperledger",包括 IBM 代码库(一定程度上受以太坊启发)、DAH(Bits of Proof 比特币代码库)和 Blockstream 代码库(是比特币代码库的扩展)。除此之外,还有 Digital Asset 和 Ripple 等贡献的代码。现在代码库中(代码库链接:https://github.com/hyperledger)的主要项目有以下两个:

(1) 组织孵化器项目(Fabric Incubator)。DAH 和 IBM 的方案合并,使用区块链技术提供了一个模块化的架构,组件(如共识和会员服务)可以即插即用。它基于容器技术,被称为"Chaincode"的智能合约组成的系统应用逻辑。项目包含 fabric、fabric-api、fabric-chaintool。目前中国大部分的 BaaS 都是基于 Hyperledger Fabric 版本来构筑自身的区块链 BaaS 平台能力。Hyperledger Fabric 于 2017 年 7 月推出了 V1.0 版本,并于 2019 年 1 月 10 日发布了第一个稳定版本 V1.4。2020 年 1 月 30 日,Hyperledger 发布了 V2.0 版本,目前最新的版本是 V2.3，相较于 1.x 版本而言，2.x 版本在安全性和扩展性方面都进行了较大的优化和提升。

（2）锯齿湖孵化器项目（Sawtooth Lake Incubator）。Sawtooth Lake Incubator 是英特尔模块化区块链套件，具有通用性和可扩展性。这种架构能满足多样性的要求，支持许可和无许可的部署。它包括一个新的共识算法——PoET（Proof of Elapsed Time）。PoET 的目标是以较小的资源消耗解决大型分布式系统的数据共识问题。同时 Sawtooth Lake 项目基于 X86 的 SGX 提供可信执行环境（TEE），构筑区块链与硬件的结合能力。目前基于 ARM 架构的芯片也提供了类似的能力，通过 Trustzone 提供可信执行环境，支持国密算法能力，以通过硬件芯片的能力助力区块链系统整体运行效率提升。

近几年以来，中国企业积极加入 Hyperledger 社区，其中有华为、蚂蚁金服、百度、京东数科、小米等。其中华为在 Hyperledger Fabric 和 Sawtooth Lake 项目贡献了大量代码，并担任了国内项目的 Maintainer 职位。2018 年，华为向 Hyperledger 社区贡献了区块链性能测评工具 Caliper 项目，并于 2020 年捐献给 Hyperledger 进行维护。

2. 企业以太坊联盟（EEA）

企业以太坊联盟（EEA）是一个由全球各地的区块链领导者、采用者、创新者、开发人员和企业组成的全球社区，旨在合作开发使企业更容易地使用以太坊开发区块链应用的标准和技术。联盟（EEA）于 2017 年 2 月正式成立，联盟轮转董事会的创始成员包括埃森哲、桑坦德银行、BlockApps、BNY 梅隆、芝加哥商业交易所、ConsenSys、英特尔、摩根大通、微软、Nuco、IC3。截至 2021 年 2 月，企业以太坊联盟已经吸引了超过 500 家成员加入。

企业以太坊联盟以提高以太坊区块链的隐私、保密性、可扩展性和安全性为重点，另外还将探索跨越许可以太坊网络、公共以太坊网络以及行业特定应用层的混合架构。

以太坊目前还不能满足企业开发联盟链应用的需求，很多企业各自基于以太坊技术进行了区块链联盟链应用探索和技术改进。企业以太坊联盟的成立，能够联合各个利益集团、公司、用户等共同出谋划策，使得以太坊区块链能够满足企业级应用需求使整个以太坊生态系统更加繁荣。

3. R3 联盟

R3 区块链联盟由 R3CEV（R3 Crypto Exchange Venture）公司于 2015 年 9 月发起，致力于研究和发现区块链技术在金融业中的应用，为银行提供区块链技术以及建立区块链概念性产品。R3CEV 是一家总部位于纽约的区块链创业公司，由其发起的 R3 区块链联盟，至今已吸引了 50 家巨头银行的参与，包括富国银行、美国银行、德意志银行、汇丰银行、纽约梅隆银行、花旗银行等，中国平安银行于 2017 年 5 月加入。目前 R3 联盟拥有超过 60 家会员。

2016 年，R3 宣布了其为金融机构量身定做的区块链技术平台项目 Corda。Corda 是一个区块链平台，可以用来管理和同步各个组织机构之间的协议。其基于区块链底层逻辑、技术、算法、机制创新各类产品且将之应用于各种"区块链+财资"的场景中，已有一些典型应用。Corda 项目代码于 2017 年开源。2021 年 2 月，R3 联盟推出一个名为 Conclave 的新计算平台,该平台可以在保持机密性的前提下处理敏感的业务数据。

4. 中国开放原子开源基金会(OpenAtom Foundation)

开放原子开源基金会是国家批准设立的首个开源基金会,是在民政部注册的致力于开源产业公益事业的非营利性独立法人机构。基金会成立于2020年,创始成员包括华为、腾讯、阿里、百度、浪潮、趣链、360、招商银行等机构。基金会致力于为全球开发者搭建良好的开源合作平台,其服务范围包括开源软件、开源硬件、开源芯片及开源内容等,为各类开源项目提供中立的知识产权托管,保证项目的持续发展不受第三方影响,通过开放治理寻求更丰富的社区资源的支持与帮助,包括募集并管理资金,提供法律、财务等专业支持。

作为开源项目的孵化器、连接器和倍增器,开放原子开源基金会以对开源代码展开开放治理的形式促成事实标准,连接"政、产、学、研、创、投",共建开源生态。2020年7月,它正式在OpenAtom对外开源其Xuperchain区块链平台,并将其命名为超级链。2020年10月15日,百度、趣链、招行、趣链、哈工大(深圳)成立开放原子可信账本工作组,目标是推动区块链平台的开源发展。

3.2.2 标准组织

区块链技术仍处于发展阶段,标准成为国内外关注的重点,国家标准和国际标准成为主要的展现方式。在国际标准方面,主要由ISO、ITU-T和IEEE三大标准组织主导。在国内,区块链的国家标准主要由国家标准化管理委员会(SAC)下设的TC 28和TC 260承担;行业标准则是金融领域的TC 180和通信领域的中国通信标准化协会率先开启标准化工作。

ISO方面,主要由ISO TC 307承担区块链标准化工作。2016年9月,ISO成立了区块链和分布式记账技术委员会(ISO/TC 307),推动区块链和分布式记账技术领域的国际标准制定等工作。截至2021年2月,ISO/TC 307已有46个积极成员(P成员),14个观察成员(O成员),成立了5个工作组(基础工作组,安全、隐私和身份认证工作组,智能合约及其应用工作组,治理工作组,用例工作组)、1个研究组(互操作研究组)、一个联合工作组(安全技术)。

ISO中从事区块链标准化工作的组织还包括ISO TC 46/SC 11/档案记录管理工作组、ISO TC 68/SC 2/金融服务安全工作组、ISO TC 154(商业、工业和行政管理中的过程、数据元素和文件)、ISO TC 184/SC 4(自动化与集成工业数据分委会)和ISO/IEC JTC 1/SC 41(物联网分技术委员会)。

ITU-T方面,主要由SG 16、SG 17和SG 20承担区块链标准化工作。ITU-T SG 16的主要研究领域为多媒体与数字化服务。目前,SG16的研究范围覆盖了多媒体编码、视频监控、内容分发、大数据、区块链、人工智能等众多热点标准化研究方向。SG 16下设的Q 22专门负责区块链标准化工作,目前已发布3项标准,有14项标准在研。ITU-T SG 17的主要研究领域是通信网络发展过程中的通信安全。SG 17下设的Q14专门负责区块链安全标准化工作,目前已发布5项标准,有11项标准在研。ITU-T SG 20致力于解决物联网(IoT)技术的标准化要求,将重点放在智能城市和社区(SC&C)中的IoT应用程序上。区块链标准化方面,SG

20 没有成立专门的子组织。目前,SG 20 已发布区块链标准 5 项,有 4 项标准在研。

ITU-T 中从事区块链标准研究的组织还包括 SG 2(运营方面研究组)、SG 3(经济和政策研究组)、SG 11(协议与测试规范)、SG 13(未来网络与云)。

IEEE 方面,CTS/BSC 和 C/BDL 是最为活跃的区块链标准化组织。IEEE CTS(消费技术学会)致力于在消费电子领域提高电子工程学和相关科学的理论和实践,它的成员现已超过 5 000 个。CTS 专门成立 BSC(区块链标准化委员会)开展区块链相关的标准工作,目前已发布 5 项标准,有 27 项标准在研。IEEE C/BDL(IEEE 计算机协会区块链和分布式分类账标准委员会)于 2019 年 9 月成立,负责管理区块链和分布式分类账领域的标准开发,包括相关数据格式,区块链和分布式分类账系统的开发和实施,以及区块链和将分类账分发到特定部门、行业和流程。目前有 16 项在研标准。

IEEE 中从事区块链标准研究的组织还包括 C/SAB(计算机学会/标准局)、CTS/DFESC(消费技术学会/数字金融与经济标准化委员会)、EMB/Stds Com(医疗与生物工程学会/标准化委员会)、PE/SBLC(电力与能源学会/智慧建筑、负载和消费者系统)和 VT/ITS(载具技术学会/智能运输系统)。

在中国的国家标准方面,目前由 SAC TC 28 和 SAC TC 260 主导制定区块链标准。SAC TC 28(全国信息技术标准化技术委员会)成立于 1983 年,是在国家标准化管理委员会、工业和信息化部的共同领导下,从事全国信息技术领域标准化工作的技术组织,是国内最大的标准化技术委员会之一。目前 TC 28 在研区块链国家标准 3 项。SAC TC 260(信息安全标准化技术委员会)成立于 2002 年,是在信息安全技术专业领域内,从事信息安全标准化工作的技术工作组织。目前有 2 项区块链安全国家标准处于公示阶段,另有 8 项区块链安全标准研究项目在研。

此外,全国区块链和分布式记账技术标准化技术委员会已在筹备中。

行业标准方面,中国通信标准化协会和 SAC TC 180 是较早开展工作的行业标准组织。中国通信标准化协会是国内企事业单位自愿联合组织起来,经业务主管部门批准,国家社团登记管理机关登记,在全国范围内开展信息通信技术领域标准化活动的非营利性法人社会团体。在区块链标准方面,主要承担我国通信行业区块链标准的制定。目前已发布 1 项标准,报批 1 项标准,另有 6 项标准处于立项公示。SAC TC 180(全国金融标准化技术委员会)是在中国人民银行指导下从事金融领域内全国性标准化工作的技术组织,负责金融系统标准化技术制定工作。区块链方面,目前已发布金融行业标准 2 项,有 2 项标准在研,2 项标准立项投票中。

3.2.3 产业联盟

除了开源组织和标准组织的贡献,区块链的发展和推广应用同样离不开产业联盟的助力。当前全球区块链产业联盟众多,但呈现出分散化、区域化、行业化的布局方式。

分散化主要体现在联盟类型的多样性:第一类为数众多的是区块链的生态联盟,主要以构建区块链产业生态,搭建基于区块链的合作平台为目标,中国的区块链联盟大约有上百家,其中生态联盟占 80% 以上。第二类联盟为产业发展联盟,瞄准联盟在标准、政策等方面的长期性发展目标,这类联盟多为与国家机构相关联的联盟,如中国信息通信研究院的可信区块链计划、中关村区块链联盟、中国电子通信研究院的 CBD 论坛等。第三类为分技术领域的联盟,如跨链联盟等。

区域化呈现出联盟以区域为核心的特点,主要以构筑本地区域产业发展生态为目标。以国家和地区为维度的联盟有瑞士的 Crypto Valley Association(加密谷协会)、日本的区块链协会(JBA)、欧洲的国际可信区块链应用协会(INATBA)、中国的中关村区块链联盟、可信区块链推进计划等;以小型区域为维度的联盟有江西省区块链产业联盟、深圳市金联盟、陕西省区块链产业联盟、南京市区块链联盟等。

行业化呈现出联盟以围绕单个行业构筑区块链政策、标准、典型应用为目标。这种类型的区块链也分为两种方式:其一,单行业领域的区块链联盟。如运输联盟(BiTA)是运输行业的区块链行业协会,目标是推进全球物流通用区块链标准体系及区块链在物流行业的应用,其中最典型的应用是 IBM 与马士基的区块链物流应用案例。另外,如运营商的 CBSG 联盟,主要针对电信运营商设计,为电信运营商其客户提供各种基于区块链的服务。其二,在学会或联盟下以分委会的方式构筑的联盟形态。这种方式的联盟在国内较多,如计算机学会下的区块链专委会、通信学会下的区块链专委会、北京金融科技产业联盟下的区块链专委会等,以分委会的形式推进区块链共识的建立。

下面对几个典型的区块链联盟的情况进行简要介绍。

1. 运输联盟 BiTA(Blockchain in Transport Alliance)

BiTA 成立于 2017 年秋季,目前已经成为全球最大的商业区块链联盟,其全球总部位于美国田纳西州查塔努加。联盟主要推动区块链在物流方面的应用的落地,同时制定运输行业的通用标准。当前 BiTA 的成员有近 500 家,其中包括 BNSF 铁路股份有限公司,其他成员包括卡车运输公司、第三方物流提供商、技术公司及主要零售商和金融服务提供商。2021 年 2 月,拥有百年历史的 GE 运输也加入了 BiTA。中国的企业中,仅有京东物流参与了该联盟。

2. CBSG 联盟

2017 年 2 月,美国电信运营商 Sprint、美国区块链初创公司 TBCASoft、日本软银集团、台湾远传电信(Far EasTone)合作成立 CBSG,旨在共同开发专为电信运营商设计的创新区块链平台,为电信成员及其客户提供各种服务。目前该组织下的跨国电信公司包括日本的软银、阿联酋的阿联酋航空、西班牙的西班牙电信、菲律宾的 PLDT 公司、韩国的 KT 公司和 LG U+公司。2018 年,CBSG 宣布东盟和南亚运营商 Axiata Group Berhad(Axiata)、菲律宾的 PLDT 公司、印度尼西亚的 PT、印尼的 Telin、土耳其的数字运营商 Turkcell、越南的 Viettel 电信公司和总部位于科威特的 Zain Group(Zain),同意共同探讨如何合作建立下一代全球跨运营商区块链平台和生态系统。与此同时，CBSG 联盟宣布成立一个额外的区块链工作组，专注于全球汇款和支付服务。

CBSG 联盟提出的区块链平台和解决方案专为电信运营商设计，将帮助他们创建和扩展其服务，超越传统市场和边界。CBSG 联盟使用 TBCASoft 开发的平台将 Sprint 的系统连接在一起，利用 Sprint 底层核心网络，构建 TBCASoft 区块链平台层，多个基站子系统(BSS)接入区块链平台，在多个应用之间共享账本。2018 年 1 月，CBSG 上线了跨运营商区块链支付系统 CCPS(Cross-Carrier Payment System)，实现了 POB 移动支付。目前 CBSG 可以在跨运营商的平台系统上完成充值费用结算、移动钱包漫游、国际汇款和物联网支付。目前为止，该联盟已经成功测试了移动支付系统，并通过该平台为不同运营商的预付费电话充值。将来，该组织会推出连接计算、个人认证和债务清算的应用程序。

3. 日本区块链协会（JBA）

日本区块链协会(JBA)于 2014 年 4 月中旬成立，取代前日本数字资产协会(JADA)，目前会员数达到 113 家。该协会自成立起一直活跃于该行业。日本商界圈子文化盛行，加入协会是一个很好的融入当地市场的途径。该协会主要提供区块链应用的咨询，制定业内虚拟货币兑换和审计规则，处理行业与政府部门的关系，促进日本国内和海外社区间的交流互动。JBA 有两个部门：一个部门处理虚拟货币；而另一部门则处理区块链技术。前者涉及消费者、税收和金融监管问题，其中包括 Kraken、bitFlyer 和 Coincheck 等比特币交易所。后者涉及非货币区块链技术的定义和政策建议，包括 Microsoft 日本、支付网关 GMO Internet Group、区块链云计算平台 Orb 和区块链身份初创公司 Soramitsu。

4. 国际可信区块链应用协会（INATBA）

为了促进区块链的使用，欧盟于 2019 年 3 月成立了国际可信区块链应用协会(INATBA)。该协会的目标是将"工业、初创企业和中小企业、政策制定者、国际组织、监管机构、民间社会和标准制定机构"聚集在一起，支持区块链和分布式账本技术(DLT)在多个领域主流化和规模化。联盟创始成员包括埃森哲、Consensys、Guardtime、IBM、IOTA、R3、Ripple 和 SAP。该组织已经发展到 180 个成员。联盟目前成立了 14 个工作组，围绕欧洲战略及区块链典型应用展开，具体如下：

- 气候工作组：研究区块链的碳排放交易和管理，推进"可诉性"项目发展及气候社区的区块链能力建设；
- 教育工作组：明确区块链与教育行业的结合，明确教育行业的应用场景；
- 能源工作组：围绕能源和气候要求，探索区块链与能源的应用；
- 金融工作组：对反洗钱的监管，以及其他区块链金融应用场景，同时支撑欧洲数字金融战略发展；
- 政府工作组：明确区块链的治理框架，同时用区块链加速政府效率的提升，为欧洲提供策略参考；

- 医疗工作组：分析医疗区块链产业格局，建立区块链医疗全球信息共享平台；
- 身份管理工作组：建立欧盟身份沙盘，增强欧盟对身份、KYC 的监管；
- 互通性工作组：确定可行的互操作性解决方案，明确与不同标准管理机构建立联系，在 ISO 建立国际标准；
- 剩下的工作组有政务服务、房地产、社会影响、隐私、流动性、供应链工作组。

5. 中关村区块链产业联盟

中关村区块链产业联盟成立于 2016 年 2 月，该联盟由中关村管委会以及公安部、工信部等国家部委共同指导，联合了清华大学、北京大学、北京邮电大学、北京航空航天大学、中国信息通信研究院、中国互联网络信息中心、中国移动研究院、中国联通研究院、微软、北京世纪互联宽带数据中心有限公司、点亮投资管理有限公司、布比(北京)网络技术有限公司、北京太一云科技有限公司等 30 多家单位组成。因新基建等因素，该联盟在 2020 年 4 月进行重组，由中国信息通信研究院接收整改，整改后由中国信息通信研究院担任理事单位，中国信息通信研究院工业互联网与物联网研究所(以下简称信通院工物所)担任该联盟组织的法人和秘书长，秘书处设在信通院工物所。虽然该联盟的名称是"中关村区块链产业联盟"，但实则面向全国和海外，以推动区块链的快速发展为目标。

目前联盟成员有 200 家，信通院工物所希望推动区块链在工业制造领域及未来全领域区块链技术及应用的发展。

目前联盟共设立了 10 个工作组，分为产业政策工作组、标准工作组、开源工作组、国际组(推进国际合作)、技术组、产业发展工作组等，联盟以政策、标准、开源、技术等多手段，促进区块链产业在中国的快速发展。

该联盟以支撑工业互联网为主线，产业联盟和商业落地相结合，以推动国家工业领域的星火·链网基础设施的建设。

6. 可信区块链推进计划

中国信息通信研究院于 2018 年 4 月 9 日，联合 158 家企业(京东数字科技控股有限公司、杭州趣链科技有限公司、联动优势科技有限公司、腾讯科技(深圳)有限公司、上海保险交易所股份有限公司、华为技术有限公司、浙江蚂蚁小微金融服务集团有限公司、百度在线网络技术(北京)有限公司、中国联通网络技术研究院、中国移动研究院安全所、布比(北京)网络技术有限公司等)牵头启动"可信区块链推进计划"。目前，成员有 400 多家以构筑产业共识、区块链团体标准及区块链测评为主要方向。联盟整体上有工作组 13 个，从技术、政策、应用和媒体四个方面开展工作。2020 年 12 月，中国信通院联合华为、蚂蚁、腾讯、中国银行业协会、中国农协会等 10 余家单位发起"可信链网"项目，希望在 2021 年解决区块链"孤岛"、网络割裂的区块链互操作问题。

7. 中国计算机学会区块链专业委员会

中国计算机协会区块链专业委员会成立于 2018 年 4 月。该委员会致力于团结、联合、组织区块链领域的专业人士,开展学术交流活动,参与区块链领域标准制定和向政府建言等活动,提高我国在区块链领域的科研、教学和应用水平,促进区块链研究成果的应用和产业化,提升在国际区块链学术界的影响力。委员会以科研院校为主体,配合企业,形成学术研究到商业落地的闭环生态。

3.3 科技公司区块链发展动态

3.3.1 IBM

蓝色巨人 IBM 是具有近百年历史的老牌企业,早期以制造精密机械见长。自 20 世纪 50 年代开始,IBM 领导了电子技术革命的浪潮,1964 年推出的 S360 大型机为 IBM 后续的飞速发展奠定了良好的基础。从 20 世纪 60 年代到 80 年代,IBM 在计算领域一直占据着统治地位。1997 年,超级计算机"深蓝"在一场人机对抗的国际象棋比赛中击败了世界冠军卡斯帕罗夫,通过实现节点间的高速通信,极大地推动了大规模并行计算技术(MPP)和容错技术的发展。2011 年,超级计算机"沃森"在智力竞猜电视节目《危险边缘》中击败两位人类冠军,被誉为 21 世纪计算机科学和人工智能的伟大突破。

同时,IBM 也是最早大力进军区块链技术研发领域的企业之一,引领了联盟链/私有链的持续发展。2015 年 12 月,IBM 与其他 29 名成员共同创立 Hyperledger 开源项目,致力于将区块链的解决方案应用于各个行业。Hyperledger 当前已有超过 250 家全球著名企业加盟,IBM 在该组织中具有制定区块链行业标准的主导话语权。根据 2019—2020 年区块链联盟超级账本技术指导委员会(TSC)成员名单,在 11 位委员会成员中,有 6 位来自 IBM 公司。2016 年 2 月,IBM 推出区块链服务平台 BaaS,使用区块链服务开发人员可以访问完全集成的开发运维工具,从而在 IBM 云上创建、部署、运行和监控区块链应用程序。2017 年年末,IBM 与沃尔玛、京东、清华大学电子商务交易技术实验室成立了安全食品区块链溯源联盟,旨在通过区块链技术进一步加强食品追踪、可追溯性和安全性的合作,提升中国食品供应链的透明度和安全性,也加强了 IBM 区块链平台在食品安全领域的服务能力。2018 年年初,IBM 与丹麦哥本哈根市政府、纽约阿蒙克市政府、马士基集团宣布组建一家合资公司,旨在创建一个联合开发的全球贸易数字化平台。该平台以开放为基础,全球航运生态系统中的各方均可使用,解决在跨境和贸易区内货物运输方面的需求,使信息流更透明、更简化。2018 年,IBM 继续推出了基于区块链和 Stellar 协议的全球支付系统 IBM Blockchain World Wire,使金融机构能够在几秒内进行跨境支付,并进而开发了对应的区块链支付系统。2019 年年末,跨国支付网络 WorldWire 已融入 6 家国际银行,Lumens 正在加速发展为各国法币间的桥梁货币,进入更广泛的跨境交易市场。IBM 已经将 Stellar 作为其区块链平台战略的一部分,可见 IBM 在金融领域的布局投入之坚定。

在 Hyperledger 联盟中,IBM 主导孵化的 Fabirc 子项目,其灵活易用的智能合约可以满足各商业应用场景的需求。这为 IBM 在多元领域的不断探索,以及开发适用于各场景的区块链应用奠定了基础。2017 年,IBM 将 Fabric 贡献给了 Hyperledger 项目,Fabric 自此成为 Hyperledger 项目下面最为重要的系统之一。

IBM 区块链当前主要推出三款产品,即 IBM 区块链平台(IBM Blockchain Platform)、IBM 食物信任(IBM Food Trust)以及 IBM 供应链(IBM Blockchain Transparent Supply)。三款产品面向不同的业务场景,提供完整的解决方案。

IBM Blockchain Platform 是 IBM 的 Hyperledger Fabric 商业分发版,针对业务的领先区块链开源架构,遵循 SLA 并可提供全年无休的全天候支持。其具备以下优势:

- 值得信赖的可靠性:为用户提供经过验证,且已在多个行业取得成功,同时多个用例已投入生产的区块链平台。IDC、Everest Group、Juniper Research、HFS Research 和 BRG 等多家公司都将其视为行业领导者。
- 快速提升生产力和 ROI:用户可以加入已启动并正在运行的现有客户网络,能够快速入门。如果有独特需求,其可帮助用户共同创建一个新的网络来满足这些需求。
- 实现增长和灵活性:随着网络的发展,用户可以轻松地添加其他具有不同内部 IT 基础架构的组织,使用先进的管理工具,轻松地发出邀请并完成添加过程。IBM 的多云能力还可帮助用户添加在任何第三方云环境上运行的用户。
- 开放设计确保连续性:IBM Blockchain Platform 是在 Linux 基金会基于社区的开源 Hyperledger Fabric 平台上构建的。IBM 也是 Linux 基金会"超级账本"项目的创始成员,依托开源代码库、内部基础架构支持以及第三方云使用选项,用户可以避免被供应商套牢的风险。

IBM Food Trust,当前人们对更智慧、更安全的食品供应的需求空前高涨。IBM Food Trust 使之成为可能,交付变革性的业务成果和一系列奇思妙想。IBM Food Trust 在同类网络中独此一家,它通过经过许可、永久和共享的食品系统数据记录,将食品供应链条中的各个参与者连接起来。最终形成一套可定制的解决方案,可提高食品安全和新鲜度,提高供应链效率,减少浪费,提升品牌声誉,并直接提高利润。IBM 一流的设计让这些详细信息更加清晰、易于使用并切实可行,这让 IBM Food Trust 赢得了 2019 年的 Spark Galleries 数字设计白金奖。

IBM Blockchain Transparent Supply 提供了一个区块链平台,使企业能够与其可信的供应链合作伙伴共同构建自己的数据共享生态系统。数据共享有利于商业发展,借助 IBM Blockchain Transparent Supply,用户可以利用"端到端"的实时可视性,实现更具弹性、更灵活且响应迅速的供应链。加深消费者的参与,动态管理库存,减少低效问题。其具体包括以下优点:

- 确保来源和质量,打造值得信赖的品牌:通过允许消费者利用区块链数据来了解产品的生产历程,验证产品的来源,并向消费者展示品牌优势。
- 利用更准确的需求信号来改善预测:近乎实时地跟踪整个供应链中的库存状况,并通过自动补货来优化库存，从而减少缺货和库存过剩情况，增强寄售能力，并实现动态定价。
- 减少供应链内的摩擦：降低处理争议解决、进行产品召回、证明合规性以及与业务合作伙伴共享文档的管理成本。

3.3.2 Microsoft

1975 年，19 岁的比尔·盖茨从美国哈佛大学退学，和他的高中校友保罗·艾伦一起创建了微软公司。早期公司以销售 BASIC 解释器为主。1980 年，IBM 公司选中微软公司为其新 PC 机编写关键的操作系统软件，这是公司发展中的一个重大转折点。微软公司以 5 万美元的价格从 Tim Paterson（帕特森）手中买下了 QDOS 的使用权，在进行部分改写后提供给 IBM，并将其命名为 Microsoft DOS(MS-DOS)。随着 Windows 的发行，个人电脑操作平台进入了图形化的时代，Windows 在个人电脑时代占据了绝对的市场领导地位。2008 年，时任微软首席软件架构师的 Ray Ozzie 首次公布 Windows Azure，标志着微软开始向云业务进军。

作为 IT 行业的领头公司之一，微软早在 2014 年便投身比特币市场，并于 2015 年正式进行区块链技术构建，成为全球首家进军区块链技术领域的 IT 企业。2015 年 11 月，微软启动了"Azure 区块链即服务(BaaS)"计划，与以太坊工作室 ConsenSys 合作以 Ethereum 为基础，在 Azure 上应用区块链技术为企业客户、合作伙伴和开发人员提供"一键式基于云的区块链开发环境"，为使用 Azure 的客户提供 BaaS 服务，让他们可以迅速创建基于私有云、公有云或混合云的区块链服务。

2016 年 6 月，微软宣布启动 Bletchley 计划，这是一个为 Azure 所驱动的"开放的、模块化的区块链组件"，它"用微软自己的架构方式创建区块链企业生态联盟"，解决了早期跨行业区块链使用者关注的平台开放性、隐私安全性、系统稳定性等问题。在 Bletchley 项目中，Azure 帮助企业联盟(Consortium)建设区块链生态系统体系结构，并开放一系列区块链协议，支持超级账本和以太坊，并不断增加更多的协议支持。

2017 年 8 月，微软推出了 Coco Blockchain Framework，这是一个企业级开源区块链基础平台，用于构建企业级加密水平的大规模区块链网络。Coco 的全称是 Confidential Consortium，其特点是与区块链协议无关，且与大多数当前的区块链兼容，只需添加关键的企业需求即可扩展其功能。这一框架能够帮助银行、保险公司、制造商等业务主体，通过以太坊等区块链平台建立共享数字账本及自动化智能合约，解决商业普及过程中的隐私、安全、效率等问题。微软 Azure CTO 马克·拉西诺维奇(Mark Russinovich)表示："Coco 给账本构建带来了另一种方法，为企业提供了所需的可扩展性、分布式治理和更高的机密性，又不牺牲它们期望的固有的安全性和不变性。"

2018 年 2 月，微软宣布将会在其旗下微软身份验证(Microsoft Authenticator)应用程序内整合基于区块链的去中心化 ID 验证技术——DID。微软指出："一些公有区块链，包括比特币、以太币、莱特币等，都是提供了文档的去中心化身份识别功能，记录了 DPKI 操作，并且已经为锚定用户身份证明打下了坚实的基础。"

2018年5月,微软CTO凯文·斯科特(Kevin Scott)在接受采访时说道:"微软决定All In区块链。"同月,微软发布Azure区块链工作平台Azure Blockchain Workbench,试图简化开发团队基于区块链的应用开发方式,为开发人员运用区块链技术提供新的应用工具。开发者只需要通过"几次简单的点击",就能建立"端到端"的区块链应用程序架构。微软表示,一些合作伙伴已经开始使用这一平台,包括以色列银行Hapoalim、雀巢公司以及软件生产商Apttus。

2018年6月,微软和安永宣布联合开发一个大规模区块链项目,为游戏开发者、软件开发者、出版机构、音乐家等从事创造性工作的个人和机构,提供保护知识产权与版权管理的平台。同年10月,微软与纳斯达克建立合作关系。纳斯达克将把Azure区块链技术引入其金融框架(Nasdaq Financial Framework,NFF),以提高运作效率。

截至2019年,微软全球生态合作伙伴达数十万家,云合作伙伴达数万家,云解决方案提供商年收入增速超200%。通过合作共赢的模式,微软一方面提高自身的竞争壁垒;另一方面将区块链技术应用于更多行业和领域,竭力建立庞大的区块链生态合作体系。

从以上发展历程可以看出,微软在区块链领域既不做共识,也不做区块链内核,而将自己定位于做好整个区块链的生态系统,提供区块链生长的环境,由此建立平台,推出多种多样的解决方案。正如微软(中国)有限公司CTO黎江所说:"区块链的开发,不仅仅是区块链本身,还包括用户界面、前端开发、链上链下等,链下也要沉淀数据,怎么做数据挖掘,如何做大数据平台,这些方面除了提供区块链技术的这家公司以外,实际上需要很多系统来支持。因此,微软呈现的是在云上支撑区块链,将区块链更好地与互联网结合,利用云计算、大数据来为区块链赋能。"

3.3.3 Facebook

Facebook(脸书)公司成立于2004年,是全球社交网络的巨头。2020年,公司核心产品(包含Facebook、Instagram、WhatsApp、Messenger)日活跃用户人数为23.6亿,月活跃用户人数为29.9亿,全球超过半数的互联网使用者都是Facebook的用户,其影响力不言而喻。

作为互联网巨头,Facebook并没有选择直接推出自己的区块链产品,而是选择联合全球28家各行业巨头成立非营利组织Libra(后更改为Diem,下同)协会,来运营基于区块链技术的Libra项目。该协会创始成员阵容堪称豪华,Mastercard、VISA、PayPal等巨头都名列其中。2019年6月18日,Libra协会发布白皮书,宣布将发布与以美元为首的多种主权货币挂钩的稳定币Libra,其愿景是建立一个简单的全球支付系统和金融基础设施,让资金的转移像发送短信或者分享照片一样简单便捷而且安全可靠,一时间引起社会的广泛关注。

根据白皮书,Libra由Libra区块链、资产储备和Libra协会三个部分组成(见图3.13)它们将共同作用,创造一个更加普惠的金融体系。

Libra货币由Libra协会主导运作,而并非由Facebook直接管理。Libra区块链将为

图 3.13　Libra 体系架构

Libra 货币提供兼具高安全性、高可靠性、高性能的技术保障。同时，与其他大多数加密货币不同，Libra 底层有真实资产储备提供支持。每当新创建的 Libra 加密货币时，需要在 Libra 储备中具备相对应价值的银行存款和政府债券作为底层资产，以此建立人们对其内在价值的信任。

Libra 项目的横空出世无疑会对现有金融体系形成挑战，同时，全球监管机构也对其中可能存在的垄断、洗钱、消费者权益损失等风险给予密切关注。2019 年，全球支付巨头 PayPal、Mastercard 和 Visa 等巨头相继宣布退出 Libra 协会，其背后也与监管部门的压力不无关系。2020 年 4 月，Facebook 发布新版本 Libra 白皮书，做出了多项改进，例如，提供锚定单一法币的稳定币，完善合规框架，放弃向无许可公有链过渡的计划等，并在 2020 年 12 月宣布正式更名为 Diem，意味着稳定币项目掀开一个新的篇章。Libra 协会在新版白皮书中表示："我们已经与世界各地的监管机构们、央行行长们、官员们以及各种利益相关方们合作，以确定将区块链技术与公认的监管框架相结合的最佳方法。我们的目标是使 Libra 支付系统与本地货币和宏观审慎政策顺利集成，并通过启用新功能、大幅度降低成本和促进金融包容性来对现有货币进行补充。"

为实现服务全球金融的伟大构想，设计师们在 Diem(Libra) 的设计中倾注了大量心血，其中最令人瞩目的当属共识算法 LibraBFT 与安全的智能合约语言 Move。LibraBFT 自 Chain-HotStuff 算法[1]改进而来，具备高性能、大规模、高可靠、高可用的优势，并在此基础上做了诸多改进，例如，实时性更佳的 Pacemaker 设计，节点激励与惩罚机制设计，共识节点投票权力重配置的功能等，进一步提高了系统的活性与可靠性。同时，Facebook 为解决困扰业界的合约安全问题，开发了为"数字资产"量身定制的智能合约平台型语言 Move(详见 2.6.3.2.1 智能合约语言)，对智能合约安全领域也有着很大的启发意义。

自白皮书发布之日起，Diem(Libra) 就一直吸引着世界的目光，其在区块链领域带来的深远影响不容置疑。稳定币能否成为区块链技术的杀手级应用，Diem 又能否在监管部门的关注中走向市场，我们拭目以待。

3.3.4　蚂蚁

蚂蚁集团是中国最大的移动支付平台支付宝的母公司，也是全球领先的金融科技开放平台，致力于以科技推动包括金融服务业在内的全球现代服务业的数字化升级，携手合作伙伴为消费者和小微企业提供普惠、绿色、可持续的服务，为世界带来微小而美好的改变。

从 2004 年支付宝诞生开始，蚂蚁(2014 年 10 月正式成立蚂蚁金服)就致力于解决数字经济发展中的信任问题。2015年,蚂蚁集团开始投身区块链,相信区块链可以重构数字时代的信任体系。

蚂蚁链是蚂蚁集团代表性的科技品牌,以 Blockchain(区块链)、AI(人工智能)、Security(安全)、IoT(物联网)和 Cloud computing(云计算)五大 BASIC 技术作为蚂蚁金融科创新发展的基石,体现出蚂蚁对区块链的高度看重。

蚂蚁金服能力体系见图 3.14。

图 3.14　蚂蚁金服能力体系
资料来源:蚂蚁金服科创板上市招股书。

在蚂蚁金服科创板上市招股书中写道,公司将继续在区块链等技术领域进行投入,从而为新服务搭建数字基础设施、升级公司的技术架构、增强公司对于客户的理解并帮助合作伙伴获得成功。公司相信区块链技术的发展将会重塑未来商业的互动、交易和运作方式。公司计划进一步扩展蚂蚁链应用场景,持续帮助各类资产在蚂蚁链上实现数字化,并帮助数字资产在更广阔的范围实现流转。

蚂蚁集团持续投入区块链核心技术的研发,在蚂蚁集团的组织架构上,蚂蚁链在蚂蚁集团拥有独立事业群(智能科技事业群),与支付宝(数字金融)、保险、国际事业群并列。

蚂蚁链坚持核心技术突破,融合包括区块链、AIoT、智能风控等技术,通过链接各个产业网络,扎实解决行业实际问题,推动区块链技术平民化,在数字经济时代打造面向未来的信任基础设施。公司基于区块链技术连接产业生态,实现资产全链路可信流转,通过价值流转平台促进产业发展。公司致力于不断深化在区块链技术领域的创新,打造了区块链开放平台 BaaS、应收账款流转和资产管理平台"双链通"、通用智能合约平台等多个平台,并在大规模共识算法、智能合约技术、软硬件隐私保护、跨链协议等方面形成了独特的领先技术能力。

蚂蚁链已经上线了 3 大基础 BaaS 平台,4 类 11 个服务平台,4 类 26 个解决方案,支撑 14

类应用场景的应用（见图3.15）。在技术上蚂蚁链已经能够支持10亿账户规模，同时能够支持每日10亿交易量，实现每秒10万笔跨链信息处理能力。

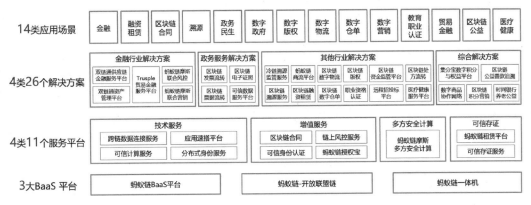

图 3.15 蚂蚁链整体解决方案架构

资料来源：根据蚂蚁链官网资料整理。

蚂蚁链坚持开放生态，与合作伙伴共建共享区块链产业带来的价值互联红利。在实际应用中，蚂蚁链已携手生态合作伙伴，解决了包括跨境汇款、供应链金融、司法存证、电子票据等50余个场景的信任问题。

蚂蚁链关键大事记见图3.16。

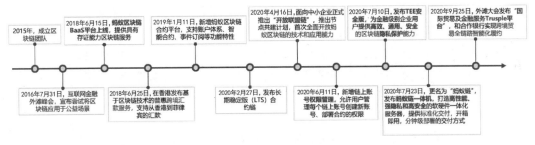

图 3.16 蚂蚁链关键大事记

资料来源：根据官网资料整理。

在知识产权方面，领域知名媒体 IPR Daily 的报告显示，阿里巴巴集团在2017年、2018年、2019年及2020年上半年的全球区块链企业专利排行榜中，均名列区块链领域全球专利申请数量第一名。

未来，蚂蚁链将如其愿景所述，始于区块，链接产业，致力于打造全球最大价值网络，让区块链像移动支付一样改变生产和生活，未来"上链"将成为数字经济时代每个企业的标配。

3.3.5 腾讯

在2018年第三次组织架构调整中，腾讯提出在扎根消费互联网的同时，积极拥抱产业互联网的长远战略目标。而区块链在产业领域,有着天然的 to B 的基因。定位"连接"的腾讯,在这一波浪潮中,将聚焦产业区块链,在不断发展基础设施建设的同时,大力推进"区块链+"行业解决方案落地,以推动企业间及企业和消费者间的价值连接。

腾讯区块链有以下两大发展理念:
- 积极强化平台能力。优化区块链技术,使得成本和效率达到较好的平衡,是区块链技术发展的重点。腾讯将持续投入资源开发升级区块链技术,为产业提供更优质的技术能力,以降低区块链技术的使用门槛。
- 做深做细应用场景。区块链技术要有效服务经济实体,需要深入各行各业的具体场景之中。腾讯将秉承开放合作的态度,广泛联手各产业的合作伙伴及客户,共同把区块链技术落到实处。尤其是对信用诉求大、区块链技术最能发挥效能的金融、税务、物流、保险和公益等行业,腾讯将全力开发出安全可靠的区块链应用,推动区块链市场的健康发展。

经过 5 年的研发和探索,无论是在底层技术的开发上还是在产业生态的建设上,腾讯区块链都取得了不小的成果。其自主推出的 TrustSQL 具备如下技术优势:
- 高效性能。"公有云+私有云"混合部署,借鉴微信支付和红包的经验,支持每秒处理万级交易。
- 可靠一致的记录存储。通过密码学保证不可篡改,通过共识保证各节点存储数据一致。
- 用户隐私和交易保密。用户信息与区块链地址隔离,可选择交易不相关机制,同一用户每次交易映射到不同的地址。
- 安全的密钥管理体系。提供密钥保险箱和用户账户委托功能。密钥保险箱通过用户信息对密钥加密并分片保存在多个节点,使用密钥找回功能时,进行认证后可取回密钥。通过委托账户操作被委托账户来实现账户找回,所有委托账户操作会记录在链上,严格限制委托账户操作,防控风险。
- 高效运营和安全威胁检测能力。提供可视化服务交付和服务度量。

近年腾讯在区块链应用中重点突破供应链金融和智慧税务,另在法务存证、游戏娱乐、保险直赔、资金结算、智慧医疗、公益慈善等方面均有解决方案落地。

腾讯云区块链服务平台 TBaaS 的功能架构见图 3.17。

腾讯区块链关键大事记见图 3.18。

2020 年,腾讯加快了在产业区块链的布局。4 月 29 日,腾讯正式发布区块链加速器"腾讯产业加速器—区块链",聚焦于技术、服务、应用场景三大方向。区块链加速器旨在通过整合全球区块链产业资源,链接优秀的区块链企业,共同推动区块链技术自主创新,助力技术应用落地行业场景。5 月 26 日,腾讯云与智慧产业事业群总裁汤道生对外宣布,腾讯未来 5 年将投入 5 000 亿元在区块链等重点领域,用于新基建的进一步布局。6 月 1 日,腾讯云发起成立产业区块链联盟,计划年内招募 100 家成员,共同推动产业区块链相关标准建设、区块链核

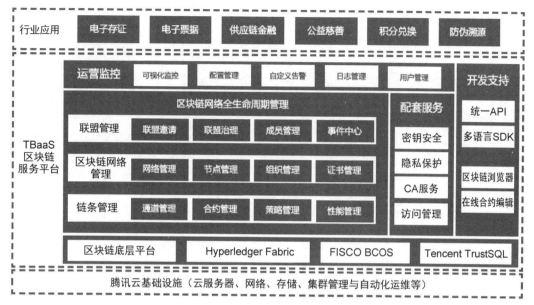

图 3.17　腾讯云区块链服务平台 TBaaS 的功能架构

资料来源：摘自腾讯区块链白皮书。

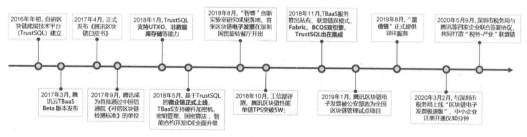

图 3.18　腾讯区块链关键大事记

资料来源：根据公开资料整理。

心技术研发以及产业落地。7 月 3 日，腾讯"清远云计算数据中心"正式开启服务，整个数据中心集群规划容纳服务器超过 100 万台，将落地包括区块链在内的 200 项新兴数字化技术，还将与腾讯云在粤港澳大湾区已有的核心节点以及边缘节点连接。8 月 8 日，腾讯区块链加速器全球 32 强名单出炉，包括众企安链、成都链安、光之树等在内的 32 家企业，主要围绕产业区块链解决方案、产业区块链基础设施、产业区块链周边服务三大方向开展业务，总估值超 76 亿元。

在知识产权方面，产业媒体 IPRdaily 与 incoPat 创新指数研究中心联合发布了"2020 上半年全球企业区块链发明专利排行榜（TOP100）"，腾讯以 872 件专利申请数量排名第二。

未来，腾讯区块链也将继续秉持"科技向善""开放共享"和"自主创新"等发展理念，加速区块链技术创新，夯实区块链底层开发平台的建设与行业应用的落地，从而让区块链在各行各业中发挥出最大的价值。

3.3.6 百度

作为国内搜索引擎与人工智能领域的领军厂商,百度在区块链领域的发展也引人注目。2019年,百度云升级为百度智能云,提出了 ABC(AI+Big Data+Cloud)+IoT+Blockchain 全方位技术战略,而其中百度智能云的超级链 BaaS 平台(见图 3.19)XUPERBAAS(Xuper BaaS)就是该布局中 Blockchain 的核心产品。

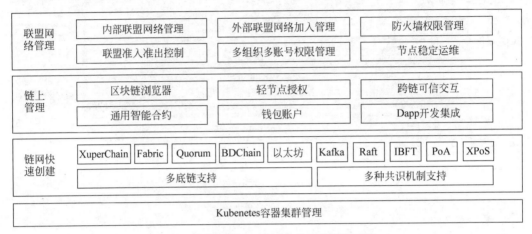

图 3.19 超级链 BaaS 平台的云端部署功能

资料来源:百度智能云官网。

XUPERBAAS 平台定位为云端一站式的区块链赋能中心,能在公、私有云中快速完成区块链网络的部署、监控和运维,并为金融、保险、物流、传媒、医疗、政务、零售、游戏等多种行业提供 AI+Blockchain、IoT+Blockchain 等创新型技术解决方案,能支持多种底层区块链技术,包括 Fabric、以太坊、Quorum、BDChain(Cosmos)以及自研区块链品牌——超级链 XuperChain。

同时,百度区块链在生态建设领域也稳步推进,商业合作与项目落地逐步进行。

百度区块链大事记见图 3.20。

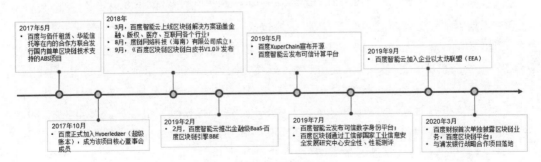

图 3.20 百度区块链大事记

资料来源:根据公开资料整理。

百度于 2018 年 9 月发布《百度区块链白皮书 V1.0》。2019 年 5 月，其区块链平台 XuperChain 开源，作为百度倾力打造的自研区块链底层引擎，超级链 XuperChain 是其平台构造差异化竞争力的核心。XuperChain 定位为兼具高吞吐、高并发、强通用性优势的区块链 3.0 解决方案，基于可插拔的共识机制等技术，同时最大可能性地适配比特币和以太坊生态，力图打造最为广泛的应用场景。

经过长期技术打磨，百度自研区块链 XuperChain 主要有以下技术优势：

- 超级节点技术。利用超级计算机和分布式架构，具备计算力和储存力，对外呈现为节点，内部为分布式网络。
- 链内并行技术。事务能并行处理的核心技术，能够充分利用多核和多机的计算资源。
- 可插拔共识机制。支持单链上多种共识机制无缝切换，当前支持：DPoS、授权共识、PBFT，支持根据需求定制开发插件。
- 立体网络技术。基于平行链、侧链、链内 DAG 并行技术的逻辑处理。
- 一体化智能合约。智能合约和核心架构分离技术，具备合约生命周期管理、预执行等特色。
- 账号权限系统。去中心化的账号权限系统，可扩展的权限模型，支持多种权限模型配置。

目前百度 XuperChain 应用场景已涵盖司法、版权、金融、政务、溯源等多个领域（见图 3.21）。

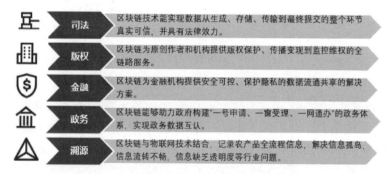

图 3.21　百度 XuperChain 应用场景

资料来源：根据公开资料整理。

百度在区块链领域重视自主研发工作，在全球权威知识产权第三方机构 IPRdaily 联合 incoPat 创新指数研究中心发布《2020 上半年全球企业区块链发明专利排行榜》中，百度以 144 项专利名列第七位。扎根于百度智能云生态与技术积累，深耕性能、跨链、易用等技术特性的百度超级链，面向未来广阔的区块链应用场景，是一支十分具有竞争的区块链力量。

3.3.7　京东

京东科技集团是京东集团旗下专注于以技术为产业服务的业务子集团，致力于为企业、金融机构、政府等各类客户提供全价值链的技术性产品与解决方案。它以"数字、普惠、创新、连接"作为公司践行社会责任的核心理念,始终坚持服务实体经济,创造社会长期价值,促进可持续发展。

智臻链为其旗下的区块链科技品牌,具体包括 JD Chain 引擎、JD BaaS 平台、智臻链开放联盟网络平台、智臻链云签电子合同平台、智臻链防伪追溯平台、智臻链数字存证平台等多个产品服务,定位于通过数字科技手段,连接金融和实体产业,连接数据,服务于人们美好生活的愿景。"京东智臻链"基于京东集团所独有的零售全产业链条和丰富的金融业务场景,以提升消费者体验,为企业创造更大价值为基本出发点,先行先试,务实推进,目前已成功应用于京东商城、京东物流及京东数字科技等多个业务场景中,让用户能够在几乎无感知的情况下享受到更多基于区块链技术提供的消费体验和服务保障。其理念是专为企业应用设计的区块链框架系统,适用多种通用业务场景,秉承简单易用、灵活高效的设计理念,满足企业积木化按需定制,让企业快速接入区块链世界,重塑商业未来。

京东区块链产品近年来的一些主要事迹与发展如图 3.22 所示。

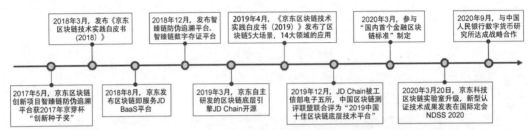

图 3.22　京东科技区块链大事记

资料来源:根据公开资料整理。

京东智臻链于 2019 年 3 月开源,也被评为"2019 中国十佳区块链底层技术平台";京东科技目前也在数字货币领域发力,于 2020 年 9 月与中国人民银行数字货币研究所达成战略合作,以数字人民币项目为基础,共同推动基础技术平台、区块链技术平台等研发建设。

京东智臻链的主要技术特色包括如下几点:

(1) 单链高性能。2 万 TPS、10 亿级用户数量、1 000 亿级交易记录。

(2) 积木化定制。可支持企业根据不同的需求,像搭积木般对系统组件进行任意组合使用。

(3) 安全与隐私保护。结合"安全群组通信""安全多方计算""同态加密"与"零知识证明"保证数据机密性,并运用"环签名""群签名"和"匿名认证协议"保证身份隐私,同时支持多密码体系并行,支持国密标准。

(4) 有效数据治理。链上数据可以脱离区块链平台单独使用,让企业业务数据在真实有效的前提下挖掘更多价值。

(5) 多链协同。有效的解决企业实际场景中的不同组织机构间的协同操作问题。

(6) 低成本易维护。降低使用区块链技术的门槛和成本,简化接入和维护。

(7) 跨云组网。支持架构在不同资源层次的 BaaS 平台之间协同部署区块链底层网络。

同时,京东区块链技术已经被应用于品质溯源、数字存证、信用网络、金融科技、价值创新等非常多的实际场景中,具体见图 3.23。

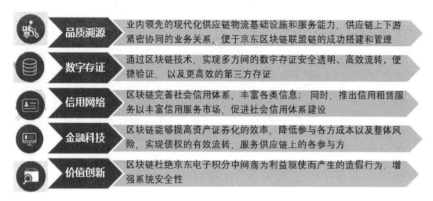

图 3.23　京东智臻链应用场景

资料来源:根据公开资料整理。

当前,区块链领域的各大技术平台频繁更新以及与其他技术相互融合。据京东区块链白皮书可知,其也有一系列的未来规划:

(1) 围绕零售、物流、数字科技三大核心业务,联合更多志同道合的伙伴,共创未来,区块链作为其中的信任链接器。

(2) 实践积累区块链技术的知识经验,助力全社会区块链应用的发展。

(3) 与国内外知名区块链相关研究机构开展广泛的接触和合作,通过组建联合实验室,推进开源社区建设和技术应用标准制定等工作。

(4) 技术研究方向包括如下:

① 灵活、可扩展、高性能的共识协议;

② 隐私保护算法和密码协议框架;

③ 抗量子密码算法;

④ 安全可靠的智能合约与安全的检测能力;

⑤ 可信计算;

⑥ 审计与监管;

⑦ 与 AI、IOT、大数据等方向相关的多技术融合。

基于京东在数据信息与落地场景方面的优质资源,京东科技在区块链方面的技术突破势必会取得更大的成绩。同时当前人工智能、大数据、云计算、物联网等前沿科技能力在各方面得到大力发展,京东科技打造的产品与解决方案有更大更全面提升的趋势,特别是在帮助企业降低供应链成本,提升运营效率等方面,必将伴随无数企业在数字化道路上越走越顺。

3.3.8　平安

2015 年,中国平安正式启动区块链研究,次年,董事长马明哲宣布区块链将是平安未来进军的重点。2016年4月,平安正式加入R3分布式分类账联盟,同时也是中国首家加入该联盟的金融机构。

平安集团是最早将区块链作为战略方向的金融巨头之一,平安旗下的子公司——平安金融壹账通,正是落实集团战略目标的核心力量,其自主创新、拥有多项知识产权的壹账链FiMAX正是其区块链领域的战略产品。

2018年,壹账通BaaS(Blockchain as a Service)平台正式上线,主打高性能零知识证明与字段级可授权加解密技术,在隐私安全领域有独特优势。随着2019年12月金融壹账通正式在纽交所上市,资本力量助力壹账链FiMAX迅猛成长,在金融及其他多个行业场景中攻城略地,海外扩张也在不断加速。

平安金融壹账通公司大事记见图3.24。

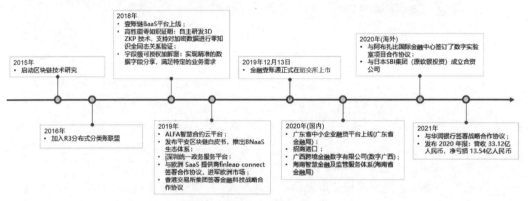

图3.24 平安金融壹账通公司大事记

资料来源:根据公开资料整理。

平安金融壹账通核心策略是"场景为王,攻坚难点"[1],借助平安集团丰富的业务场景,率先在各个业务场景落子布局,并依托丰富的先行案例,进一步在区块链标准化建设中抢占先机,形成场景落地与标准引导之间的良性循环,推动业务迅速发展。

同时,生态建设也是金融壹账通的长期目标之一,制定了研发满足金融级需求的底层技术、应用于实际场景、向整个市场开放的三步走战略,借助区块链技术不断推动数字基础设施建设发展。

在技术创新方面,平安独自主研发的高性能3D零知识证明技术,支持跨账本全密文状态下的零知识全同态关系验证;字段级可授权加解密,支持在不泄露账本其他信息的前提下,实现字段级的数据分享,满足高保密场景的业务需求;智能区块技术,针对低频交易场景下出块延迟较高的不足,提出了根据场景交易频率动态调整区块大小阈值的设计方案,大大降低低频交易场景系统延迟。

在易用性方面,平安的FiMAX Concord管理模块,结合区块链浏览器的可视化优势,帮助客户实现区块链网络的快速部署和便捷管理。

在跨链方面，FiMAX Sparrow 中间层具备基于 ISO 20022 金融行业标准与 UN/EDIFACT（联合国贸易便利化与电子业务中心）标准提炼的行业标准 API，以及基于分布式事务技术的跨链设计，为平安金融壹账通推广行业标准，引导行业规范提供了有力支撑。

平安作为价值驱动的金融巨头，已经将区块链布局到金融、医疗、汽车、房产、智慧城市五大区块链生态圈（见图 3.25）。

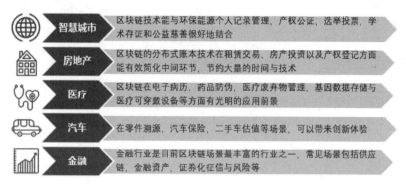

图 3.25　平安壹账链 FiMAX 应用场景

资料来源：根据公开资料整理。

金融壹账通作为金融巨头平安集团的金融创新尖兵，依托自主研发的先进技术与平安集团广阔的业务场景，奉行"场景为王"的战略，成长迅猛，是区块链领域一股不可小觑的力量。

3.3.9　微众银行

微众银行成立于 2014 年 12 月，它是由腾讯等知名企业发起设立的民营银行，致力于让金融普大众，以科技、普惠、链接为愿景，主要科技研究包括人工智能、区块链、云计算、大数据四大技术方向。微众银行于 2016 年 5 月 13 日成立了"金融区块链合作联盟"，开始了在区块链领域的科技探索与发展。

微众银行自成立以来，主要的大事件如图 3.26 所示。

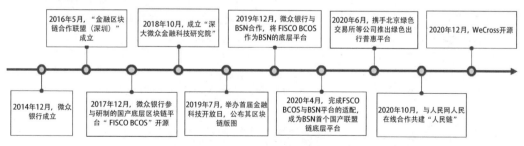

图 3.26　微众银行大事记

资料来源：根据公开资料整理。

微众区块链科技致力于探索新的区块链商业应用形态，服务分布式商业模式。截至目前，微众积极构建其在区块链方面的开源生态，已经沉淀出多个开源技术项目，为企业开展区块链应用提供了完备的基础设施和解决方案。微众银行于2019年7月26日举办了首届金融科技开放日，并公布其完整的区块链版图，主要包括以下五项产品：

1. FISCO BCOS

FISCO BCOS(Be Credible, Open & Secure)是联合金链联盟开源工作组打造的联盟链底层开源平台，于2017年12月15日正式开源，2019年3月20日，FISCO BCOS 2.0版本发布。截至目前，已经有数百家机构使用该平台，支持了数百个应用项目，上线应用数十个，覆盖范围包括供应链金融、数据存证、交易清结算等多个行业应用领域。

根据FISCO BCOS区块链技术文档，FISCO BCOS支持PBFT、Raft等共识算法，支持leveldb、rocksdb和mysql数据库，支持国密，支持Solidity语言编写合约和预编译合约；此外，FISCO BCOS通过信通院可信区块链功能、性能两项评测，单链可达20 000 TPS。

2. WeIdentity

WeIdentity是基于公众联盟链的实体身份标识与可信数据交换的解决方案，实现了一套符合W3C DID规范的分布式多中心的身份标识协议，不仅使分布式多中心的身份注册、标识和管理成为可能，机构也可以通过用户授权合法合规地完成可信数据的交换。具有多中心化、互操作性、可移植性和可扩展性等特性，为政务、医疗和金融等领域提供便捷应用。WeIdentity已于2020年3月发布了V1.6.0版本。

3. WeEvent

WeEvent是基于区块链的分布式事件驱动架构，实现了可信、可靠、高效的跨机构、跨平台事件通知机制，提供基于区块链的事件发布和订阅功能，确保事件具有确保送达、永久存储、不可篡改等特性，支持事后跟踪和审计。WeEvent于2020年3月发布了V1.2.0版本。

4. WeBASE

WeBASE(WeBank Blockchain Application Software Extension)是区块链中间件平台，用以链接区块链底层和应用，提供智能合约IDE、节点前置、交易异步上链、链上数据治理、链上数据导出、私钥管理和系统监控等模块功能，各子模块间零耦合，方便开发者按需部署相应组件，快速搭建区块链应用。WeBASE已于2021年2月发布了V1.4.3版本。

5. WeCross

WeCross是区块链跨链协作平台，致力于促进跨行业、机构和地域的跨区块链信任传递和商业合作。WeCross可满足同构区块链平行扩展后的可信数据交换需求，并进一步探索解决异构区块链间因底层架构、数据结构等多维异构性导致无法互联互通的问题。WeCross于2020年12月正式开源，发布V1.0.0版本。

同时，微众银行也稳健有序地推进区块链商业落地，逐步开展着分布式商业模式的工作。

2019年，微众银行与人民网共同推出了"人民版权"平台，该平台引入国家监管机构、权威媒体机构、出版集团、版权中心、仲裁机构、公证机构、互联网法院等核心节点，实现了对版权保护的联盟链。2020年，微众银行与澳门政府签署合作协议，基于区块链技术助力澳门智慧城市建设，通过WeIdentity为澳门提供实现用户身份认知及证书数据可信交换的解决方案，实现高效跨境、跨机构身份标识和数据合作。不少出色的区块链商业项目，诸如机构间对账平台、仲裁链、智慧社区等，微众银行的区块链科技都有着不错的表现。

微众银行不仅深耕区块链技术，同时积极探索区块链在各业务领域的应用，为区块链的生态发展积极出力。此外，微众也在不断加强其在人工智能、云计算、大数据技术方向的能力建设。目前微众银行在这些方面已经具备了较高的科技水平，其在互联网/移动互联网业务方面同样有着较好的资源。相信未来微众银行势必会把研发与应用更进一步做到金融业领先地位，不断拓宽其在传统互联网银行和普惠金融市场空间的发展面。

3.3.10 趣链

趣链科技成立于2016年，自成立以来，一直致力于区块链技术和解决方案的研究，是国际领先的区块链产品和应用解决方案供应商。趣链公司以Hyperchain联盟链服务平台为技术支撑，以区块链行业应用为导向，将Hyperchain服务平台和区块链行业应用两条线并行发展，提供企业级的区块链网络解决方案。

趣链科技董事长陈纯院士表示："区块链创建信任，应用前景广阔。"趣链科技自成立以来，一直积极探索区块链技术发展和应用研究，从2016年推出自研链底层平台Hyperchain以来，已开展多项商业合作，并推出了多种区块链产品与服务。

趣链科技大事记如图3.27所示。

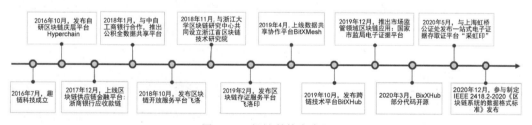

图3.27　趣链科技大事记
资料来源：根据公开资料整理。

趣链科技目前推出的底层技术产品有Hyperchain、BitXHub、BitXMesh、飞洛BaaS；应用层技术产品有飞洛印和飞洛供应链。

1. Hyperchain

Hyperchain为趣链科技自主研发的区块链底层技术平台，面向企业、政府机构和产业联盟的区块链技术需求，提供安全、可靠的企业级区块链网络解决方案。Hyperchain是第一批通过工信部标准院与信通院标准测试的区块链技术平台。Hyperchain的整体架构如图3.28所示。

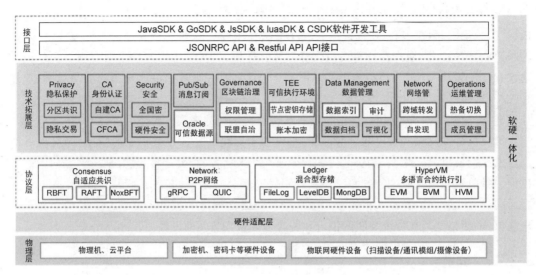

图 3.28 趣链平台整体架构

资料来源：https://docs.hyperchain.cn/docs/flato-solo/2.0-flato-architecture

Hyperchain 整体架构有接口层、技术拓展层、协议层和物理层。对外接口层支持 Java、Golang 等类型 SDK 及 RESTful API；由技术拓展层可看到 Hyperchain 支持全国密，基于 TEE 可信执行环境实现了安全加密存储机制，以及支持 CA 身份认证、数据管理等功能；物理层支持云、物理机等多种架构设备。

趣链平台采用自适应共识机制，支持 RBFT（BFT 类）、NoxBFT、Raft 以及 Solo 等多种共识算法，满足不同的业务场景要求。其中 RBFT（Robust Byzantine Fault Tolerant，RBFT）为趣链平台根据传统 PoW/PBFT 算法进行改进的 BFT 类共识算法，具备高性能、低延迟和节点动态增删的能力。为提升平台扩展性，平台基于 HotStuff 算法实现一种新型算法 NoxBFT，该算法通过星型网络拓扑结构将网络复杂度降为 $O(n)$，通过聚合签名实现签名快速验证，并支持动态扩展。

账本存储方面，趣链平台推出自研混合存储引擎机制，对于区块数据采用专用的存储引擎 Filelog，对于状态数据使用 LevelDB 进行存储，实现区块数据和状态数据的隔离。同时平台针对状态数据设计了多级缓存机制，提供批量写入服务。平台还支持数据归档功能，可通过 Archive Reader 组件进行归档数据的查阅和恢复。

趣链平台支持 HyperEVM、HVM（Hyper VM）和 BVM（Built-in virtual machine）三种智能合约执行引擎。其中 HyperEVM 在保持 Solidity 语言的兼容性基础上，对虚拟机进行性能优化；HVM 是趣链平台自研的基于 Golang 语言实现的 Java 智能合约执行引擎，支持开发者使用 Java 语言编写合约；BVM 是用于处理内置合约的虚拟机类型，支持开发者通过自定义内置合约，提供某些固定功能。

2. BitXHub

趣链在2019年10月发布跨链平台BitXHub,2020年3月核心代码开源。BitXHub平台采用中继机制提供安全、高效的跨链服务,整体架构包含中继链、跨链网关和应用链三种角色,具有通用跨链传输协议、异构交易验证引擎、多层级路由三大核心功能特性,允许安全可靠的异构资产交换、信息互通和服务互补。其结构如图3.29所示。

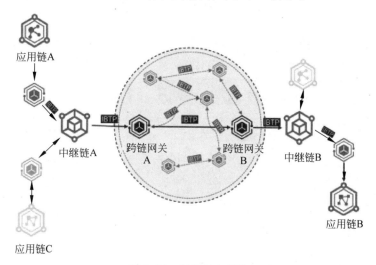

图 3.29 BitXHub 架构
资料来源：BitXHub 白皮书。

其中中继链负责跨链交易的可信验证和可靠路由,跨链网关负责跨链交易监听和解析,支持适配异构区块链,应用链及各底层区块链平台,承载具体应用业务逻辑。关于BitXHub中的更多技术细节可参考其官网白皮书。

3. BitXMesh

BitXMesh是数据共享和安全计算平台,基于区块链和安全多方计算基数研发,解决"数据孤岛"、数据确权和数据隐私等问题,为企业提供可信的大规模数据存储及共享环境,促进产业发展和协同创新。

BitXMesh使用区块链、联邦计算和链下存储实现数据存储更安全、数据共享可审计和数据使用强隐私的特性。产品主要结构如图3.30所示。

其中数据浏览器提供数据管理服务,用户可对本地文件、模型、数据源等进行发布、请求等操作。数据共享平台汇聚各个提供方发布的数据信息,使用方按需获取。在原始数据不出本地的前提下,数据使用方发起计算任务获取多方数据,编写计算模型对多方数据源进行联邦计算,以得到最终结果。

4. 飞洛 BaaS

飞洛BaaS是区块链开放服务平台,提供一站式的区块链应用研发工具和解决方案,支持

图 3.30 BitXMesh 架构

资料来源：https://bitxmesh.com/document#%E5%8C%BA%E5%9D%97%E9%93%BE

区块链在云、物理机等多种自动化部署模式。

5. 飞洛印

飞洛印是存取证服务平台，适用于取证、公证、仲裁、诉讼等司法场景，提供司法取证、电子数据确权存证、司法服务通道等多维服务。目前飞洛印与浙江知识产权服务研究中心共同推出"之江知识产权区块链存证系统"，可支持用户一键上传作品一秒出证书；此外，飞洛印与上海律桐科技、上海市新虹桥公证处、浙江省市场监督管理局均有合作，为存取证业务提供便捷一站式服务。

6. 飞洛供应链

飞洛供应链是产业金融综合服务平台，利用区块链达成多方协作，将资产数字化与标准化，助力供应链生态发展。2017 年 3 月，飞洛供应链与浙商银行合作推出国内首个区块链应收款平台，在该平台上，应收账款可转化为电子支付结算和融资工具。

趣链科技目前在金融、民生、政务、司法、能源、制造等领域发布了多项产品解决方案，服务住建部、审计署、工信部、国家市监局、中国人民银行、四大行总行、沪深交易所、国家电网和地方政府等上百家组织或机构，合作客户众多。目前趣链科技的典型客户如图 3.31 所示。

趣链科技自成立以来，在知识产权方面成果斐然。截至 2021 年 2 月，趣链科技共申请专利 481 件，软件著作权 70 余项，排名位于全球前列。其中，2020 年授权专利 23 项，在区块链节点管理、数据存储、智能合约管理和交易隐私方面均有布局。此外，趣链科技参与制定国际标准和国家标注近百项，参编《区块链创新与知识产权发展》白皮书。2020 年，趣链科技《区块链技术及应用产业专利预警分析项目》入选《2020 年浙江省知识产权预警分析项目》名单，助力浙江成为全国数字政府示范省。另外，趣链科技被认定为"2020 年度杭州市专利试点企

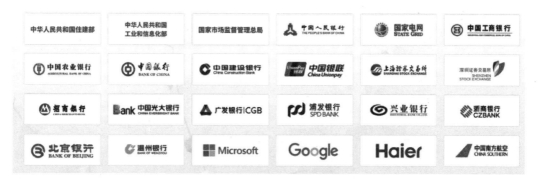

图 3.31 趣链科技的典型客户
资料来源：https://www.hyperchain.cn/

业"，构建了"之江知识产权区块链存证系统"，该系统已为多家机构提供知识产权成功维权服务。

未来趣链科技会继续秉持"让数字与现实世界更加透明、高效、可信"的企业使命，坚持区块链核心技术研究，不断挖掘开拓应用场景，加速技术和产业融合，打造更安全可靠和完善的区块链生态系统。

3.4 本章小结

本章从三个不同的维度来观察区块链在产业界的发展情况。第一部分以国家级、行业级的大型区块链项目作为案例，介绍了区块链在基础设施和金融领域方面的发展。第二部分从开源组织、标准组织和产业联盟的角度，描绘出当前业界区块链的发展热潮。第三部分则介绍了全球部分科技公司的区块链发展历程、产品特点，以及区块链在各公司的发展动态。

第二部分
政策与标准

　　产业的蓬勃发展离不开政策的扶持。各国积极拥抱区块链，中国也不例外。2020年4月，国家发改委首次明确了"新基建"的范围，区块链技术基础设施首次被国家层面明确为新型基础设施。"数字化"与"区块链"逐渐成为各地政府工作报告和发展规划中的高频词。而标准的制定，有助于统一行业对区块链的认识，对各个行业选择和应用区块链服务，建设区块链系统，具有重要的参考意义。

第 4 章
区块链政策

随着区块链技术的发展，各国都在加大对区块链产业的战略布局，从近两年来看，全球大约有 20 多个国家针对区块链产业发展及监管发布了一系列的政策法规以配合产业发展战略。全球产业政策的发展主要集中在三个区域，即北美、欧洲和中国。这三个区域也成为区块链产业的发展高地。

4.1 北美产业政策

北美的产业政策以美国的产业政策为主，而美国的产业政策就是监管的政策。

1. 美国逐步建立清晰的区块链监管体系

美国对区块链监管的注意力一直在加密货币方面，即采取保守的加密货币监管策略。例如，美国证券交易委员会（Securities and Exchange Commission，SEC）一再拒绝关于比特币交易型开放式指数基金申请的提议。联邦政府则认为，对一种新兴的技术模式，从联邦政府层面进行严格监管并无意义，放任自流是较为合适的方法。2017 年，美国国会成立的区块链核心小组对区块链发展的态度也是如此。然而，从 2018 年年底起，这一切已经有所转变。

（1）2018 年 9 月，共和党议员汤姆·埃默（Tom Emmer）和民主党议员比尔·福斯特（Bill Foster）被任命为区块链核心小组联席主席，与共和党议员大卫·史威克（David Schweikert）以及民主党议员贾莱德·波利斯（Jared Polis）一起成为核心小组的领导人，以两党合作方式致力于促进区块链发展，并努力使国会在其发展中扮演重要角色。汤姆·埃默等人的主要观点有：①区块链的发展与20世纪末的互联网类似，互联网的繁荣在一定程度上得益于美国政府为全球信息基础设施制定的五项原则中所体现的宽松监管方式；美国应优先加快区块链技术发展，使美国私营部门能够引领区块链创新。②为某些区块链开发者及区块链服务供应商提供一个安全港，使他们免受发牌及注册监管，允许使用或交易加密货币但不持有代币的公司免受资金转移法律的约束。③为拥有"分叉"数字资产的纳税人建立安全港，阻止美国国税局对试图报告分叉币收益的纳税人征收任何罚款。

（2）出台《2019年令牌分类法》(Token Taxonomy Act of 2019)、《2019年数字分类法》(Digital Taxonomy Act of 2019)和《2019年区块链促进法》(Blockchain Promotion Act of 2019)。前两项法律由共和党议员沃伦·戴维森（Warren Davidson）和民主党议员达伦·索托（Darren Soto）于2018年12月提出，并于2019年4月颁布，成为为美国企业和监管机构提供司法管辖权和监管确定性的主要法律。《2019年令牌分类法》提出了更加明确的加密货币定义，赋予加密货币在美国国内的法律地位。《2019年数字分类法》提出，不应将所有代币销售都纳入证券或商品监管中。这两项法律的出台为美国数字资产市场监管增强了明确性，可能会进一步释放虚拟货币对美国经济的促进潜力。《2019年区块链促进法》由民主党议员多丽丝·松井（Doris Matsui）和共和党议员布雷特·格思里（Brett Guthire）共同制定，并于2019年7月获得批准，旨在指导美国商务部对区块链进行定义，为技术监管设置统一框架。

美国在区块链领域之前一向缺乏一致的监管策略，SEC部分承担了加密货币监管职能，却在创新方面屡被诟病。美国国会已经认识到在区块链发展和加密货币监管领域的落后行为，致力于通过制定法规和政策促进美国私营部门引领创新，确保美国在关键技术上保持全球领先地位。

2. 各州政府对区块链的监管侧重点不同

美国的监管体系遵循联邦政府和州政府双层架构。目前，美国绝大多数州政府已经明确对加密货币和/或区块链技术的监管立场，很多州政府已经制定或颁布了区块链领域相关法律，如表4.1所示。这些法律主要集中在承认区块链和智能合约在进行电子交易方面的法律权威、建立监管沙箱等方面。

表 4.1 近几年美国部分州政府在区块链提出的主要政策

州　政　府	时　　间	内　　容
伊利诺伊州	2020年1月	《伊利诺伊州区块链技术法》，解决了区块链和智能合约法律地位的不确定性
怀俄明州	2019年	允许区块链初创企业测试新技术，确定初创企业在现有监管制度下的运作方式
华盛顿州	2019年	承认并保护与区块链相关的电子记录的法律地位
田纳西州	2018年	承认区块链数据具有法律约束力，赋予智能合同法律效率
内华达州	2017年	禁止地方政府对区块链征税
新罕布什尔州	2017年	规定数字货币交易商免受货币流通条例的约束

然而，各州政府之间的法律、各州政府与联邦政府之间的法律是否存在冲突，仍然存在不确定性。布鲁金斯学会发布的《区块链和美国政府：初步评估》报告按照不同州政府对区块链技术的接受程度和加密货币的态度，将各州政府划分为不同组别，即未知、反对、赞赏、有组织、积极参与、认识到创新潜力等。根据该报告的分类，阿肯色州、南达科他州等对区块链技术或加密货币没有采取任何行动，也没有制定任何法规、制度；印第安纳州、爱荷华州、得克萨斯州等对加密货币的态度较为消极；亚利桑那州、特拉华州、伊利诺伊州等认为区块链在美国的经济中将发挥重大作用。对智能合约的约束力不同、对区块链数据法律地位承认程度的不同等，可能会导致美国不同州政府跨地区开展区块链应用遇到难题。

4.2 欧洲产业政策

欧洲对区块链的产业政策分为三类不同的监管政策。从整体来看，欧洲对区块链持欢迎态度，但在具体实施的过程中，各国政府的监管政策不一。我们根据政府是否对 Crowdsale（加密货币众筹）、交易、客户身份识别和反洗钱等与通证投资紧密相关的行为进行了明确的立法/政策，将各国监管政策指向分为三类，即积极而宽松、适度宽松和不明确的监管政策。

1. 积极而宽松的监管政策

众多欧洲国家和地区对区块链持积极的态度，包括法国、立陶宛、马耳他、亚美尼亚、白俄罗斯、直布罗陀、马恩岛、土耳其、泽西和瑞士。在 Crowdsale 标准/指南、通证与资产的关系认定或通证交易方面，官方已颁布了明确立法或专门制定了相关规章，并且对通证发行提出了客户身份认证、反洗钱或反恐怖主义融资等相关要求。

直布罗陀政府在 2017 年制定了分布式账本（DLT）的法规，要求境内 DLT 供应商需要取得直布罗陀金融服务委员会（GFSC）的批准，并缴纳一定费用才能获得许可证。对在直布罗陀境内 Crowdsale 的区块链项目，官方正在积极制定相关法案，倾向于在政府监管内发行，以防范金融风险和犯罪。

立陶宛央行于 2018 年 1 月宣布了 LBChain 计划，该项目旨在为区块链初创企业推出新的监管沙盒。同年 6 月，立陶宛财政部发布了 Crowdsale 指南，鼓励区块链企业到立陶宛进行创新。

2018 年 7 月，马耳他议会正式通过了 3 项有关区块链技术监管框架的法案，分别为《马耳他数字创新管理法案》《创新技术服务法案》以及《虚拟金融法案》，并自当年 11 月 1 日起正式实施，意图将马耳他建设成为"区块链岛国"。

法国对区块链抱有较大的兴趣。尤其在区块链项目融资方面，法国在 2018 年 9 月 12 日通过了法案 PACTE 第 26 条，为区块链项目在法国的 Crowdsale 活动拿到了通行证。

通证在瑞士被视作外币，需要缴纳财产税。瑞士金融市场监管局（FINMA）将通证分为支付、公用事业和资产。其中资产通证代表债务或对发行人的股权索赔等资产。2018 年 2 月，FINMA 发布了有关 Crowdsale 的监管处理政策。目前尚无针对 Crowdsale 的法规和判例。对此 FINMA 表示，由于 Crowdsale 的多样性，需要具体问题具体分析。

2. 适度宽松的监管政策

绝大多数欧洲国家和地区对区块链持适度宽松的监管态度，包括奥地利、保加利亚、丹麦、爱沙尼亚、芬兰、德国、爱尔兰、卢森堡、荷兰、葡萄牙、西班牙、英国、阿尔巴尼亚、科索沃、列支敦士登、马其顿、摩尔多瓦、黑山、挪威、俄罗斯、波斯尼亚和黑塞哥维那、瑞典、根西岛和乌克兰，对区块链采取"观望"或"谨慎"的态度，具体表现在对 Crowdsale、通证与资产的关系或通证交易方面暂无明确立法或规章，但是在客户身份认证、反洗钱或反恐怖主义融资等方面表现出较强的风险防范意识。

德国政府对区块链的态度严肃而积极，在对通证市场的规范中一直走在前列。2018 年 3 月，德国联邦金融监督管理局发布了《咨询函》，对构成金融工具和证券所需符合的特征做出了详细定义，并列明了相关的授权要求。同年 8 月，德国第二大证券交易所斯图加特交易所宣布将为通证存储服务建立"多边监管交易平台"。

英国暂无任何关于通证的法律规范。从 2015 年 7 月英国金融监管局（FCA）批准 11 家区块链技术相关公司进入监管沙盒开始，目前已有 4 批创业公司进入监管沙盒。在英国政府宣布成立通证工作组之后，伦敦市财政部长 John Glen 曾表示，有可能在伦敦建立一个稳定的通证交易平台，并主张要在降低风险的前提下，寻求适度监管与创新之间的平衡点。

俄罗斯对区块链的态度比较中立。2019 年 1 月，俄财政部在拟定的法案中规定，遵守俄罗斯证券法的持证专业投资和在通证领域的投资将不受限制。同年 9 月，俄罗斯提出了通证监管草案的替代方案，明确各类术语的定义及适用范围。

卢森堡境内的通证基本不受监管，金融部门监督委员会（CSSF）称，目前尚无适用于通证的法律框架，但是如果要提供涉及通证的金融服务，需要得到财政部长的授权。2018 年 1 月，BTC 交易平台 BitFlyer 成为卢森堡完全许可支付服务的提供商。

爱沙尼亚在 2017 年 11 月颁布了反洗钱立法修正案，将通证定义为数字形式的货币而非法定货币，具有保存和交易价值。反洗钱相关法案也适用于提供通证交易的服务商和钱包服务提供商，而且这些服务提供商必须拥有许可证。

瑞典目前暂时没有任何涉及通证的具体法规。瑞典金融监管局（Finansinspektionen）在 2017 年发布了一份报告，将 Crowdsale 描述为一种投资项目和资本保障手段，但是由于不受其审查，因此对 Crowdsale 持反对意见。2018 年 3 月，瑞典央行宣布 BTC 不是货币。随后瑞典政府公布了 E-Krone Project 区块链数字现金项目。

3. 不明确的监管政策

一些欧洲国家对区块链没有明确的监管态度，在区块链领域内既没有明确的法律、规章，官方也没有明确公布其在区块链领域内的立场。这些国家包括克罗地亚、塞浦路斯、捷克、希腊、匈牙利、意大利、拉脱维亚、波兰、罗马尼亚、斯洛伐克、斯洛文尼亚、比利时、塞尔维亚和冰岛。

在比利时，国家银行在 2014 年仅通过新闻稿的形式对消费者防范通证风险做出过警示。2017 年，比利时司法部长宣布将建立相关的法律监管框架，然而至今尚未采取任何行动。

罗马尼亚在 2015 年 3 月发布了关于投资通证的高风险预警,随后多家银行关停了几个交易平台的银行账户。2018 年 2 月,国家银行宣布,不鼓励当地信贷部门参与通证投资。同年 3 月,国家管理局宣布,通过通证交易获得的收入需要缴税。

4.3 中国产业政策

1. 央地政府加大力度支持区块链技术和应用创新

伴随着区块链的蓬勃兴起,国家不断加大对区块链的支持引导力度,逐渐明确对区块链的定位。2016 年 12 月 27 日,国务院印发的《"十三五"国家信息化规划》中首次将区块链纳入其中。2018 年 5 月 28 日,习近平总书记在中国科学院第十九次院士大会、中国工程院第十四次院士大会上的讲话中首次提到区块链技术,并将其定位为新一代信息技术。2019 年 10 月 24 日,习近平总书记在中央政治局第十八次集体学习时强调,把区块链作为核心技术自主创新的重要突破口,加快推动区块链技术和产业创新发展。工业和信息化部、中国人民银行、教育部等多部门将区块链融入相关的产业领域或发展战略,推动行业应用发展。在 2021 年第十三届全国人民代表大会第四次会议审查批准通过的《中华人民共和国国民经济和社会发展第十四个五年规划和 2035 年远景目标纲要》(简称"十四五"规划纲要)中,将区块链列入数字经济重点产业,明确了"推动智能合约、共识算法、加密算法、分布式系统等区块链技术创新,以联盟链为重点发展区块链服务平台和金融科技、供应链管理、政务服务等领域应用方案,完善监管机制"作为下一步发展的目标方向。

与此同时,各级地方政府积极推动区块链应用和产业发展,结合当地产业发展基础,制定出台政策措施。据不完全统计,全国共有 20 多个省(自治区、直辖市)将区块链写入 2021 年政府工作报告,将区块链视作当地传统产业转型和数字经济新动能的重要助力。

据赛迪智库统计,截至 2020 年 11 月,国家层面共有 50 项区块链政策信息公布,主要围绕区块链监管、区块链扶持(见表 4.2)、区块链产业应用展开。各地区块链相关政策达 190 余项,广东省、山东省、北京市等 22 个省市出台了区块链专项政策,同比 2019 年大幅增加,主要以积极推动区块链与大数据、人工智能等信息技术的融合,监管、鼓励供应链、金融等领域应用为主。纵观全球,各国的区块链相关法案,也主要集中在推动创新、加强监管、区块链采用等鼓励发展等层面。

表 4.2 部分省市区块链领域扶持性政策

政策措施名称	发布单位	发布时间
关于支持区块链发展和应用的若干政策措施(试行)	贵阳市人民政府办公厅	2017 年 6 月 7 日
广州市黄埔区广州开发区促进区块链产业发展办法的通知	广州市黄埔区人民政府办公室、广州开发区管理委员会办公室	2017 年 12 月 8 日

续表

政策措施名称	发布单位	发布时间
杨浦区促进区块链产业发展的若干政策规定	上海市杨浦区人民政府	2018年9月6日
重庆市区块链数字经济产业园发展促进办法（试行）	重庆市渝中区人民政府	2020年4月9日
湖南省区块链产业发展三年行动计划（2020—2022年）	湖南省工业和信息化厅	2020年4月26日
高等学校区块链技术创新行动计划	教育部	2020年5月
广州市推动区块链产业创新发展的实施意见（2020—2022年）	广州市工业和信息化局	2020年5月6日
关于加快区块链技术应用和产业发展的意见	贵州省人民政府	2020年5月8日
海南省加快区块链产业发展若干政策措施	海南省工业和信息化厅	2020年5月9日
宁波市加快区块链产业培育及创新应用三年行动计划（2020—2022年）	宁波市特色型中国软件名城创建工作领导小组办公室	2020年5月26日
重庆市新型基础设施重大项目建设行动方案（2020—2022年）	重庆市政府	2020年6月18日
北京市区块链创新发展行动计划（2020—2022年）	北京市人民政府办公厅	2020年6月30日
云南省区块链应用实施方案	云南省数字经济局	2020年7月

据统计，从2019年10月24日习近平总书记组织中央政治局学习区块链技术以来，国内北京、上海、广州、深圳、重庆、江苏、浙江、贵州、山东、江西、广西、云南等多地发布区块链政策指导信息，这些政策从早期的以鼓励与监管为主，发展到后面的明确落地和应用场景，并结合各区域的产业特点，以3年为时间周期加速产业落地。同时随着2020年4月国家发改委将区块链作为新技术基建加入新基建范畴，很多地区对区块链技术发展都提高了重视程度，形成独立的区块链3年行动计划，重点围绕金融、边贸、医疗、农业、交通、物流、基础设施共享、广电（版权）8个行业领域进行探索，扶持区块链在这些行业的应用，从而带动地方区块链及相关产业发展。

中央和地方级政府的重视，为区块链技术和产业的发展营造了良好的政策环境。而在各地利好政策的影响下，国内区块链领头企业华为、阿里巴巴、腾讯、京东、顺丰等都开始积极布局区块链产业链。

区块链产业政策重点围绕以下三个方面：

技术方面——鼓励区块链技术创新研究和应用，建立区块链公共服务平台并强调加快区块链技术标准体系的制定。同时鼓励区块链技术与5G、物联网、大数据、人工智能等技术进行交叉融合研究和应用，形成端到端的可信框架的保障。

产业方面——以围绕产业聚集区为重点,打造重点示范领域应用场景,建立区块链产业园和实验室,设立区块链专项投资基金等方式,孵化区块链项目,促进区块链产业发展。

应用方面——鼓励或支持区块链与金融、供应链、跨境电商、供应链金融、物流、公益、农业、政务等产业的深度融合。如北京市区块链创新发展行动计划(2020—2022年)提出的主要目标是,到2022年把北京初步建设成具有影响力的区块链科技创新高地、应用示范高地、产业发展高地、创新人才高地,率先形成区块链赋能经济社会发展的"北京方案",建立区块链科技创新与产业发展融合互动的新体系,为北京经济高质量发展持续注入新动能和新活力。北京积极推进区块链技术的应用,从政务到企业,从司法到金融,从版权保护到食品溯源,几乎全方位覆盖布局与区块链技术的融合。

2. 加强监管为行业营造理性发展空间

区块链由于其自身发展阶段以及其他外部原因,技术和应用的发展还面临着诸多挑战。例如,存在过度炒作和盲目夸大区块链功能的现象,同时全球范围内区块链项目良莠不齐,虚假项目、夸大宣传和概念炒作等现象层出不穷,严重影响了行业的良性发展,如何将区块链应用纳入有效监管已成为各国政府的共同关注点。2017年9月12日,中国人民银行联合六部委发布了《关于防范代币发行融资风险的公告》,对引导区块链技术和应用步入理性发展轨道发挥了积极作用。2019年1月,国家网信办发布《区块链信息服务管理规定》,重点规范基于区块链技术或者系统,通过互联网站、应用程序等形式,向社会公众提供信息服务的主体和活动,为管理区块链行业,保证区块链技术和应用规范化发展提供了有力依据。目前已发布首批197家、第二批309家、第三批224家、第四批285家境内区块链信息服务名称及备案编号。目前国内主流区块链企业都已备案,通过备案有效地遏制了炒币、"割韭菜"等搅乱市场的行为。

4.4 本章小结

本章以北美和欧洲为引,介绍了当前海外国家对区块链的监管和扶持政策。随后重点介绍了国内中央和地方政府近年来不断加大区块链支持力度,围绕着技术、产业、应用方面的区块链支持政策密集出台,有力地推动了区块链技术的快速发展。

第 5 章
区块链标准规范

区块链的标准化工作起始于 2016 年,国家标准、国际标准组织,地方、行业标准组织积极开展标准的制定工作,迄今为止共发布了 24 项国际标准,3 项行业标准和 37 项团体标准。目前,在研的有国际标准 92 项,国家标准 6 项,行业标准 11 项。

5.1 国际标准

在三大国际标准化组织中,主要由 ISO 和 ITU-T 承担区块链标准化工作。其中 ISO 承担各类型标准化文件 19 项,ITU-T 承担各类型标准化文件 49 项。此外,ISO/IEC JTC 1 承担 1 项。

其他国际标准化组织中,IEEE 是最活跃的区块链标准化组织,共承担各类型标准化文件 58 项。此外,UN/CEFACT 承担联合国标准 1 项。

ISO 方面,开展区块链标准化工作的组织包括 TC 307(区块链和分布式记账技术委员会)、TC 46/SC 11(信息与文献委员会档案/文件管理分技术委员会)、TC 68/SC 2(金融服务技术委员会/安全分技术委员会)、TC 184/SC 4(自动化系统与集成技术委员会/工业数据分技术委员会)和 TC 154(商业、工业和行政管理中的过程、数据元素和文件)。迄今,共发布 2 项标准,在研 4 项标准,在研 3 项技术规范(TS);发布 3 项技术报告(TR),在研 7 项技术报告。详见表 5.1。

表 5.1 ISO 区块链标准的相关情况

序号	组织	秘书处	标准号	类型	标准中文名称	阶段	发布时间
1	TC307	澳大利亚	ISO 22739: 2020	标准	区块链与分布式账本——词汇	已发布	2020 年 7 月
2	TC 154	中国	ISO 19626-1: 2020	标准	商业、工业和行政管理中的过程、数据元素和文件——电子文件的可信通信平台——第 1 部分：基础	已发布	2020 年 3 月
3	TC 307	澳大利亚	ISO/DIS 23257	标准	区块链与分布式账本技术——参考架构	送审稿	
4	TC 307	澳大利亚	ISO/AWI 22739	标准	区块链与分布式账本技术——词汇	工作组草案	
5	TC 68/SC 2	英国	ISO/WD 24374	标准	信息技术——安全技术——金融服务的分布式账本技术和区块链	工作组草案	
6	TC 184/SC 4	美国	ISO/WD 8000-117	标准	数据质量——第 117 部分：ISO 8000-115 对质量区块链的应用	工作组草案	
7	TC 307	澳大利亚	ISO/DTS 23258	技术规范	区块链与分布式账本技术——分类与本体论	征求意见稿	
8	TC 307	澳大利亚	ISO/DTS 23635	技术规范	区块链与分布式账本技术——治理准则	征求意见稿	
9	TC 307	澳大利亚	ISO/WD TS 23259	技术规范	区块链与分布式账本技术——具有法律效力的智能合约	工作组草案	
10	TC 307	澳大利亚	ISO/TR 23244: 2020	技术报告	区块链与分布式账本——隐私与个人信息保护的考虑因素	已发布	2020 年 5 月
11	TC 307	澳大利亚	ISO/TR 23455: 2019	技术报告	区块链与分布式账本——智能合约的分布式账本技术系统概述和交互	已发布	2019 年 9 月
12	TC 307	澳大利亚	ISO/TR 23576: 2020	技术报告	区块链与分布式账本——数字资产保管人员的安全管理	已发布	2020 年 12 月

续表

序号	组织	秘书处	标准号	类型	标准中文名称	阶段	发布时间
13	TC 307	澳大利亚	ISO/DTR 3242	技术报告	区块链与分布式账本——用例	征求意见稿	
14	TC 307	澳大利亚	ISO/DTR 23249	技术报告	区块链与分布式账本技术——用于身份管理的现有DLT系统概述	征求意见稿	
15	TC 307	澳大利亚	ISO/WD TR 6039	技术报告	区块链与分布式账本技术——区块链系统主客体身份标识符验证	工作组草案	
16	TC 307	澳大利亚	ISO/WD TR 6277	技术报告	区块链与分布式账本技术——区块链和DLT用例的数据流模型	工作组草案	
17	TC 307	澳大利亚	ISO/AWI TR 23642	技术报告	区块链与分布式账本技术——智能合约的安全成功实践和问题概述	工作组草案	
18	TC 307	澳大利亚	ISO/WD TR 23644	技术报告	区块链与分布式账本技术——基于DLT的身份管理(TADIM)的信任锚定概述	工作组草案	
19	TC 46/SC 11	澳大利亚	ISO/WD TR 24332	技术报告	与权威记录、记录系统和记录管理相关的区块链和分布式账本技术	工作组草案	

ITU-T 方面,区块链标准化主要由 SG 16(多媒体研究组)、SG 17(安全研究组)、SG 20(物联网、智慧城市与社区研究组)承担。此外,SG 13(未来网络与云研究组)、SG 2(运营方面研究组)、SG 11(协议与测试规范研究组)、SG 3(经济与政策问题研究组)也承担了相关工作。目前已发布 15 项标准,在研 34 项标准,在研 2 项技术报告。详见表 5.2 至表 5.5。

表 5.2 ITU-T SG 16 区块链标准的相关情况

序号	标准号	牵头方	标准中文名称	阶段	发布时间/立项时间
1	ITU-T F.751.2(08/2020)	中国	分布式账本技术的参考框架	已发布	2020 年 8 月
2	ITU-T F.751.0(08/2020)	中国	分布式账本要求	已发布	2020 年 8 月
3	ITU-T F.751.1(08/2020)	中国	分布式账本技术的评估标准	已发布	2020 年 8 月
4	F.Supp-OCAIB	中国	人工智能与区块链融合综述	在研	2021 年 1 月
5	F.BVSSI	中国	视觉监控系统互联中区块链的场景与需求	在研	2020 年 8 月
6	F.HFS-BC	韩国	基于区块链的人因服务模型的需求与框架	在研	2020 年 12 月
7	F.DLT-DMPG	中国	基于 DLT 的电网数据管理要求	在研	2021 年 2 月
8	F.DLT-DPT	中国	基于分布式账本技术的分布式电力交易应用指南	在研	2021 年 2 月
9	H.DLT-GTI	美国	DLT 治理和技术互操作性框架	在研	2021 年 2 月
10	H.DLT-INV	中国	基于 DLT 的发票通用框架	在研	2021 年 2 月
11	F.DLT.HC	韩国	基于分布式账本技术(DLT)对人类护理服务的要求	在研	2020 年 8 月
12	F.DLT-FIN	中国	金融分布式账本应用指南	在研	2020 年 7 月
13	H.DLT-DE	中国	基于分布式账本技术的数字证据服务	在研	2019 年 4 月
14	H.DLT-TEE	中国	基于 TEE 的分布式账本保密计算技术系统	在研	2021 年 2 月
15	F.DLIM-AHFS	韩国	分布式账本激励模型对农业人因服务的要求	在研	2020 年 7 月
16	F.DLS-SHFS	韩国	基于分布式账本系统(DLS)的安全人为因素服务的要求	在研	2021 年 2 月
17	F.DLT.PHR	韩国	个人健康档案分布式账本技术的服务模式	在研	2019 年 3 月

表 5.3 ITU-T SG 17 区块链标准的相关情况

序号	标准号	类型	牵头方	标准中文名称	阶段	发布时间/立项时间
1	ITU-T X.1400(10/2020)	标准	韩国	分布式账本技术的术语和定义	已发布	2020 年 10 月
2	ITU-T X.1403(09/2020)	标准	美国	使用分布式账本技术进行分散身份管理的安全指南	已发布	2020 年 9 月

续表

序号	标准号	类型	牵头方	标准中文名称	阶段	发布时间/立项时间
3	ITU-T X.1404(10/2020)	标准	韩国	分布式账本技术的安全保障	已发布	2020年10月
4	ITU-T X.1402(07/2020)	标准	中国	分布式账本技术的安全框架	已发布	2020年7月
5	ITU-T X.1401(11/2019)	标准	IEEE	分布式账本技术的安全威胁	已发布	2019年11月
6	X.das-mgt	标准	中国	基于分布式账本技术的数据访问与共享管理系统的安全威胁与要求	在研	2018年4月
7	X.sa-dsm	标准	中国	基于分布式账本技术的数据共享管理安全体系结构	在研	2020年9月
8	X.sc-dlt	标准	科特迪瓦	分布式账本技术的安全控制	在研	2019年9月
9	X.srcsm-dlt	标准	中国	基于分布式账本技术的智能合约管理安全需求	在研	2020年10月
10	X.srip-dlt	标准	韩国	基于分布式账本技术的知识产权管理安全需求	在研	2018年9月
11	X.ss-dlt	标准	中国	基于分布式账本技术的安全服务	在研	2020年9月
12	X.stov	标准	韩国	分布式账本技术对在线投票的安全威胁	在研	2017年10月
13	X.str-dlt	标准	韩国	基于分布式账本技术的数字支付服务的安全威胁与需求	在研	2017年10月
14	X.tf-spd-dlt	标准	中国	基于分布式账本技术的安全软件程序分发机制技术框架	在研	2018年4月
15	X.BaaS-sec(ex TR.BaaS-sec)	标准	中国	DLT即服务(BaaS)安全指南	在研	2020年9月
16	TR.qs-dlt	技术报告	中国	技术报告：量子安全DLT系统指南	在研	2020年9月

表5.4 ITU-T SG 20 区块链标准的相关情况

序号	标准号	牵头方	标准中文名称	阶段	发布时间/立项时间
1	ITU-T Y.4560(08/2020)	中国	作为去中心化服务平台的区块链物联网框架	已发布	2020年8月

续表

序号	标准号	牵头方	标准中文名称	阶段	发布时间/立项时间
2	ITU-T Y.4561(08/2020)	韩国	基于 OID 的物联网资源分布式账本交易解析框架	已发布	2020年8月
3	ITU-T Y.4907(08/2020)	中国	物联网环境下基于区块链的自组织组网框架	已发布	2020年8月
4	ITU-T Y.4464(01/2020)	IEEE	基于信息中心网络和区块链的去中心物联网通信体系结构	已发布	2020年1月
5	ITU-T Y.4476(02/2021)	韩国	物联网区块链对等方的能力和功能架构	已发布	2021年2月
6	Y.BC-SON	韩国	数据处理和管理方面支持物联网和智能城市及社区的区块链词汇	在研	2019年5月
7	Y.dec-IoT-arch	中国	基于 DLT 和边缘计算技术的物联网设备分布式服务框架	在研	2020年7月
8	Y.IoT-BoT-peer	中国	作为去中心化服务平台的区块链物联网框架	在研	2020年11月
9	Y.blockchain-terms	中国	基于 OID 的物联网资源分布式账本交易解析框架	在研	2020年7月
10	Y.IoT-DES-fr	韩国	物联网环境下基于区块链的自组织组网框架	在研	2020年11月

表 5.5　ITU-T 其他子组织区块链标准的相关情况

序号	子组织	标准号	类型	牵头方	标准中文名称	阶段	发布/立项时间
1	SG 13	ITU-T Y.3530(09/2020)	标准	韩国	云计算-区块链即服务的功能需求	已发布	2020年9月
2	SG 13	ITU-T Y.2342(12/2019)	标准	中国	下一代网络演进中区块链的场景与能力需求	已发布	2019年12月
3	SG 13	Y.SCid-fr	标准	中国	基于区块链的自控身份需求与融合框架	在研	2020年8月
4	SG 13	Y.NRS-DLT-reqts	标准	中国	基于分布式账本技术的网络资源共享场景与需求	在研	2020年8月
5	SG 11	Q.BaaS-iop-reqts	标准	中国	区块链即服务互操作性测试需求	在研	2020年3月
6	SG 3	TR_DLTUSF	技术报告	印度	利用分布式账本技术改进普遍服务基金的管理	在研	2021年2月
7	SG 2	M.rmbs	标准	中国	区块链系统管理要求	在研	2020年1月
8	SG 2	M.immbs	标准	中国	区块链系统管理的信息模型	在研	2020年6月

此外，ISO/IEC JTC 1/SC 41（物联网及相关技术分技术委员会）承担了技术报告《物联网-物联网与区块链融合：用例》(ISO/IEC TR 30176)的编制工作，该报告由中国牵头于2020年12月立项，目前处在征求意见阶段。

其他标准化组织方面，UN/CEFACT（联合国贸易便利化和电子商务中心）于2019年启动了项目《基于区块链的优惠原产地证跨境跨账本交换》(P1075)，其中包括发布业务需求规范(BRS)或需求规范映射(RSM)等联合国标准(standard)，目前标准正在研制过程中。

IEEE是很活跃的标准化组织，截至目前已发布了6项标准，另有在研标准51项。其中CTS/BSC（消费者技术学会/区块链标准号委员会）发布标准7项，在研标准27项；C/BDL（计算机学会/标准化委员会/区块链和分布式账本）在研标准17项；C/SAB（计算机学会/标准活动局）发布标准1项，在研标准1项；CTS/DFESC（消费者技术学会/数字金融与经济标准化委员会）在研标准3项；以及EMB/Stds Com（医药与生物学工程学会/标准委员会）、PE/SBLC（电力与能源学会/智能建筑、负荷和用户系统）、VT/ITS（载具技术学会/智能交通系统）各在研标准1项。此外，IEEE还于2017年发布了研究文件《IEEE研究文件-2017-医药供应链采用区块链的状况》。详见表5.6至表5.8。

表5.6 IEEE CTS/BSC 区块链标准的相关情况

序号	标准号	牵头方	标准中文名称	阶段	发布时间/立项时间
1	IEEE 2140.1-2020	IEEE	加密货币交换的一般要求	已发布	2020年9月
2	IEEE 2140.5-2020	IEEE	加密货币保管框架	已发布	2020年7月
3	IEEE 2143.1-2020	IEEE	加密货币支付一般过程	已发布	2020年6月
4	IEEE 2144.1-2020	中国	基于区块链的物联网(IoT)数据管理框架	已发布	2021年1月
5	IEEE 2142.1-2021	中国	区块链技术的电子发票业务推荐规程	已发布	2021年2月
6	P2140.2	IEEE	加密货币交易所客户加密资产安全管理标准	在研	2019年6月
7	P2140.3	IEEE	加密货币交易所用户识别和反洗钱标准	在研	2019年6月
8	P2140.4	中国	使用分布式账本技术的分布式/分散式交换框架标准	在研	2019年6月
9	P2141.1	美国	在中心化组织中使用区块链防止腐败	在研	2019年3月
10	P2141.2	美国	将企业信息系统从集中式体系结构转换为基于区块链的分散式体系结构的标准	在研	2019年11月
11	P2141.3	美国	将企业信息系统从分布式体系结构转换为基于区块链的分散体系结构的标准	在研	2019年11月
12	P2143.2	IEEE	加密货币支付性能度量标准	在研	2019年6月
13	P2143.3	IEEE	加密货币支付风险控制要求标准	在研	2019年6月
14	P2144.2	中国	基于区块链的物联网数据管理功能要求标准	在研	2019年6月
15	P2144.3	中国	基于区块链的物联网数据管理评估标准	在研	2019年6月

续表

序号	标准号	牵头方	标准中文名称	阶段	发布时间/立项时间
16	P2145	美国	区块链治理框架和定义标准	在研	2020年2月
17	P2146.1	IEEE	基于区块链技术的实体风险互助模型标准	在研	2020年2月
18	P2146.2	IEEE	风险互助模式区块链外部数据检索标准	在研	2020年2月
19	P2418.1	IEEE	物联网区块链使用框架标准	在研	2020年12月
20	P2418.8	美国	政府区块链应用标准	在研	2019年3月
21	P2418.9	个人	基于加密货币的安全令牌标准	在研	2019年6月
22	P2418.10	中国	基于区块链的数字资产管理标准	在研	2019年6月
23	P2677.1	IEEE	基于区块链的全方位流行病/流行病监测标准：总体框架	在研	2020年6月
24	P2677.10	IEEE	基于区块链的全方位流行病/流行病监测标准：访问个人数据	在研	2020年6月
25	P2677.11	IEEE	基于区块链的全方位流行病/流行病监测标准：电信数据访问	在研	2020年6月
26	P2677.12	IEEE	基于区块链的全方位流行病/流行病监测标准：交通数据访问	在研	2020年6月
27	P2677.20	IEEE	基于区块链的全方位流行病/流行病监测标准：区块链基础设施要求	在研	2020年6月
28	P2677.21	IEEE	基于区块链的全方位流行病/流行病监测标准：对等存储基础设施要求	在研	2020年6月
29	P2677.22	IEEE	基于区块链的全方位流行病/流行病监测标准：网格计算基础设施要求	在研	2020年6月
30	P2677.30	IEEE	基于区块链的全方位流行病/流行病监测标准：个人应用程序编程接口	在研	2020年6月
31	P2677.31	IEEE	基于区块链的全方位流行病/流行病监测标准：医疗保健应用程序编程接口	在研	2020年6月
32	P2677.32	IEEE	基于区块链的全方位流行病/流行病监测标准：政府应用程序编程接口	在研	2020年6月

表5.7 IEEE C/BDL 区块链标准的相关情况

序号	标准号	牵头方	标准中文名称	阶段	发布时间/立项时间
1	P2418.7	中国	供应链金融中区块链使用标准	在研	2018年12月
2	P3201	中国	区块链访问控制标准	在研	2020年5月
3	P3202	中国	区块链从业者能力评估要求标准	在研	2020年5月
4	P3203	中国	区块链互操作性命名协议标准	在研	2020年5月
5	P3204	中国	区块链互操作性标准——跨链事务一致性协议	在研	2020年5月

续表

序号	标准号	牵头方	标准中文名称	阶段	发布时间/立项时间
6	P3205	中国	区块链互操作性标准——数据认证和通信协议	在研	2020年5月
7	P3206	中国	基于区块链的数字资产分类标准	在研	2020年5月
8	P3207	中国	基于区块链的数字资产识别标准	在研	2020年5月
9	P3208	中国	基于区块链的数字资产交换模型标准	在研	2020年5月
10	P3209	中国	区块链身份密钥管理标准	在研	2020年5月
11	P3210	中国	基于区块链的数字身份识别系统框架标准	在研	2020年5月
12	P3211	中国	基于区块链的电子证据接口	在研	2020年5月
13	P3212	中国	区块链系统治理规范标准	在研	2020年6月
14	P3214	中国	区块链系统测试规范标准	在研	2020年5月
15	P3215	中国	区块链系统共识框架标准	在研	2020年12月
16	P3216	中国	区块链服务能力评价标准	在研	2020年12月
17	P3217		区块链系统应用接口规范标准	预立项	

表5.8 IEEE其他子组织区块链标准的相关情况

序号	子组织	标准号	牵头方	标准中文名称	阶段	发布/立项时间
1	C/SAB	IEEE 2418.2-2020	中国	区块链系统数据格式	已发布	2020年12月
2	C/SAB	P2418.3	中国	农业用分布式账本技术(DLT)框架标准	在研	2019年11月
3	VT/ITS	P2418.4	加拿大	互联和自主车辆(CAV)中使用的分布式账本技术(DLT)框架标准	在研	2018年5月
4	PE/SBLC	P2418.5	个人	能源区块链标准	在研	2020年12月
5	EMB/StdsCom	P2418.6	个人	用于医疗保健和生命及社会科学的分布式账本技术(DLT)框架标准	在研	2018年9月
6	CTS/DFESC	P3801	中国	基于区块链的电子合同标准	在研	2020年6月
7	CTS/DFESC	P3802	中国	基于区块链的电子商务交易取证应用技术规范标准	在研	2020年6月
8	CTS/DFESC	P3806	中国	基于区块链的肝胆疾病数据提取和交换标准	在研	2020年6月

5.2 国家标准

国家标准方面,由 TC 28(全国信息技术标准化技术委员会)和 TC 260(全国信息安全技术标准化技术委员会)承担区块链相关的标准化工作。截至 2021 年 2 月,有 3 项标准在研,3 项已完成立项公示。此外,TC 260 还开展了 8 项标准研究工作。详见表 5.9。

表 5.9 国家标准项目

序号	标委会	计划号	类型	标准名称	阶段	立项时间
1	TC 28	20201612-T-469	标准	信息技术 区块链和分布式记账技术 存证应用指南	草案	2020 年 4 月
2	TC 28	20173824-T-469	标准	信息技术 区块链和分布式账本技术 参考架构	征求意见	2018 年 1 月
3	TC 28	20201615-T-469	标准	信息技术 区块链和分布式记账技术 智能合约实施规范	草案	2020 年 4 月
4	TC 28		标准	信息技术 区块链和分布式记账技术 术语	公示	
5	TC 260		标准	信息安全技术 区块链信息服务安全规范	公示	
6	TC 260		标准	信息安全技术 区块链技术安全框架	公示	
7	TC 260		研究	用于网络用户身份鉴别的区块链应用指南研究		
8	TC 260		研究	区块链智能合约安全指南研究		
9	TC 260		研究	区块链安全监测技术要求		
10	TC 260		研究	区块链服务技术安全要求		
11	TC 260		研究	区块链安全标准体系研究		
12	TC 260		研究	信息安全技术 区块链信息服务安全能力要求		
13	TC 260		研究	区块链安全参考架构		
14	TC 260		研究	区块链信息服务安全能力要求		

5.3 地方标准

地方标准方面,贵州、陕西、山东、湖南、重庆、深圳结合本地实际情况,发布了共计 15 项标准。北京、上海、内蒙古、江苏则有共计 8 项标准在研。详见表 5.10 至表 5.11。

表 5.10　已发布的区块链地方标准

序号	省市区	标准号	标准名称	发布时间
1	深圳市	DB4403/T 127-2020	金融行业区块链平台技术规范	2020年12月
2	陕西省	DB61/T 1283-2019	区块链安全测评 指标体系	2019年11月
3	重庆市	DB50/T 1049-2020	基于区块链的电子商务价值行为数据存证规范	2020年11月
4	重庆市	DB50/T 1048-2020	基于区块链的电子商务价值行为认定规范	2020年11月
5	湖南省	DB43/T 1843-2020	区块链数据安全技术测评标准	2020年9月
6	湖南省	DB43/T 1842-2020	区块链应用安全技术测评标准	2020年9月
7	湖南省	DB43/T 1841-2020	区块链加密安全技术测评标准	2020年9月
8	湖南省	DB43/T 1840-2020	区块链网络安全技术测评标准	2020年9月
9	湖南省	DB43/T 1839-2020	区块链合约安全技术测评标准	2020年9月
10	湖南省	DB43/T 1838-2020	区块链共识安全技术测评标准	2020年9月
11	山东省	DB37/T 3909-2020	基于区块链技术的疫情防控信息服务平台建设指南	2020年4月
12	贵州省	DB52/T 1469-2019	基于区块链的精准扶贫实施指南	2019年12月
13	贵州省	DB52/T 1468-2019	基于区块链的数据资产交易实施指南	2019年12月
14	贵州省	DB52/T 1467-2019	区块链 系统测评和选型规范	2019年12月
15	贵州省	DB52/T 1466-2019	区块链 应用指南	2019年12月

表 5.11　在研地方区块链标准的相关情况

序号	省市区	标准名称	立项时间
1	北京市	区块链服务平台技术导则	
2	上海市	航运区块链技术规范	2020年7月
3	上海市	基于区块链的存证服务指南	2020年7月
4	上海市	区块链技术安全通用规范	2019年7月
5	上海市	区块链技术应用指南	2020年12月
6	上海市	区块链底层平台通用技术要求	2020年12月
7	内蒙古	基于区块链的农畜产品追溯平台基本要求	2020年6月
8	江苏	区块链信息系统通用测评规范	2020年6月

5.4　行业标准

行业标准方面,通信行业和金融行业积极开展区块链行业标准研制工作。

工信部于2020年8月发布了通信行业标准YD/T 3747-2020《区块链技术架构安全要求》,报批了通信行业标准YD/T 3905-2021《基于区块链技术的去中心化物联网业务平台框架》。此外,还有6项标准完成了立项公示,详见表5.12。

表 5.12　立项中的通信行业标准

序号	公 示 号	标 准 名 称	
1	YDCPZT0105-2021	基于区块链的域名注册数据访问协议	安全技术要求
2	YDCPZT3161-2020	基于区块链的域名注册数据访问协议	总体技术要求
3	YDCPZT3162-2020	基于区块链的域名注册数据访问协议	HTTP应用技术要求
4	YDCPZT3163-2020	基于区块链的域名注册数据访问协议	查询数据格式定义
5	YDCPZT3164-2020	基于区块链的域名注册数据访问协议	响应数据格式定义
6	YDCPZT3165-2020	基于区块链的域名注册数据访问协议	权威数据存储与访问技术要求

中国人民银行于 2020 年 2 月和 7 月发布了金融行业标准 JR/T 0184-2020《金融分布式账本技术安全规范》和 JR/T 0193-2020《区块链技术金融应用评估规则》。在研标准方面,《金融分布式账本应用评价指标》和《金融分布式账本应用技术参考架构》在送审阶段,《金融分布式账本技术互联互通规范》和《金融分布式身份统一参考模型》在立项投票过程中详见表 5.13。

表 5.13　金融行业标准

序号	标准号/计划号	标 准 名 称	阶 段
1	JR/T 0193-2020	区块链技术金融应用评估规则	已发布
2	JR/T0184-2020	金融分布式账本技术安全规范	已发布
3		金融分布式账本技术互联互通规范	立项投票
4		金融分布式身份统一参考模型	立项投票
5		金融分布式账本应用评价指标	送审稿
6		金融分布式账本应用技术参考架构	送审稿

5.5　团体标准

截至 2021 年 2 月,共有中国电子工业标准化技术协会等 19 个协会发布了 37 项团体标准。详见表 5.14。

表 5.14　已发布的区块链团体标准

序号	团 体 名 称	标 准 名 称
1	中国产学研合作促进会	国有企业电子商务平台区块链技术应用指南
2	中国电子学会	区块链智能合约形式化表达
3	上海区块链技术协会	• 区块链技术和应用人才评估规范 • 区块链技术应用指南 • 区块链底层平台通用技术要求 • 区块链企业认定方法
4	大连软件行业协会	区块链企业评估规范

续表

序号	团体名称	标准名称
5	广东省质量检验协会	• 基于区块链应用软件的通用测试要求 • 区块链产业研发人才岗位能力要求
6	中国电子工业标准化技术协会	• 区块链电子签章 参考架构 • 区块链 参考架构 • 区块链 数据格式规范 • 区块链 智能合约实施规范 • 区块链 隐私保护规范 • 区块链存证应用指南
7	广东省市场协会	基于区块链技术的产品追溯管理指南
8	中国物流与采购联合会	食品追溯区块链技术应用要求
9	浙江省电子商务促进会	电子商务商品交易信息区块链存取证平台服务规范 区块链电子合同平台服务规范
10	深圳市商用密码行业协会	• 区块链密码应用验证规范 • 区块链密码服务接口标准及安全要求 • 区块链CA系统接口标准及安全要求 • 区块链密码检测规范 • 聚龙链区块链密码服务接口标准及安全要求
11	上海市司法鉴定协会	基于区块链技术的电子数据存证规范
12	中国防伪行业协会	区块链防伪追溯数据格式通用要求
13	中国商业联合会	区块链应用 商品及其流通信息可追溯体系框架
14	江苏省软件行业协会	区块链基础技术规范
15	深圳市标准化协会	基因数据流通区块链存证应用指南
16	广东省食品流通协会	• 基于区块链技术食品追溯系统的可靠性测试标准 • 基于区块链技术食品追溯系统的兼容性测试标准 • 基于区块链技术食品追溯系统的性能效率测试标准 • 基于区块链技术食品追溯系统的功能性测试标准 • 基于区块链技术食品追溯系统的信息安全性测试标准
17	中国科技产业化促进会	区块链技术产品追溯应用指南
18	上海市软件行业协会	区块链技术安全通用规范
19	中国软件行业协会	区块链平台基础技术要求

5.6 本章小结

本章汇总了当前国内、国际标准组织在区块链技术、应用标准制定方面的现状,希望对关心区块链标准化的读者有所帮助。受限于篇幅,本书未对上述标准进行展开和解读,有兴趣的读者可以到相关标准组织的官网查询标准的详细内容。

第三部分
区块链应用

随着区块链技术的逐步发展,其应用潜力正得到越来越多行业的认可。从最初的加密数字货币到金融领域的跨境清算,再到供应链、政务、数字版权、能源等领域,在融合创新领域已经有了基于区块链的电子商务、社交、共享经济等应用的落地。只要涉及多方协同、不存在一个信任中心的场景,区块链均有用武之地。当前区块链应用处于发展初期,主流的区块链应用均是利用了区块链的特性在原有业务模式下进行的改进式创新,区块链作为从协议层面来解决价值传递的技术理应有更广阔的应用场景。我们有理由相信,下一个基于区块链技术的"爆款"应用将带来巨大的模式创新,并颠覆原有的产业模式。

第6章
区块链应用判断准则

区块链提供了一种在不可信环境中进行信息与价值传递交换的机制,是构建未来价值互联网的基石,也符合我国十九大以来一直提倡的为实体经济提供可信平台的理念。区块链发展到现在,我们可以从以下几个方面来分析其应用的方向:

- 从应用需求视角可以看到,区块链行业应用加速推进,正在从数字货币向非金融领域进行渗透扩散。金融、医疗、数据存证/交易、物联网设备身份认证、供应链等都可以看到区块链的应用。娱乐、创意、文旅、软件开发等也有区块链的尝试。
- 从市场应用来看,区块链正逐步快速地成为一种市场的工具,主要作用是帮助社会削减平台的成本,让传统的或者高成本的中间机构成为过去。企业应用是区块链的主战场,具有安全准入控制机制的联盟链和私有链将成为主趋势。区块链也将促进公司现有业务模式的重心转移,有望加速公司的发展。同时,新型分布式协作公司也能以更快的方式融入商业体系。
- 从底层技术来讲,有望推进数据记录、数据传播和数据存储管理模式的转型。区块链本身更像一种互联网底层的开源协议,在不远的将来会触动甚至最后会取代现有的互联网底层基础协议(建筑在现有互联网底层之上,一个新的中间层,提供可信的有宿主的有价值的数据)。把信任机制加到这种协议里,将会是一个很重大的创新。在区块链应用安全方面,区块链安全问题日渐凸显,安全防卫需要技术和管理全局考虑,安全可信是区块链的核心要求,标准规范性日显重要。
- 从服务提供形式来看,云的开放性和云资源的易获得性,决定了公有云平台是当前区块链创新的最佳载体,利用云平台让基于区块链的应用快速进入市场,获得先发优势。区块链与云计算的结合越发紧密,有望成为公共信用的基础设施。
- 从社会结构来看,区块链技术有望将法律、经济、信息系统融为一体,颠覆原有社会的监管和治理模式,组织形态也会因此发生一定的变化。区块链技术与监管存在冲突,但矛盾有望进一步调和,最终会成为引领人们走向基于合约的法治社会的工具之一。

那么,什么领域适合区块链技术呢?我们认为在现阶段适合的场景有三个特征:第一,存在去中心化、多方参与和写入数据需求;第二,对数据真实性要求高;第三,存在初始情况下相互不信任的多个参与者建立分布式信任的需求。典型的应用案例,如华为物流部基于区块链进行货物跟踪,该区块链应用提升了数据安全性、隐私性、共享性,解决了商品转移过程中的追溯防伪问题,有效提高了物流行业的结算处理效率,节约20%以上物流成本;基于华为云区块链打造供应链金融平台,该平台加强了供应链金融业务中多方信息的共享,简化了企业间的互担保、风险分摊、机构信用评估等流程,提升了企业融资效率,融资过程从半个月降低到2天,同时也降低了违约处理成本;基于华为云区块链实现数据内容版权区块链平台,数据内容版权公司能够为海量作品提供低成本、高效率的版权存证方案,版权存证处理流程耗时由10~20天提升到实时版权存证,促进了版权合理合法地快速流通。

区块链面向行业是一个解决方案,需要多方参与,构建行业联盟,形成事实标准,抢占第一波市场。区块链适用于多状态、多环节,需要多参与方协同完成,多方相互不信任,无法使用可信第三方(Trusted Third Party,TTP)完美解决的事情。我们可以采用图6.1所示的流程来判断一个场景是否需要区块链。

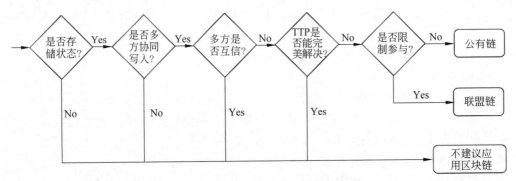

图 6.1 判断某场景是否需要区块链

图6.1展示了一个较为严格的区块链应用判断流程,目的是给大家提供一个快速识别区块链应用的方法,但很多场景下这些约束条件可以进一步放宽。下面将对流程中的每个步骤进行简单的阐述,方便大家理解。

6.1 准则一：是否存储状态

我们可以将区块链通俗地理解为一个分布式的数据库，使用数据库的各方都可以存储交易数据，我们把存储的数据称之为"状态"。区块链又经常被称为"账本"，既然是账本，那么最重要的用途就是记账，记录每笔交易的重要数据，以便将来以此作为查账和避免纠纷的依据。根据前面章节介绍的区块链的结构也很好理解，区块链被链起来的区块结构中最核心的部分就是用来存储交易的信息（状态），因此可以说没有状态存储就不会有区块链。需要注意的是，这里的交易指的是广义的交易，并不限于货币和金融的交易，一切会产生数据状态变化的事务都称为交易，例如，账户的创建、商品信息的变化，甚至对于一次查询的审计信息的记录等都可以算作交易。

这里有一个需要注意的问题是，业务需要保存的数据很多，到底什么样的数据适合用区块链来存储呢？鉴于应用的多样性以及用户需求的不确定性，这个问题其实并不容易回答，但是我们仍然可以从两个角度来试图缩小考虑问题的范围：什么样的数据不适合上链以及什么样的数据适合上链。

首先来看什么样的数据不适合上链。从业务的角度来看，不需要共享的数据不适合上链。例如，用户的私钥是用户绝对不想与其他人分享的信息，如果上链，就意味着私钥会被每一个 Peer 获取并存储，即便是被加密也会有泄漏的风险，因此没有必要上链。从性能的角度来看，过于庞大的数据和更新过于频繁的数据也不适合上链。例如，用户上传的一些二进制介质、音视频、日志文件等。因为区块上存储的数据作为链的一部分是会被永久保存并同步到每一个 Peer 节点用来保证完整性的，如果存储的数据过于庞大，则会严重影响同步性能，占用有限的存储空间。另外，由于当前区块链的交易需要通过密码学算法进行哈希和加解密的签名运算，交易的最终数据也需要通过共识算法进行排序才能最终落块，在性能上还有一定的限制（目前开源 Hyperledger Fabric 的 TPS 在几百量级），因此过于频繁的写入操作还不太适用区块链。

那么什么样的数据适合上链呢？简单来说，就是需要共享的、需要具备可信度、不能被篡改并且需要可追溯的数据。例如，保险行业的保单信息，用户签署了什么样的保险协议，需要被妥善保存，将来出险的时候必须以此为依据进行理赔，因为不可篡改，保险公司无从抵赖，也因为可以共享和追溯，一旦产生纠纷也可以由监管部门追溯取证。再如，能源行业如果使用区块链来记录电量的交易，那么拥有光伏发电的家庭就可以和需要用电的家庭进行自由交易，每一笔电量的产生和去向都有清晰的历史被区块链记录在案，不能篡改。同时支持发电方和用电方进行查询和追溯，哪家发了电，哪家用了电，交易清晰无法抵赖，避免了纠纷，是使用区块链的合适场景。

此外说到状态存储，就不得不提及信息安全，这也是当前区块链大规模普及的障碍之一。我们都知道区块链之所以难以篡改，就是因为每一个参与交易的节点（Peer）都拥有完整的区块链账本数据,可以对任何交易或账户状态进行验证。但是这样也带来一个严重的安全问题,就是区块链账本数据对所有人公开了,而在很多场景下,这样的做法是难以被接受的。拿货币转账的交易举例来说,用户A一开始在系统中存入了一定金额的货币,用户B也存入了一定金额的货币,随后用户A向用户B进行了一定金额的转账,因为用户A和用户B的余额都存储在区块链上,智能合约的逻辑可以验证用户A的余额大于转账金额,并且把交易结果写回到区块链上,对用户A和用户B的余额进行更新,最终在这笔交易写入新生成的区块中后,区块会被同步到与用户A和用户B相关的节点(peer)上,他们都可以查询到这笔交易以及自己当前账户的余额。但是很多情况下,作为用户来说,并不希望自己的余额被其他用户看到,作为交易的双方也不希望交易的详细信息被第三者读取到。那么这个问题如何解决呢?一般情况下,我们可以使用前文提到的同态加密的技术来解决这个问题。

同态加密就是智能合约在存储用户的余额状态到区块链上时,存储的并不是明文,而是使用相应用户非对称密钥的公钥通过同态加密算法加密之后的数据。在同态加密交易过程中,转账双方的余额都没有经过解密,并且交易记录存储到区块链上之后只能被交易双方解密查看,第三方只能看到密文,无法解密。这样既能达到区块链无法篡改,可以被追溯和监控的目的,又能保护用户隐私不被泄露。同态加密技术的细节前文已经有详细介绍,此处不再累述。

6.2 准则二:是否多方协同写入

是否存储状态只是判断流程的第一步,其次还要依据是否多方协同写入来进行判断。前面一直提到区块链的一个突出特点就是去中心化,只有多方协同写入才能够将区块链这种特点的优势完美地发挥出来。有人曾经说区块链颠覆的核心就在于去中心化,我们现在的世界存在太多的中心化系统,然而这些中心化的系统却和用户日益增长的去中心化需求产生了矛盾。中心化系统有如下弊端:

首先,权力过于集中。中心化系统的一切数据的来源都是数据中心,数据中心拥有至高无上的权力,数据的存储逻辑全部由中心决定。正如人类社会中权力集中的地方必然存在腐败,数据权限集中的地方也容易滋生"腐败",当然这个腐败指的是对数据的篡改。由于只有一套中心化的系统,如果没有额外的监督审查机制,数据可以很轻易地被篡改。但是构建一套监督审查机制也是十分复杂的。到底由谁来监督?监督的部门有没有公信力?是否被信服?这些都是问题。

其次,集中的数据难以使用。数据中心化意味着任何使用数据的单位或者个人都要从数据中心获取数据,这种数据同步模式有两个问题:第一,随着使用数据的部门增多,给数据中心带来极大的数据访问压力,数据中心会形成数据访问的性能瓶颈,这对数据中心的性能和扩展性提出了极高的建设要求。第二,新的部门想要使用数据必须和数据中心进行对接,无形中增加了数据使用的成本,给数据的扩散造成了障碍,极大地影响了数据价值。前些年,我国正处于数字化转型的初期,大量数据由纸质数字化,但是各地形成了一个个数字孤岛,各省市之间的数据不能同步,给政府部门的工作造成了极大困扰。比如,小轿车跨省违章不能及时被追责,因为违章的信息不能及时同步到其他省市。再如,有些公民从一个省市移居到另外的省市,重新办理了新的身份证,有时候会出现一个实体个人有两个合法身份证号的情况,也是因为各省市身份信息不能及时同步,给政府工作带来了极大的困扰。其实并不是政府部门不作为,而是进行这样的数据同步需要同时拉通各省市很多部门,调动很多资源,成本过高,阻碍了信息化的进一步发展。

最后,集中的系统抗攻击能力差。数据集中意味着黑客只要攻陷了一个数据中心,就得到了全部的数据权限,可以为所欲为。而防护部门必定绞尽脑汁花费高额成本进行防范。这样做不仅提高了成本,还只能在一定程度上降低风险,并不能彻底消除风险。

以上这些中心化系统的弊端,我们都可以依靠区块链技术来解决,如图6.2所示,将数据中心化的账本转换为区块链的分布式账本。这样每个数据节点是对等的,拥有完整的数据链,除非黑客攻陷了大部分节点,否则不会影响数据的正确性。另外,各个节点相互之间也可以互相监督,真正地实现数据自治。

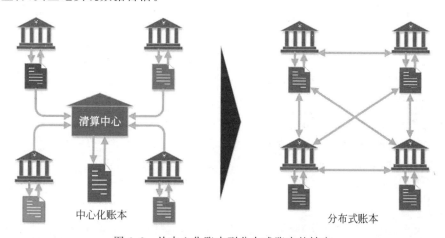

图6.2 从中心化账本到分布式账本的转变

以电力系统为例,当前我国的电力系统还是一个中心化的体制,以前购电并不像现在这样简单,只根据一个用户编号就可以使用支付宝之类的互联网应用购买。因为只有电力部门才拥有对电卡的读写权限,在当时没有智能电表进行网上购电时,必须拿着电卡实物去电力部门排长队购电,并且办理过程十分冗长。后来出现的智能电表可以算是借着互联网将中心化系统进行了一次很好的升级,互联网通过网络将电力系统的能力延伸到各家各户。但是互联网只改变了网络连通的现状,将数据传播到各家各户,并没有改变系统的权力中心化状况,即没有将权力转移到用户手中,用户依然需要使用电力系统对电卡进行读写,一旦电力系统出现故障,出现纠纷,也都是电力部门垄断了话语权。而在上面的例子中,只有用电家庭和发电家庭使用区块链来进行电能交易,才实现了区块链的真正价值。

由此我们不难理解，如果一个区块链只有一个写入者，那么无论拥有多少共识节点都是没有意义的，因为写入者可以随意写入，随意变更数据，本质上又变成了一个集中式的系统。因此一个合理的区块链应用是要求参与的各方都可以具备预先规定好的写入权限，并且相互制衡，从而达到去中心化的目的。

6.3 准则三：多方是否互信

首先我们来谈谈关于信任的问题。互联网诞生之初，最先解决的核心问题是信息制造和传输。随着互联网的大规模发展，我们使用 TCP/IP 协议构建出一条条网状的信息"高速公路"。在这个"高速公路"网上，我们能够将信息快速生成，并复制到全世界每一个网络所能够触及的角落，并且这种信息的传递是极为高效和越来越廉价的。从此，我们进入了一个"信息爆炸"的时代，整个互联网上的信息开始以几何级速度增长。

然而，随着互联网进入我们生活的方方面面，我们却发现有些信息是无法传播和复制的，或者说传播无法很容易地进行。比如货币支付，我们不能直接把要支付的钱复制到对方的账户上，必须到银行柜台花个把小时排队进行办理，后来有了 ATM 机，我们仍然要出门乘坐交通工具花费很长时间来办理。当然后来有了网上银行，有了 U 盾，但我们仍然离不开中心化的银行系统，依然有诸如转账需要花费不菲的手续费用、转账金额或许不能立即到账等一系列问题。这些问题的根源都是因为我们的互联网非常善于处理信息分享，而不能解决"价值传递"或者说"信任"这个事情。

多方是否互信也是判断应用是否适合区块链的一个重要指标。区块链的意义在于，使得互不信任的各方可以通过区块链传递和获取信任，并且这种信任建立的成本是很低的，具有极高的性价比。如果参与写块、读块的各方是完全信任的，那么即便各方在物理上分散，而在逻辑上也是集中的。这种场景下区块链的信任传递特性就失去了意义，因此并不适合使用区块链技术。但是如果我们注意观察就会发现，其实这些所谓完全信任的各方的信任并不是天然具备的，大多数场景下一定是基于某种信任机制的，这种机制有可能是基于自建的一套信息系统，也有可能是基于传统的可信任第三方。而这种信任的根基并不牢固，并且都存在一定的弊端(TTP 在后面部分详述)，因此如果我们认真分析，这些应用和场景也都可以转化为区块链应用，并且能够从中获得很多好处。

综上，如果说区块链颠覆的核心在于去中心化，那么区块链与生俱来的互信特性就是去中心化的基础。没有互信作为基础，谈去中心化是毫无意义的。区块链利用密码学的哈希算法和数字签名来保证交易的发起人无法被冒充，而区块的链式哈希结构则保证了历史交易被永久地记录，而且无法被轻易地篡改。区块链这一系列的特点给互联网带来了前所未有的互信特性。如果说第一代互联网解决的是数据传递的问题，那么以区块链为基础的互联网解决的就是信任传递的问题。

6.4　准则四：TTP 是否完美解决

可信任第三方是在第一代互联网无法解决互信问题的前提下的产物。当时随着互联网的日益膨胀，人们迫切希望在虚拟和现实世界中建立一种信任的关系，如果缺乏这种纽带，那么虚拟的东西永远是虚拟的，就不会出现今天百花齐放的电商和虚拟业务，也就不会有当今互联网的蓬勃发展。但是建立这种信任的纽带又是极其复杂和昂贵的，比如，银行的在线业务，此外，应用是需要银行强大的资金和政府公信力为其背书才能提供对业务、纠纷的监管和决断。很多电商也是依赖于强大的资本来提供公信力和背书。其他更多中小企业并没有足够的实力和公信力来自建这种公信的系统，他们只能依赖强大的第三方提供信任服务。从中我们可以看到，TTP 的最大缺点在于昂贵的高门槛、接入运营的复杂度高以及权力过于集中等。权力集中就意味着腐败，就有被人为渗透的可能，同时集中的系统普遍抗黑客攻击的能力较弱。

而区块链天生的去中心化和可信的特性，恰恰是解决上述问题最完美的手段。因此，判断应用是否适用区块链的一个很重要的标准就是 TTP 是否能完美解决当前的信任问题。如果 TTP 能完美解决，那么确实没有上区块链的必要。需要注意的是，当前很多看似用 TTP 解决的信任问题其实解决得并不完美，例如，电商和用户之间的纠纷屡屡不断，公信部门系统自身故障以及受到攻击产生宕机的事情也时有发生。因此我们在判断应用是否适合使用区块链的时候，并不是判断 TTP 能否完美解决信任问题，而是 TTP 的缺陷我们能否接受，TTP 的成本能否接受。

6.5　准则五：是否限制参与

判断流程至此其实已经基本确定应该适合使用区块链了，是否限制参与这一指标只是用来断定我们的应用到底适合公链还是联盟链。

公链对用户的准入要求并不高，如所有的虚拟货币，基本上任何人、任何机构只要进行简单的注册，生成私钥和证书即可参与。而联盟链则不同，比如，金融业各银行之间的转账业务，并不希望未经授权的人参与，是建立在一定的信任基础之上的，如某几家银行形成了一个战略联盟，之间使用区块链同步一些信息。但是这些银行之间又不是完全信任的，只是因为相互的利益关系联系到了一起。在这种前提下，联盟链就比较合适。想加入的银行需要通过一系列流程方可获得参与区块链的资质，同时联盟区块链中信任的各参与方都能通过区块链的不可伪造、不可篡改等特性进行相互监督。因此，公链和联盟链并无好与不好之分，各自有适应的场景。

上述流程给出了一个简单易行的审视各类应用是否适用于区块链的基本方法，避免读者在面临陌生领域或全新行业进行区块链应用分析时无从下手。另外需要特别注意的是，本书中提到的五大判断准则只作为判断区块链应用的充分不必要条件,也就是说,如果满足五大判断准则就基本可以肯定应用为区块链应用,但没有全部满足的应用也很可能是区块链应用。在初次尝试使用这五大准则时,读者常犯的一个错误是将需要分析的场景严格按照这五条准则一一对号入座,必须全部满足准则才判定为适合区块链的应用,这样做是很不灵活的。在实践中,请读者根据实际需要,结合业务自身的特点以及企业的实际经验进行量身定制,灵活剪裁,方能发挥区块链的最大价值。

6.6 本章小结

本章针对区块链应用缺乏统一的判断标准,同时业界也缺乏足够的经验积累的问题,创新性地总结出了一系列区块链应用的判断准则,并对准则进行了逐条分析讲解和例证,非常适合新入区块链领域的业务分析人员作为手边工具对陌生新业务领域进行区块链适用性分析,甚至对一些经验丰富的区块链老手也有一定的理论化指导意义。同时,我们也强调了这些区块链应用判断准则和分析流程在使用时不必拘泥于准则的条条框框,只有根据实际情况进行取舍补充,灵活运用,才能对业务是否适合应用区块链进行更准确的判断。

第 7 章 政务领域应用

党的十九大报告中明确指出了未来政务系统的发展方向是由互联网、大数据等网络构成的网络综合治理体系,区块链技术所具备的分布式、透明性、可追溯性和公开性与政务"互联网+"的理念十分吻合,它在政务上的应用也会进一步推动政务"互联网+"的建设,并对政府部门和广大群众带来非常大的变化和影响。2017 年 5 月 26 日,李克强总理在向中国国际大数据产业博览会发去的贺信中表示:"当前新一轮科技和产业革命席卷全球,大数据、云计算、物联网、人工智能、区块链等新技术不断涌现,数字经济正深刻地改变人类的生产和生活方式,作为经济增长新动能的作用日益凸显。"区块链技术作为下一代全球信用认证和价值互联网的基础协议之一,越来越受到政府和组织的重视。2021 年,第十三届全国人民代表大会第四次会议审查批准通过的"十四五"规划纲要将区块链列入数字经济重点产业,再一次明确了"以联盟链为重点发展区块链服务平台和金融科技、供应链管理、政务服务等领域应用方案"的大方向。本章主要通过政务数据共享、电子证照、司法存证、房屋租赁管理、税务改革、财政票据改革、政务基础设施等案例,来阐述区块链技术如何应用于政务服务中。

7.1 区块链在政务数据共享场景中的应用

7.1.1 业务场景

党中央、国务院高度重视加快政务数据开发利用和共享开放,推动信息资源整合,提升社会治理能力;推动数字经济等产业创新发展,培育新兴经济发展业态,助力经济转型升级;强化信息安全保障，提高数据管理水平，促进大数据健康发展。

2020年5月，国务院办公厅印发《公共数据资源开发利用试点方案》的通知，推进公共数据资源开发利用，是推进政府职能转变、深化"放管服"改革、推进数字政府建设的必然要求，有利于优化产业结构，培育新增长点，发展壮大数字经济，促进经济高质量发展。

公共数据是指由政务部门和公共企事业单位在依法履职或生产活动中生成和管理，以一定形式记录、存储和传输的文字、图像、音频、视频等各类可机器读取的数据，法律另有规定或涉及国家利益、公共安全、商业秘密、个人隐私等的数据除外。公共数据资源（见图7.1）开放利用是指公共数据资源开放，以及利用公共数据资源面向社会提供数据产品和数据服务的有关行为。公共数据资源开放利用是加快培育发展数据要素市场，建立数据资源清单管理机制、完善数据权属界定、开放共享、交易流通等标准和措施，发挥数据资源价值的发展趋势。

当前不少地区开始积极探索公共数据资源的开发利用，在释放数据红利、激发创新活力等方面取得一定进展，但也普遍存在资源管理职责不清、数据运营无法可依、安全管理风险隐患突出等问题。

7.1.2 行业现状及痛点

目前影响各级政务部门间数据共享的主要问题包括：共享交换效率低、安全共享手段少、数据有效性差、目录信息不准确、权责不清晰、管控性弱等。

(1) 共享交换效率低。人工平台的发文、申请、协调等方式获取数据，流程长、效率低。

(2) 安全共享手段少：数据的可复制性导致敏感信息泄露，保护数据可用不可得的技术手段少。

(3) 数据有效性差：数据非实时归集容易出现无效数据，大数据平台对业务理解较弱，无法充分管理数据。

(4) 目录信息不准确：大数据平台对目录信息的管理较弱，产生目录和实际数据不一致的情况。

(5) 权责不清晰：数据的所有权和管理权分离，容易引起维护、安全等问题。

(6) 管控性弱：政府数据管理部门对数据实际使用者、使用目的、使用频率等信息掌握不足。

(7) 目录梳理和管控：当前各部门对目录梳理工作重视程度不一，目录梳理质量参差不齐，缺乏及时动态更新和管理闭环，在政务大数据管理平台上存在目录覆盖不全、"死目录""假目录"等问题。

(8) 目录与数据挂接：当前目录体系与数据本身关联不足，导致政府大数据管理平台普遍存在有目录无数据等情况，使得应用部门的需求对接无法落地实施。

(9) 数据链上共享：当前缺乏有效的技术手段来保障数据共享机制和共享数据质量，从而出现，数据提供部门可擅自改变共享权限、中断或停止数据更新和服务，领导重视时共享、不关注时不共享，共享中历史数据缺乏、数据质量无保障等一系列问题。

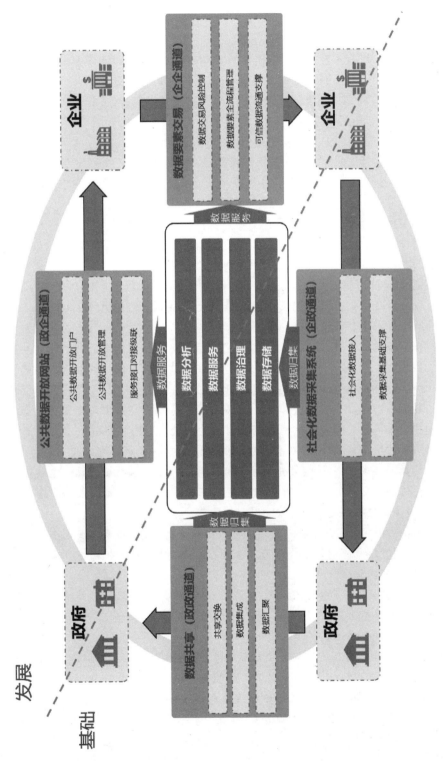

图 7.1 政务公共数据资源示意图

7.1.3 区块链解决方案价值

区块链是"新基建"中的"可信"信息基础设施,利用区块链分布式账本、非对称加密、共识算法、智能合约等关键技术,打造区块链可信政务服务平台,在促进数据共享、优化业务流程、降低运营成本、提升协同效率、建设可信体系等方面具有技术优势。同时,区块链在构建基于区块链的数字政府治理架构,推动跨部门、跨区域政务服务一体化协同建设,夯实政务数据流通、提升开放与共享能力等方面具有无法替代的现实价值。

(1) 目录梳理和管控问题。引入区块链技术后,各部门依职责梳理,把需要共享的数据资源进行编目,并把各部门共享数据的信息资源目录记录到区块链的共享账本上。每个部门作为区块链的一个联盟方,负责梳理各自的共享数据资源,一旦信息资源目录提交上链后,作为区块链上联盟方的其他部门,都可以实时看到共享的信息资源目录。如果一个部门要变更已发布的信息资源目录,通过区块链的多方背书策略,可指定政府数据平台管理方、编办等部门作为多方背书的节点,共同审核同意后,才允许变更的信息资源目录生效,该变更记录自动生成区块链的交易记录,共同写到区块链上。每个部门作为区块链的联盟方节点,都保存所有部门共享的信息资源目录和目录发布、变更记录,可根据审计要求,追溯任意历史的变更记录。

(2) 目录与数据挂接问题。引入区块链后,各部门作为数据的生产方,政府大数据平台管理方作为数据共享的监管方,以及联盟方都上链。信息资源目录的梳理和实际要共享的数据都由实际的数据生产方(各业务部门)提供,目录和实际共享数据的一致性由数据提供方来保证,并把最终梳理好的信息资源目录上链。一旦上链后,区块链的多方背书策略可防止后续各业务部门随意变更已发布的信息资源目录,避免了大数据中心集中化归集各个部门数据所导致的集中化目录与各部门实际共享数据不一致的问题。利用区块链技术把各部门共享信息资源目录进行改造,把政府内部基于区块链的可信数据共享网络构建起来,后续可基于这个区块链可信数据共享网络,进一步把各业务部门实际要交换共享的数据,也利用区块链技术实现扁平化的共享交换机制。各部门的交换共享数据与信息资源目录形成两条关联的区块链联盟链,最终解决各部门间数据安全共享的需求。

(3) 链上数据共享问题。区块链的共享账本和多方背书的策略可避免数据提供方随意变更数据的行为,同时所有记录到区块链节点上的数据,都保存了信息资源目录发布和变更的历史全量记录,可根据时间戳来追溯历史记录。

依托区块链+政务资源服务目录系统,将部门→处室→职责→业务信息系统→数据资源安全、高效地管控起来,形成各级政务部门从履职到政务信息资源的管控闭环。系统架构如图7.2所示。

目录链业务流程说明如下:

① 政府大数据平台管理方作为盟主发起创建目录链,各政府部门加入目录链;

② 各政府部门根据"三定"职责梳理各部门职责目录清单,依据职责目录梳理支撑履职运行的信息系统清单,再依据信息系统清单梳理信息系统运行产生的数据资源,在目录链上进行政务信息资源的编目,包括数据资源分类、资源名称、资源代码、资源提供方、共享属性、开放属性、更新周期等,所有在目录链上的编目、发布、变更都记录在链上;

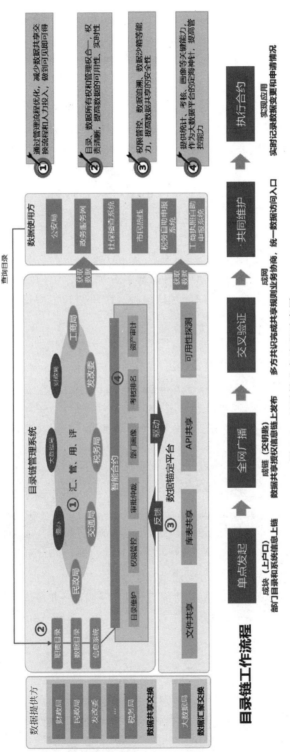

图 7.2 目录链业务流程示意图

③ 通过数据锚定平台,可以探测到各部门信息系统中信息资源元数据的变化,可保证目录的及时更新;

④ 政府大数据平台管理方作为盟主,从管控政府部门数据共享的角度,提供跨部门共享的统计、部门画像,便于对政府部门数据共享效能进行考核。

(4) 政府公共数据对外共享开放问题:利用区块链技术,可营造安全可靠的数据开发利用环境,探索"数据可用不可见"等不同类型的交互模式,提高数据访问、流向控制、数据溯源、数据销毁等关键环节的技术管控能力,确保数据的利用来源可溯、去向可查、行为留痕、责任可究。

以个人、企业金融业务办理为例,需要协同银行、税务、社保等多个政府部门以及社会企业数据的协同参与。由于征信、纳税、社保等信息往往属于敏感数据,数据的共享难、协同散是阻碍提升业务办结效率、改善老百姓办理业务体验的主要问题。因此,在原始敏感数据不流出、不外泄的前提下,实现多方数据的可信计算协同至关重要。

以区块链技术为基础,结合可信安全计算技术、加密技术,可为数据供需双方提供运行环境可信、数据不泄露、数据使用可追溯的可信数据多方计算平台。金融机构全程接触不到非自己所属的数据明文,使得数据"可用不可得"。通过区块链技术保证数据源的真实可信,中间过程可追溯,过程公平、透明。

建立政务-金融联盟链+可信数据沙箱平台,区块链平台提供业务计算需要的可信数据,并提供业务行为存证与审计。可信计算沙箱为政务、金融业务协同计算提供了可信执行环境。在保证政务、企业数据安全、"数据可用而不可得"的前提下,推动政务及银行数据融合计算,实现银行业务的快速、一窗式业务办理及数据融合计算分析。如个人、企业贷款等场景,可通过数据开放系统实现社保、税务、民政、银行等各单位、企业数据的安全可信融合计算。业务架构如图7.3所示。

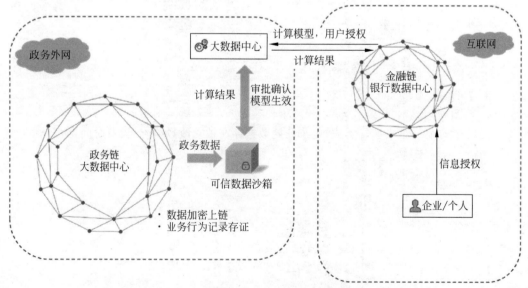

图7.3 政务-金融联盟链+可信数据沙箱平台交互示意图

7.2 区块链在电子证照场景中的应用

7.2.1 业务场景

证件作为个人从事社会活动和企业生产经营的一种具有法定效力的文件,是现代生活中必不可少的工具。在严谨的证件审批管理体制下,烦琐的程序和庞杂的材料证明使得"证件多、办证难、用证烦、核查慢"等办证问题频现,既影响民众生活,阻碍企业正常运营,又降低了行政效率,成为长期以来民众诟病的大问题。与此同时,传统的纸质证照不仅会造成资源浪费,促使重复性证明成为常态,更重要的是难以杜绝证件伪造现象,造成信任危机,同时还存在证照信息分享不畅、易丢失、易损毁等一系列问题。随着信息技术的发展,电子证照应运而生。电子证照不仅可以提高相关人员办事效率,还可以解决纸质证照无法解决的资源浪费和易伪造等问题,甚至可以打通不同的电子政务系统,从而更好地为民众服务。

自党的十八大以来,利用信息手段解决"证件多"和"用证难"等问题已成为社会共识。国务院办公厅《关于促进电子政务协调发展的指导意见》(国办发〔2014〕66号)明确指出:"积极推动电子证照、电子文件、电子印章、电子档案等在政务工作中的应用。"自2016年以来,国务院先后发文提出构建电子证照库,并明确要求积极推动电子证照、电子公文、电子签章等在政务服务中的应用,实现"一网通办""只进一扇门""最多跑一次""一号一窗一网",为居民提供"记录一生,管理一生,服务一生"的服务。2018年,国务院办公厅印发《进一步深化"互联网+政务服务"推进政务服务"一网、一门、一次"改革实施方案》(国办发〔2018〕45号),提出要加快电子证照应用推广和跨部门、跨区域互认共享。2020年9月,国务院办公厅关于加快推进政务服务"跨省通办"的指导意见提出加强全国一体化政务服务平台的"跨省通办"服务能力,充分发挥全国一体化政务服务平台公共入口、公共通道、公共支撑作用,完善统一身份认证、电子证照、电子印章等支撑能力,推动高频电子证照标准化和跨区域互认共享。

7.2.2 行业现状及痛点

电子证照的有效建设与应用将是政务服务发展的必然趋势,但当前电子证照数据的安全可信流通正面临着一些考验。首先,电子证照数据存在被篡改风险,且没有时间标识,其完整性和真实性急需可靠的技术验证手段;其次,电子证照数据的复制成本几乎为零,这使得电子证照数据容易发生泄露,与传统载体相比,互联网间接提升了电子证照数据泄露的风险;最后,信息化的快速发展要求政务服务不能只满足于专网环境,而是需要一种新的技术手段来确保数据在不可信的互联网环境下可信传输。

7.2.3 区块链解决方案价值

区块链技术去中心化、不可篡改、非对称加密、可追溯等特性,正好契合电子证照数据流通安全性和可信性的需求。通过共识机制构建一个多方参与的信任网络，基于区块链的电子证照系统用于政府部门给公民发放电子证照，以取代纸质证照，并通过区块链保存不可篡改的发证、收证、查证记录，使得各社会主体共同建造、共同维护、共同监督，从而满足公众的知情权、监督权，增强电子证照的客观性与可信度。

区块链＋电子证照在政务服务领域的应用，主要需要满足以下三个方面需求：

（1）实现电子证照数据可信共享交换并开展多场景应用。当前，虽然政府各部门均建设了业务系统，并有效管理了自然人或法人的证明，但还不能有效解决纸质证明文件通过自然人或法人在政府部门间传递时信用不连续问题。通过区块链电子证照系统的建设，可多渠道和跨部门采集电子证照数据，各业务部门共同维护利用、共享核验，实现"一件事"的多个系统的数据共享交换，以及跨部门电子证照数据的归集与信任传递，最大限度地减材料、减跑动、减时限，深化"最多跑一次""一次不用跑"改革，提升企业群众满意度。

（2）实现验证、发证、管证等电子证照全链条共享应用。将电子证照应用的制证签发、查证、验证等环节上链，办事人实名认证授权后，在业务服务系统亮证应用，实现"真人""真证""真事"，打造发证、管证、验证等电子证照全链条共享应用模式，让群众企业无须携带证照原件即可办理业务。

（3）打造多方参与鉴证的可信任电子证照应用环境。通过区块链的分布式、防篡改、可追溯等特性，区块链＋电子证照打造一个由多方参与鉴证的可信任环境，为电子证照应用的数据安全、授权应用、跨区域互认提供全过程的基础技术支撑，让电子证照在政务服务应用中更加可信、安全、高效。

区块链电子证照主要包括登记、发证、收证、查验等几个环节。登记环节由群众企业在指定业务部门完成实名登记，申请开通电子证照；发证环节由群众、企业根据需要申请电子证照，并由政府机构签发电子证照；收证用于群众、企业接收、存储、管理自己的电子证照；查验环节主要由查验工作人员对群众、企业提供的电子证照进行查验，证明个人身份或办理相关业务。业务流程设计如图7.4所示。

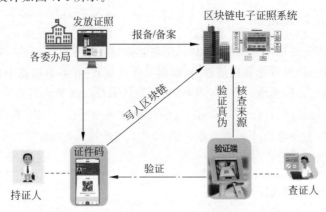

图7.4 区块链＋电子证照业务流程示意图

区块链+电子证照的主要功能包括发证管理、用证管理、业务应用和业务审计。

1. 发证管理

各级发证部门按照本级应开通电子证照目录实施本单位的电子证照制证签发。电子证照数据电文内容、电子签章安全由发证部门负责。增量证照实现电子证照和实物证照同步签发,存量证照按需逐步转化为电子证照。各政务部门业务系统可通过制证签发接口与区块链电子证照系统对接,把电子证照制证签发融入业务办理环节,实现业务办理、制证签发一体化。电子证照签发所需的数字证书、电子印章由各级发证部门按规范要求向 CA 服务商申办采购(也可由各级电子证照管理部门统筹组织采购)。各级发证部门通过部署在本部门的区块链电子证照系统进行数字证书、电子印章的加载和绑定管理,同时对本部门的发证事项与电子证照绑定进行管理。发证事项与电子证照的绑定关系保存在区块链上,保证数据的不可随意篡改,实现依职能依法发证。证照的制证签发场景主要分为增量和存量两种。增量制证签发是指发证部门通过业务办结,为办事人签发实体证照时同步签发电子证照;存量制证签发是指对于存量的实体证照,实行逐步批量方式签发为电子证照。

2. 用证管理

各政务部门业务系统可通过用证接口与电子证照系统对接,把电子证照应用融入业务办理环节,实现业务受理、使用证照一体化。各级用证部门通过部署在本部门的区块链电子证照系统,可进行用证事项与电子证照绑定管理,绑定关系保存在区块链上,防止数据被随意篡改,实现依职能依法用证。本政务部门办理业务过程中,如果只使用本部门的电子证照,业务系统只需调用本部门的区块链电子证照系统的用证服务接口,并通过区块链的智能合约对用证事项与电子证照绑定关系进行验证后,方可使用本部门的电子证照。当本政务部门办理业务过程中,除本部门的电子证照外,还需要使用其他部门的电子证照时,也只需要在本部门部署的区块链电子证照系统上,调用用证服务接口,通过区块链的共享账本(加密保存与事项相关政务部门的电子证照数据),并通过区块链智能合约对用证事项与电子证照绑定关系进行验证后,方可在本部门区块链电子证照系统上获取到其他政务部门授权的电子证照数据。

3. 业务应用

用证部门按照优先使用电子证照的原则,明确业务事项采用电子证照后的服务优化方案(面向办事人/企业法人)以及业务规范要求(面向工作人员)。在办事指南中明确可使用电子证照的材料,可使用电子证照的不再要求办事人提供纸质证照材料。在业务审核时,部门工作人员优先查验电子证照和使用电子证照数据进行业务办理。在业务归档时,可采用电子证照 PDF 版和 OFD 格式进行电子文件归档。证照的业务使用场景主要分为公开、共享、授权三种。公示的证照即依法公开,通过电子证照系统的公众服务门户进行公示查询;共享的证照是指政务部门通过权责事项与证照关系的建立,依职能查询,为保证证照使用上下文的严谨性和安全性,事项与证照关系由各级电子证照管理部门进行管理;授权则是电子证照持证者通过统一的电子证照公众服务门户,对持有的电子证照按需授权给他人使用,被授权方通过实名进行授权查询。

4. 业务审计

电子证照管理部门可对各级政务部门开通的电子证照目录进行统计，对各级政务部门制证签发的电子证照进行统计，对跨部门用证的情况进行统计，对各级政务部门用证和发证的记录进行审计，并支持对可疑记录进行追溯。

当前，我们正处于区块链技术生态、应用市场、产业模式的创新发展机遇期。基于区块链技术的分布式、透明可信、防篡改、可溯源等特性，区块链＋电子证照通过共识机制、分布式账本、智能合约等功能特点，保证政务公开透明，实现电子证照数据共享可信溯源，优化业务协同与服务流程。通过建设区块链＋电子证照系统，可以界定与明晰政务数据共享过程中责、权、利关系，同时保证数据的实时性、同步性与一致性。区块链电子证照系统的成功建设进一步推动了政府的服务方式转变和服务能力提升。

7.3 区块链在司法存证场景中的应用

7.3.1 业务场景

2018年9月，最高人民法院公布了《最高人民法院关于互联网法院审理案件若干问题的规定》，正式确认了区块链证据在法律纠纷中的约束力。2019年，由中国可信区块链推进计划（由中国信息通信研究院牵头）和最高人民法院共同发布的《区块链司法存证应用白皮书》显示，电子数据存证是区块链技术潜在的重要应用落地领域。区块链技术具有防止篡改、事中留痕、事后审计、安全防护等特点，有利于提升电子证据的可信度和真实性。区块链与电子数据存证的结合，可以降低电子数据存证成本，方便电子数据的证据认定。同年，最高人民法院发布《中国法院的互联网司法》白皮书，介绍了各地法院广泛运用区块链等前沿科技，全面推进信息技术在司法中的深度应用。在区块链领域，最高人民法院正在建设"人民法院司法区块链统一平台"，已完成超过1.94亿条数据上链存证固定。2019年10月，《最高人民法院关于修改〈关于民事诉讼证据的若干规定〉的决定》公布，新规定重点完善了电子数据证据规则体系。最高人民法院对电子数据证据的关注，对于区块链等新技术对电子数据证据的调查、认定和采信也会产生持续深远的影响，对于统一法律适用标准，保障当事人诉讼权利具有积极意义。2020年4月，最高人民法院印发《关于人民法院贯彻落实党的十九届四中全会精神推进审判体系和审判能力现代化的意见》（以下简称《意见》）。《意见》指出，要坚持司法工作与现代科技深度融合，积极推进区块链等现代科技在司法领域的深度应用，提升智慧法院建设与应用水平，提升智慧审判、智慧执行、智慧服务、智慧管理水平。

7.3.2 行业现状及痛点

虽然在法条、司法解释和相关规定中，对电子数据存证的范畴、原件形式、取证手段等做了一些规定,但电子数据存证在司法实践中,包括存证环节、取证环节、示证环节和证据认定中依然存在痛点。

1. 存证中的问题

电子数据具有数据量大、实时性强、依赖电子介质、易篡改、易丢失等特性,在存证中面临一些问题。

(1) 单方存证。传统的存证方式有公证存证、第三方存证、本地存证等,这些方式本质上都是由一方控制存证内容,是中心化的存证方式。中心化存证下,一旦中心遭受攻击,容易造成存证数据丢失或被篡改。

(2) 存储成本高。电子数据依赖电子平台存储,为了存储安全,经常需要使用多备份等方式,加之存储有其使用寿命,因此存储成本较高。

2. 取证中的问题

(1) 证据原件与设备不可分。目前,在对产生的电子数据进行取证时,原件只能留存在产生电子数据的设备当中,证据原件和设备是不可分的。原件一旦要离开设备,就变成了复制品而不能成为定案依据。电子数据的发送、回证等依赖于平台,在平台中查看和存储,离开平台很难对其效力进行论证。

这一情况给司法造成了不必要的麻烦,事实上也很难杜绝当事人对电子数据行为和结果抵赖和推脱。

(2) 部分证据可以被单方修改。在目前的电子数据存证平台上形成的数据原件,都是基于法官、当事人在软件上的操作行为所致。在这种数据逻辑结构下,也基于对隐私权的保护,当事人具有对自己数据的删改,包括对其删改记录的删改的权限。那么,所谓的原件到底是不是事件发生时真实、原始和完整的数据,软件服务商也无法保证不被人为修改。即使软件服务商给出了他所留存的数据,也无法证明这个数据是否经过了软件服务商的删改,不能完全保证相关数据的真实性。严格来讲,相关数据只能作为线索和间接证据使用。

因此,在对电子数据取证的时候,所取证据是否属于原件,也是存疑的。

3. 示证中的问题

电子数据展示和固定是电子数据使用的重要环节。由于电子数据的存在形式是存储在电子硬件中的电子信息,因而要获取其内容就需要使用相应的软件读取和展示。这给示证带来了困难,表现在:

(1) 并非所有电子数据的内容都可以通过纸质方式展示和固定,例如,电子数据的电子签名信息和时间信息。

(2) 对电子数据原件的截图、录像、纸质打印,复制存储一般而言都交由操作人自己完成,而其中的差异是难以在原件和复制件核对查验时充分验明的,这给了操作人篡改数据的空间。

(3) 示证的困难使得对电子数据公证的需求增加,这加大了行为人的举证负担,也严重浪费了社会司法资源。

4. 证据认定中的问题

一切证据"必须经过查证属实,才能作为定案的根据",是在世界范围内具有普适性的最重要的司法原则之一。证据的认定,通常是认定证据"三性"的过程,即证据真实性、合法性和关联性。电子数据作为证据也需要经过"三性"判定。电子数据因为数据量大、数据实时性强、保存成本高、原件认定困难等原因,对证据的"三性"认定依然较困难,电子数据经常因为难以认定而无法对案件起到支撑作用,对法官和当事人都造成了较大压力。

7.3.3 区块链解决方案价值

区块链利用技术在不可篡改、不可抵赖、可追溯方面分别在存证、取证、示证方面提供了解决方案。

- 存证:多方分布式存储,内容一致,可溯源。
- 取证:证据分布在多方,并且不可篡改,可以很方便地获取可信证明。
- 示证:监管方可以在分布式的联盟网络中获取真实可信数据,展现证明相比于传统方式有巨大改变。

区块链司法存证的优势在于:

(1) 利用区块链技术容错机制、不可串联性、不可篡改性等特性为法院业务提供技术支持,并将法院各业务部门作为节点接入,形成联盟链,可以提升业务协同效率,降低信任及协同成本。

(2) 利用区块链技术特有的智能合约自动执行的特性为法院业务提供技术支持,可降低人为干扰,强化法院公开透明度,同时降低业务风险。

(3) 通过区块链技术实现业务数据可溯源、操作全流程留痕,有效提升法院内部监督水平,利于法院廉政建设,促进政治清明。

智能合约在区块链中以代码的方式实现既定的复杂业务逻辑,智能合约由合约参与方共同制定和维护,一旦部署则自动执行。能够实现数据处理、价值转移、资产管理等一系列功能。智能合约具有自动执行的特性,可降低人为干扰和人工成本。智能合约技术为区块链用于复杂业务场景,支持垂直行业业务提供了支撑。利用智能合约技术,可按预定规则进行自动的执行、通知、公示,可实现根据审判结果,智能判定进入执行阶段,自动发起执行程序,并对执行全过程进行跟踪记录(见图 7.5)。

智能合约技术的优势在于:

(1) 高效的实时更新。由于智能合约的执行不需要人为的第三方权威或中心化代理服务的参与,其能够在任何时候响应用户的请求,大大提升了交易进行的效率。

(2) 准确执行。智能合约的所有条款和执行过程是提前制定好的,并在计算机的绝对控制下进行。因此所有执行的结果都是准确无误的,不会出现不可预料的结果。

(3) 较低的人为干预风险。在智能合约部署之后,合约的所有内容都将无法修改,合约中

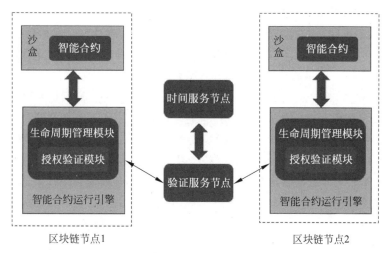

图 7.5　智能合约运行流程示意图

的任何一方都不能干预合约的执行,任何合约人都不能为了自己的利益恶意毁约,即使发生毁约事件,事件的责任人也会受到相应的处罚。这种处罚也是在合约制定之初就已经决定好的,在合约生效之后无法更改。

(4) 去中心化权威。一般来说,智能合约不需要中心化的权威来仲裁合约是否按规定执行,合约的监督和仲裁都由计算机来完成。在区块链上的智能合约更具有这一特性,在一个区块链网络中一般不存在一个绝对的权威来监督合约的执行,而是由该网络中绝大部分的用户来判断合约是否按规定执行,进行监督。

(5) 较低的运行成本。智能合约具有去人为干预的特点,能够大大减少合约履行、裁决和强制执行所产生的人力成本。

7.4　区块链在房屋租赁管理场景中的应用

7.4.1　业务场景

2017 年 4 月 1 日,中共中央、国务院印发通知,决定设立河北雄安新区。通知中将此新区定位为"千年大计、国家大事","是继深圳经济特区和上海浦东新区之后又一具有全国意义的新区"。新区的主要任务是成为"北京非首都功能疏解集中承载地"。

2017 年 12 月 6 日,李克强总理在国务院常务会议中指出:"打通数据查询互认通道,逐步满足政务服务部门对自然人和企业身份核验、纳税证明、不动产登记、学位学历证明等 500 项数据查询等需求,促进业务协同办理,提高政务服务效能,避免企业和群众办事多头奔波。"国家政务系统应号召在多个业务系统中启动基于区块链的政务解决方案,如雄安将构建基于区块链的住房租赁平台,工商银行将为雄安构建基于区块链的拆迁平台等。

传统的房屋租赁业务主要是通过以下几步才能完成一个房子的出租。首先是找房阶段：租客一般在租房信息网上查找房源或者通过电话联系中介，确认好房屋的位置和时间，然后去看房，在经过多次看房后选择出自己可以接受的价格、位置，付定金签合同准备入住。其次是入住期间：选择中介租房的，一旦签订合同，租客和房东都要支付中介费；相当数量的租赁房需要租客自己购置家具、家电设备。最后是退房环节：由于租房期间的自然损耗，押金往往无法全额退还；租客自己购置的家居家电设备的处理是难题，无论是搬家还是贱卖都是麻烦。另外，租客最大的困扰是，即使签订租房合约，也会面临房东随时解约或涨房租的风险。

而雄安房屋租赁则是由政府主导的新模式，因为过度依赖土地财政推动城镇化建设的发展模式，在一定程度上抑制了居民消费和市场主体活力，出现资源配置失衡、投机炒作、房地产价格上涨，易产生经济运行和金融风险等问题。中央对雄安的定位有一点就是改革开放的先行区，包括对房地产管理的改革。能不能通过雄安找出一条既能够发展房地产，又能够控制房地产价格，还能保证更多需要有住房的人有房住的道路，是区块链应用需要解决的重要问题。

7.4.2　行业现状及痛点

近年来，国家推出多项举措，大力推进住房租赁市场发展，以促进我国住房市场"租购并举"。住房租赁市场广阔，从去年开始，多家互联网机构和不少知名房地产企业进入住房租赁市场。

目前，主要存在于租房场景中的一个核心就是如何确定"真人、真房、真住"的问题。譬如，通常租房的第一步大都是找中介，而有不少人在找中介时，遇到了不少黑中介，被欺骗时间和金钱。租房找到了好房源，往往需要商谈租房的费用，这其中就涉及中介费和押金的问题。租房人群中有相当一部分就是刚毕业的大学生，对押一付三的押金，他们有很大的压力，会寻找无押金或押一付一的房子，所以也会中一些黑中介的陷阱。房子住进去之后也不可以放轻松，房屋维修的后续服务是需要关注的。某些租赁公司出租后的服务态度不友好，在日常的房屋维修上，也不会给予相应的帮助，只能租客自己动手解决问题。同时，房地产交易市场在交易期间和交易后的流程中，还存在缺乏透明度、手续烦琐、欺诈风险、公共记录出错等问题，这就大大影响了租赁市场的健康发展。

对于政府等监管部门来讲，传统的中介式租房模式也有很大的弊端。合租房的非法改建，电线、电器设备不达标，存在消防安全隐患，北京曾出现过的出租屋火灾事件就是一个典型例子。由于个人出租房屋的极度分散性，政府无法监管流动人口，成为对毒犯、逃犯等高危人群的监管漏洞。房租一般都是私人转账完成，没有财务账目体系，没法有效征税，造成税收损失。

7.4.3　区块链解决方案价值

雄安新区管委会曾发布雄安新区购房政策的相关信息，明确提出要将房产等相关信息存储在区块链平台中。雄安新区管委会在阐述"数字雄安"的框架时,也提到了三个重要领域,即公民个人数据账户系统、雄安房屋租赁大数据管理系统和数字诚信应用平台。2018年2月10日,雄安新区管委会召开研讨会,以住房租赁积分为切入点,探讨住房租赁管理新模式。《北京青年报》记者获悉,雄安新区探索的住房租赁积分制度,将从住房租赁市场主体属性、政策激励、租赁行为三方面,运用区块链、大数据等前沿技术,建立科学、有效的住房租赁积分全生命周期管理机制,营造活力、健康、有序、可持续的住房租赁生态。

在租房领域,虚假房源泛滥、黑中介横行、租客和房东之间缺乏信任、行业交易效率低下等问题一直存在。区块链的核心优势之一就是不可篡改性,通过区块链记录的各种信息会完整、安全地存储在数据块中,这样实现了数据的公平与客观。区块链技术的应用可实现对土地所有权、房契、留置权等信息的记录和追踪,并确保相关文件的准确性和可核查性。此外,可借助区块链技术实现无纸化和实时交易。从具体的操作来看,区块链技术在房屋产权保护上的应用,可以减少产权搜索时间,实现产权信息共享,避免房产交易过程中的欺诈行为,提高房地产行业的运行效率。

基于区块链的雄安住房租赁平台会将教育局、财政局、房管局、社保局和房屋运营企业构建起一条联盟链,雄安的一些中介也作为房屋运营企业参与其中。按理说,区块链技术的应用首先消除的就是中介,但从中介的积极参与中,我们似乎看到了中介在去中介化过程中的另一种可能,即"从中介变为信息服务商",成为提供房源租赁信息服务的角色。除了房东的个人信用、之前的出租记录、房客评价等信息会被上传到链上,租房人的个人信用、租房记录、房东评价也会记录在链上。同时,租赁存证、租赁合同、转账信息等信息也会上链,如图7.6所示。租赁过程、结果透明公开,实现公平租赁,使用分布式账本来保证信息共享相互通达。租房各个环节的信息都记在区块链上,它们之间的每个流程都会进行相互验证,租客就不必再担心遇到假房东,租到假房子,最终实现李克强总理在两会后提出的"让群众少跑腿、少烦心、多顺心",让群众办事"只跑一次"成为政务服务的发展目标。

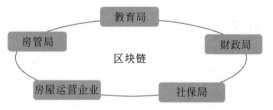

图 7.6 区块链与政务系统的结合

7.5 区块链在税务改革场景中的应用

7.5.1 业务场景

另一个典型的政务系统是税务系统变革,它与每个人息息相关,个人贷款、纳税都离不开它。但是传统的办理流程如下:有贷款需求的纳税人登录银监局平台申请办理贷款,需要提供纳税信息时,跳转到税务网厅指定页面,查询到相关纳税信息(税务与银监局事先确认的交互内容),确认发送指定商业银行,网厅平台请求税务外部数据交换平台将相关信息发给银监局平台,银监局平台发给相关商业银行,完成上面流程后才能确认此人是否有资格进行贷款。企业贷款往往根据一段时间内企业的税务信用等级、销售收入、利润、增值税、所得税等关键指标,反映企业的信用状况和盈利能力,通常作为银行评估中小微企业贷款额度的指标。为了确保个人及企业纳税凭证的真实有效,税银贷款业务通常以纸质材料形式办理。在票据方面,是通过"以票控税",主要依靠发票来证明业务的真实发生。而缴纳个人所得税,开完税证明需要跑到税务局现场才能办理,如果基于区块链的税务示范系统能优化上述场景的问题,将带动区块链在政务应用中的爆发性增长。

7.5.2 行业现状及痛点

近年来,税票在各领域的作用日益凸显,纳税人办理各项事务时,经常需要提供完税证明。过去,这些税票必须到办税服务厅申请开具,办理时间、地点受到很大限制。纳税人来到办税大厅,排队、叫号,再打印税票,遇到人多的时候,从开始到拿到完税证明,再去申请个税补贴,往往需要花上很长一段时间。而广东省2018年就达到4 600万纳税人,都需要跑到税务局现场才能开具完税证明会多么耗时耗力。

另一个痛点就是贷款方面,小微企业用款讲究的是"短、小、频、急",传统银行信贷业务的风控体系主要是基于线下的尽调和审查,以客户的身份信息、资产信息、资金流信息为主要的数据源,覆盖用户有限且效率低。银行要打破原有的传统审批方式贷款才能真正服务小微企业融资,足够刚性的数据成了痛点。

税务系统"以票控税",对消费者而言,传统发票在完成交易后,需等待商家开票并填写报销单,经过报销流程才能拿到报销款;对商户而言,传统发票在消费者结账后需安排专人开票,开票慢、开错票等问题很容易影响消费体验。有些人还会大量虚开发票,甚至是"暴力虚开",给税务管理和行政监管带来了极大的挑战。

7.5.3 区块链解决方案价值

国家倡导"让数据多跑路、群众少跑腿"。大客户的示范效应带动更多的行业客户、政务领域客户上线公有云。腾讯联合深圳国税、金碟电子发票实现付款、开票、报销服务。华为目前跟某税务部门联合测试实现了基于区块链的税票管理系统的原形验证,采用区块链系统后整体方案如图7.7所示。将国家税务总局(简称总局)、地方税务局、不同地方银行构建起联盟链,将地方税务数据实时上链,保证总局可以查看地方税务局的数据。由于信息和制度的相关限制,各个地方税务局无法互相查看。地方税务局和地方银行之间也建立通道,保证银行可以从税务局取到相应的用户数据。为了满足大量用户贷款、签证、报税等高并发业务的访问,华为BCS服务提供创新的共识算法,峰值可达50 000 TPS;为了保护个税隐私信息可验证但不泄露,BCS服务提供同态加密和零知识证明机制,实现隐私保护能力。

为了解决小微企业贷审批问题,将区块链技术应用于在线税银贷业务,由贷款企业授权银行查询纳税数据后,银行根据内部风控模型给予企业授信额度,以此快速实现税、银、企

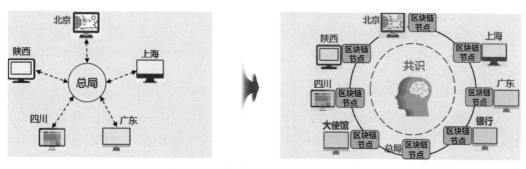

图 7.7 区块链技术在税务方面的应用

三方数据对接。采用区块链技术,不仅能够实现电子纳税凭证的鉴真,而且智能合约可保证数据使用授权执行、控制操作权限,并存证全流程以应对争议。

区块链技术在电子发票领域可以有两个重要作用:一方面,确保从领票、开票到流转、入账、报销的全环节流转状态完整可追溯;另一方面,税务部门、开票方、流转方和报销方四方可以共同参与记账,发票信息难以篡改。采用区块链发票后,消费者结账后可以直接从网上申请开票、存储、报销,且报销状态实时可查,实现"交易即开票,开票即报销"。基于区块链分布式账本的原理,纳税人的交易信息将真实有效,且不可篡改,进而确保纳税人的每一笔业务将不再需要发票来证明真实性;商户方则可以利用区块链电子发票大大节省开票成本,提高店面效率以及开票体验。同时,通过区块链技术架构可以建立新型数字票据业务模式,借助分布式高容错性和非对称加密算法,可实现票据价值的去中心化传递,降低对传统业务模式中票据交易中心的依赖程度,降低系统中心化带来的运营和操作风险。区块链技术还能完善监管流程,以有效规避假发票,解决发票流转过程中一票多报、虚假报账、真假难验等难题。区块链技术不可篡改的时间戳和全网公开的特性,还能有效防范"一票多卖""打款背书不同步"等问题。

此外,银行能够掌握纳税人的信息十分丰富,如果能够将纳税人在银行的涉税资金流(包括资金的转入和转出)信息都反馈到税务局,那么税务部门就能获取到更加全面的涉税信息,提高税务部门的征税效率,有效打击企业或个人的偷税漏税行为。

7.6 区块链在财政票据改革场景中的应用

7.6.1 业务场景

2017年,财政部印发《关于稳步推进财政电子票据管理改革的试点方案》,以期全面提高财政票据使用便捷度,提升财政票据监管水平和效率,重点包括网上报名考试、交通罚没、教育收费、医疗收费等业务。该项工作此前已经在北京、福建、广西等多地展开试点工作。对于此次的全面推开,业内人士认为,这将进一步夯实政府非税收入管理基础,让人民群众更加便捷地享受政府公共服务。同时实现财政管理创新，依托财政电子票据管理系统收集到的标准化数据信息，建财政电子票据大数据应用平台，对财政电子票据数据进行挖掘分析，提供查询、统计、预测、决策等各项数据分析服务，为相关财政管理和监督提供决策依据。

7.6.2 行业现状及痛点

传统纸质财政票据的印制成本高、开具效率低下、管理不规范、不便于监督检查等问题日益突出，越来越不适应现代信息网络技术的发展，制约了网络缴款、电子支付等新兴缴款模式在政府性收费中的应用。为解决上述问题而开展的财政票据电子化管理改革，运用计算机和信息网络技术开具、存储、传输和接收数字电文形式的凭证，正是借助信息技术推动财政管理创新的一次有益尝试。

同时，财政票据在社会主义市场经济中有着重要的源头控制作用，它是行政事业单位财务管理和会计核算的重要凭证，是规范政府非税收入管理的最基础环节，更是有效预防腐败的重要举措和检验政府部门是否依法行政的重要依据。一般而言，财政票据电子化管理借助先进的管理技术和手段，可以达到"印、发、审、验、核、销、查"全方位动态监督管理，对于贯彻落实财政工作科学化、精细化管理要求，从源头上预防和治理"三乱"现象，促进非税收入收缴改革，完善财政票据管理内部控制等，有着重要的现实意义。

在财政票据电子化过程中需要解决的一个重要问题是，如何保证电子票据安全，需要构建财政电子票据安全保障体系，确保财政电子票据在生成、传输、储存等过程中，始终保持真实、完整、唯一、未被更改。区块链技术在解决这些问题上有非常高的契合度。

7.6.3 区块链解决方案价值

以医院开具的财政票据场景为例，财政局、医院、社保局、保险公司、审计部门等可以组建联盟链（见图7.8）。

个人在医院进行诊疗并缴费后，本次诊疗的缴费记录由医院录入到区块链中并由财政局开出电子票据，同时此次诊疗缴费的信息同步到区块链上其他参与方的账本中。在这个过程中，区块链的技术特点将有助于为效率和安全性带来如下价值：

共享账本端到端打通了多个组织间的异构系统，使得票据数据在联盟成员间完全透明化。从而各成员可以应用该数据达成不同的目的，如保险公司和社保局用于报销核实，上级财政部门用于监管下级部门及获得准确的一手数据用于分析，审计部门获得可信的数据进行审计等。并且在有权限的一方对数据进行更改后，其他成员也能实时获得更改后的信息。比如，一家保险公司对票据进行核销后，其他保险公司均可获知此状态，票据将不能用于重复报销。

智能合约和共识机制保证了链上数据的更改权限掌握在必要的角色手中，避免了集中化的数据存储介质中，管理员权限过大可以任意篡改数据的情况。比如，开票要求必须至少得到财政局的背书，防止假票据的产生。

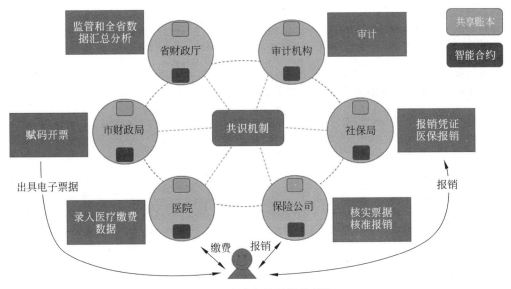

图 7.8　医院电子票据联盟链

多中心化和区块链账本保证了票据数据难以被篡改,以及天然的容灾备份,能在很大程度上防止由于黑客攻击等造成的安全威胁。并且由于票据的历史记录全部可以被回溯,使得审计工作的调阅成本大大降低,变得更加高效、透明、可信。而审计的工作越简单高效,就使得审计越具有威慑力,形成良性循环。

综上,区块链技术不仅能为票据电子化填补上安全性这最核心的一环,并且能给上下游部门带来更大程度的效率提升,使电子票据如虎添翼。

7.7　区块链在政务基础设施中的应用

7.7.1　业务场景

在政务领域,区块链作为基础支撑,对未来新型业务关系的构建产生了关键作用。各地政府为了能使用区块链技术更好地服务于政务系统,需要建设统一的链管平台,实现区块链资源、网络、计算存储以及系统的统一管理、统一认证、统一运维,解决厅局委办对区块链基础设施的诉求。

7.7.2　行业现状及痛点

当前各个委办局采用不同的区块链底层平台去构建政务应用,导致不同区块链底层之间互通互联较难,从而又形成了新的信息孤岛,而且各单位所采用的区块链底层引擎可能也会面临着安全风险,所以政务区块链基础设施需要做到统筹规划、统筹建设、统筹维护,构建一套统一政务区块链基础设施平台,同时能够满足自主、安全、可控的要求,更好地服务于各政务部门的政务服务。

7.7.3 区块链解决方案价值

通过建设区块链可信政务服务平台(简称政务 BaaS 平台)，实现政务领域区块链基础设施的一体化，对区块链资源和业务进行高效管理和运维，降低各委办局使用区块链的技术难度和成本，提供开放和繁荣的技术、业务、生态支撑，解决政务领域区块链应用技术难度大、重复建链成本高、数据隔离度大、生态难构建等一系列问题。政务 BaaS 平台需要满足以下业务需求：

1. 政务 BaaS 平台管理方

政务 BaaS 平台集约化建设，对于快速建设政务服务区块链应用场景而言，委办局可直接通过政务 BaaS 平台申请使用区块链，平台管理方集中审核委办局的使用申请，对委办局使用区块链的创建、加入、审批和退出进行全生命周期管理。

有意向使用区块链政务服务基础平台的委办局，在平台上发起线上开通租户申请，并提供相应的信息，例如，委办局名称、职责、申请目的等。平台管理方接收到线上申请后进行审批，通过后，为相应委办局开通租户账号，分配对应的租户空间资源，部署独立租户面应用。委办局也可以根据业务需要，在自己的租户空间中，为处室和单位创建与分配子用户，分配对应的权限。

2. 各级政务部门

各级政务部门在政务 BaaS 平台上可以单独发起一条区块链业务链。通过在政务 BaaS 平台上提交发起业务链建链申请，提供建链目的、预估规模、邀请方等信息，由平台管理方审批。审批通过后，政务 BaaS 平台自动分配各级政务部门相应的区块链节点资源，各邀请方同意申请后，使用已有的或者分配对应的区块链节点资源，加入到业务链中。

政务 BaaS 平台建设中主要考虑提供符合委办局政务服务应用，便捷快速创建政务区块链基础设施的业务需求。对于上层业务应用人员屏蔽底层区块链技术，各个委办局可以实现快速创建政务业务链，最大限度地简化区块链底层链搭建和网络创建工作，以专注于上层领域场景应用的构建，真正实现区块链底层技术的"开箱即用"。

政务 BaaS 平台是构建在云基础设施之上的，提供区块链底层平台服务和区块链管理服务能力。该平台可以为区块链公共服务应用框架提供必需的基础设施与资源支撑，各级政务部门可以接入政务 BaaS 平台，并衍生出各级政务部门独立的政务服务应用。政务 BaaS 平台是区块链公共服务应用框架的基础底座，是区块链生态应用与区块链治理服务的基石。利用区块链技术连接多方、数据共享、开放协同的能力，通过政务 BaaS 平台构建各级政务部门协同创新共同体，有助于实现数据的跨部门、跨区域协同交互，共同维护和共赢利用，有助于实现政务业务流程轻量化、高效化，进一步降低运营成本。政务 BaaS 平台整体架构如图 7.9 所示。

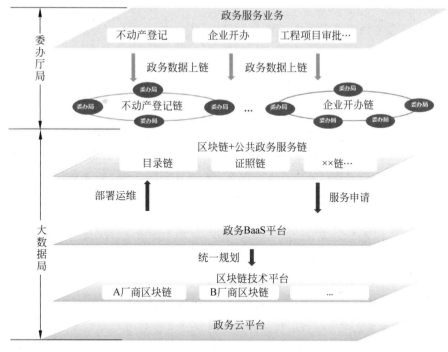

图 7.9 政务 BaaS 平台整体架构

政务 BaaS 平台南向管理基于统一区块链技术架构的多个区块链技术平台，北向结合各级政务部门的需求，提供灵活可选的区块链平台服务。大数据局负责创建公共服务链，公共服务链可为各级政务部门共享使用。大数据局为各级政务部门创建独立的租户空间，各级政务部门可按需创建政务服务应用链，实现开放的区块链＋政务服务应用生态，满足各业务部门政务服务效能提升的需求。

7.8 区块链结合政务服务的机遇和挑战

区块链技术在国内外的政务系统中都有一些典型的应用。在澳大利亚，其邮政部门已准备选举投票也使用区块链来记录。防篡改、可追溯、匿名和安全将会成为使用区块链系统的优势，这一系统将从公司选举和社区选举逐步推广应用到议会选举中。在英国，福利基金的分配以及使用情况将被政府使用区块链技术来跟踪，并且会逐步在税收监管、护照发行、土地登记和食品供应链安全等相关方面推进。在瑞典，政府计划使用区块链技术实现土地注册系统。区块链会记录所有土地交易，土地交易会被所有相关方面进行实时监控，确保交易安全，没有诈骗行为。这一系统还允许所有交易相关方面监控交易进展，包括不动产中介机构、卖家、买家、相关银行以及政府土地管理部门。

在国内，早在多年前就主张推行电子病历，但由于患者隐私信息易泄露和电子病历易被篡改两大安全顾虑,一直阻力重重。医患争议发生时,电子病历也难以被法庭采纳为关键证据。基于区块链技术的卫生部门电子病历存证,电子签名是将医疗责任落实到人的证据指向,而区块链存证提供了不可篡改的电子证据验真记录。只有充分保障数据流通的可信和安全,才能实现电子病历的方便流转。区块链技术可以应用于政务服务如此多的场景,并且可能还有更多的场景没有被发现,政府部门也积极在一些可能应用区块链技术的业务中进行试点,政策上也持鼓励和支持的态度。

区块链技术应用在政务领域会带来如下的三大优势:

优势一:进一步实现"互联网+政务"的优化升级。"互联网+政务服务"已经成为政府部门政务工作数字化建设和发展的趋势。信息技术已经开始广泛应用于政府机构,支撑其进行数字化管理和网络化管理,把日常办公、收集与发布信息、公共事务管理等工作转变为政府办公自动化、政府实时信息发布、公民网上查询政府信息、电子化民意调查和社会经济统计等。随着区块链技术的发展,"区块链+政务服务"的电子政务服务模式开始逐步加以使用,"区块链+政务服务"服务模式可以通过区块链技术结合大数据作为切入点,去解决开放共享数据所带来的信息安全问题,消除社会大众对隐私泄露的担忧。在改进政府管理能力的同时,保障公民的个人隐私不被盗用、公民自身的合法权益受到保护,每个人对自己的信息所有权都能掌握,能够实现在发展的同时保证安全。区块链技术自身具备的不可篡改、非对称加密能力、数据可追溯等特性,使得通过区块链传输的行政业务需求的数据信息具有高度的安全性和可靠性,并且能够基于共识算法构建一个纯粹的、跨界的"利益无关"信任网络的验证机制,打造一条牢不可破的网络"信任链",确保系统对任何用户都是"可信"的,为网络交易各方营造一个高度安全、深度信任的数据流通环境。

优势二:提升服务效率并降低信息系统运营成本。政府各部门在本地部署他们的区块链节点,使得其分布式账本与业务系统数据保持同步。同时,只有数据的哈希值会被存储到区块链中,并不同步完整的原始数据。每条数据的哈希值只有数十字节,可以以极小的数据带宽消耗来实现数据记录的安全同步。减少各部门的工作量使得他们的业务数据不用全量地冗余复制到中心化数据交换系统中,还能保护部门间的数据隐私,除非他们进行跨部门业务,从而降低了信息化服务中心对中心化系统的维护负担。据埃森哲 2017 年发布的报告统计,区块链的应用将为政府监管降低 30%~50% 的成本,并在运营上节约 50% 的成本。

优势三:进一步促进政务公开。根据国家政务公开的相关要求,政府通过大力进行信息化建设,目前为市民提供了便利的政务公示和查询环境,但从技术上无法避免内部管理权限泄露或被擅自使用的问题,导致违规对数据记录进行更改,更改公示信息、不予执行公示政策或不经大众达成共识却擅自执行,从而使信任隐患产生。使用区块链对数据及多方哈希进行记录同步,能够留下不可篡改且发生时间明确的数据记录。基于此记录,内部审查人员能够清楚地进行穿透式监管。此外,公众可以通过区块链网络中的可信节点,对记录在区块链上的数据进行真实性验证,促使政务服务变得阳光、透明、可信。区块链的应用使得政府部门的职能公信力与技术公信力叠加提升,从而更好地施行阳光型、服务型政府定位。

虽然区块链技术在政务领域有如此多的优势和场景,但还是会不可避免地遇到很多的挑战和一些不好解决的问题。以税务为例,当涉税业务体量变得非常巨大的时候,涉及的部门领域越来越多,需要确保数以亿计纳税人的利益。去中心化的区块链系统如何保证在如此大数据量的情况下正常运作,既能顺利解决全国范围内跨大量部门的涉税数据按需共享且相互保密的问题,又能保证所有数据的合法性、安全性受到有关部门的监管,这会是一个巨大的挑战,也是今后继续研究的重点和方向。

新技术的应用可能会存在一些技术及经济上的风险,有关管理部门需要去积极引导,通过产业基金等方式为积极调研和尝试区块链技术的企业提供一定的资金支持,引导和调动试点应用区块链技术的业务系统的企业的积极性,并逐步促进他们发展成熟。在加强区块链基础技术研究的同时,需要深入研究区块链技术在政务领域各个方面的应用,包括政府在金融、教育、慈善、民政、审计等应用场景,通过实践完成一些典型应用项目的开发,不断加强对区块链技术及应用趋势的较深层次的掌握。

7.9 本章小结

本章主要阐述了在区块链应用中如何服务于政务场景,通过雄安新区房屋租赁案例和税务系统个税缴纳案例,分析了常见的政务系统在进行"互联网+"建设过程中会遇到的问题和基于区块链的解决方案所带来的优势。区块链应用在雄安新区这个比较特殊的租赁市场,利用区块链去中心、分布式账本的特点,实现点对点交易,打通中间环节,构建可信交易,最大限度地提升效率,节省成本开支。区块链技术应用于个税信息统计、小微企业贷款、电子发票开具,借助分布式高容错性和非对称加密算法,不仅能够实现电子纳税凭证的鉴真,而且智能合约可保证数据使用的授权执行、控制操作权限,并实现全流程的存证从而应对各种质疑。通过上述案例希望能给政务系统带来一些整体性的思考,以期能对政务电子化带来一定的帮助。

第 8 章
金融领域应用

在区块链领域,金融行业一直是区块链应用最活跃的地方,常见的场景如跨境清算、中小微企业的贸易融资、银行客户身份识别。中国人民银行原行长周小川曾表示:"央行认为科技的发展可能对未来支付业务造成巨大改变,央行高度鼓励金融科技发展。数字资产、区块链等技术会产生不容易预测到的影响。在发展过程中出现的问题,需要进行规范。"

随着区块链技术的发展,包括中国央行、摩根大通、汇丰银行等众多顶级金融机构都开展了丰富的研究与试验性落地。相比于传统的金融业务,它更能够从安全、效率、互信建立等方面带来优秀的解决方案。本章节通过跨境清算、供应链金融、征信场景来进行阐述。

8.1 区块链在跨境清算场景中的应用

8.1.1 业务场景

商业银行开展跨境结算业务有两种操作模式,即代理模式和清算模式。所谓代理模式,主要是指中资行委托外资行作为其海外的代理行,境外企业在中资企业的委托行开设人民币账户的模式;而清算模式主要是指在中资行境内总行和境外分支行之间进行的业务,即境外企业在中资行境外分行开设人民币账户。

——摘选自百度百科

在跨境清算场景中,平时用户可见的流程仅为:前往金融机构填写申请表并支付费用,等待对方收到账目。但是其实中间有一串冗长的流程,即从汇款人开始到汇款、汇款行账户行、各币种清算系统、收款行账户行、收款行和收款人,途中经历了5个环节。每个环节中还要经历3~5个小环节,大量的中介机构参与其中,一笔10 000美元的汇款大概要2~3日才能到账。

8.1.2 行业现状及痛点

目前传统的跨境支付主要是采用传统的SWIFT网络完成(见图8.1),但是在每一个衔接的环节仍然需要大量的人工核查,传统SWIFT业务系统本身成本高、耗时长。在KYC过程中,不同的金融机构对客户信息的真实性控制有限,也会遇到共享的安全问题。主流的代理模式为了保证交易的准确性,需要实现全流程逐个机构、逐笔交易的信息确认,导致效率低、差错率高。

图8.1 传统跨境交易模式

可见跨境清算存在效率低、成本高、交易不透明等痛点。区块链与跨境支付的结合,利用区块链去中心、分布式账本的特点,实现点对点交易,打通中间环节,构建可信交易,最大限度地提升效率,节省成本开支。

8.1.3 区块链解决方案价值

基于区块链平台的银行清算是网状结构。整个网络有多个节点中心,每个参与者(节点)都是权利和义务均等的个体,依靠所有参与者之间的相互约束建立信任。每个参与者都会记录这个区块链上发生的所有清算交易数据,具有不可抵赖性。交易信息也可经过加密处理,只有交易相关角色方可解密。另外,监管方也参与到区块链的网络中。目前监管对银行来说是非常重要又头疼的角色。一方面需要维持金融秩序,另一方面需要配合监管提供大量的文件和材料。如果监管也能成为清算环节中可随时获取信息的角色,那么监管可以保存全量数据,拥有查看每一笔交易的权限以及参与者管理权限,极大提高了监管的效率。

我们以招商银行实现的跨境支付清算(见图8.2)为例。招商银行作为代理清算行,完成从香港永隆银行向永隆银行深圳分行的人民币头寸调拨业务。三方又完成了以招商海通贸易有限公司为汇款人,前海蛇口自贸区内海通(深圳)贸易有限公司为收款人的跨境人民币汇款业务。通过总行与海外分行间的直联通道,实现快捷便利的跨境支付功能,采取日间垫付

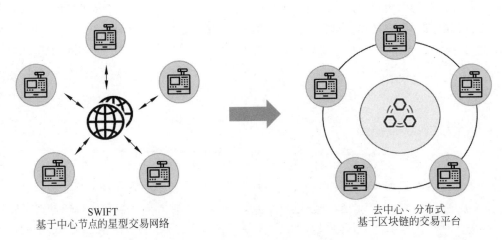

图 8.2 跨境支付清算结构示意图

日终双边差额清算的模式。招商银行通过区块链平台进行点对点跨境支付,实现跨行跨境高效清算,提升资本运转效率,交易时间从一周降低为 2 小时。

区块链为基础的跨境支付,需要所有参与环节全部加入支付链中,交易各方不再依赖一个中心化的系统,用户可以实时查看资金的流向,在这个过程中不仅节省人力、时间成本,而且用户体验也大幅提高。

与此同时,各大银行也积极地开展区块链相关业务的验证与开发,如工商银行基于区块链的点对点金融资产转移和交易服务,江苏银行区块链积分运用及清算,微众银行的联合贷款,银行微粒贷联合贷款的结算和清算等。

在贸易金融融资场景中,区块链可以发挥用户网络效应和应用协同效应。贸易金融业务的特点是规模大、场景庞杂、参与者众、难以用一个系统或一个机构服务所有客户和全部场景。因此传统上采用"分而治之"的方式建设系统,这就带来了一个问题:不管是按照行业划分还是按照业务类型划分,都很难最大化地发挥用户的网络效应以及场景的协同效应。而区块链技术的应用,则可以让平台尽可能承载更多业务场景,在同一个平台实现数据、用户的统一,使不同业务场景可在同一个平台上实现交互协同,从而发挥网络效应和协同效应。区块链可以整合更多的数据源和政府资源。贸易金融业务是一个社会系统工程,它的顺利开展离不开政府部门(工商、税务、海关、法院、交通等)以及众多贸易服务商的参与。这就要涉及各方数据传输和资源整合的问题。区块链技术为贸易金融平台提供了一个更为灵活、开放的系统架构。基于区块链技术的贸易金融平台能够很好地解决传统中依靠人工、业务效率低、融资成本高、重复融资、虚假融资风险大等贸易金融难题。

区块链金融服务还可以延伸到传统业务难以覆盖的边远地区,小额汇兑因为交易费用低不被重视。手机加上区块链是解决这个问题的办法。

8.2 区块链在供应链金融场景中的应用

8.2.1 业务场景

供应链金融是贸易金融的一个典型场景（见图 8.3），它是指在供应链的业务流程中，以核心企业为依托，运用自偿性贸易融资的方式，对上下游企业提供综合性金融产品和服务，整个行业在全球占据万亿级的市场。举个简单的例子来说明供应链金融。一家企业和供应商 A 签订采购合同，金额为 1 000 万元，合同在 12 个月后到期，当然合同款也是在 12 个月后才能付清，然而供货的生产需要 600 万元的资金，传统金融思路是供应商不得不想办法去金融机构贷款，并支付高额的利息，从而间接增加了生产成本。同时金融机构一方放款可能并不及时，放款金额也与该供应商的资质、信用甚至是抵押物有关。供应链金融就是试图使用新的方式来解决过程中各方的金融需求，比如，将业务过程中的采购合同作为抵押物，金融机构校验合同真实性后就可以和供应商 A 签订贷款合同，同时提前放款 600 万元给供应商，12 个月采购合同到期后，企业直接付 600 万元的本金和相应利息给金融机构，剩余的钱直接付款给供应商 A，因此银行的风险极大降低。

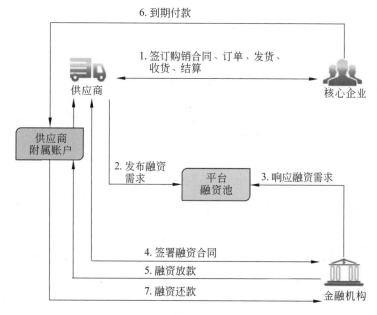

图 8.3　供应链金融场景

8.2.2 行业现状及痛点

从上述例子中我们看到这是一个三赢的局面，企业和供应商的业务可以正常开展，金融结构也从中受益,所以供应链金融思路的核心就是打通传统供应链中的不通畅点,让业务流中的资金都可以顺利地流动起来。当然其中的过程有很多关键点,比如,合同是否真实,合同额有没有被非法篡改,企业有没有不诚信记录,合同到期后企业能否按时顺利地付款等。

另外,在现行金融贸易领域中,存在高成本的人工核查、多银行之间的信息不流通、监管难度大、中小企业申请银行融资的成本高等问题。银行在为客户办理业务时,通常通过人工的情报资料收集、信息对比验证、现场实地考察和监督,来了解客户情况和贸易背景,开展业务风险控制以及管理。

一是对于高度依赖人工的交叉核查,银行须花费大量时间和人工判定各种纸质贸易单据的真实性和准确性,且纸质贸易单据的传递或差错会延迟货物的转移以及资金的收付,造成业务的高度不确定性。二是信息不完整。金融贸易生态链涉及多个参与者,单个参与者都只能获得部分的交易信息、物流信息和资金流信息,信息透明度不高。三是资金管理监管难度大。由于银行间信息互不联通,监管数据获取滞后,例如,不法企业"钻空子",以同一单据重复融资,或虚构交易背景和物权凭证。四是中小微企业申请金融融资成本高。由于以上先天不足,为了保证贸易融资自偿性,银行往往要求企业缴纳保证金或提供抵押、质押、担保等,因此提高了中小微企业的融资门槛,增加了融资成本。

总体来看,供应链金融的核心问题有三点,即融资难、风控难、监管难(见图8.4)。

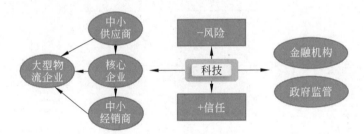

图 8.4 供应链金融核心问题

8.2.3 区块链解决方案价值

供应链金融场景中的关键需求是如何存证供应链的关键信息;如何确保可信资质的评估;如何保障交易各方的权益;供应链的上下游核心企业和供应商之间如何建立互信,降低融资的成本。区块链技术提供的特性和这些需求吻合度很高,数据不可篡改可以让数据很容易追溯,公私钥签名保证不可抵赖,这些机制可以让上下游企业建立互信,区块链中的智能合约可以保障各方约定的合同自动执行。基于区块链可信机制的供应链金融解决了供应商单方面数据可信度低、核验成本高的问题,打通企业信贷信息壁垒,解决融资难题,提升供应链金融效率,通过供应链中各方协商好的智能合约可以让业务流程自动执行,资金的流转更加透明,极大可能地提供公平性(见图8.5)。华为云 BCS 服务利用自身在供应链和区块链方面的业务和技术积累,携手合作伙伴,积极支持其供应链金融结合区块链技术的创新,服务平台提供新型的智能合约引擎支持复杂的智能合约和高效的查询，提供创新共识算法支持峰值可达 10 000 TPS 的高性能并发交易，为该行业的进一步发展提供了良好支撑。

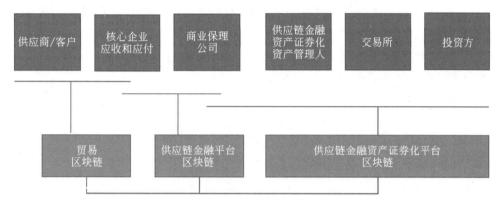

图 8.5　基于区块链的供应链金融解决方案

通过多级链结合起来，在每一级区块链中实现当前范围的可信数据共享，并基于授权，按需把数据推送到下一级区块链系统中。基于共享账本以及智能合约，不但解决了数据互信问题，还提升了各方交易的效率。

8.3　区块链在征信场景中的应用

8.3.1　业务场景

在区块链金融领域应用中，另一个典型的场景是征信系统。个人征信是指依法设立的个人信用征信机构对个人信用信息进行采集和加工，并根据用户要求提供个人信用信息查询和评估服务的活动。个人信用报告是征信机构把依法采集的信息，依法进行加工整理，最后依法向合法的信息查询人提供的个人信用历史记录。

企业征信是指征信机构作为提供信用信息服务的企业，按一定规则合法采集企业、个人的信用信息，加工整理形成企业、个人的信用报告等征信产品，有偿提供给经济活动中的贷款方、赊销方、招标方、出租方、保险方等有合法需求的信息使用者，为其了解交易对方的信用状况提供便利。

企业在获取利益的同时是否能够规避风险，还需要建立专业化的信用管理部门，以强化信用风险管理；建立完整的信用管理制度；建立规范、安全的信用管理业务流程；全面运用先进的信用风险防范技术。

在信用管理的事前、事中和事后阶段，信用报告都会是信用管理最基础和最核心的部分。

这里我们通过政府机构及企业之间背书的场景来介绍征信的现状以及基于区块链的解决方案：解决可能存在的部分企业的数据造假行为，保证链上其他企业和机构能获得可信的征信信息，为金融机构贷款或者其他金融动作提供可信依据。

8.3.2 行业现状及痛点

目前信用信息不准确、获取成本高,一直是金融行业希望解决的一大难题。借助区块链可追溯、共识机制等特性,打破"信息孤岛"的坚冰,加快信用数据的汇聚沉淀,以低成本建立共识信任,助力金融行业信用体系的高速、健康发展。

现阶段征信会面临如下业务挑战:

(1) "信息孤岛"现象严重,汇聚数据困难;

(2) 传统采集方式耗时耗力,数据采集难;

(3) 传统技术存在缺陷,无法保障数据安全;

(4) 数据修改追溯困难,难以保障一致性。

基于目前的业务流程,信用信息分散在各个机构,如银行、法院、运营商,数据之间无法互通、"信息孤岛"问题严重,金融机构无法有效判断出客户的征信信息。信用数据不同于其他行业数据,所属用户是最为重要的数据标签,涉及企业和个人的切身利益,因而安全要求严格,通过传统方式进行共享交换成本较高。传统征信系统技术架构对用户的关注度较低,并没有从技术底层保证用户的数据主权,难以达到数据隐私保护的新要求。传统模式下,征信数据传输缺乏有效监控,一旦出现数据异常,会影响金融机构业务,造成资金损失,同时很难回溯问题原因。如何在保障用户隐私的前提下,同时提供可信的数据共享,是当前迫切需要解决的。

8.3.3 区块链解决方案价值

在 KYC 案例中,A 银行将用户的身份信息通过哈希生成唯一的加密后的数据存入区块链中;B 银行不需要 A 银行共享实际的用户数据,只需要用户提供基本的信息,通过哈希计算及区块链查询两个步骤就可以进行身份确认。显著降低了金融机构的成本,同时为用户提供了良好的用户体验(见图 8.6)。

图 8.6 基于区块链的征信解决方案

当使用区块链后这些问题都迎刃而解,基于安全隐私的前提下,企业创建自己的身份数据,允许其他业务访问所需数据,而不泄露用户信息。同时可以提供基于身份的共享,可以快速构建企业间可信数字身份体系,不但为企业之间的业务构建打通了快速通道,同时为用户提供了一致的用户体验,增强了客户黏性。

8.4 区块链在金融领域的机遇和挑战

区块链在金融领域是最早试水和探索最多的,在供应链金融、贸易融资、支付清算、资金管理等细分领域都有具体的项目落地。金融业务发展的基础是基于信任的合作,在信用风险大、资金运用效率低、支付处理成本高等金融领域难题上,将区块链技术与金融业务融合具有重要的现实意义。因此,"区块链+金融"拥有着较其他行业更为丰富的应用场景和想象空间。

金融机构和互联网公司也在积极探索区块链技术应用。2015年至今,全球有超过100家银行进行区块链应用探索。国际上,花旗银行联合纳斯达克于2017年共同推出了整合的区块链支付解决方案;摩根大通于2018年年底基于区块链开发了银行间信息网络,吸引全球75家银行参与其中。在我国,工、农、中、建四大行纷纷试水区块链技术应用,在供应链金融、商业保理等领域取得了一定成果。华为也在对金融领域进行区块链布局。总体来说,区块链在金融领域具有以下应用优势:

1. 助力金融交易提质增效,降低风险与成本

"区块链+金融"可以塑造高效、低成本的金融交易模式。在跨境支付、贸易金融、供应链金融及征信等场景中,区块链技术能融合相关数据流、信息流和资金流,简化验证、对账、审批与清算等交易流程。通过点对点交易模式,可以大幅降低人工、跨机构、跨系统信息传输中的错误发生率;通过区块链智能合约,可以自动确认并执行双方交易结果,有力地提升金融交易结算的效率和质量。同时,区块链技术可解决消费金融业务面临的欺诈风险防控难题,大幅降低金融风险成本,延缓行业分化速度,甚至改变消费金融行业的发展轨迹。

2. 重构金融信用机制,提升信息安全优势

"区块链+金融"能进一步夯实金融领域的信用机制,这是区块链应用在金融领域的显著优势。区块链技术基于非对称加密算法,在保证链上信息安全和唯一的同时,通过分布式记账存储,保证了各主体间账本的安全、透明与一致,切实降低各参与方的信息不对称,各交易主体可直接进行可信任的价值交换,基本实现了信用创造机制的重构。同时基于技术本身的信息防篡改特性,金融交易信息一旦得以验证并添加至区块链,就会长久地存储起来,这使相关金融交易业务具备了较好的稳定性与可靠性,保证了金融交易安全。

3. 支持金融监管工作,辅助降低各类型金融风险

防范重大、系统性与局部性金融风险是金融监管的重要职责使命。区块链技术以其分布式记账、防篡改、高度透明的特性,确保了数据的真实性和可追责性。相关金融交易通过链上的不同区块完成溯源,交易信息经过的每个环节、每个经手人都将被实时、准确记录,实现信息流通的精准回溯,有力提升了金融监管的精准性和时效性,在一定程度上降低了监管工作的难度与执行成本,可以有效防范各类型金融风险的发生。

但是我们也必须看到区块链金融应用仍处于发展初期,整体上金融领域应用处于局部业务流程优化和创新的"点"的层面,跨机构、跨领域、跨行业的由"线"到"面"的杀手级应用尚未出现,应用从试点到大规模落地还需要相当长的时间,实际应用中面临着诸多挑战。

(1) 技术标准体系有待于完善;
(2) 隐私保护与数据共享矛盾逐渐凸显;
(3) 性能效率存在局限性;
(4) 内外协同面临新型挑战。

只有克服上面的问题,完成了挑战,并且加强区块链的技术引导和规范,通过行业间互相协作,进一步拓展视野,才能积极推动业务创新及生态环境建设。

8.5 本章小结

本章主要阐述了在区块链应用最活跃的金融领域的典型案例,分析了常见的金融场景,如跨境清算、中小微企业的贸易融资和银行KYC的用户痛点问题,以及基于区块链的解决方案所带来的优势。区块链与跨境支付的结合,利用区块链去中心、分布式账本的特点,实现点对点交易,打通中间环节,构建可信交易,最大限度地提升效率,节省成本开支。区块链技术与供应链金融结合,保障数据不可篡改,让数据很容易追溯,公私钥签名保证不可抵赖,让上下游企业建立互信。区块链中的智能合约可以保障各方约定的合同自动执行,降低核验成本,打通企业信贷信息壁垒,解决融资难题,提升供应链金融效率。通过供应链中各方协商好的智能合约可以让业务流程自动执行,资金的流转更加透明,极大可能地提供公平性。区块链技术以分布式存储、点对点传输、共识机制与加密算法等技术,屏蔽底层复杂的连接建立机制,通过上层的对等直联、安全通信和匿名保护,加速打破"信息孤岛"的行业坚冰,加快各行业信用数据的汇聚沉淀,加强用户数据的隐私保护,以低成本建立共识信任,以新模式激发行业新业态、新动力,在征信领域有着广阔的发展前景。

第 9 章
民生领域应用

谈到区块链,大多老百姓都认为是前沿科技,高深莫测,似乎与自己并没有什么关系。但事实上,区块链与民生息息相关。习近平总书记在中央政治局第十八次集体学习时指出,要探索"区块链+"在民生领域的运用。在所有需要信任、价值、协作的民生服务领域,都可以通过区块链完善方案,参考"互联网+"模式给人们带来的极大便利,不难想象,"区块链+民生"将蕴藏着更加广阔的应用前景。本章通过健康档案、学情分析、精准扶贫、防伪溯源几个场景来阐述区块链在民生领域的应用。

9.1 区块链在健康档案场景中的应用

9.1.1 业务场景

健康档案是医疗卫生机构为城乡居民提供医疗卫生服务过程中的规范记录,是以居民个人健康为核心、贯穿整个生命过程、涵盖各种健康相关因素的系统化文件记录。居民健康档案内容主要由个人基本信息、健康体检记录、重点人群健康管理及其他卫生服务记录组成。病历是医疗工作的全面记录,客观地反映疾病病情、检查、诊断、治疗及其转归的全过程,是医务人员在医疗活动过程中形成的所有文字、数据、图表、影像等资料的有机整合。电子病历是通过计算机技术将病人的病历汇集到计算机中,通过计算机获得病历的有关资料并对其进行归纳、分析、整理形成规范化的信息,从而提高医疗质量和业务水平,为临床教学、科研和信息管理提供帮助。

9.1.2 行业现状及痛点

当前我国医疗信息化正处在重要转型阶段,医疗资源的共享和流动是转型的主要目的,也是国家推进健康中国的必经之路。

我国医疗信息化发展的不同阶段如下(见图 9.1):

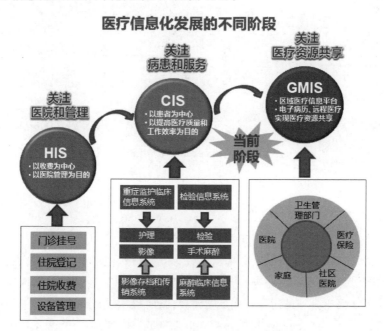

图 9.1 医疗信息化发展的不同阶段

1. 医院管理信息化(HIS)阶段

HIS 系统以收费为中心,将门诊/急诊挂号、核价、收费、配药和住院登记、收费以及医疗机构人、财、物等资源调配信息,借助信息网络技术进行管理,并采集整合各节点信息,供相关人员查询、分析和决策。

2. 医院临床医疗管理信息化(CIS)阶段

CIS 系统以患者为中心,以医生临床诊疗行为为导向,借助多种软件应用系统整合患者临床诊疗数据,完成电子化汇总、集成、共享,医务人员通过信息终端浏览辅助诊疗路径、发送医嘱、接受诊疗结构、完成分析,实现全院级别的诊疗信息与管理信息集成,并在此基础上,不断延伸出各类信息应用系统。

3. 区域医疗卫生服务(GMIS)阶段

GMIS 平台是指通过运用信息和通信技术把社会医疗资源和服务连接起来整合为一个系统,实现区域医疗卫生服务。GMIS 系统建立的前提是医院内部 HIS、CIS 系统已经有一定的基础且数据交互不存在障碍,该系统主要体现在区域内医院与医院,医院与各级卫生行政管理机关、医疗保险等机构间的信息互联互通,消除单个机构的"信息孤岛"现象,以实现资源的共享和优化,以及区域医疗卫生服务的管理。

当前,我国医疗信息化正处于第二往第三阶段过渡时期。在第三阶段,卫计委等医疗管理机构、区域领军医疗机构的解决方案领导者将扮演重要角色,区域信息化平台、医联体、居民健康档案、远程医疗、分级诊疗等将是医疗信息化的主要呈现方式。《全国医疗服务体系规划纲要》提出要加强人口健康信息化建设,实现全员人口信息,电子健康档案和电子病历数据库基本覆盖人口并动态更新,全民建成互联互通的国家、省、市、县四级人口健康信息平台。解决当前存在的如下问题:

(1) 医疗健康数据分散,处于"孤岛"状况。不同医疗机构的数据互相独立,处于"孤岛"状态。从患者角度来说,健康记录处于零星分散的状态。要想获取不同机构或不同时间段的记录是非常不便利的,没有一个患者维度的全局视图。

(2) 不同医疗机构电子病历数据传递存在信任问题。不同医疗机构的诊疗记录、检查检验数据等无法保证不可篡改、不可伪造和进行溯源,因此也得不到跨机构医疗工作者的信任。导致患者在跨医疗机构就诊时不得不重复进行检查检验,既浪费医疗资源,又给患者带来额外负担。

(3) 医疗健康数据共享不受控,存在隐私泄露风险。医疗健康数据的共享没有有效的控制手段。导致数据共享要么被滥用最终造成隐私泄露,要么因为担心隐私风险而不敢共享数据,影响医疗大数据的使用。

9.1.3 区块链解决方案价值

区块链健康档案和电子病历解决方案,助力医疗行业实现健康和医疗数据的可信共享,使数据由存储于一个个医疗机构中的"孤岛"转变为以人为中心的全时空维度视图。它可用于如下场景:

1. 精准医疗

长久以来,医疗数据更多的只是在医疗机构内部流转和共享,不同的医疗机构间的信息不畅通,缺乏有效的数据共享机制。使得诊治医生因为不能看到病人完整的就诊记录,增加了精准施治的难度。

(1) 通过区块链共享账本可以使得患者的医疗数据在得到授权的情况下在不同的医疗机构间共享,诊疗医生可以看到患者的完整就诊记录、体检数据,甚至可穿戴设备数据,从而做到精准施治或提前预防。

(2) 患者在不同医疗机构的检查检验数据可以得到可靠共享,不用担心被伪造篡改,也避免了患者不必要的重复医疗。

2. 电子病历取药

目前,某一个医疗机构开具的电子病历一般只支持在本机构的药房使用。如果想要到机构外部的药房取药的话,往往会碰到无法验证真伪的问题。并且在未来远程医疗流行的情况下,问题会更加突出。

通过区块链共享账本不可篡改性保证电子病历的真实性,使得患者可以在医疗机构之外的任意加入了联盟链的药店取药。

3. 医疗研究支持

医疗大数据价值挖掘需要大量的数据样本,但单一医疗机构或研究部门能获得的数据资源有限。同时在医疗数据使用中也面临着患者的病历健康档案数据的安全问题,患者的隐私能否有保障,也备受人们关注和担忧,因为医疗背后数据的有效利用和利用程度是否经过患者的授权、作何用途等都无从得知。

(1)医疗研究机构可以通过电子病历和健康档案联盟链获取更多的数据分析样本。

(2)患者可以参与到医疗数据共享中,对自己的数据是否使用和使用范围进行授权,同时也可以在授权使用后获得激励。

区块链健康档案和电子病历解决方案参考如下:是从业务、平台、数据资源及云基础设施的端到端方案,实现一个患者在不同医疗机构诊疗数据的可信共享、授权控制。

区块链在医疗健康领域的应用见图 9.2。

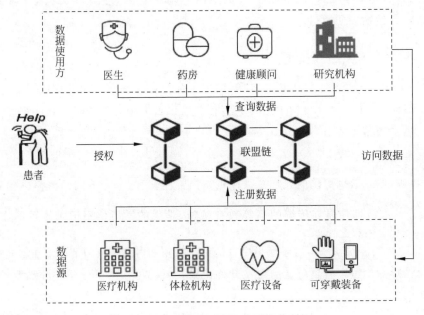

图 9.2 区块链在医疗健康领域的应用

区块链在医疗健康领域的应用具有如下优势：

（1）获得基于患者的全时空维度健康档案。通过区块链整合集成多个不同医疗机构、体检机构、医疗设备甚至可穿戴设备的数据，以患者为中心构造全时间和空间维度的健康档案和电子病历视图，方便精准施治，减少重复医疗和就医成本。

（2）提高数据传递的真实可信性。基于区块链不可篡改、不可伪造的特性，保证医疗机构间电子病历、检查检验数据等传递的真实可信性，并能保证后续追溯和审计的便捷、高效、有效性。

（3）数据可控共享，防止隐私泄露。患者医疗数据的共享由自己把控并进行授权控制和范围控制，防止隐私泄露。增强患者参与感，并可增加激励措施繁荣数据共享生态。

9.2 区块链在学情分析场景中的应用

9.2.1 业务场景

学情分析（教育评价）是为了确定学生达到教学目标的程度，而收集、分析和解释信息的系统过程。学情分析（教育评价）包括对学生的定量描述和定性描述两方面。一个完整的学情分析（教育评价）将包括测量和非测量两种方案，是所有成功教学的基础。

9.2.2 行业现状及痛点

近些年来，我们的教育在规模和质量上取得了突飞猛进的成果，但是在"开放"和"公信"方面依然备受质疑。其实，开放是教育的基本理念，知识的公共性决定了教育的开放性。教育的开放意味着教育服务主体的多样化，打通各个教育机构之间的壁垒，突破传统的专业限制和学习时段限制，构建跨校和跨地区的学分银行体系也是教育开放的另一个重要趋势。

进一步来看，教育的开放是全过程，不仅包括教育资源的开放，也包括教育行为记录、教育评价结果的开放。随着现代远程教育的兴起和大规模开放在线课程的推广，开放教育已经从趋势变为了共识。开放教育的形式丰富多样，突破了面授的单一形式。但是，现有的教育系统尚未很好地适应这种模式，面授以外的学习过程和学习结果往往不被公众认可，从而产生了信任危机。即使是在传统的高等教育领域，学生的学历信用记录体系不完整、不透明，导致政府或者企业无法获得完整的有效信息。在求职时，又存在学历造假、简历造假等问题，用人单位和相关院校缺乏简单高效的验证手段。为此，我们急需一种新的机制，既能保障人们享受教育开放带来的便利，又能保障教育应有的公信力，并进一步地推动教育走向开放。

9.2.3 区块链解决方案价值

1. 学情信息

区块链本质上是一套全新的数据存储方式,学情数据、学生的成长档案等和学习历史相关的数据都能被存储记录。"区块链+教育"可以借助区块链的匿名性、隐私性,打通目前的数据"孤岛",让学生、学校、培训机构等共享数据,从而优化数据供给端,做到对每一位学生"因材施教"。

对学校而言,要保存学生的成绩记录是一项艰巨的工作,因为这些记录要保存一辈子。2019 年,中国教育信息化市场规模约 4 300 亿元,其中财政性教育经费大约贡献了 70%~80%的份额,使用区块链技术能减少部分财政支出。因为区块链体系结构中固有的灵活性允许支持和存储记录、文档和数字资产,而不需要任何额外的基础设施和安全性成本。

2. 数字证书

2017 年,麻省理工学院向毕业生颁发了虚拟文凭,学生们通过智能手机接收到了这些信息。和普通的纸质文凭不同,区块链文凭永远不会丢失,而且它也永远不会被伪造。无论你去哪里,你的证书都将永远留在你身边。

利用数字化的区块链文凭也可以消除对传统的票据交易所或大学作为签发成绩单的中介的需要。如果学生们开始把他们所有的证书和徽章都存储在区块链上,那么在不同大学之间的迁移就会变得容易得多,学分转移就不再会成为他们教育之旅的阻碍。

区块链非常安全,一旦添加了数据,就几乎不可能更改。因此,所有证书都是安全的,人们可以通过点击一个按钮来访问它。

3. 教育评价

国内某教育行业专家曾设想过利用区块链技术的数据不可篡改的特点,将学生的学习轨迹记录下来,再通过 AI 分析出报告,就能改变"一考定终身"现状。这种设想的背后是一个重新定义人才的梦想,即升学、就业的人才评定将不仅仅依靠一次高考,不再只看一纸证书,人的各方面才能都能成为评定依据。教育改革的议题从未停止过,却总是知易行难。说到底,改革的难题不仅出在观念上,技术上也受到限制,未来区块链技术和 AI 结合可以在技术上有所突破。

区块链在教育领域的应用见图 9.3。

区块链在教育领域的应用具有如下优势:

(1) 建立可信的学生成长档案,形成追踪数据库;
(2) 可信认证学生的多样化学习成就;
(3) 及时考察和引导学生的非认知能力的发展;
(4) 有效防止学生成长数据被篡改和伪造,保护数据隐私;
(5) 助力解决学生综合素质评价中存在的信任问题。

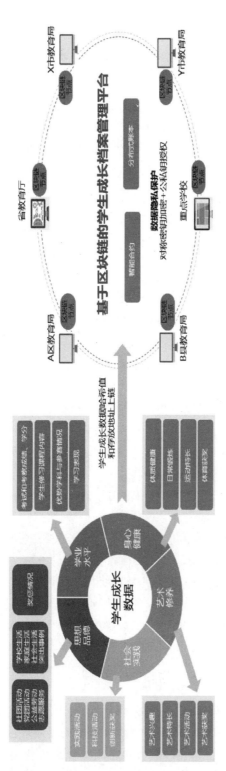

图 9.3 区块链在教育领域的应用

9.3 区块链在精准扶贫场景中的应用

9.3.1 业务场景

消除贫困、改善民生、实现共同富裕,是社会主义的本质要求。改革开放以来,我国长期通过促进经济快速增长、推动区域开发带动贫困地区和贫困群众脱贫,在区域性扶贫开发方式上取得显著效果。但是,随着我国经济发展水平的迅速提高、贫困人口的迅速减少,贫困人口的插花式分布特征更为明显,传统区域开发方式下,贫困户和贫困人口底数不清、项目安排"大水漫灌"、资金使用"撒胡椒面"、扶持措施大而化之、帮扶工作走马观花、贫困县不愿"摘帽"等一系列问题凸显出来。对贫困户和贫困人口实现精细化、动态化管理,成为我国扶贫开发事业深入推进的关键突破口。

党的十八大以来,党中央统揽全局,审时度势,把农村贫困人口脱贫作为全面建成小康社会的突出短板、底线任务和标志性指标,把脱贫攻坚摆在治国理政的突出位置,提出并实施精准扶贫方略,举全党全国全社会之力,采取超常规的举措,全面打响脱贫攻坚战,努力实现全面建成小康社会的目标任务。精准扶贫是粗放扶贫的对称,是指针对不同贫困区域环境、不同贫困农户状况,运用科学有效程序对扶贫对象实施精确识别、精确帮扶、精确管理的治贫方式。一般来说,精准扶贫主要是就贫困居民而言的,谁贫困就扶持谁。

9.3.2 行业现状及痛点

从农村到城市,从政府、企业到公益组织,如何有效地开展扶贫工作,精准地扶贫帮困一直是一个重大难题。当前主要包括以下三大难题:

(1) 救助帮困政出多门,政策顶层统筹设计有待于进一步加强。以国内某市为例,目前,全市救助帮困涉及的部门众多,各部门针对各自职能和服务群体制定了种类多样的救助帮困政策,甚至针对同一类对象的帮困、保障政策出自两三个甚至四五个部门。

(2) 困难对象需求多元,救助帮困的精准度有待于进一步加强。在大调研中发现,目前救助方式以现金和实物救助为主,服务救助和能力救助相对有限,部分对象因身体或精神原因,就业积极性不高,需对其进行职业技能培训或者提供精神健康方面的康复服务。部分对象希望在基本生活需求已得到解决的情况下,增加子女教育、心理抚慰等有针对性的帮扶。

(3) 救助帮困数据资源零散,数据共享有待于进一步提高。因救助帮困涉及辖区内多个不同部门,帮困业务信息散落在不同部门的系统或电子文件中。

9.3.3 区块链解决方案价值

基于大数据、区块链和隐私计算平台,打造扶贫帮困大救助平台,横向汇接基础部门信息,纵向联结市级条线系统,形成三类资源,通过个人信息标签化关联、单个或群体的画像展示,辅助现有管理及服务流程的优化,建立专题信用库,避免重复救助,提升主动服务体验,围绕数据从发现识别、救助帮困、绩效评估、服务改进和主动服务形成全生命周期的应用体系。

区块链在扶贫公益领域的应用见图9.4。

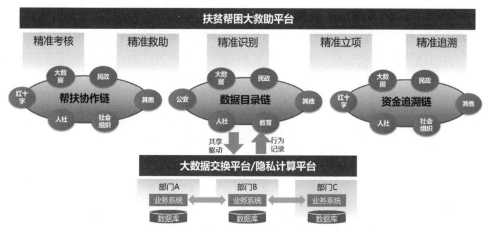

图 9.4　区块链在扶贫公益领域的应用

区块链在扶贫公益领域的应用具有如下优势:

(1) 共享利用画像成果。各类系统是救助帮困数据资源中心的信息提供方,也是救助业务开展的信息应用方,通过资源中心形成标签画像指导一线具体服务,形成新的标签或新的服务记录再反哺给资源中心形成循环效应。

(2) 优化审批与服务流程。数据多跑路,对象少跑腿。通过救助业务相关数据共享共用,同时做到救助应用的标准化建设,实现基于区级自然人信息的身份快速认证,减少纸质材料证明,简化审批流程,并对服务全过程留痕,为全生命周期管理打下基础。

(3) 全生命周期管理。打造救助帮困工作共建、共享、共联、共治的工作机制。完善优化现有社区救助帮困工作机制,区各级救助帮困机构共建、共享、共联、共治,对救助帮困对象进行精细化管理,通过系统自动"推送"功能,将困难对象自动推送至下一步救助帮困方向的部门和组织。提供主动性、靶向性服务,对救助帮困对象(家庭/个人)进行全生命周期管理,形成发现识别→精准帮困→绩效评估→服务工作改进→主动服务的服务闭环,着重于帮困绩效评估及后续服务改进,使得服务生命周期全过程可溯、可检、可留痕。

(4) 完善救助对象信用信息。利用前期数据和应用建设成果,提炼建立帮扶对象的个人信用预警模型,对重复、骗取救助的行为进行警示,并将帮扶信息纳入全区统一信用体系。

(5) 资金精准发放。资金"点对点"投放。大额扶贫资金的落实涉及行政、地方、企业诸多机构,要想减少消耗,必须减少不必要的中间环节,实现"点对点"精准投放。然而区块链去中心化、不可篡改的特性无疑是最好的选择。

9.4 区块链在防伪溯源场景中的应用

9.4.1 业务场景

随着互联网带动电商的发展,代购行业的兴起,越来越多的假货面世,假货制造商和不良代购使得大量假冒商品流入市场,人们在购买商品的同时不仅要担心质量问题,还要担心真伪问题,给我们的购物带来了极大的不便。打击假冒伪劣如何做到从根源上杜绝,单纯的验证产品厂家信息已经远远满足不了市场需求,在防伪的同时能够监控产品的原料、生产、仓储、物流信息,成为近年来防伪发展的主要趋势。防伪溯源体系由此发展成为防伪体系中独立的分支并不断壮大。VFRONT 信息追溯认为信息追溯标识(包括二维码、条码、RFID)决定了其在防伪溯源中承担了重要的作用,成为信息市场中防伪溯源的必备工具。

9.4.2 行业现状及痛点

从 2015 年开始,各部委相继出台关于重要产品的溯源要求,涉及食品、药品、可食用农产品、危化品、种子等各行业,要求各主体企业自行建立产品溯源系统,实现产品来源可查、去向可追,保证重要产品的安全。而目前大多数企业均还未建立溯源系统或者只是用了一个简单溯源系统。

1. 传统溯源系统不支持灵活便利的私有化部署,不支持区块链应用

目前市面上已有的溯源系统大部分是基于传统集中的 IT 技术,使用 SAAS 模式,只给使用客户开放一个后台账号进行使用。客户只有使用权,所有溯源相关数据均集中保存在技术服务方的服务器上,数据安全得不到保障。

2. 传统溯源系统不能根据不同应用场景及需求灵活适配标识技术

目前所有溯源技术提供方均是根据客户现有需求进行定制开发的。所提供的溯源系统只能支持一种产品溯源标识技术,如二维码或 NFC,没有考虑客户产品未来发展的多样性从而产生多种产品溯源标识的需求。如果将来客户需要增加新的溯源标识技术,需要更换溯源系统或者需要增加新的技术开发费用,从而导致客户重复投资和长周期交付。

3. 传统溯源系统不能拉通防伪、溯源、经销商、营销等多维度应用

目前已有的溯源系统大部分是为了客户某个部门单应用场景进行定制开发的(如防伪、溯源、营销等),不能同时满足企业各个部门不同的应用要求,如要增加则又需要另外建立系统,另外独立开发。现在企业需要一种能满足不同部门角色需求的溯源系统,来实现防伪、溯源、经销商管理、营销等多个场景的应用。

9.4.3 区块链解决方案价值

1. 快消品溯源和防串货

目前快消品作为日常生活中消费量最大的产品大类,绝大多数均未建立可靠的溯源体系,无法监测产品安全风险与责任,同时快消品同质化严重、竞争激烈,企业无法直接获取消费端产品需求与消费者对产品的互动数据。基于区块链的快消品溯源(见图9.5)和防串货方案如下:

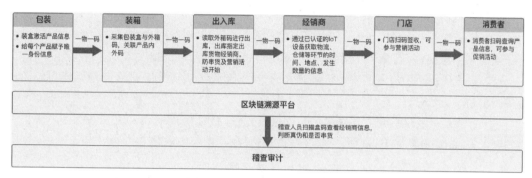

图 9.5　区块链快消品溯源平台

(1) 通过区块链建立可靠的快消品溯源营销体系,让所有产品能够追踪溯源,责任清晰。通过区块链保证数据真实,防止篡改及混淆责任。

(2) 消费者在不同区域、时间、产品通过手机识别产品溯源唯一身份标识参与品牌厂家的营销活动,让消费者直接与品牌方产生互动,从而让品牌方获取消费者时间、位置、产品、偏好等信息,以指导公司营销策略。

2. 特色农产品溯源

中国是农业大国,全国各地均有着自己独有的特色农产品,但是大多数消费者并不知道这些特色农产品的来源与特点,从而导致很多地方出现假冒的特色产品。同时农产品作为重要的食品,不同厂家生产的农产品质量参差不齐,因此需要根据国家要求进行产品溯源,实现产品的追踪及召回,保障食品安全。基于区块链的特色农产品溯源(见图9.6)方案如下:

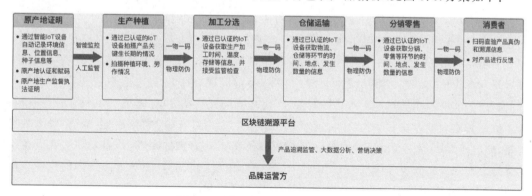

图 9.6　区块链特色农产品溯源平台

(1) 通过区块链农产品原产地溯源可实现地方特色农产品原产地保真溯源,从田间地头到农产品初加工再到消费者可全程记录产品的来龙去脉,可实现农产品原产地监控、产品异常召回,通过区块链保证溯源信息的真实性,可精准追责。

(2)消费者通过区块链溯源可实时看到农产品的生长、加工、运输环境,让消费者买得安心、吃得放心。

区块链在防伪溯源领域的应用具有如下优势:

(1)保证溯源真实性。保证源头信息真实,多方印证提高造假成本,信息无法篡改,提升客户对产品的信任度,提升产品形象,监管部门可以快速进行取证执法。

(2)穿透式端到端流通监管。依靠忠实的数字化判断,实现数字化原产地认证和流通环节的可信,提高效率。

(3)打造品牌故事。建立与客户的互动渠道,通过品牌故事、产品生命历程为客户提供真实再现的产品,提升产品忠诚度;获取客户需求,提高对市场的敏感度。

9.5 区块链在民生领域的机遇和挑战

信用成本无疑是现实社会中最重要的运行成本,区块链用这种分布式记账的方式让信用有所记录,被所有人采信,可以写入智能合约去辅助执行,这样会大幅度降低信用成本,提高社会运行效率。区块链应用不仅仅是纯粹的技术进步,而是形成信用的记录和信用的传递,改变的是生产关系。区块链应用正进入越来越多的民生领域。例如,上海市静安区基于区块链技术面向市民公开发放的购物补贴券、体育运动消费券。区块链不可篡改的特性,能确保网上抢券和使用的公平性和有效性。上海科学院区块链技术研究所和中国科学院上海营养与健康研究所、翼方健数共同打造营养健康分析系统,利用加密、区块链等技术,使医疗健康机构可在不知道客户核心数据的情况下,对体检报告等数据进行分析,为客户提供健康管理方案。在旅行消费中,区块链的应用可以除去中间商,为服务提供商和客户创建安全、分散的方式,达到直接进行链接和交易的目的。

区块链技术可以解决数据权责不清、难有质量、难共享、难开放等发展中的"痛点",目前已在众多与人民生活息息相关的领域得到了应用。但就目前形势来看,"区块链+民生"的应用也面临着一些挑战。首先,区块链在民生领域的大范围应用正面临着"信息壁垒",区块链技术要发挥作用,跨部门、跨领域是关键。但是,目前问题在于难以打通各部门、各企业之间的"壁垒"。如果各参与方不愿意共享数据,区块链就没有数据之源,形成"数据孤岛"。其次,链上数据和物理世界映射问题,即目前难以保证线下实物可真实、准确地"上链"。对于数据上链,如电子发票、数字版权等,本身已经是数字化产物,这类数据上链不需要物联网设备作为支撑。但在商品溯源等场景中,打破这一"壁垒",需要物联网等配套成熟技术的支撑。最后,传统中心化数据库架构的安全控制措施已无法照抄照搬,必须研发新的风险管控技术和应急措施。并且,区块链治理体系尚未形成,还需政府加强引导。

9.6 本章小结

习近平总书记在中央政治局第十八次集体学习时强调,把区块链作为核心技术自主创新重要突破口,加快推动区块链技术和产业创新发展,要探索"区块链+"在民生领域的运用,积极推动区块链技术在教育、就业、养老、精准脱贫、医疗健康、商品防伪、食品安全、公益、社会救助等领域的应用,为人民群众提供更加智能、更加便捷、更加优质的公共服务。区块链技术的集成应用在新的技术革新和产业变革中起着重要作用,未来区块链在民生领域的应用价值会不断显现出来。同时,区块链技术在民生领域的应用既要注重核心技术的突破创新,不断完善监管机制,也要抓住区块链技术融合、功能拓展、产业细分的契机,推动区块链技术在民生领域更广泛、更深入地应用,实实在在地增进人民群众的民生福祉。

第 10 章
供应链领域应用

供应链是人类商业活动中非常复杂的一套系统工程,参与方包括商业活动中的核心企业、供应商、物流运输企业、客户等,内容包括整个流程中的信息流、物流、资金流。一般来说,制造业的供应链从采购的原料开始,会涉及生产、加工、包装、运输、销售等环节(见图 10.1),所以供应链在主体上会涉及不同的行业和不同的企业,在地域上可能会跨越不同的城市、省份甚至国家。供应链整个流程中的上、下游,本质上是多次供应商和多次客户的关系,每个上游的业务和发展都和下游的供应有密切的关系。

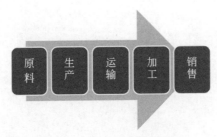

图 10.1 传统供应链流程图

从业务上来看,供应链有多种,如制造供应链、食品供应链、危化品供应链等,它们的共同特点就是不同的企业相互合作,结合自身优势组合成一个规模庞大、有竞争力的商业联盟,在市场上为用户提供商品或服务。其整体表面上是一条供应链,同时它也是一条价值链,每个节点的加工、运输、包装都提高了整个商品的价值,也为每个节点带来了利润。每个环节对整个业务参与方都至关重要,每个节点的材料质量、供应效率都会直接影响整体的效率和收益。

10.1 区块链在供应链物流场景中的应用

10.1.1 业务场景

完善的物流网络是现代高效物流系统的基础条件,当前的市场竞争实际上是供应链之间的竞争。物流的网络化是电子商务时代物流活动的主要特征之一。随着互联网技术的发展,其为供应链环节提供了重要的信息支持,消除了冗余的供应链环节,供应链正在日渐简约化。随着电子商务的出现,全球经济的一体化不断加速,物流企业的发展趋向多国化、全球化的模式。而为用户提供一体化的物流服务,使用户拥有一个高效、畅通的物流体系成为物流企业的竞争要素。

10.1.2 行业现状及痛点

当前供应链物流主要面临如下几个问题:

(1) 供应链间信任问题。交易双方由于并非完全信任,在合同约定的执行、交易过程中物权转移、资金转移存在信任问题。

(2) 延迟财务结算。纸质 POD 核对和对账需人工耗费较长时间来完成,对账的差异很可能引起账务结账的延迟,报表出具延迟。

(3) 效率低下和高成本。纸质单据流转时间长,查账过程冗长,需耗费大量业务和财务人员的工作时间,而且对账结果并不一定理想。

(4) 数据孤岛无法共享。供应链上、下游间物流数据分布于不同类型 ERP 中,各系统间无集成不互通,客户收货信息变化后无法全网变更。

(5) 监管和追溯难。信息保存在上、下游独立系统中,无法保证数据不被篡改,难以监管,易发生纠纷且难以追溯。

以华为公司为例,华为自身是一个核心制造企业,有大量的设备如基站和服务器需要通过物流发送给客户,物流过程参与方众多,流程复杂(如图 10.2 所示)。各参与方分别使用不同的信息和物流管理软件,存在以下几个方面的困难和挑战:①承运商签收不实时,签收单返回周期长导致结算周期长;②收货地址变更管理不佳;③客户签单后投诉未收到货;④没有有效防丢失手段;⑤签收单大部分为纸质单据,不便于管理;⑥多层转包的情况下,物流过程不能做到实时和可视化。

10.1.3 区块链解决方案价值

区块链物流解决方案流程如图 10.3 所示。其具体流程包括:

(1) 将各业务参与方,包括制造商、物流承运商、干线运输商、末端派送商、客户组成一个联盟,利用区块链平台。以适当的手段激励各个节点进行数据记录。业务发生时数据多方同

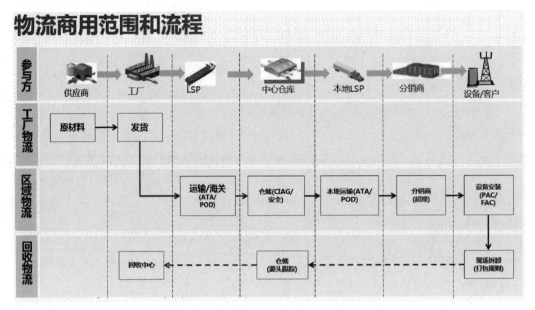

图 10.2 物流商用范围和流程图

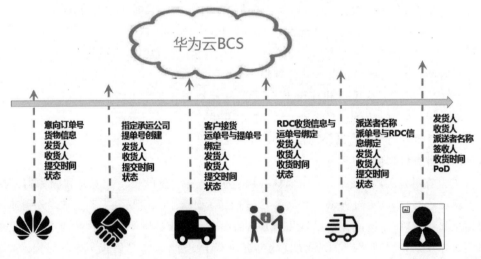

图 10.3 区块链物流流程图

时确认并提供不可篡改的记录。

(2) 运用区块链技术定义各方所需要上传区块链的信息,承运单号绑定货物信息,并依次与下游或下级合作伙伴指定要通过区块链共享的信息。

(3) 绑定分包商的单号,以承运单号串起货物的整个物流过程,整体打通发货方、承运商、干线运输商、RDC、末端派送等各参与方孤立的信息系统,各参与方流转信息及时上传区块链。在系统中,参与方分配账号,通过登录账号扫描单号转移与接收,确认货物的当前责任承担方。并通过账号授权管理,只有指定账户才能发起地址变更,从而实现客户地址变更管理。账户通过应用程序确认接收,等同于该账户所有人签字接收,账号所有人可通过账号授权他人代签。

(4) 物流过程中各方追溯信息(Track Info)及追踪记录存储在区块链上,实现及时货到付款(PoD),区块链上信息真实有效、不可篡改,便于精确追溯与责任界定,防止货物无故丢失。

(5) 调用后台管理系统,Web 端可视化展示物流过程,实现全面电子化管理,以纸质单据作为参考。

(6) 实现物流过程中承运商、干线运输商、末端派送各级分包商等各参与方的客户身份识别及管理,可对其进行相应的评级与打分。

(7) 区块链加密算法和授权访问机制,让数据安全性和隐私性俱佳。

10.2 区块链在零部件溯源场景中的应用

10.2.1 业务场景

随着人们生活水平的提高,人们对于消费品的诉求从"有"向"精"转变,对商品质量的要求也在逐渐提高。例如,在汽车、家电等高集成商品中,每个零部件的质量都会影响最终产品的质量,如何确保产品中使用的每个零部件质量都达标,如何确保零部件出现问题时可以及时有效地追溯,都是急需解决的问题。以汽车领域为例,已经提出了 T/CAQP 001《汽车零部件质量追溯体系规范》和 T/CAQP 002《汽车零部件仓储信息追溯编码规范》两项团体标准,增强供应链零部件的管理能力。

10.2.2 行业现状及痛点

随着中国制造业的高速发展,全球化生产协作成为趋势。汽车、家电等行业的中间制造环节分布在全球,面对复杂的生产流通情况,需要每个环节中的零部件在生产和运输中保证质量。按照国际汽车行业的统计分析,汽车行业中整车制造的 60% 左右都是由汽车零部件产值所贡献,高质量且价廉的零部件是产品竞争力的重要保证。

然而当前我国供应链中零部件管理水平还比较落后,信息化水平低,不能适应复杂的生产管理,零件质量不过关、劣质零件以次充好的现象仍然存在。以往由于我国人口红利,利用低劳动力成本可以不断压缩产品价格,为客户提供产品。但是这个发展思路无法适应新时代发展的现状。随着全球竞争的加剧,对零部件供应商的技术水平和管理水平都提出了新的更高的要求,在保证质量的同时降低成本,才能打造高质量和高竞争力的产品。

10.2.3 区块链解决方案价值

随着互联网和物联网技术的高速发展,对每个零部件进行精细化追踪在技术上成为可能。区块链作为多方维护的不可篡改的公共账本,天然拥有透明性和可追溯性。利用区块链技术所特有的不可篡改、不可抵赖、易追溯的特点,结合物联网、防伪标签、物流跟踪等技术手段,可以有效防范供应链中各类鱼龙混杂和假冒的商品,在产生纠纷时,可以有效地实现追责。

图 10.4 是一个基于华为云区块链服务 BCS 构建的商品溯源业务场景图,该系统是一个典型的联盟链,参与方包括生产方、加工企业、运输企业、销售公司和监管单位。该系统的构建利用了华为云区块链服务 BCS 基于租户模型的联盟链构建能力,各方作为独立的云租户,对应的数据、资源和网络相互隔离、互不可见。

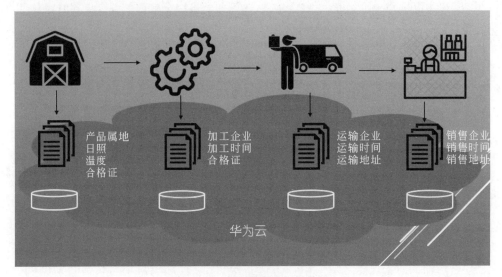

图 10.4　商品溯源业务场景图

链上的智能合约规定了商品的生产、加工、运输、销售整个生命周期的状态变化,通过判断各方每次交易所带的数字签名,保证商品的状态更新都由对应的角色完成,从而维护了各联盟方对数据操作更改的权利。同时全流程完全在链上记录,可为内部审计和外部审计提供端到端可追溯和不可篡改的信息。在出现问题时,它可以快速回溯每个产品的生产过程,可以及时了解到整个批次的质量状况及问题,方便质量分析,以及各个环节的人员追责。

该解决方案通过各参与方维护商品生产周期中和自身业务相关的数据,从而完善了商品的从零部件采购、商品生产到销售过程中全流程跟踪。厂商或者监管部门可以从区块链上查阅和验证零部件流转的全过程信息,从而实现精细到一件一码的全流程正品追溯。借助区块链技术,实现品牌商、渠道商、厂商、监管部门、第三方检测机构之间的信任共享,全面提升效率、体验、监管和供应链整体收益,并且能使信息更加真实、一致、可信,解决供应链中零部件溯源的问题。后续通过定制化增加积分模块,还可以进行物流中资金流的管理和维护,进一步提高物流系统效率。

10.3 区块链在供应链协同场景中的应用

10.3.1 业务场景

供应链协同是指多个企业为了实现某种战略目的,通过公司协议或联合组织等方式而结成的一种网络式联合体,以协同商务、相互信任和双赢机制为商业运作模式,通过运用现代研发技术、制造技术、管理技术、信息技术和过程控制技术,达到整个供应链上信息流、物流、资金流、业务流和价值流的有效规划和控制。

由于供应链上不同企业的信息系统、运作方式、运营计划等存在不同,构建企业间的协同需要让不同的企业达成一定的信任度,建立和完善协同管理的激励和约束机制;实现资源的有效整合和利用,增强业务信息和运营体系的开放度、透明度;集成企业间的供应链管理信息系统,实现企业间业务流程的互联互通,实时信息交互和共享。

10.3.2 行业现状及痛点

供应链的协同管理对于企业至关重要,高效、低成本的运作是供应链管理的目标。传统的供应链管理在信息网络技术的基础上已经有很大进步,包括常用的 OA 系统、ERP 系统等都有效地支撑了供应链系统的有效运转。然而由于传统技术架构的限制,首先,各方的信息系统数据无法做到有效、可信地同步,信息流的同步较为低效;其次,各方系统的数据都是由各方独立、集中地管理,存在有意无意被篡改的风险,对外部不法黑客的防护也只能是在系统的外部增加防火墙和安全设备,不能通过相互协同的方式来解决这类问题。

当前许多公司间进行交易时,由于交易双方的 ERP 系统各自孤立,交易信息中存在事项、金额、时间等错误的可能,导致内部需进行大量账务、业务的核对工作。尤其在海外贸易中,发货时间、离港时间、到港时间等都对合同条款的执行有重要影响,目前无法获得真实的信息,双方存在信任问题。而且在期末时,双方财务对账、业务对账时常发生差异,由于缺少追溯链条,很难查找差异原因。供应链的"信息孤岛"现象已经成为影响整体行业效率的重要原因。

10.3.3 区块链解决方案价值

区块链技术作为一种分布式账本,可以在不完全信任的基础上使各节点建立合作,将区块链技术应用于供应链,可以进一步解决"信息孤岛"问题,提高供应链效率。图 10.5 是一个基于区块链的公司间交易销售采购的流程。

采购方与供应商各自维护自己独立的 ERP 系统,采购方生成采购订单,通过接口在区块链上触发智能合约,按照设定的条款将采购协议上链。供应商在区块链上获取到销售订单后,根据自身供应能力响应订单,链上订单合约自动签署完成,供应商按照订单生产并采取工

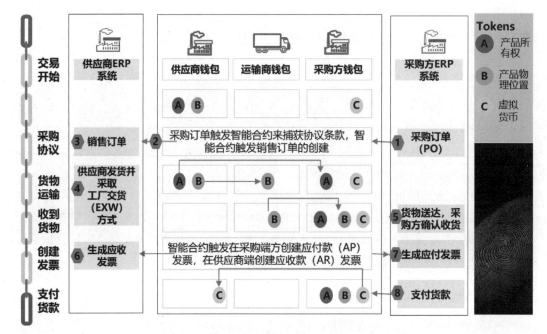

图 10.5　基于区块链的公司间交易销售采购的流程

厂交货方式交付。采购方在确认货物送达后确认收货,智能合约自动触发生成发票,采购方完成付款。

这一流程降低了公司间跨系统对账工作的复杂度,保证了公司间交易的一致性和账务平衡性。并且结合基于区块链的智能供应链物流,利用链上标识跟踪货物的状态、时间、物理位置和所有权变更,将合同条款完全融入交易过程,精简和规范公司间的供应链流程,能有效提升企业间信任。

10.4　区块链在供应链监管场景中的应用

10.4.1　业务场景

随着中国制造的兴起,国家也正在加强对供应链的各个交易环节以及物流环节的监管力度。以海关监管场景为例,随着全球经济一体化的逐步发展,特别是逐步降低关税水平,进出口货物大量增加,海关监管活动的有效性和严格性面临着前所未有的挑战,海关监管系统的需求进一步增加。

10.4.2　行业现状及痛点

海关需对保税货物状态进行监管,保证货物真实流转,避免关税损失。当前在保税仓库货物流转监管中,需要繁复手续,如要求业务备案、业务申请、变更报备、信息报送,与企业追求更高效率效益的目标存在矛盾。监管方与被监管方之间缺乏信任，海关要求提供大量的信息证明，而自证类信息的真实性难以保证，进一步导致存在监管安全隐患。这些问题的有效解决可以带动整体经济的发展、减少货物积压、提高通关效率，从而加快供应链的物流、资金流、信息流的传递。

而且企业和监管部门的业务关注颗粒度不一致。企业账册由业务单据驱动，料号级管理；海关账册由报关单据驱动，项号级管理。双方管理的时间和状态口径也存在差异。企业货物入库、出库不会体现在海关账册中，损益也需通过手工报关的形式申报，无法及时体现在海关账册中。而且货物由企业自行报关，海关无法逐一查验，货物也存在真实性问题。海关监管资源已无法匹配大量增长的保税货物，传统监管模式已逐渐失效。随着保税业务的不断发展，已从区内发展到区外，从展示发展到交易，海关监管需要及时技术升级，满足业务的演化发展。

10.4.3 区块链解决方案价值

如图 10.6 所示，货物进出口信息由上、下游参与方操作上链来提供证明，使货物进出口信息由企业自证向多方他证转移，保证货物真实性。企业与海关的管理口径统一为 token，以链上数据为准，消除了管理差异。而且无论是否涉及进出口，货物进、出、转、存的数量以及存放位置和状态信息变化将通过 token 记录更新到区块链上，货物库存和状态的变化都能及时反映给海关，海关能够做到即时监管。当货物需要展示和销售时，货物销售的真实性由销售上下游参与方提供证明，货物发往展厅、从展厅返回，货物的数量、位置、状态等信息，以及货

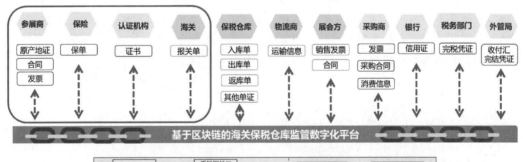

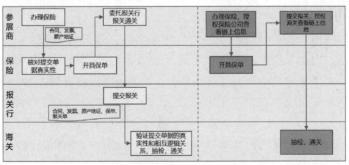

图 10.6　基于区块链的海关保税仓库监管数字化平台

物在展示中销售,货物的数量、所有权信息都通过 token 记录上链。货物销售通过多方销售协议验证,保证交易的真实性。货物在参展中的状态也可以及时反映给海关,与参与方业务形成证据链。

从业务角度来讲,基于区块链的供应链监管,提高了业务参与方的造假成本,也降低了监管部门的监管成本。加上写入区块链的数据都会包含参与方的数字签名,所以一旦发现数据真实性问题,相关的企业和组织无法抵赖,假数据的操作会对其诚信和品牌造成极大恶劣影响,甚至要负法律责任,所以提高了企业的数据造假成本。

通过借助区块链技术搭建的海关保税仓库监管数字化平台,可以有效解决上述问题。颠覆性流程再造,依靠多个可靠参与方的信息验证,货物信息从自证转到他证,保证了真实性,降低了海关监管安全风险,实现了社会协同治理。

10.5 区块链结合供应链面临的机遇和挑战

区块链技术的出现进一步为供应链中几个痛点问题从协议层带来了很好的解决方案。如图 10.7 所示,区块链中联盟各方都持有账本数据,并且数据的增加、修改、删除等动作都必须执行各方共同制定的智能合约经共识后才能落入最后的数据账本中。由于账本数据会存储在联盟各方中,这种方式很好地保证了数据的高可靠性,任意一方数据的丢失和损坏都不会造成太多影响,它可以快速从其他方恢复数据。另一方面,这种技术架构也可以很好地保证任意一方都不能私自对数据进行变更,所以和各方相关的业务方面的权利和义务都可以通过智能合约来保障,有效地解决了公平、安全的问题。

图 10.7 供应链+区块链中的各联盟方

区块链给供应链行业带来如下几个方面的好处:

(1) 可追溯性。可追溯性是区块链的特点,也是供应链行业的需求和痛点。社会上近几年发现的丑闻也都和没有高效的可追溯机制有关,如食品方面的三聚氰胺事件、药品方面的假疫苗事件等。由于系统复杂,数据冗余和隔离,导致不能快速、有效、精准地追责和召回有问题的商品。区块链系统由于数据不可篡改,并且数据存储在联盟各方,过程中产生的数据可以实时获取、精准定位和追溯。区块链中记录的数据包括产品原料从哪里取材、中间在哪家工厂生产、商品在哪里包装和加工、由哪家企业负责运输、销售到了哪些城市和哪些超市等,这些信息在区块链系统中可以快速地获取,对于应急处理社会公共事件有很好的帮助。

(2) 不可篡改性。一方面,传统的系统中数据经常会遭到黑客的攻击,入侵后的数据修改对业务会造成很大的影响,企业的品牌影响力也会下降;另一方面,系统内部的管理员存在为了各种目的对数据进行获取和修改的风险,这些场景都从技术层面无法保证,需要额外的管理成本来解决此类问题。而区块链技术通过巧妙地利用数字签名、加密算法、分布式存储等技术,有效地从协议层面解决了篡改的问题,极大地增加了篡改难度,从技术上保障了数据不可篡改性。

(3) 透明性。透明性体现在两个方面。一方面,数据由所有链上商业方共有,所有数据对每个节点都是透明的,任何一方都可以实时获取数据进行核查和分析,比如,供应链金融上的金融机构可以看到业务方的回款情况,经销商可以看到产品的质检报告等,这些特性会极大地提高商业互信,加快链上物流和金融的流通效率;另一方面,主要体现在智能合约上,供应链上的智能合约由商业各方共同制定,内容和各方的利益息息相关,各方利用智能合约代替传统的契约和合同,不以其中一方或者多方的意志为转移,达到公平的效果。

这三个特点是区块链技术的优势,同时也是供应链行业的痛点问题,所以区块链技术在供应链行业应用和落地有着天时地利的条件。不少细分行业对业务全流程信息可视化、业务数据的一致认可、降低协作成本等方面有着强烈的诉求,社会也期待在这些行业中有实质性的技术创新和进步。

但同时,区块链+供应链在应用中仍然面临着许多挑战。

挑战一:业务数据是否真实无法单独通过区块链技术来保证。基于区块链技术的溯源场景算是供应链的一个细分行业,包括食品溯源、药物溯源、器件溯源等场景,它们共同的诉求都是希望业务过程中产生的数据对各方透明、容易被追溯、数据真实可信、产品安全可靠。然而业务数据是否真实无法单独通过区块链技术来解决,参与方写入数据是否和现实数据一致目前主要由管理手段来规范,迫切需要结合物联网技术来保证数据来源的可靠性。

挑战二:供应链的区块链系统需核心企业的上、下游多方共同参与,任意一方的缺失都会导致整个商品生命周期信息的缺失,这也是当前该行业的重大挑战。供应链系统能否顺利组建以及长久运营,关键在于业务各方对该模式的认可程度。

挑战三:基础区块链的链上数据对链上所有节点都是公开、透明的,但在供应链中,许多数据往往涉及企业的商业机密,因此如何在基于区块链的供应链系统中保护各企业的隐私,也是一个巨大的挑战。

区块链+供应链面临的三大挑战需要社会先驱者不断探索实践,总结经验教训,摸索新的解决方案。目前区块链系统可以增加联盟各方的造假成本,提高业务流整体效率,在一定程度上推进了区块链的普惠进程。区块链技术在赋能供应链的业务转型过程中,将会在该行业掀起一波创新巨浪。协议层使用区块链技术保证数据的可靠、可信,同时加快信息流动和数据共享,提高业务效率。业务层结合供应链场景、金融场景解决商品数据的溯源、物流信息的追踪和上下游企业的融资问题,跨境场景可以利用数据共享能力提高通关效率、降低货物积压时间,支付场景还可以利用区块链来完成企业间的自动支付和跨境支付等工作,提供资金的流动效率,降低资金清算成本。

随着基于区块链的供应链系统逐步发展和完善,该行业会迎来重大机遇。后续根据链上企业的业务行为表现,还可以构建企业诚信档案,为完善社会的企业诚信建设做数据和技术支撑。税务、证券、工商、学校等机构也会希望加入这个可信的大生态系统中,既可多维度完善社会企业可信数据,又可以从其中获取可靠的区块链上记录的数据来支持自身工作的高效开展。如证券公司可以通过授权从企业的供应链系统中获取区块链交易数据,为广大投资者提供有效可靠的信息。基于此类科技和业务的有效结合和发展,人类社会将会更加智能、更加可信。

10.6 本章小结

供应链参与方众多、没有强中心化组织、流程复杂,这些特点在传统的中心化结构中存在过程不透明、难以追踪、管理困难等问题,而区块链的多方共享不可篡改账本、多方共识、全程可追踪等特点刚好适合供应链。业内普遍认为供应链是最适合区块链落地的场景之一。本章系统地介绍了区块链在供应链物流、零部件溯源、供应链协同和供应链监管等场景中的应用。通过基于华为云的几个供应链和物流行业的应用创新项目,为读者阐述了在实际应用场景中,如何通过区块链解决供应链和物流面临的调整和困难,达到优化流程、提高效率、降低成本的效果。同时分析了区块链与供应链结合的优势及面临的挑战。

区块链技术目前还处于早期,在供应链和物流行业也处于探索阶段,华为云区块链希望通过在内部供应链方面的有益探索,为区块链在该行业的应用打下坚实的基础。

第 11 章
文化及旅游领域应用

文化产业与旅游产业作为"国民经济支柱性产业"和"战略性支柱产业",在经济社会发展中有着至关重要的作用。文化与旅游产业如何实现数字化改造、寻求战略发展新方向,成为产业内高度关注的问题。区块链技术融合创新为文化及旅游产业的转型升级带来了切实可行的思路与方法。

文化产业的发展带来数字内容的空前繁荣,随着自媒体、直播、短视频、微博等多种创作平台和创作形式的涌现,使得人人都是版权人。但长期以来,在文化产业运营的全流程中包括生产、定价、传播、投资、消费等,存在隐私泄露、版权侵犯、数据盗版等各种违反道德和违反法律的问题难以根治。将区块链技术应用到文化产业领域,不仅为解决复杂的版权纠纷和隐蔽的侵权行为提供了新的思路,同时也会推动文化产业模式的诸多创新。

2018 年 7 月,成都市旅游产业发展领导小组办公室发布《加快推进全域旅游大数据建设的指导意见》,发挥大数据、云计算、人工智能、区块链等新一代信息技术对发展全域旅游、建设世界旅游名城的支撑功能和助推效应,最终形成"全覆盖、全信息、全服务"的全域旅游大数据建设格局。此外,根据《"十三五"时期文化旅游提升工程》,截至 2020 年 2 月,国家发改委"十三五"时期已累计安排文化旅游提升工程中央预算内投资 278 亿元。在旅游行业全面升级的过程中,区块链技术的引入为破解行业痛点提供了新的机会,包括降低旅游行业运营成本、解决商品和服务定价混乱及评价造假、保护用户信息隐私、消灭控制票价的黄牛党等。

11.1 区块链在版权保护场景中的应用

版权保护又称著作权保护,实质上是一种控制作品使用的机制。作品包括文字、音乐、美术、影视、摄影、图形、网络游戏、计算机软件等。作为调节创作者私人权利和全社会公共利益的机制,版权保护主要通过保护经济权益来促进公益目标的实现。

作为数字产业最重要的版权制度,受基础薄弱与数字技术的叠加影响,一直以来陷入发展困境,无法有效保护原创者权益,严重制约了数字产品的可持续供给。区块链因其去中心、难篡改、可追溯、可编程、开放透明等优点,有望解决版权登记这一核心技术难题,贯穿文创产业的全产业链,从而为文化产业中的版权保护开辟一条新路。

11.1.1 业务场景

美国出版商协会定义的数字版权保护(Digital Rights Management,DRM)是指:"在数字内容交易过程中对知识产权进行保护的技术、工具和处理过程。"DRM 是采取信息安全技术手段在内的系统解决方案,在保证合法的、具有权限的用户对数字信息(如数字图像、音频、视频、游戏等)正常使用的同时,保护数字信息创作者和拥有者的版权,根据版权信息获得合法收益,并在版权受到侵害时能够鉴别数字信息的版权归属及版权信息的真伪。数字版权保护技术就是对各类数字内容的知识产权进行保护的一系列软硬件技术,用以保障数字内容在整个生命周期内的合法使用,平衡数字内容价值链中各个角色的利益和需求,促进整个数字化市场的发展和信息的传播。具体来说,包括对数字资产各种形式的使用进行描述、识别、交易、保护、监控和跟踪等各个过程。数字版权保护技术贯穿数字内容从产生到分发、从销售到使用的整个内容流通过程,涉及整个数字内容价值链。

目前数字版权保护方式主要通过传统版权登记和电子数据登记备案方式,电子备案可以有两种选择:第一,在选择行业协会等第三方平台进行电子数据登记备案;第二,选择技术背景强和可信第三方支撑平台存证和认证,在数字版权归属权产生纠纷时提供初步证据,结合官方人工登记,与预防侵权相互补充。

11.1.2 行业现状及痛点

在互联网数字新时代,信息传播异常简单,普通人非常容易具备零成本复制、秒级传播的能力,产品的生产与传播的快捷性不再稀缺。在互联网时代的数字版权具备以下几个特点:①每个人都可以成为创作者和版权人;②数字内容不断进化,版权市场空前繁荣,版权意识全面提升,付费消费数字内容普遍化;③数字作品碎片化日趋严重,随时随地产生,趋向于小额快速结算;④传播途径众多,如自媒体、移动网络、游戏、短视频、微博、微信、朋友圈、阅读器等。

在这种环境下，侵犯版权几乎不需要什么代价。而在维权方面，目前业界还普遍沿袭纸质作品时代的做法，即通过版权登记来确认版权所有人，然后结合公权力保障作品所有人的权益。这种在印刷品时代行之有效的登记确认版权方式，到了互联网时代就显示出其弊端，比如，流程烦琐、成本非常高昂等。在我国，通常一件作品从登记到相关部门确定版权的整个流程需要数百元到数万元不等的费用，版权确定周期一般为半个月甚至几个月，因此版权登记与确定的时间和经济成本都非常高。然而，即使获得版权也不能有效地保障作品权益，当版权被侵犯时只能诉诸法律，而举证、确权、验证等环节手段匮乏，难度和时间代价也非常大，即使最终能够赢得官司，权利人维权获得的收益与其付出也不相匹配。此外，法律制度的不健全也为版权侵犯这种不正之风提供了滋生的空间。

总体来说，现有数字存证和版权维护存在以下的痛点：

（1）传统版权保护效率低。无法应对海量数字作品，网络时代的数字作品具有产量高、传播快的特点，经过登记再发布早已经丧失了内容的时效性。

（2）传统版权保护成本过高。传统版权保护成本过高造成了大多数网络作者并不进行版权登记和保护，导致侵权频发。

（3）取证维权难。在抄袭行为被发现后，原创作者无法拿出侵权证据，在作品未进行登记与保护的情况下，难以获取具有法律效力的证据。

（4）维权周期长。版权相关交易流程难以跟版权存证系统整合，导致交易周期拉长，内容生产者的活跃度受限。

（5）难以形成有效市场。数字作品种类繁多，缺乏标准，内容消费的收益难以公平有效地在原创作者和相关机构间分配，无法形成有效的市场。

（6）前置环节缺乏保护。传统版权登记是从"成品"环节开始，在"成品"之前的环节缺乏保护，无法对作品的全生命周期做到保护。

综上所述，侵权容易、维权难成为数字时代版权保护首先要解决的难题。在当前互联网时代，实名制还没有有效实施，侵权人基本是匿名存在且人数众多，侵权对象较难确定；付费体系和习惯没有形成、网民版权意识薄弱，使这个问题更加难以解决。长此以往将会导致知识创新者辛苦创新获得的回报还不如不劳而获的盗版者，使创新者失去创新的动力，整个社会将呈现"拿来主义"盛行、创新意识消失的现象，此消彼长，给国家和社会带来不可估量的损失。

11.1.3　区块链解决方案价值

在互联网环境中，原创凭证和维权依据能给原创者带来巨大的价值，便捷、安全、可信、价格低廉的版权保护方式能更好地满足作品的传播及交易需求。

区块链由分布式数据存储、"点对点"传输、共识机制、加密算法等技术组合扩展而来，具备不可篡改、信息透明、可追溯和可信共享等特征，区块链和行业相结合将具备两个非常有价值的特点：一是解决跨公司、跨利益集体等多个主体之间的信任问题，实现"数据孤岛"的连通和信息可信共享。二是商业流程自动化,在区块链可信环境中运行智能合约,解决交易双方的信任问题,提高交易的便利性。

基于区块链技术的数据版权解决方案,利用区块链的去中心化和可追溯性能更好地保护数字资产。表 11.1 从技术层面系统地总结了区块链的特征给数字版权带来的价值。

表 11.1 区块链技术对数字版权的价值

区块链特征	对数字版权突破性的价值
多中心化	分布式存储和共识能有效去除第三方,解决因第三方带来的维权难、周期长、成本高和赔偿低的问题
开放性	通过加密技术等开放式的区块链技术能有效减少数字产品发起人对产品的掌控,降低中间商赚取差价的问题
透明性	创作者能够通过区块链技术清楚地了解数字产品的使用和授权情况,并能直接和受众进行沟通,了解其对产品的真实想法
自治性	通过智能合约实现授权和交易透明,任何人都必须尊重版权并付出一定的费用才能获得产品,减少盗版肆虐的现象
数据不可篡改	在发生版权冲突时,区块链所记录的数据和时间能够起到重要作用,避免出现版权问题纠缠不休的局面

总体来说,区块链数字版权系统具备以下几个方面的优点:

1. 能快速有效地保护作者的权益

互联网时代数字产品的特点使数字版权面临新的挑战——如何快速有效地保护作者的权益。在互联网时代,数据传播的高要求使数字产业中的技术几乎不存在保密的特性。当一种新兴技术被发明出来之后,数字产业往往比传统产业快上数倍甚至数十倍的速度将这种技术在业内进行推广,产业的特点让技术更快地投入实际应用中,而这样的过程让知识创作者丧失了很多的权益。区块链技术能够让作者的权益获得最大的保护,让其作品版权避免被他人侵犯。

2. 去中心化版权保护,降低版权保护成本,提高维权效率

区块链技术将给数字行业的版权问题带来新的变革。在传统的知识产权保护过程中,版权保护中心机构的执行效率和保护成本对于数字版权不尽人意,导致知识产权存在取证难、周期长、成本高、赔偿低等问题。区块链具有的功能刚好匹配这种市场的需求,将版权保护中心机构角色由裁判变为监督,将信息存储在互联互通、多方存储和实时共享的区块链共享账本网络系统中,无法被任意篡改,极大地提升了维权效率,降低了维权成本。

3. 打通版权"信息孤岛",构筑版权互信,形成有效数字市场,促进数字行业良性发展

区块链也能很好地符合数字行业的特性。目前数字行业处于"信息孤岛"模式,各版权运营商各自维护一份账本,这些账本的拥有者都可以对其进行篡改或者编造,这给数字版权的原创性保护带来了极大的麻烦。而区块链技术可以有效地防止账本被篡改,结合合法的时间戳,能做到入链即确权,能快速地对版权的原创性进行追溯和问责。

数字产业的创新性很强,对高科技的依存度很高,对日常生活渗透性最直接,版权的有效保护对数字产业的发展方向具有决定性的作用。如果版权得不到保护,后果不堪设想。区块链技术能很好地保护版权,进而纠正数字产业的发展方向,并有效地保障产业创作者等人员的收益。

区块链技术和数字版权的结合将为整个行业带来巨大变革。目前国内各大公司都在尝试数字行业和区块链的结合,这些公司基本上是通过构建区块链联盟链的方式来搭建数字版权和存证系统,原理基本相同。华为联合行业伙伴构建了版权保护生态服务。区块链数字版权存证交易平台如图11.1所示。

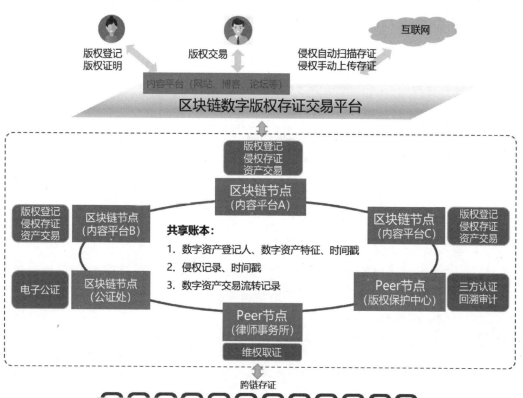

图 11.1 区块链数字版权存证交易平台示意图

基于区块链数字版权技术建立的版权联盟通过区块链、音视频检索和人工智能等技术来保证创作者的版权权益。由版权运营方、版权所有人、消费者代表和可信机构搭建的区块链版权联盟链,每一条版权信息任何人无法篡改且随时可追溯。公证处和版权保护中心作为联盟链的组织和节点之一,区块链版权存证所有信息均即时同步至公证处,保证任何时刻均可出具公证证明,具有最高司法效力。国家授权中心提供可信时间戳。区块链版权服务包括版权存证、版权检测追踪、侵权存证和版权资产共享四个部分。

(1) 版权存证。根据作品类型的不同,采用不同的特征提交技术抽取作品的关键特征信息。通过哈希算法计算出存证数据特征的数字指纹并写入区块链。将作品原件存入存储服务中(例如,华为公有云 OBS 服务)。根据用户需求生成存在证书供用户保留,也可根据用户需求,提供纸质书面报告。在客户需要对存证的指纹进行验证时,提供数字指纹比对查询。如图 11.2 所示。

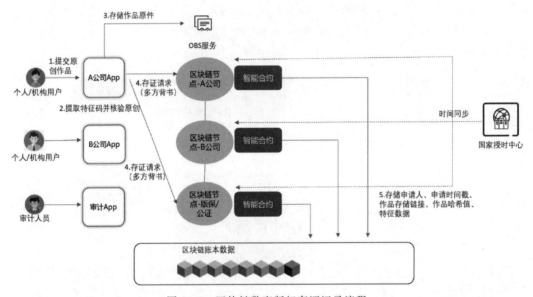

图 11.2　区块链数字版权存证记录流程

(2) 版权检测追踪。根据版权作品的内容特性,生成 DNA 特性,并将其在联盟链上进行登记;提供重点网站自动化爬虫,将监测到的内容与作品 DNA 进行匹配,相似度达到阈值自动进行侵权预取证操作;对已进行侵权预取证的内容进行持续追踪及进一步分析匹配,待确认侵权则直接进行侵权取证。

(3) 侵权存证。当发现侵权行为时,快速调用版权服务中的侵权取证接口,对侵权网站进行页面抓取取证,并将取证结果保存在版权平台中;将侵权行为固化为证据进行保存,数据永久存储且不可篡改,并且具有法律效力。对于已进行侵权存证操作的侵权内容,版权服务提供持续性的侵权监控、侵权追踪等服务,确保被侵权方对侵权内容采取相应处理。详细步骤如图 11.3 所示。

(4) 版权资产共享。版权资产共享平台在明确数字资产的所有者后,对相关资产的运用确保可追溯性、安全性得到保障;版权的交易和存证相结合,实现内容消费的收益在原创作者和相关机构之间的公平分配。

基于区块链的数字版权存证方案充分发挥区块链的独有特性,具备以下几方面的优点:

(1) 安全可信。引入基于数字证书的身份标识,基于中心化的 PKI 体系,将版权局、公证

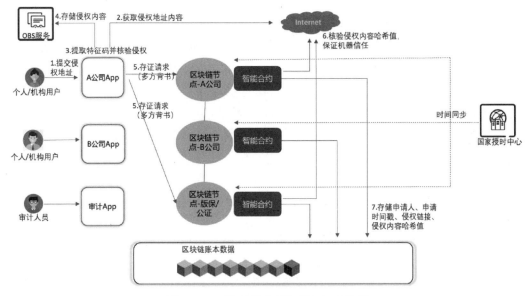

图 11.3　区块链数字版权侵权记录流程

处、内容平台等生态参与方作为参与节点上链,保证各方在区块链上进行安全、可信的协作。基于区块链技术建立的版权信息共享账本,使版权信息、交易信息等均被记录在共享账本上,多方透明共享,无法篡改和删除,进而提高版权的公信力和司法效力。

(2) 实时登记。创作即确权,能够快速与公证等节点进行确权信息的确认,并实时、安全、可靠地保存在区块链上,设立多节点备份机制,便于第三方进行查证。其不可篡改的特性也保证了信息安全可靠。

(3) 公平公正。引入区块链浏览器模块,提供链上信息查询服务,将所有版权确权、侵权存证等数据公开,任何个人和机构均可进行查询,确保服务公平、公正、公开,促进行业健康成长。

(4) 统一业务平台。任意节点都能完整备份链上节点信息,原创作者和相关机构共同维护统一业务平台,有利于便捷管理和公平、透明地划分内容消费收益。

(5) 技术领先。引入华为云区块链和视频 AI 等多种服务进行技术融合,针对版权行业提供智能化的整体方案,提供可信的版权统一认证、管理和交易能力,具备极高的可靠性和扩展性。

11.2　区块链在旅游行业中的应用

11.2.1　业务场景

随着全球经济的飞速发展以及人民生活水平的提高,旅游行业展现出蓬勃的发展势头。

伴随着人均GDP的不断提升,我国消费者的旅游观念逐步转变,从早期的观光游览型逐步过渡为度假型、体验型、休闲型。这也得益于我国交通行业的快速发展,便利的高速公路、高铁、飞机等交通方式大大缩短了出行时间,降低了出行成本。《2020年中国旅游行业发展报告》显示,2019年,我国旅游业行业总收入为6.63万亿元,其中在线旅游总收入为1.12万亿元,线上渗透率为16.9%。用户年龄方面,年轻用户较为活跃,"80后"和"90后"成了我国在线旅游消费市场的主力军。虽然受疫情影响,人均出行次数和行业收入将大幅回落,但整体上我国旅游行业正发生新的变化,如旅游人群年轻化、旅游消费倾向休闲化、旅游目的多样化、旅游决策在线化等。

旅游产业涉及方方面面,应用场景也非常丰富,包括:

(1) 旅游出行:主要包括旅游铁路运输、公路运输、水上运输和空中运输等。同时会涉及交通管理、旅客票务、旅游交通设备租赁等服务。

(2) 旅游住宿:主要包括旅馆酒店、民宿、露营、房车场地等住宿服务。同时会涉及休闲体验、房屋预定和点评、客房管理等服务。

(3) 旅游餐饮:主要包括旅游正餐服务、小吃服务、酒吧咖啡馆服务、餐饮配送等。同时会涉及订餐、点评、餐饮管理等服务。

(4) 旅游游览:主要包括各类主题公园、国家公园、动物园等生态旅游游览、农业观光休闲旅游、博物馆和宗教类场所游览等。同时会涉及景区管理、景区宣传、门票预订等服务。

(5) 旅游购物:主要涉及游客购买纪念品、老字号商品、免税品等。

(6) 旅游娱乐:主要包括文艺表演、室内娱乐、摄影摄像、体育场馆旅游、洗浴保健等服务。同时会涉及旅游娱乐服务的宣传、预订、评价和管理等。

(7) 旅游综合服务:主要包括旅行活动出行策划、旅游电子平台、企业出行服务等。

(8) 旅游辅助服务:主要包括铁路出行辅助服务、公路出行辅助服务、水上出行辅助服务、航空出行辅助服务和旅游搬运服务等。同时会涉及旅游消费贷款、旅游教育、旅游翻译等服务。

(9) 政府旅游管理服务:主要包括政府旅游管理和涉外旅游管理。

11.2.2 行业现状及痛点

旅游行业的飞速发展使得在线旅游平台不断壮大。综合性的在线旅游平台会为消费者提供酒店机票预订、出行攻略、定制旅游、旅行产品、周边服务等一站式全流程的服务。吸引并汇聚了大量的消费者以及相关上下游供应商,但同时旅游市场也被主要的在线旅游平台所垄断。平台掌握了渠道定价权,收取高额佣金和服务费,甚至会通过大数据手段对消费进行差异化定价,侵害了旅游产业相关参与方的利益,也不可避免地提高了消费者的出行成本。

除了垄断带来的问题外,目前旅游行业在信息化数字化的过程中仍面临的问题如下:

(1) 中心化带来信任问题。进行票据预订、房屋预订、车辆租赁等业务时,第三方中介平台作为中心节点为供应商和客户提供服务,但信任问题无法保障,例如,会出现服务预订成功但无法履行的情况。

（2）旅游服务评价造假。各项服务和商品的评分以及用户点评，对消费者评价商家、决策消费往往起到至关重要的作用。商家的刷单、刷好评等行为严重影响了评价体系的公平与公正。

（3）旅游公共设施恶意损坏。旅游景区乱刻乱画随意涂鸦、破坏花草树木、损毁公共设施、将公用转为私用等不文明行为屡见不鲜，管理方没有便捷的追责手段，容易产生纠纷。

（4）多系统数据共享难。旅游产业上、下游各个参与主体只能维护各自的业务数据，彼此成为"数据孤岛"，数据的可信共享成为难题，不利于最大化地发挥数据的价值。

（5）用户隐私信息泄露。用户在第三方中介或者服务机构填写的个人信息容易泄露，经常遇到推广骚扰，影响用户体验，侵犯用户隐私。

（6）天价商品难管控。景区天价商品频现，消费者权益无法得到有效保障。

11.2.3　区块链解决方案价值

区块链技术已逐步上升到国家战略层面，随着"新基建"的启动，旅游领域区块链的应用将以解决行业"痛点"和探索新模式为目标，找准应用场景，围绕安全、满意、便捷等需求逐步实施落地。

区块链+旅游可以有效提升数据可信交换效率，形成高质量的协同发展机制。旅游服务机构、政府监管部门、银行、通信运营商、旅游交通部门、景区服务机构等上下游参与方，分别掌握着不同维度、不同大小的旅游数据，彼此之间在业务上相互依赖，但又无法互通无法共享。旅游区块链为旅游数据的打通提供了一个新的模式，业务数据由联盟参与方共同维护，通过隐私保护计算技术做到链上数据可用不可见，通过智能合约自动化完成复杂的业务逻辑。消费者、服务商等可以直接通过旅游区块链完成业务，解决信任难题，消除中间高额的灰色费用，有效较低成本。

区块链+旅游的结合可以解决科技与实体融合中带来的中心化问题。现有的信息系统多由中心化的互联网平台为核心。利用区块链技术构建一个去中心化的商家、服务评价体系，营造开放、可信的社区生态。用户和商家的奖励以及惩罚都会得到公平的处理。服务提供者无法伪造、篡改信息记录。监管机构的加入可以限制天价商品的发布和售卖，杜绝乱收费；减少了投票点评的造假、大数据杀熟、技术滥用等问题。在新模式的支撑下，旅游体验越来越舒适、旅游管理越来越智能高效、旅游评价越来越优质、旅游业态越来越多元。

2018年，区块链旅游成为行业热点，多个平台项目相继发布，包括UTour、Tripio、Nobel Acme、Zatgo、ZenAir、Winding Tree、星牛旅行、Amadeus等。各个区块链旅游平台在共识机制、商业模式、应用场景、生态构建等方面各具特色。随着区块链技术的不断完善，依托政策的有力扶持以及监管的积极参与，在未来具有颠覆传统旅游行业的可能性。本节以UTour和Tripio项目为例，介绍旅游区块链平台的整体架构，分别如图11.4和图11.5所示。

UTour是一个专门为旅游打造的开放的行业公链，任何组织和个人都可以通过UTour

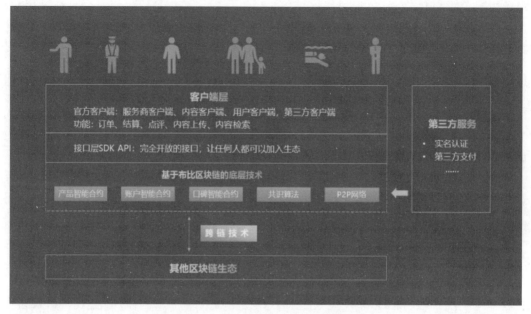

图 11.4 优旅链（UTour）平台架构图

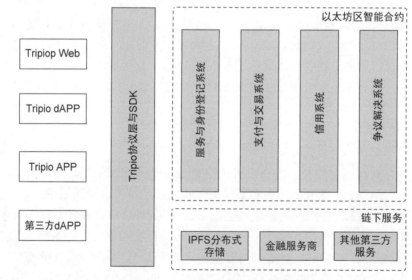

图 11.5 Tripio 项目整体架构图

为用户提供个性化的旅游服务。UTour 将建立以旅游服务产品为核心的三个旅游生态的价值闭环，即用户在线选择及支付闭环、服务商协作及利益分享闭环、用户评价及口碑积累闭环。旅行者、个人服务者、机构服务者、旅游内容分享者都可以通过产品交易与口碑挂钩。底层通过跨链技术将 UTour 与其他生态、行业公链打通，使得多种数字货币进行内容交易成为现实。

Tripio 项目基于以太坊的智能合约进行开发，实现了服务于身份登记系统、支付与交易系统、信用系统和争议解决系统。对于服务者来说，Tripio 最大化兼容了现有业务流程以及 IT 系统；对于消费者来说，可以选择更加灵活的支付方式，享受降低交易成本带来的优质服务。通过智能合约提供交易保证，用户对服务质量有更大的话语权。此外，Tripio 可以对接 IPFS 分布式存储和第三方服务商提供的链下服务。

11.3 区块链结合文化及旅游领域面临的机遇和挑战

区块链为困难重重的中国版权保护事业带来新的解决思路，为旅游领域提供了新的增长方向。展望未来，区块链结合文化及旅游领域既面临机遇，也面临不小的挑战。

1. 在区块链存证和数字版权方面的主要机遇

第一，中国政府积极扶持区块链技术的发展及其向文化产业的渗透。《"十三五"国家信息化规划》将区块链作为重要战略方向加以明确，中央网信办、文化部等文化产业相关职能部门也公开倡导区块链版权的应用，认为区块链在知识产权保护领域会有很广的应用前景。

第二，迅速发展的中国数字文化产业和区块链产业将为区块链版权提供巨大的市场需求。数据显示，截至 2017 年 12 月，我国网民规模达 7.72 亿，手机网民规模达 7.53 亿，网络游戏用户规模达 4.17 亿，网络文学用户规模达 3.53 亿，网络直播用户规模达 3.44 亿，网络视频和网络音乐用户规模均超过 5 亿。而从产值上讲，我国网络版权产业整体产值突破 5 600 亿元。

第三，民众付费意识和付费商业体系不断增强，为区块链构建版权付费体系创造了良好的社会氛围和消费环境。《2017 年中国网络新媒体用户研究报告》表明，33.8% 的新媒体用户已经产生过内容使用付费行为，15.6% 未付费用户有付费意愿。《2017 年中国网络版权保护年度报告》显示，2017 年，我国用户数字内容付费规模达到 2 123 亿元，同比增长 28%。可见，中国网民的版权付费意识已大大改善。

2. 在区块链存证和数字版权方面的主要挑战

第一，付费商业模式和付费意识不健全是对区块链版权应用的极大挑战。在数字时代，信息大爆炸，知识产品资源、传播资源相对于人们有限的注意力而言已不再稀缺，反而吸引用户流量成为有使用价值和交换价值的事。电视台、视频网站免费提供资讯娱乐节目供用户观看，这些机构的商业模式就是通过免费的内容来吸引用户，然后把用户，确切地说是用户的注意力作为流量卖给广告商，从而用广告费覆盖各种开支、实现盈利。这种独特的商业模式已经在数字时代得到普遍应用，在这种环境下，资源稀缺性能带来最大的价值。

第二，区块链本身的技术成熟度也会制约其应用规模。2008 年 11 月 1 日，中本聪在《比特币：一个点对点的电子现金系统》论文中详细描述了如何创建一套去中心化的电子交易体系，区块链由此诞生，从这个时候至今不过 12 年时间。虽然其区块链的技术潜力有望催生颠覆性力量，但它目前还处于研发布局阶段，许多技术风险和难关如性能、隐私保护和可扩展性还有待攻克，也没有形成全国范围的统一的技术标准和规范。这对于区块链及作为其细分应用的区块链版权来说，是能成功获得商家和消费者认可，获得商业成功的一大障碍。

第三，现有法律体系对区块链价值的认可和兼容是区块链版权能否深入发展的关键。版权制度从其诞生之初就是用以调节私人权益与公共利益的一种机制，如果不能与其他法律、政策、经济、社会、人文因素相匹配，即使区块链版权具有技术优势，也没有发挥潜力的空间。侵权是非常复杂的利益纠葛，需要结合法律、经济、技术和社会等整合手段来解决，而不能只指望区块链在工具处理层面来完全解决。

3. 在区块链旅游场景应用中主要面临的问题

第一，去中心化的运营为监管带来主体不明确的问题。基于区块链的旅游服务平台是一种新型的商业模式和服务形态，可能由多个主体或者更多的参与者共同维护和管理。因此，没有明确的责任人来承担监管责任，更好的监管机制和模式是项目实施落地所必须解决的一环。

第二，区块链技术存在的问题可能会带来的负面影响。在完全分布式的场景下，区块链技术有其独有的优势，可以有效解决多方协作之间的信任问题。但现有的旅游信息生态中，在某些场景下是否真的适合基于区块链来改造？如何做到对非区块链系统的逐步替代、部分替代？区块链系统中存在的性能和效率低的问题，如何在效率与服务质量之间做好平衡和取舍？这些问题需要理论与实际相结合，进一步研究并且深入实践。

11.4 本章小结

文化是社会进步和发展的基础，旅游是满足和丰富人们精神需求的有效方式。在互联网时代，各种数字作品包括视频、电子文章、网络新闻等是文化的主要载体，数字作品在互联网中能快速地复制和传播，使人们获取知识和文化的门槛大大降低，这极大地促进了文化的传播和发展。但是数字作品的这种特点也使传统的版权保护方式如专利申请、著作权登记等遇到非常大的挑战，数字作品的版权也无法得到有效的保护，如果不能有效地解决这个问题，将会形成创造难但无法保证利益、盗版容易却能获得暴利的恶性循环，极大地降低人们的创作热情。本章分两小节，系统地介绍了如何通过区块链技术解决数字作品的存证和版权保护难题，如何将区块链技术与旅游行业相结合，也介绍了业内相关企业有关该领域的解决方案。同时，还梳理了未来面临的挑战和机遇。法律界已经开始解决其中最大的挑战，即如何让法律认可区块链在存证和版权保护方面的价值。旅游行业的监管机构以及国家相关部门也高度重视加大投入。笔者相信区块链技术是解决数字作品存证和版权问题以及旅游行业多个痛点的有效途径之一，未来价值巨大，但需要较长时间的技术和法律实践的积累。

第 12 章 其他领域应用

除了在政务、金融、民生、供应链、文化旅游等行业得到广泛应用之外，区块链还在能源、环保、工程管理等其他领域展开了应用实践。本章将对区块链在这些行业的探索进行介绍。

12.1 区块链在能源行业的应用

12.1.1 业务场景

近年来，全球能源需求增长缓慢，能源转型推动新能源快速发展，能源消费结构清洁化趋势明显。能源领域的创新对于社会发展和国家的经济建设都有深远的意义，已成为全球关注的重要议题。世界各国都在积极推进能源领域的开发及技术的创新，不断打造电网与互联网深度融合的"新基建"。

在新政策背景下，我国的能源需求增长速度每年稳定下降。能源消费构成中，煤炭和石油等传统能源占比下降，天然气、水电、核电和风电等能源供给一直在稳步增加。然而我国能源供给结构依然存在大量痛点，包括供给垄断、结构转变缓慢、清洁化不足、价格非理性和供给动力不足等。

2015 年，国务院印发《关于积极推进"互联网＋"行动的指导意见》(简称《指导意见》)。关于能源电力，《指导意见》提出，通过互联网促进能源系统扁平化，推进能源生产与消费模式革命，提高能源利用效率，推动节能减排。加强分布式能源网络建设，提高可再生能源占比，促进能源利用结构优化。加快发电设施、用电设施和电网智能化改造，提高电力系统的安全性、稳定性和可靠性(由能源局、发展改革委、工业和信息化部等负责)。

1. 推进能源生产智能化

建立监测、管理和调度能源生产运行的信息公共服务网络,加强能源产业链上、下游企业的信息对接和生产消费智能化,支撑电厂和电网协调运行,促进非化石能源与化石能源协同发电。鼓励能源企业运用大数据技术对设备状态、电能负载等数据进行分析挖掘与预测,开展精准调度、故障判断和预测性维护,提高能源利用效率和安全稳定运行水平。

2. 建设分布式能源网络

建设以太阳能、风能等可再生能源为主体的多能源协调互补的能源互联网。突破分布式发电、储能、智能微网、主动配电网等关键技术,构建智能化电力运行监测、管理技术平台,使电力设备和用电终端基于互联网进行双向通信和智能调控,实现分布式电源的及时有效接入,逐步建成开放共享的能源网络。

3. 探索能源消费新模式

开展绿色电力交易服务区域试点,推进以智能电网为配送平台,以电子商务为交易平台,融合储能设施、物联网、智能用电设施等硬件以及碳交易、互联网金融等衍生服务于一体的绿色能源网络发展,实现绿色电力的"点到点"交易及实时配送和补贴结算。进一步加强能源生产和消费协调匹配,推进电动汽车、港口岸电等电能替代技术的应用,推广电力需求侧管理,提高能源利用效率。基于分布式能源网络,发展用户端智能化用能、能源共享经济和能源自由交易,促进能源消费生态体系建设。

4. 发展基于电网的通信设施和新型业务

推进电力光纤到户工程,完善能源互联网信息通信系统。统筹部署电网和通信网深度融合的网络基础设施,实现同缆传输、共建共享,避免重复建设。鼓励依托智能电网发展家庭能效管理等新型业务。

能源互联网是基于互联网技术应用发展背景下清洁、高效的能源利用方式,在缓解环境污染问题的同时,得以提高资源利用效率以及资源整合重组进程,有助于有效地进行能源供给侧改革。

12.1.2　行业现状和痛点

近几年,区块链技术已成为推动能源领域数字化变革的重要技术之一。各国政府和企业不断加强能源区块链领域的参与度,根据国际可再生能源署 2019 年发布的报告 *Blockchain-Innovation Landscape Brief*,能源区块链项目的分布主要以发达国家为主,多集中在欧洲各国和美国硅谷,中国也逐渐有项目落地。例如,2016 年,美国初创公司 Grid 成立,该公司首次利用以太坊区块链和智能合约技术建立了分布式能源交换体系,允许居民之间进行自动的"点对点"电力交易;2017 年,英国石油、壳牌公司、挪威国家石油公司、荷兰国际集团、法国兴业银行以及石油贸易商摩科瑞公司等联手建立区块链能源交易平台;2019 年,瑞士电力和自动化公司（ABB）与意大利公共事业单位（Evolvere）合作，使用区块链技术实现"点对点"能源交易；2019年，华为支持华能集团打造基于区块链的供应链金融"能信"平台，帮助能源供应链上下游完成金融融资。

能源区块链项目主要包括电力贸易、绿色证书管理、智能储能、微电网、可再生能源项目融资和电网管理等应用场景。涉及的一些业务痛点如下：

1. 消费者缺少选择导致用电成本高

在能源领域，传统上是通过公共的电力公司（也就是提供电力的中央电网）完成电力能源交易，以净耗电量来计算电费，消费者没有任何选择权。因此导致公共服务基础设施收费很高，这些费用基本上都是来自用户在市场上的能耗支付。

尽管现在涌现出很多新能源发电手段，如太阳能电池板、风力涡轮机等，但这些能源生产方法缺乏适当的基础设施和技术来储存多余的能源。在没有合适的生产分配手段的情况下，生产者也只能将产生的多余能量卖回电网，而不是直接卖给他的邻居。因此，电力的终端消费者在形成价格时并没有真正的发言权，他们无法真正选择所使用的能源来自哪里，以选择性价比最高的一方。

2. 分布式电网管理控制困难

随着新能源发电手段的普及，现在越来越多的家庭都装上了发电、储能的家用设备（比如，屋顶光伏、特斯拉 Powerwall）。而海量的分布式的小型发电端，中心化电网是管不过来的。多余的电力如何就近卖给社区用户，而不用再经过中心化电网与高损耗远距离传输成为一个需要解决的问题。

3. 碳资产开发流程不透明

2014年，联合国政府间气候变化专门委员会发布报告，以超乎寻常的强烈用词警告，全球必须在2100年之前把温室气体排放减少到零，否则恐将引发生态和社会灾难。2015年12月12日，《巴黎协定》在巴黎气候变化大会上通过，该协定为2020年后全球应对气候变化行动做出安排。主要目标是将21世纪全球平均气温上升幅度控制在2℃以内，并将全球气温上升控制在前工业化时期水平之上1.5℃以内。

减少温室气体排放成为全球各国的统一目标，而监控碳排放交易是实现这一目标的重要手段。但碳排放的每项技术和政策途径都依赖于准确测量、记录和跟踪各个控排企业的碳排放数据，配额和CCER的数量，价格以及数据的真实性和透明性。然而传统方法的透明度有限，标准不连贯，监管制度不统一，还存在严重的信任问题。中心服务器无法对数据安全做到绝对的保障，而信息的不透明也让很多机构和个人无法真正参与进来。碳资产开发流程时间很长，涉及控排企业，政府监管部门，碳资产交易所，第三方核查和认证机构等，平均开发时长超过一年，而且，每个参与的节点都会有大量的文件传递，容易出现错误，影响最后结果的准确性。

另外国家政策鼓励新能源应用，对生产新能源的企业可提供减少税收的优惠政策。随之带来的一个挑战问题是，企业是否如实上报所产生新能源的数量，是否存在非新能源发电"骗补"的问题，如何追踪溯源新能源的交易。

12.1.3　区块链解决方案价值

2018年3月，华为云与招商新能源合作，为深圳蛇口3个光伏电站实现基于区块链的FusionSolar智能光伏管理系统，提供清洁能源发电数据溯源和"点对点"交易系统。这是全球首个应用区块链技术的社区公益项目，通过区块链技术实现可信交易和价值转移，利用区块链的多方共识和不可篡改特性达成"点对点"交易，实现清洁能源创新盈利模式，打造新能源交易信任基石。

基于区块链的新能源交易系统见图12.1。

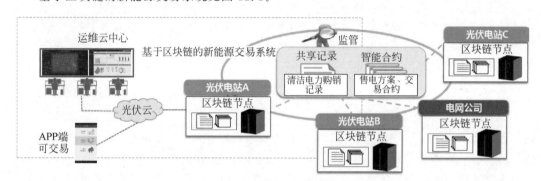

图12.1　基于区块链的新能源交易系统

该能源区块链关注发电端和用电端，充分发挥了区块链技术的可追溯和去中心化等特性，定点为社区提供清洁能源。在上述能源区块链项目中将其位于蛇口的分布式电站每日所发出的清洁电力放入能源互联网平台，华为提供电站数据接入的技术支持工作。用户可以直接在平台上选择使用清洁能源或传统能源，当用户选择清洁能源时，区块链技术根据智能合约直接配对电站与用户之间的"点对点"虚拟交易，同时第三方认证机构将为用户出具权威电子证书，证明其所使用的是清洁能源电力。

联盟链的组成成员见图12.2。

清洁能源电力认证等环境资产原本有着识别和认证困难的痛点，区块链的不可篡改特性让其成为解决这类问题的关键。清洁能源电力的产生及消费可以直接用区块链技术进行记录，使得后续无论是电力生产者向政府申请新能源发电补贴，或电力消费者进行碳证交易都既可信又方便。

区块链技术在能源互联网领域有如下应用价值：

1. 不依赖第三方的去中心化交易平台

很多年前，曾经有人这样幻想未来的电力布局：人类已经不再需要大型电厂通过远距离将电输送到每家每户，而是可以通过太阳能电池板，由地方居民自己生产电力，自己使用。人

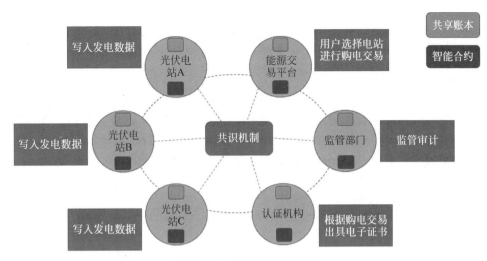

图 12.2 联盟链的组成成员

类将同时充当着电力的生产者、销售者和消费者三种角色,实现"隔墙售电"。

应用区块链技术可以提供一种完全去中心化的能源系统,能源供应合同可以直接在生产者和消费者之间传达,还可以提供计量、计费和结算流程等基础功能。这样有助于加强个人消费者和生产者的市场影响力,并使消费者直接拥有购买和销售能源的高度自主权。这意味着,能源生产者不需要通过公共的电力公司(也就是提供电力的中央电网)就能完成电力能源交易。那些拥有能源生产资源(比如,太阳能电池板)的公司,也可能将未使用的能源出售给社区。而对于消费者,相比于从中央电网购买电力,P2P 能源销售的优势在于有更大的选择权,价格可能更加便宜。

2. 利用智能合约实现电网分布式管理

对于分布式能源的管理只有一种办法:把电网变成分布式的,高度灵活自治的网络,这与区块链的结构是很匹配的。分布式能源可以增加电网灵活性,降低运营成本,提高可靠性。在区块链技术和智能合约的帮助下,可以有效地控制能源网络。智能合约将基于预定义规则向系统发出信号,制定如何启动交易的规则,确保所有的能量和存储流都是自动控制的。分布式能源正在缓慢改变配电系统与大容量电力系统的相互作用,这些变化可以改变电力传输和电网运营商对各种运行条件的响应。区块链可以将可再生能源和其他分布式能源添加到电力系统中,提高分布式能源的可视化和可控性,以满足日益复杂的电网运营需求。智能合约允许供应商和消费者能够通过创建基于价格、时间、地点和允许的能源类型等参数实现销售自动化。理论上,基于区块链的分布式电网控制管理可以创建更优的电力供需平衡。

3. 碳资产/新能源交易环节简化及端到端透明化和防篡改

在碳跟踪与注册的应用场景中,区块链的核心能力与围绕开发、部署和管理排放跟踪和交易系统的诸多挑战保持一致。作为交易数据的可信存储库,区块链可用于简化交易,加强验证过程,并消除对集中管理的需求。区块链用于碳跟踪与注册的另一个好处是有机会创建不可更改且透明的市场数据记录,可以提高全球的碳库存相关的注册管理机构使用数据的可信度和互操作性,有助于在碳捕捉、利用和储存活动等方面跟踪碳排放。

新能源的生产交易数据分散地存储在一个区块链上,将有利于保持所有能量流和业务活动的分布式安全记录。由智能合约控制的能量和交易流可以以防篡改的方式记录在区块链上。监管审计部门能够从区块链上获得真实可靠的数据,防止"骗补"的行为。

12.2 区块链在环保领域的应用

12.2.1 业务场景

2019年1月31日,上海市第十五届人民代表大会第二次会议表决通过《上海市生活垃圾管理条例》,并于7月1日正式开始实施。随后,杭州、北京、南京、厦门等地也陆续推行垃圾分类制度。垃圾分类是指按一定规定或标准将垃圾分类储存、投放和搬运,从而转变成公共资源的一系列活动的总称。分类的目的是提高垃圾的资源价值和经济价值,力争物尽其用,减少垃圾处理量和处理设备的使用,降低处理成本,减少土地资源的消耗,具有社会、经济、生态等几方面的效益。

12.2.2 行业现状及痛点

垃圾分类已经推行了几年的时间,但在垃圾分类的实际推行中发现仍存在如下问题:

(1) 多数市民分类意识不强,多数居民对垃圾分类知识了解得不够全面深入。居民对社区的宣传设施视而不见,不少人存在事不关己高高挂起的心态。

(2) 在实行垃圾分类的小区,厨余垃圾理想状态应该至少分出20%的量,实际仅为5%。

(3) 由于分类不精准等原因,分类后的垃圾处理效率不高,打击了市民垃圾分类的热情。

(4) 生活垃圾处理收费制度不完善、收费主体不统一、征收标准过低,收费的强制性和规范性不够强,未能体现"污染者付费"原则。

这些问题打击了市民垃圾分类的积极性,也不利于垃圾分类的继续推行。为此,我们设计了一种结合区块链、人工智能和物联网的社区智慧垃圾管理方案。

12.2.3 区块链解决方案价值

如图12.3所示,通过综合运用人工智能、物联网和区块链等技术,可以打造一个智慧垃圾投递管理系统。系统中,利用面部识别技术,用户在垃圾投递过程中无须更多操作,面向屏幕即可完成身份信息获取。基于城市垃圾大数据,可以对投入垃圾进行快速分析和判断,错误和非法的投递将被退回。通过结合物联网设备,实时记录分析各类垃圾的投放数据,具备满溢报警和数据上传能力,城市管理者可快速分析和处理。

图 12.3　基于区块链的社区智慧垃圾管理

使用区块链设计积分奖励机制,正确的垃圾投递将为用户增加绿色积分,积分用于兑换奖励,以此作为垃圾分类的正向激励。借助区块链技术,可以做到数据加密、分布式存储,利用区块链的共识算法保证数据在系统中的一致性和完整性,防止数据被恶意篡改。多级管理员共同管理,操作日志存储数据库并在区块链存证,做到数据变化和操作全程可追溯,确保用户身份、生活信息安全,避免被盗用、被篡改。

12.3　区块链在工程管理场景中的应用

12.3.1　业务场景

工程管理是一项参与方众多,需要多方协同的综合性工作,涉及很多应用场景。区块链在合同管理、项目验收和表单存档、材料溯源、工程量交易、工程检测等领域应用较多。良好的工程管理能够有效地提高工程的施工质量,保障工程项目安全性。工程管理最早是由西方国家提出并建设,在我国起步相对较晚,当前我国的工程管理还沿用传统模式,已经无法满足社会的发展趋势。

12.3.2 行业现状及痛点

受制于数字签名合法性的问题，当前工程中纸质档案的管理模式仍在同步运行，同样一份文件，除网上填报外，还需人工填写和签字，不仅单据流转时间长，而且增加了施工单位的工作量，进度也难以实时追踪。并且，同一份文件，因存档规定不同，各个参与单位均需分别填报，这也造成了重复性的工作和资源浪费。

即使部分档案可以使用电子化存储，但工程项目的参与方都出于自身利益最大化的原则，可能对工程中的文件、档案进行修改，工程中的各参与方之间无法完全互相信任。各参与方都需要自己建立信息存储系统，各个系统之间难以打通，增加了数据分享的难度，也存在数据不一致的风险。对于每个参与方来说，集中化的管理也使得电子档案易于篡改，数据原始性难以保证，这也为数据的追溯造成困难。这些短板制约着信息化技术的发展，也使信息化所能起的监管作用有限。

在工程进行中，工程材料和工程质量也都存在偷工减料的可能性，传统监管方式往往也存在监管漏洞和盲区。结合基于区块链的供应链溯源和协作技术，可以解决当前工程管理中的难题，提升工程管理的效率。

12.3.3 区块链解决方案价值

图 12.4 是区块链工程项目管理协同链，通过区块链技术，串联起工程中的各单位，主要有如下功能：

（1）合同管理。对于合同，交易信息可包括合同编号、合同双方单位、财务账号，合同签订的时间、地点、有效期、金额等信息。

（2）表单存档。表单是传统施工过程中重要的档案，也是工程事故后责任认定的直接依据。

（3）材料跟踪溯源。采用区块链结合物联网技术对供应链进行管理，可以跟踪材料的采购、运输、入库、出库、使用等过程。

（4）工程检测。为了有效监督工程质量，原材料采购、混凝土拌合物拌合质量、施工现场浇筑情况都需要进行检测，需要形成检测报告交易数据，为材料及施工质量提供检验依据。

（5）工程量交易。工程量交易由各班组记录工程及对应工程量，经监理批准后生效。为了保证施工质量，交易内容中可以附上混凝土浇筑等检测情况以及监理平行检查的情况。

利用区块链强大的运算能力和智能合约将上链的证照数据授权调用，利用智能合约提前设定好

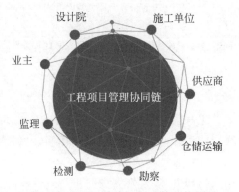

图 12.4 基于区块链的工程管理协同链

合约规则,对申请事项进行智能核验,免去了工作人员的逐项审核查验的时间,优化了业务流程。

12.4 区块链应用面临的机遇和挑战

区块链技术为各行各业带来了很多新的机遇,各种创新应用和试点尝试不断出现,但转型仍面临诸多挑战。

1. 商业模式仍需探索,区块链替代优势不明显

目前对于绝大部分地区来说,相对于中央电网,"点对点"的电力交易在供电安全和稳定性方面都还有欠缺。在缺乏规模效应的情况下,甚至于很多项目在价格上也不具备优势。

另外,传统的能源行业和工程管理行业主要使用的还是中心化数据库系统,区块链的安全性、稳定性、效率和成本等指标仍然没有明显的替代优势。能源、环保创新涉及社会公共服务和多方主体的配合,在基于区块链创新时权利义务的划分有待明晰,服务准入、监管和风险承担主体有待明确,清晰的商业模式和合作模式有待进一步探索。

2. 创新主体数量少,尚未形成行业规模

由于现有区块链创新的商业模式尚不清晰,目前许多企业仍在观望中,真正进行区块链创新的主体规模和数量在行业中占比较小,在行业细分领域数量更少,许多创新主体仍未形成规模化落地。

3. 能源应用创新不断丰富,技术瓶颈问题需关注

当前区块链应用多以联盟链为主,联盟链在支持大规模复杂应用的时候仍面临效率、扩容、存储、跨链互操作、隐私保护等问题。此外,能源区块链的标准工作正在进行中,环保领域和工程管理领域区块链应用刚起步,也尚未形成统一的区块链应用行业标准。

12.5 本章小结

随着区块链技术的快速发展,区块链的应用深入各个领域。本章系统地介绍了区块链在能源、环保和工程管理三个行业中的应用,基于现有业务场景分析了行业现状及痛点,并为读者阐述了在细分场景中如何通过区块链解决实际问题。希望对读者探索区块链的应用有所启发。

第 13 章
华为云区块链服务

华为从 2015 年开始研发区块链，2016 年加入超级账本联盟，并于 2017 年获得中国技术工作组主席职位和 Sawtooth、Fabric 两个项目的 Maintainer 职位。2018 年 4 月，华为云区块链服务上线公测，同年 11 月正式商用。

华为云区块链服务秉承开放合作共赢的策略，提供开放易用、灵活高效的通用型基础技术，聚焦于区块链云技术平台建设，帮助企业依托华为云，快速、高效、低成本地搭建企业级区块链行业方案和应用，共同推动区块链应用场景落地，打造基于区块链的公共信任基础设施和共赢生态，持续为区块链产业发展贡献力量。

13.1 公有云是区块链应用的最佳载体

区块链在近几年非常火热，也为企业客户带来了优质的解决方案。众多企业开始着手构建企业内、企业间的区块链应用，政府部门也在主导构建行业、政府、公益等领域的区块链应用。然而对于企业及政府部门来说，开发、搭建一套区块链系统并不容易，当前区块链技术人才匮乏，底层平台搭建复杂，运维烦琐，使得企业无法聚焦在上层应用的开发与创新。

云的开放性和云资源的易获得性，帮助公有云平台成为当前区块链创新的最佳载体。公有云是获得弹性资源和快速实现新技术架构的最佳途径。云环境中的区块链服务可以简化复杂组件的设置，而云基础设施和云平台服务也可以提升运营效率和降低早期投入门槛。

虽然从本质上来看,现在的公有云厂商提供的云计算资源类似于传统的中心化服务,由各个云服务厂商提供存储、计算、网络等服务,看似与区块链的去中心化有矛盾之处。但是目前公有云已经可以提供多租资源隔离、混合部署、跨云支撑等能力,足以达到客户真正的去中心化诉求,区块链网络可以部署在不同可用区(AZ)之间,不同的联盟方拥有独立所属权的资源控制。同时,云计算的弹性伸缩能力,可以更好地为区块链应用扩缩容带来便利,按需使用,按量付费。

在公有云上搭建区块链网络,可以帮助企业节约投资,简化流程。首先,用户无须购买和维护IT基础设施。IT基础设施投资往往会占用企业的很多开支,机房选址、硬件采购、电力成本等都需要大量的投资,硬件的折旧也会不断地消耗企业资金。其次,可以为用户节约区块链应用的维护成本。目前企业使用的主流区块链网络多来自开源社区,社区版本在可靠性、稳定性、满足度等方面都还不能支撑企业级的业务,因此需要投入大量的人力进行维护与开发。当社区版本更新迭代时,版本的适配升级也会带来大量的人力消耗,以及可能带来业务不稳定的风险。然后,可以降低人员使用门槛,减少人力成本。随着社区版本的不断升级,底层代码量也日益庞大,部署、调试需要专门的投入。当业务需要定制化功能时,很多时候社区版本无法满足,导致需要开发复杂的上层业务。例如,Web/IoT端为了快速访问Fabric网络,原生的SDK对系统的消耗比较高,设计应用时需要考虑这部分性能等消耗。而不少云平台提供了基于RESTful的访问接口,将大大简化端侧业务开发。最后,用户可以按需购买服务,随用随买。在上层业务构建初期,一般无法准确地估算底层资源的实际消耗。如果业务大规模增加,采购硬件以及扩容环境的人力、物力、时间的消耗都会阻碍业务快速发展。而使用公有云则无须关心这些细节,企业客户按需购买资源,在业务初期可以购买少量的进行测试验证,当业务上量后,可以迅速扩容,业务减少时,也可以弹性减少资源占用,达到节约成本的目的。

13.2　华为云区块链服务 BCS 初探

2018年2月1日,华为云发布企业级区块链开放平台——区块链服务BCS(Blockchain Service)。BCS是基于开源区块链技术和华为在分布式并行计算、PaaS、数据管理、安全加密等核心技术领域多年积累的基础上推出的企业级区块链云服务产品,帮助各行业、企业在华为云上快速、高效地搭建企业级区块链行业方案和应用。将企业从烦琐耗时的区块链基础开发和部署中解放出来,使其聚焦于有价值的上层应用,快速开发自身业务场景,不再让技术限制自身业务的想象力和发展。如表13.1所示,华为云区块链服务BCS具备灵活高效、安全可靠、简单易用等特性。

华为云区块链服务致力于打造区块链生态,BCS服务实现区块链的底层技术支撑,包括共享账本、安全隐私、智能合约等,同时提供区块链部署、运维能力。由行业合作伙伴构建领域通用解决方案,并提供咨询与开发服务,助力企业顺利实施区块链应用落地。

表 13.1 华为 BCS 服务特性

特　性	特　性　描　述
灵活高效	• 支持多种高效共识算法选择 • 多角色节点和成员动态加入/退出 • 秒级共识（10 000＋TPS） • 采用容器化物理资源管理，极致弹性伸缩 • 支持线上线下混合部署 • 支持跨云（如 Huawei 云＋SAP 云）业务部署；
安全可靠	• 20＋全球权威认证，安全合规 • 完善的用户、密钥、权限管理和隔离处理 • 多层加密保障和国密支持 • 零知识证明和同态加密等隐私处理 • 可靠的网络安全基础能力，运营安全无忧
简单易用	• 基于 Hyperledger2.0、kubernetes 搭建，配置简单，数分钟内即可完成部署，满足一键式部署区块链实例、一键式部署区块链解决方案 • 提供全流程、多维度的自动化运维服务 • 支持链码在线编译 • 首创区块链结合 MySQL 存储，显著提升账本查询性能 • 支持 RESTful 方式访问，满足 Web/IoT 等瘦客户端使用
丰富的插件、解决方案	• 可信数据交换与计算服务 TC3 • 分布式身份服务 TDIS • 可信跨链数据链接服务 TCDAS • 行业区块链平台

基于华为云，BCS 支持为企业客户构建全球范围内的区块链价值网络，支持跨云对接，支持与华为云运维监控、大数据服务对接，提供全栈技术能力。图 13.1 为 BCS 服务在华为云上的整体架构，从图中可以看到，华为云提供了完整的区块链应用的技术栈。从最基层的计算、存储、网络资源到中间的区块链平台的构建部署，以及最上层的用户业务应用领域都进行了非常全面的覆盖（区块链平台部分属于华为云区块链服务，业务应用部分由华为云其他服务提供支持，如云安全、人工智能、大数据分析等）。目前华为自身以及相关合作伙伴提供了几大解决方案供企业选择，其他行业的在不断完善中，这些解决方案包括供应链金融、食品溯源、港口物流、积分交易、行业数据共享、税务票据、版权确权等。后面的章节将对企业如何使用华为区块链服务进行简单介绍。

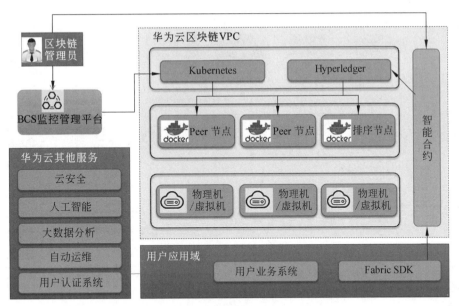

图 13.1 BCS 服务在华为云的架构

13.3 基于华为云区块链服务构建企业应用

前面的章节中提到过，BCS 服务的诞生是为了帮助企业快速构建自身的区块链应用，具体企业如何实现区块链应用落地，如何判断业务是否适用区块链，如何进行区块链开发与部署，以及后续如何维护，本节将会逐一展开介绍。

从图 13.2 所示的逻辑架构图可以看到，一个完整的企业区块链应用架构由上至下包含三层，即业务应用层、合约层和区块链底层平台层。这三个层级决定了区块链应用开发的成本，是企业在区块链应用的决策、需求分析以及架构阶段需要着重考量的方面。

1. 业务应用层

这一层是区块链应用的对外表现层，主要功能是对外提供友好易用的界面为企业用户提供业务服务，形式可以为一个 Web 应用或者一个手机移动端的 APP。这一层和传统的 Web 应用以及移动端 APP 并无明显差别，对最终用户来说并不需要感知区块链的存在，只需确保区块链应用不要破坏用户一贯的软件使用习惯即可。在这一层次上，华为云区块链服务能够提供给企业的是一些工具类的帮助，例如，提供区块链链码的 RESTful 调用方式，减轻应用层开发的难度和负担等。关于更多的应用开发相关的内容，企业可以咨询华为云其他的服务，如华为云云容器引擎、微服务引擎等，这些服务在此略过。

2. 合约层

合约层顾名思义是智能合约的部署层，是企业应用使用区块链服务最重要的一层。智能

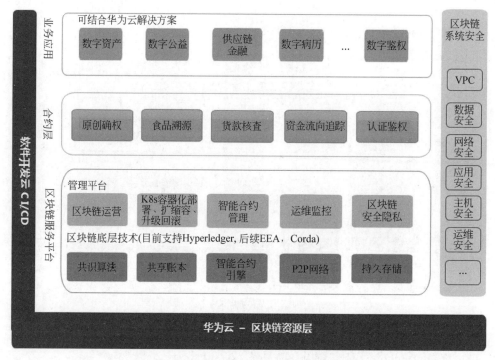

图 13.2 华为云区块链服务逻辑架构

合约封装了企业对区块链使用的全部业务逻辑,是企业业务精髓的体现,每个企业的智能合约都不尽相同,是需要每一个开发区块链应用的企业用心设计,定制开发的部分。由于其重要性,华为云也对合约的开发部署提供了有力的支持。首先,在智能合约代码的开发上提供了在线链码编辑器,让用户可以在线开发、编译及调试。其次,华为云提供了对链码的完整生命周期的管理,用户可以使用界面便捷地安装部署链码。再次,华为云还提供了丰富的链码样例,模板供开发者参考,将来还会提供更为通用的链代码类库以加速开发者开发链码的过程。

3. 区块链底层平台

华为云区块链服务平台 BCS 以华为公有云服务为基础架构,除了为用户提供计算资源、通讯资源和存储资源以外,更进一步封装了区块链底层平台,将区块链记账能力、区块链运维能力和区块链配套设施能力转化为可编程接口,企业在开发时只需要关注应用层和合约层即可,极大地简化了区块链应用的开发过程,让开发者专注于业务逻辑,提升开发效率。

13.3.1 区块链服务的交付模式

从交付的角度来看,如何选择合适的商业模式进行业务落地是客户首先要考虑的问题。按照企业用户的诉求,华为云区块链服务解决方案提供以下三种交付模型:

1. Turnkey 模式（合作伙伴＋华为云 BCS）

Turnkey 就是所谓的交钥匙模式，当企业有区块链诉求时，可以自己指定或者选择华为云提供的第三方合作伙伴。由华为云解决方案专家参与，共同分析客户的业务诉求，根据业务的场景制定区块链解决方案，并由第三方合作伙伴完成业务的开发，交付最终的软件给客户。

2. 企业＋合作伙伴＋华为云 BCS 的模式

此方案适用于企业自身需要参与一部分业务系统开发，根据 BCS 生态系统划分，可由企业完成自身业务系统构建，由合作伙伴完成行业解决方案内的智能合约开发，由华为云提供区块链底层基础设施，共同搭建企业所需的业务系统。企业以最少的人力投入，快速构建区块链应用。

3. 企业＋华为云 BCS 的模式

当企业有较雄厚的技术储备和较强的研发团队时，可以选择直接基于华为云区块链服务进行开发。华为云为企业提供咨询与架构服务，帮助企业分析区块链应用的解决方案，设计系统对接流程，并提供有力的技术支持和保障。

下面就带领读者体验一下如何快速构建一个简单的区块链应用。

13.3.2 区块链应用构建极速之旅

使用华为云开发企业区块链应用极为简单，只需六个步骤（见图 13.3），即业务场景分析、梳理上链信息、购买和创建区块链服务、编写链码并部署、业务系统集成、区块链服务运维。

图 13.3 华为云构建企业区块链步骤

（1）业务场景分析。并非所有的应用都适合区块链，如何判定企业应用是否属于区块链应用至关重要。企业可以使用本书前面章节的区块链应用的判断准则进行判定。

（2）梳理上链信息。当判定应用为区块链应用后，也并非所有的数据都适合上链，企业还需要根据数据的业务特点和技术特性对上链数据进行选择和建模。

（3）购买和创建区块链服务。华为云 BCS 服务提供一键式的购买，帮助用户屏蔽掉存储、网络、计算等相关资源的购买，系统自动完成大部分区块链底层平台所需配置。整体配置购买流程可以在 10 分钟以内完成（包含计算、资源和存储资源创建时间）。

(4) 编写链码并部署。链代码作为企业业务和区块链存储的纽带逻辑,是企业应用区块链化的结晶,在整个区块链应用开发过程中起着举足轻重的作用。华为云考虑到这一点,对这一环节提供了辅助增强,企业用户可以在线完成链代码的开发、部署与实例化,完成智能合约部分。

(5) 业务系统集成。业务系统通过集成 SDK、调用 RESTful 或者 JDBC 的方式操作区块链,业务改动量小,简洁高效。

(6) 区块链服务运维。通过对接华为云 AOM\APM,完成区块链实例、区块链应用的实时监控,提供日志、告警、性能指标的全方位监控,给业务的灵活变更带来依据。

下面将以一个完整的区块链应用为例,带领读者使用上述简单六步创建区块链应用,体验华为云区块链开发的极速之旅。

1. 业务场景分析

Marbles 是一个简单的资产转移示例业务,旨在帮助客户了解链码的基础知识以及如何使用华为 BCS 服务开发应用程序,帮助快速上手并体验华为云区块链服务。

图 13.4 是 Marbles 应用成品的界面演示,应用支持多个账户,每个账户可以创建自己的资产-弹珠,每个弹珠的规格都是随机并且独特的(有各自的颜色、大小),因此每一个弹珠都是"唯一"的。弹珠创建出来即为创建者所有,成为其资产。资产可以在用户之间互相转移,资产转移的动作称为交易。下面,我们先用第 6 章的区块链应用判断准则来分析一下该应用是否为区块链应用。

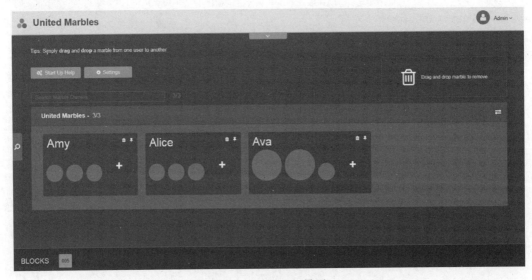

图 13.4 Marbles 界面

- 是否存储状态

Marbles 应用需要保存各种状态,包括用户的信息、弹珠的规格还有弹珠的归属权等,并且由于弹珠可以转移所属权,转移的交易也需要进行记录,弹珠交易不能被任何一方随意更改,并且这些交易要保证安全,账户 A 只能转账户 A 的弹珠资产,这些状态数据的保持正是区块链所能提供的。

- 是否多方协作写入

弹珠资产转移是可以发生在任何两个账户之间的,并且交易的结果和用户的最终资产信息是需要向其他用户同步的,因此也符合区块链的多方协作写入的准则。

- 多方是否互信

显然弹珠资产的所有权账户之间并不存在完全互信的关系,因此区块链所带来的信任是应用必不可少的。

- TTP 是否完美解决

为弹珠资产构建一个可信任的第三方消耗巨大,而且很难找到一个让所有人都绝对信任的公信机构,即便能够找到,这种公信机构提供公信力的成本也是非常昂贵的。因此,对于 Marbles 应用来说,使用区块链来代替中介机构是不二之选。

- 是否限制参与

我们并不希望任何能够接入互联网的人都能使用 Marbles 应用,因此使用联盟链建立一个准入门槛是必须的。

综上所述,我们判定 Marbles 应用是一个区块链应用,那么接下来我们就要看看都有哪些数据需要上链。

2. 梳理上链信息

在 Marbles Demo 中,我们的业务可以梳理为以下三条:

- 账户信息的创建,包括账户的增删改查;
- 弹珠资产的创建,包括弹珠的增加与删除;
- 弹珠资产的转移,资产转移发生在任意两个用户之间。

综上所述,利用传统的软件分析能力不难分解出其中的名词——"账户""弹珠资产"。这两个实体将作为链上数据结构的实体模型。另外,还需要在弹珠模型上记录弹珠的所有权,即弹珠与账户的关系,因此我们得出了如表 13.2 和表 13.3 所示的数据模型,模型的数据都将以键值对的形式存储于区块链上。

表 13.2　弹珠实体数据模型表

Key	Value
ID	作为 Key 值使用,每一个 Marbles 资产的唯一标识
Color	资产的第一个属性,颜色
Size	资产的第二个属性,大小
Owner	资产的当前归属(至少包含账户的 ID)

表 13.3　账户实体数据模型表

Key	Value
ID	账户的唯一标示
Username	账户名称
Company	账户所属公司信息

当然需要注意的是，我们的示例应用比较简单，大部分信息都存储在区块链上，实际的应用非常复杂，数据量也将十分庞大。因此需分析具体业务来确定数据是否希望得到区块链的方便共享、安全写入和不可篡改等特性，只将必要的数据记录于区块链上，对于成本的控制和性能的保证是很关键的。

3. 购买区块链服务

在开发区块链应用之前，我们需要确保有一个真正的区块链平台可以供我们进行测试，以及将来作为实际的生产运行平台。从头搭建区块链平台是低效并且高风险的，选择华为云区块链服务可以为企业节省不少前期投入成本，以及后期维护成本，甚至降低对区块链适用的学习曲线。其具体购买步骤如下：

- 注册华为云账号：用户可以登录华为云官网，进行注册并实名认证 https://www.huaweicloud.com/。进入 BCS 控制台：华为云 BCS 服务可以在首页的产品菜单中找到，位于"应用服务"子栏目中，点击进入区块链服务（见图 13.5）。

图 13.5　华为 BCS 服务首页

- 单击"立即体验"按钮,进入区块链服务控制台,如图 13.6 所示。

图 13.6　区块链服务控制台

- 单击控制台中区块链解决方案后侧的"开始部署",进入一站式部署区块链解决方案流程,按如图 13.7 所示的表格进行配置。

参数名	参数值	备注
计费模式	按需计费	选择包年模式价格更优惠
区块链服务名称	bcs-marbles	
版本类型	专业版	专业版支持联盟链
区块链类型	联盟链	
共识策略	FBFT	
安全机制	ECDSA	可选国密算法
版本信息	2.1.17	
链代码管理初始密码	Test@123	可自行设定
peer节点组织	org1:1节点	可以根据联盟创建多组织
共识节点数量	4	FBFT最少4个共识节点
存储方式	goleveldb	可选MySQL体验
通道配置	c12345：org1加入通道	
选择集群	不勾选	创建新集群
云主机个数	1	
云主机规格	2核4GB	
高可用	不启动	测试可以选择非高可用
云主机登录方式	密码	
root密码	Test@123	可自行设定

图 13.7　配置示例

- 进入配置确认页面,对购买信息进行确认,如图 13.8 所示,单击提交进行购买。
- 购买过程会持续几分钟,主要用于虚机创建、CCE 容器集群创建、存储、EIP 的绑定、

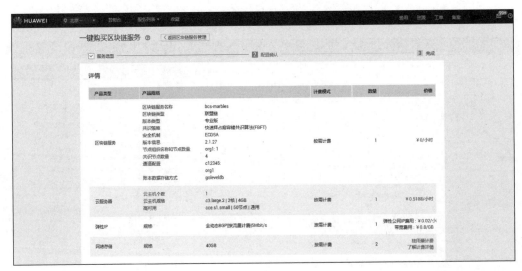

图 13.8　配置确认页面

以及区块链网络的创建。创建完成后如图 13.9 所示提示创建成功。到这里,区块链实例就已经搭建完毕,剩下的为链码编写与业务对接,以及后续的运维工作。

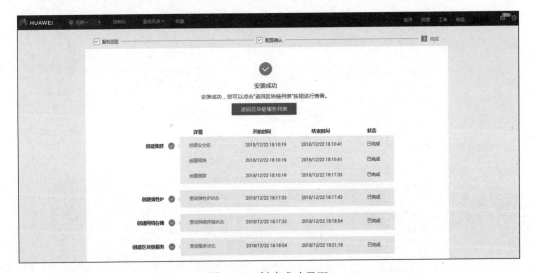

图 13.9　创建成功界面

现在我们已经有了一个底层的区块链基础设施。为了让其能够存储 Marbles 的业务数据,接下来,我们需要向区块链服务编写和部署链代码,即我们的区块链业务逻辑。

4. 编写链码并部署

链代码也称智能合约,是控制区块链网络中相关方相互交互的业务逻辑。链代码将业务网络交易封装在代码中,最终在一个 Docker 容器内运行。目前华为云区块链服务暂时支持

Golang 语言编写代码。链代码即一个 .go 文件，创建好文件后进行函数开发等操作。

链码的开发主要是完成 Init 和 Invoke 两个函数。Init 函数用于初始化区块链的原始数据结构，按需编写，也可以是一个空函数；Invoke 函数是主要的账本交互途径，可以完成追加账本、查询账本等操作，支持增加业务逻辑完成复杂功能。我们不在这里赘述关于链码编写的详细规范，如果需要可以访问 Hyperledger 官网（https://hyperledger-fabric.readthedocs.io/en/latest/chaincode.html），或者咨询华为工程师进行了解（https://support.huaweicloud.com/devg-bcs/bcs_devg_0004.html）。

准备 Marbles Demo 所需的链代码：完整的 Marbles Demo 链码可以在华为云官网获取。此处贴出的不完整的示例代码只为本书说明使用。

```go
func init_marble(stub shim.ChaincodeStubInterface, args []string) (pb.Response) {
    var err error
    fmt.Println("starting init_marble")

    id := args[0]
    color := strings.ToLower(args[1])
    owner_id := args[3]
    authed_by_company := args[4]
    size, err := strconv.Atoi(args[2])
    if err != nil {
        return shim.Error("3rd argument must be a numeric string")
    }

    //check if new owner exists
    owner, err := get_owner(stub, owner_id)
    if err != nil {
        fmt.Println("Failed to find owner - " + owner_id)
        return shim.Error(err.Error())
    }

    //check if marble id already exists
    marble, err := get_marble(stub, id)
    if err == nil {
        fmt.Println("This marble already exists - " + id)
        fmt.Println(marble)
        return shim.Error("This marble already exists - " + id) //all stop a marble by this id exists
    }

    //build the marble json string manually
    str := `{
        "docType": "marble",
        "id": "` + id + `",
        "color": "` + color + `",
        "size": ` + strconv.Itoa(size) + `,
```

```go
        "owner": {
            "id": "` + owner_id + `",
            "username": "` + owner.Username + `",
            "company": "` + owner.Company + `"
        }
    }`
    err = stub.PutState(id, []byte(str))         //store marble with id as key
    if err != nil {
        return shim.Error(err.Error())
    }

    fmt.Println("- end init_marble")
    return shim.Success(nil)
}
```

前面的代码展示了创建弹珠资产的链代码,链码逻辑首先获取调用参数,进行了一系列业务逻辑合法性的检查,例如,所述用户是否存在、弹珠 id 是否冲突等,然后生成新弹珠的信息并调用 stub.PutState 方法将弹珠信息保存到区块链。以下代码则是弹珠变更拥有者的链码:

```go
func set_owner(stub shim.ChaincodeStubInterface, args []string) pb.Response {
    var err error
    fmt.Println("starting set_owner")

    // input sanitation
    err = sanitize_arguments(args)
    if err != nil {
        return shim.Error(err.Error())
    }

    var marble_id = args[0]
    var new_owner_id = args[1]
    var authed_by_company = args[2]
    fmt.Println(marble_id + "->" + new_owner_id + " - |" + authed_by_company)

    // check if user already exists
    owner, err := get_owner(stub, new_owner_id)
    if err != nil {
        return shim.Error("This owner does not exist - " + new_owner_id)
    }

    // get marble's current state
    marbleAsBytes, err := stub.GetState(marble_id)
    if err != nil {
        return shim.Error("Failed to get marble")
    }
    res := Marble{}
    json.Unmarshal(marbleAsBytes, &res)          //un stringify it aka JSON.parse()
```

```
        // check authorizing company
        if res.Owner.Company != authed_by_company{
            return shim.Error("The company '" + authed_by_company + "' cannot authorize transfers '")
        }
        // transfer the marble
        res.Owner.Id = new_owner_id                         //change the owner
        res.Owner.Username = owner.Username
        res.Owner.Company = owner.Company
        jsonAsBytes,_ : = json.Marshal(res)                 //convert to array of bytes
        err = stub.PutState(args[0],jsonAsBytes)            //rewrite the marble with id as key
        if err != nil {
            return shim.Error(err.Error())
        }

        fmt.Println("— end set owner")
        return shim.Success(nil)
}
```

与生成弹珠链码类似,首先获取参数信息,进行业务校验,然后最关键的部分为更改弹珠拥有者的信息以及将最新的弹珠信息存储到区块链上。

通常情况下,用户需要在线下搭建链码编写环境自行编写业务相关的区块链代码,包括准备相应语言的编辑器 IDE,创建区块链项目,引入和配置区块链 SDK 等,相当烦琐。华为云为了简化这一过程,提供用户线上的一键式体验,专门开发了适合编辑和调试区块链代码的线上编辑器,如图 13.10 所示。

图 13.10　华为云区块链代码线上编辑器

华为云区块链服务是基于 Hyperledger Fabric 开发的,链代码编写完成后还要经过安装和实例化的步骤才能够供用户进行调用。华为云同样提供了非常便捷的链代码安装和实例化过程,如图 13.11 和图 13.12 所示,只要给出足够的信息,这些步骤都可以在线完成。

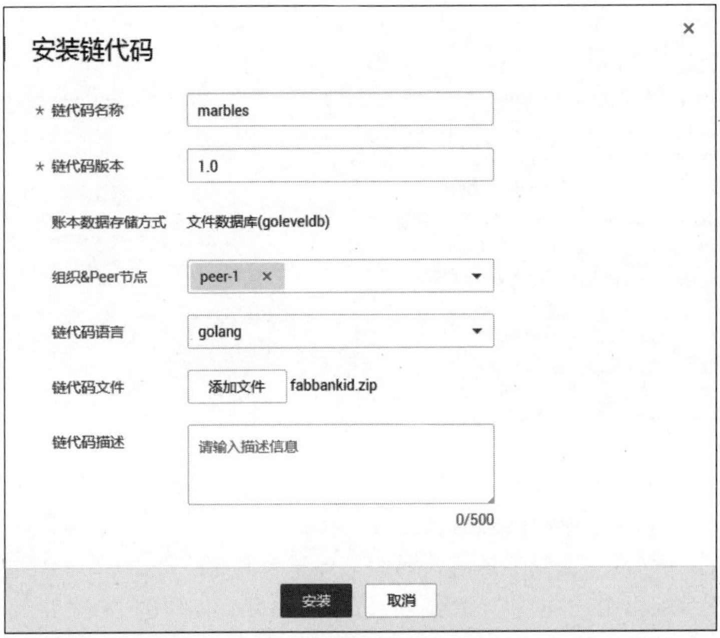

图 13.11 安装链代码

图 13.12 链代码实例化

至此，Marbles 应用中区块链的部分已经开发和部署完毕，但仅有区块链是没有办法让最终用户来使用的，区块链的最终目的是要服务于业务。接下来，我们要将 Marbles 应用和刚刚构建的区块链服务对接，由应用触发业务数据在区块链上的存储和读取，才能发挥出区块链的作用。

5. 业务系统集成

业务系统集成即区块链服务与区块链应用进行集成对接，集成的速度和质量直接关系到应用开发人员的开发效率以及应用最终用户的体验，所以这一步是至关重要的。如图 13.13 所示，由 Marbles 应用程序发起对资产转移链代码的调用，试图将 user1 的弹珠资产 marble1 转移给用户 user2，调用触发链代码逻辑先进行合法性校验，最终将弹珠资产 marble1 的所有者属性 user2 写到区块链上，完成资产的转移。

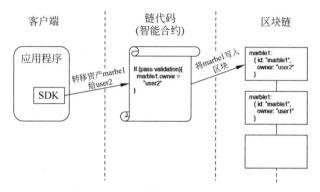

图 13.13 区块链与业务系统集成

那么在上述业务流程中，Marbles 应用程序具体需要如何跟区块链的链代码交互呢？图 13.14 阐述了交互的细节。

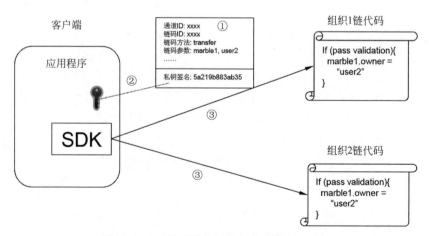

图 13.14 应用程序与区块链代码的交互步骤

(1) 客户端将调用区块链代码所需要的信息进行打包, 包括通道 ID、链码 ID、调用参数、调用者信息等。

(2) 客户端将步骤(1)打包好的二进制用调用者私钥进行签名, 此签名除了拥有私钥的用户外, 其他人无法伪造。

(3) 客户端将前两步产生的二进制及签名分别发到需要背书的区块链节点进行背书。背书的过程即链代码调用的过程。最后客户端将返回的背书信息汇总发送到区块链上进行写入。

由此, 我们可以看到, 应用程序和链代码交互过程还是比较复杂的, 这个过程不应该让应用开发者自己来实现, 因此就有了支持各种语言的客户端 SDK 版本, 例如 Golang、Node.js 等。但即便如此, 使用客户端 SDK 的成本还是很高, 因此华为云提供了两种调用方式: 一种是刚才提到的使用语言相关的客户端 SDK 进行调用; 另外一种为创新的 RESTful 调用方式, 如图 13.15 所示。

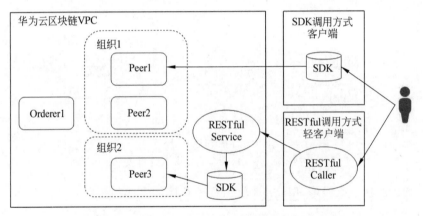

图 13.15　SDK 和 RESTful 两种区块链服务调用方式

接下来, 分别向读者详细介绍这两种调用方式。

1) SDK 对接方式

开发业务应用时需要根据所使用的开发语言种类确定下载的 SDK, 如 Marbles 应用使用 nodejs 作为开发语言, BCS 服务提供了相应的 SDK 配置文件下载, 见图 13.16 和图 13.17。

SDK 配置文件是为了让区块链 SDK 调用程序了解已经完成部署的区块链服务的架构, Peer 和 Order 的地址以及各种证书的位置等, 这些信息都是使用 SDK 所必须的。SDK 获取之后, 就可以使用 SDK 开发区块链调用代码了。本例中, 创建弹珠的方法由 Nodejs-SDK 实现, 代码示例片段如下所示。

```
marbles_chaincode.create_a_marble = function (options, cb) {
console.log('');
logger.info('Creating a marble...');
```

图 13.16　下载 SDK 配置

图 13.17　SDK 配置信息

```
var opts = {
    peer_urls: g_options.peer_urls,
    peer_tls_opts: g_options.peer_tls_opts,
    channel_id: g_options.channel_id,
    chaincode_id: g_options.chaincode_id,
    chaincode_version: g_options.chaincode_version,
    event_urls: g_options.event_urls,
    endorsed_hook: options.endorsed_hook,
    ordered_hook: options.ordered_hook,
    cc_function: 'init_marble',
    cc_args: [
        'm' + leftPad(Date.now() + randStr(5),19),
```

```
                options.args.color,
                options.args.size,
                options.args.owner_id,
                options.args.auth_company
            ],
        };
        fcw.invoke_chaincode(enrollObj, opts, function(err, resp) {
            if (cb) {
                if (!resp) resp = {};
                resp.id = opts.cc_args[0];                    //pass marble id back
                cb(err, resp);
            }
        });
    };
```

从代码片段我们可以看到，使用 SDK 进行链码调用分为两步：第一步构造调用参数，声明要调用的区块链通道和链码 id 等，然后是链码的业务参数，本例中根据已经部署好的 Marbles 链码的要求传入弹珠颜色、大小等参数即可；第二步是真正发起链码调用的 SDK 方法，只有一行代码，调用 fcs.invoke_chaincode 即可实现链码调用，剩余的代码为错误处理通用代码。由此可见，SDK 的使用还是很简单的。接下来，变更弹珠资产所有者的代码与刚才创建弹珠代码类似，如下所示。

```
    marbles_chaincode.set_marble_owner = function(options, cb) {
        console.log('');
        logger.info('Setting marble owner… ');

        var opts = {
            peer_urls: g_options.peer_urls,
            peer_tls_opts: g_options.peer_tls_opts,
            channel_id: g_options.channel_id,
            chaincode_id: g_options.chaincode_id,
            chaincode_version: g_options.chaincode_version,
            event_urls: g_options.event_urls,
            endorsed_hook: options.endorsed_hook,
            ordered_hook: options.ordered_hook,
            cc_function: 'set_owner',
            cc_args: [
                options.args.marble_id,
                options.args.owner_id,
                options.args.auth_company
            ],
        };
        fcw.invoke_chaincode(enrollObj, opts, cb);
    };
```

Nodejs SDK 也是先构造参数,传入弹珠 ID 和拥有者 ID,然后使用 fcw.invoke_chaincode 发起实际的链码调用,非常简单。由于开发语言众多,其他 SDK 的使用方法不在此累述,请自行查阅相关文档。在此只探讨一下 SDK 开发方式的优、缺点。

(1) 优点。基于原生 Fabric SDK。没有其他环节,调用响应速度较快。

(2) 缺点。

① 配置文件书写复杂。虽然华为云已经提供了 SDK 配置文件下载功能,但是对于首次使用 SDK 的开发人员来说,成本仍然很高。

② SDK 语言相关,并且学习成本略高。虽然很多语言都提供了 Fabric SDK,SDK 调用起来也算是简洁,但使用起来仍然有一定学习成本,并且不同语言的类库名称,方法名称调用方式都各不相同,切换不同语言时的学习成本成倍增加。

③ SDK 过于厚重。应用程序在使用 SDK 的时候需要将 SDK 类库引入,虽然不用开发语言的 SDK 打包后大小各不相同,但对于一些薄客户端(比如,手机应用)来说,就显得十分厚重了。

2) RESTful 对接方式

华为云为了方便开发者使用区块链服务,在服务侧提供了 RESTful 的 API 以克服上述直接使用 SDK 方式的不足。要使用 RESTful 对接方式,只需在订购时选择启用 RESTful 接口即可,并且如果订购时没有选择,后续也可单独进行安装,安装好 RESTful 接口的服务见图 13.18 中的 RESTAPI 组件。

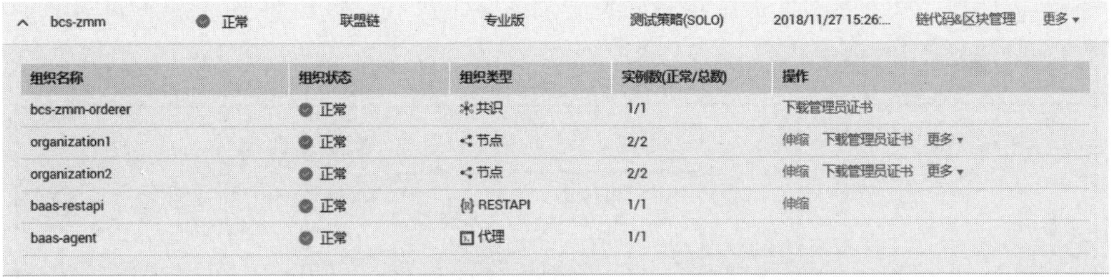

图 13.18 订购了 RESTful 组件的区块链服务

一旦添加了 RESTful 服务,即可使用相关语言中的 RESTful 方式进行调用。因为华为云替用户管理着区块链的组织结构以及各种证书,所以天然具备了所需要的 SDK 的配置文件,不需要用户自己手动生成。在此先给出一个 RESTful 链码调用请求的 Header 和 Body 的示例供读者参考,如图 13.19 所示。

RESTful 作为一种最基本的远程调用形式,在各大语言中都有非常良好的支持,在此就不做累述了,比较特殊的地方是请求 HEADER 的签名字段 x-bcs-signature-sign 和 BODY 里面的 cert 证书字段。请读者不要着急,下面先给大家详细阐述华为区块链服务的 RESTful 接口的机制,了解了这个原理后,这两个特殊字段的含义就会清楚了。

根据本节一开始在图 13.14 中所描述的应用程序与区块链代码交互步骤,客户端所做的

```
HEADER:
x-bcs-signature-sign:
1f8b08000000000000ff14cbb11503510c02b081d260c098bfff6279d74bb90a5ca7384e3cae9b5825af7cb076b65e039be41da8e8b1e38700d599fa4aee37d6c159a9
4355ada783dbb4d66e17e967db39cef36bcd0b5adc8be3e178698ef9070000ffff

BODY:
{
  "channelId": "mychannel",
  "chaincodeId": "marbles",
  "chaincodeVersion": "1.0",
  "userId": "User1",
  "orgId": "7258adda1803f4137eff4813e7aba323018200c5",
  "opmethod": "invoke",
  "args": "[\"set_marbles\",\"marble1\",\"User2\"]",
  "timestamp": "2018-10-31T17:28:16+08:00",
  "cert": "-----BEGIN CERTIFICATE-----
\nMIIDBzCCAq2gAwIBAgIQEXPZ1MsReamxVtVNnKwCCzAKBggqhkjOPQQDAjCCAQQx\nDjAMBgNVBAYTBUNISU5BMRAwDgYDVQQIEwdCRU1KSU5HMRAwMwUQYD14eH+jTTBLMA
4GA1Ud\nDwEB/wQEAwIHgDAMBgNVHRMBAf8EAjAAMCsGA1UdIwQkMCKAIFBXQ5TC4acFeT1T\nJuDZg62XkXCdnOfvbeJSeKI2TXoIMAoGCCqGSM49BAMCA0gAMEUCIQCadHIK
10Mk\nYn0WZizyDZYR4rT2q0nzjFaiW+YfV5FBjAIgNalKUe3rIwXJvXORV4ZXurEua2Ag\nQmhcjRnVwPTjpTE=\n-----END CERTIFICATE-----\n"
}
```

图 13.19　RESTful 链码调用请求

工作除了包装方法调用参数之外,最重要的一项工作就是进行签名,签名可以保证交易不会被其他人冒充。那么 RESTful 调用同样也存在这个问题,RESTful 是基于 HTTP 协议的,更为通用,因此在安全上我们更要做好充足的工作以保证其不可被冒充,图 13.20 阐述了华为 RESTful 链码调用的机理。

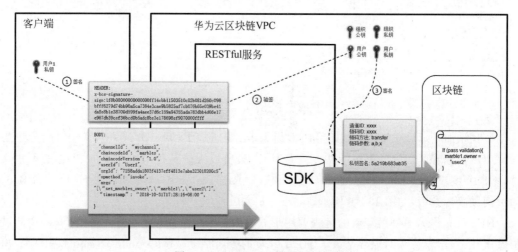

图 13.20　RESTful 链码调用机制

华为云利用开源区块链已有的 MSP 功能所提供的安全架构,使用和 SDK 类似的方式对交易进行保障。在客户端发起 RESTful 链码调用时,首先使用用户的私钥对整个 RESTful 方法体进行签名,如图中①所示。签名的结果放到 HEADER 的 x-bcs-signature-sign 字段中。RESTful 服务端接收到请求后,会使用用户的公钥对请求进行验签,如图中②所示。RESTful 服务内部封装了对开源 SDK 的调用,SDK 会重新包装链码调用信息,使用用户私钥对其进行再次签名,如图中③所示,以此完成对链代码的调用。

另外还有一种更为复杂的场景,当用户自行管理证书的时候,我们的服务端是没有用户公私钥对的,此时用户用私钥签名之后,服务端无法进行验证,所以这种场景就要求用户将自己的公钥随着请求传到服务端,如图 13.21 所示。

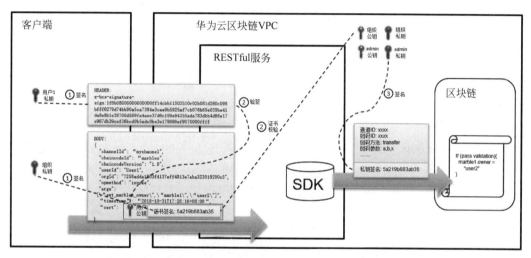

图 13.21　用户管理密钥对的 RESTful 调用过程

用户自己管理的证书也不可以随意生成,必须由组织的私钥签发才有效,因此在用户发起 RESTful 请求时,如图中①所示,要在请求体中放入证书,证书包含用户的公钥以及组织私钥的签名,然后将整个请求体使用用户私钥进行签名,将签名结果放到 HEADER 的 x-bcs-signature-sign 字段。

请求到达服务端后,如图中②所示,服务端首先使用组织的公钥对上传的证书进行合法性校验,校验通过则说明用户上传的证书确实是组织签发,用户公钥合法有效,可以使用证书对 HEADER 中的签名进行校验。校验的过程以及后续步骤跟之前的场景相同,在此就不赘述了。

至此,相信读者已经对华为区块链服务的 RESTful 链码调用 API 机制有了深刻的了解。那么这种调用方法和普通的 SDK 方式相比有什么优势呢?在此进行以下简单的归纳:

- 使用简单方便,由华为云区块链服务封装 SDK 的复杂性。
- 由于绝大多数语言都已经拥有很成熟的 RESTful 调用类库,调用 RESTful 基本没有学习成本。
- 不用引入 SDK 类库,适合更轻量的客户端。

由上可以看出,RESTful 使用起来更加方便,但我们的 Marbles 示例为了展示更复杂的调用方式选择了 SDK 对接,至此我们的 Marbles 应用已经可以正常运行。

另外需要注意的是,上述两种对接方式的优缺点只代表了普通的场景,真实场景如何选择还需要结合实际情况进行分析。例如,用户购买了足够的带宽,RESTful 调用开销和延时已经不是瓶颈,并且 RESTful 服务内部对 SDK 也进行了缓存,此时在大规模调用的情况下使用 RESTful 对接方式的性能可能占优。

6. 区块链服务运维

我们知道任何 IT 系统都离不开运维,区块链应用也一样,运维的内容包括对软件服务的管理、对系统底层资源的监控以及对应用日志的收集等。下面就针对一些华为区块链服务运维中的典型场景做一下介绍。

1) 服务扩容

华为区块链服务基于开源的 Hyperledger Fabric,每个组织有一些数量的节点(Peer)用来对交易做背书,当交易量增大时,为了保证背书效率,就需要对节点数量进行扩容。华为云提供了简单易行的扩容方式。

首先,进入区块链服务控制台,选择"服务管理",点开 marbles 左侧的下拉箭头,见图 13.22。

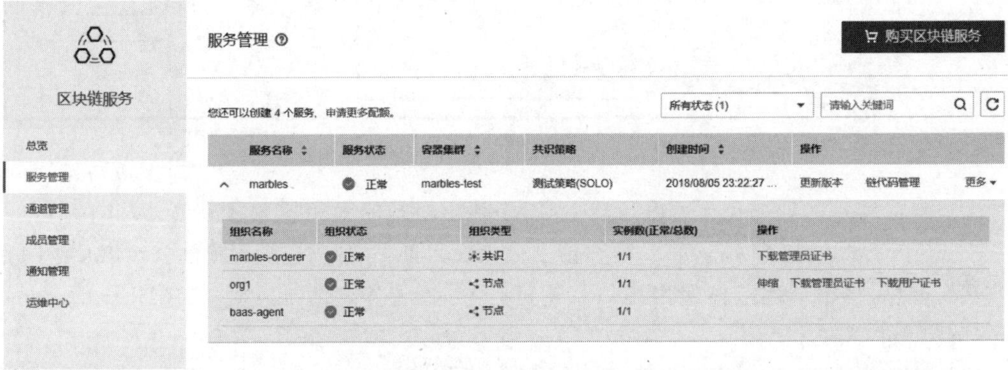

图 13.22 服务列表

然后,单击 org1 栏最后的"伸缩",调整实例个数为 3,单击"确认"按钮,提示节点扩容成功,见图 13.23。

最后,刷新页面,可以看到 org1 的 Peer 数量已经扩展到三个,见图 13.24。

2) 资源监控

我们需要一个整体的可视化监控界面,可以查看节点(虚机)、Peer、Order 性能指标。进入区块链服务控制台,单击"运维中心",跳转到应用运维管理控制台,见图 13.25。

选择左侧的"主机监控"可以看到虚机节点的性能指标,见图 13.26。

选择左侧"容器监控"→"工作负载"可以看到所有应用的性能指标,包括虚机上的 Order、Peer、系统运行所需的代理等几个服务,我们重点关注 Peer 和 Order 两个,见图 13.27。

第 13 章 华为云区块链服务

图 13.23　节点伸缩

图 13.24　节点伸缩成功

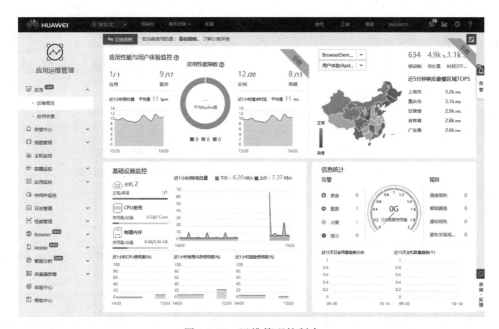

图 13.25　运维管理控制台

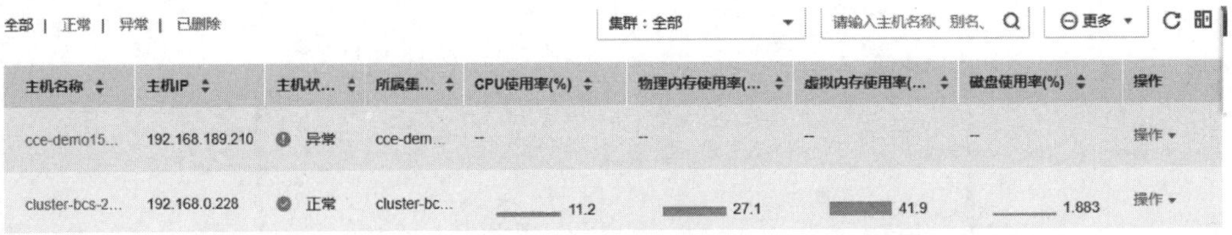

图 13.26　主机性能指标

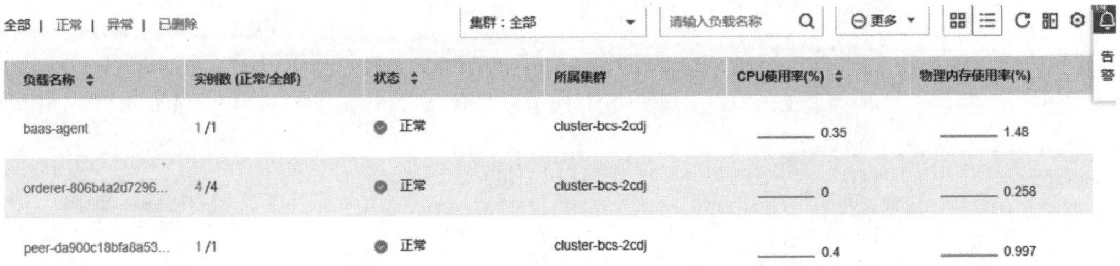

图 13.27　区块链应用各组件性能指标

单击"Peer",跳转到应用监控,可以看到 Peer 应用整体和每个 Peer 实例的性能指标,见图 13.28。

图 13.28　Peer 实例性能指标

再单击某一个 Peer 实例,即可看到实例详细的性能指标,单击浏览器的"返回",或者左上角的返回箭头,可以返回上一级。

3) 主机扩容

虚机节点的扩容我们需要使用到云容器引擎(CCE)。选择产品→计算→CCE 服务,单击"立即使用",进入 CCE 控制台,在控制台,也可以看到集群、节点、容器的性能指标,见图 13.29。

第 13 章 华为云区块链服务

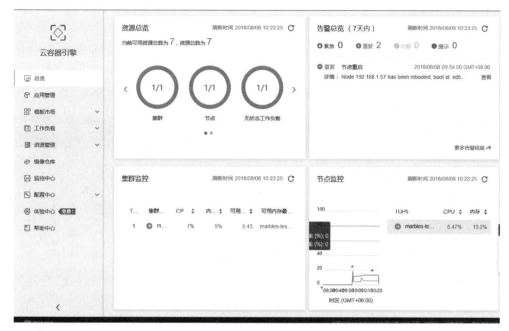

图 13.29 云容器引擎总览

选择左侧的资源管理→集群管理。单击"新增节点"→"购买节点",跳转到节点购买页面,全部可以选择默认,在登录上添加密码,单击"立即购买",跳转到规格确认页面,单击"提交",随后虚拟机就开始创建。大约几分钟后,回到 CCE 集群管理界面可以看到当前集群中已经有两个节点可以使用,见图 13.30。

图 13.30 主机扩容成功

4）查看容器日志

华为云大部分服务都是容器化的，区块链服务也不例外。区块链的容器日志也可以同时在 CCE 和运维中心看到，我们这里推荐在运维中心查看。进入区块链控制台，单击"运维中心"，进入应用监控页面（指标→应用→Peer→选择一个 Peer 实例），单击"运行日志"，即可看到容器运行的相关日志，见图 13.31。

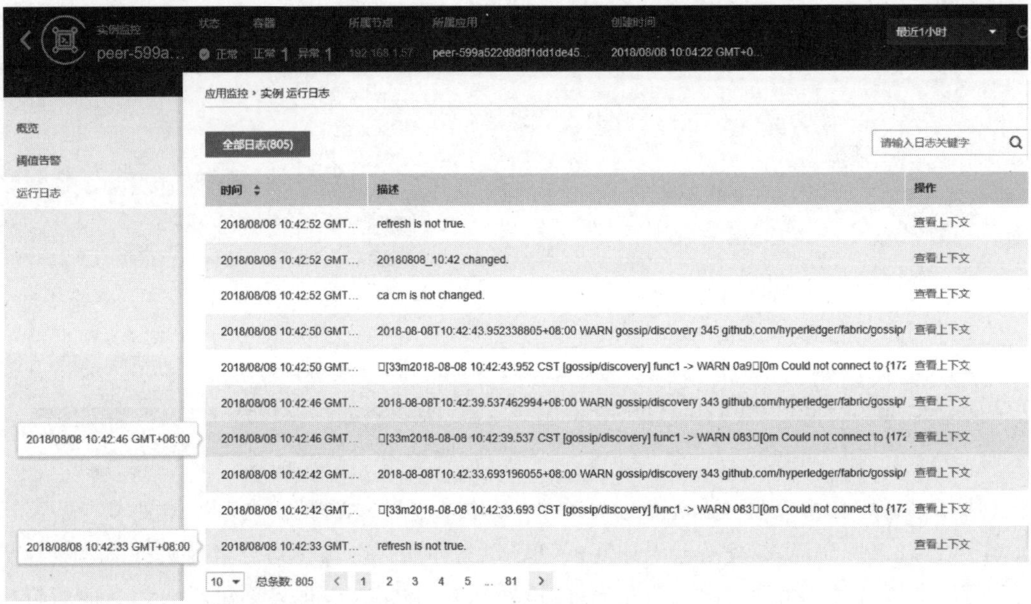

图 13.31 区块链容器日志

至此，我们的区块链服务极速之旅圆满结束。相信读者已经可以感受到华为云为开发者所想，尽心提供一站式服务的理念。相比于开源平台，华为云的区块链服务不仅在前期降低了企业使用区块链的难度，更提供了一整套后期的运维保障服务，这也正好符合华为云的服务理念——让企业上云更容易。

13.3.3 区块链合约模板仓库

合约模板是已经实现某些基本功能的智能合约，我们可以使用模板提供的基础功能代码，直接使用或二次开发符合自己业务逻辑的智能合约。合约管理可以管理合约模板，可以在合约模板市场查看各行业场景的合约模板，并下载模板使用。合约模板下载方法如下：

- 登录区块链服务管理控制台。
- 在页面左侧选择"合约仓库"。
- 在"合约仓库"页签下，可以查看各类模板，包括金融、健康医疗、能源、航空等模板。
- 在合约模板卡片上，单击模板名称，可查看合约模板的详细信息，包括合约模板的版本、支持语言、类型及其接口信息。

合约仓库见图 13.32。

图 13.32　合约仓库

此外，可以使用华为云的 CloudIDE 云端编辑器对合约模板的合约进行在线编辑（见图 13.33）。

图 13.33　合约 IDE 实例

13.4 区块链服务的跨云部署和云上云下混合部署方案

随着客户业务规模的扩大,扩展到全国乃至世界范围内,基于本地的政策法规需要当地业务部署到本地的云平台,为了和现有的业务打通,他们就需要使用跨云部署的解决方案。在某些场景中,政府客户或者一些对数据隐私性保护严密的客户,既需要公有云平台提供的服务,又需要本地的数据私密性,本地需要自己的数据中心,这种情况下就需要依赖于云上云下混合部署方案。如图 13.34 所示,就是三种部署方案大体架构,第一种是全公有云部署,第二种是线上线下混合部署,最后一种是以 SAP 云作为例子打通 BCS 和 SAP 的混合云部署方案。本章将描述如何在华为云上进行线上线下和跨云打通的基本步骤。

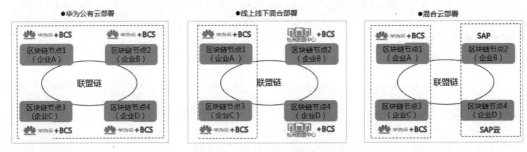

图 13.34 混合云部署方案图

不论线上线下还是混合云的方案,它们的区别在于,不管是客户本地私有数据中心集群,还是一个云上的私有集群,都需要有对外连接的地址和相关节点存在。因此打通它们之间的步骤都是类似的,可以分为三步。这里以一个客户 B 希望将自己的节点和另一个网络内部的客户 A 的节点加入共同通道为例。

13.4.1 将节点加入区块链网络

如图 13.35 所示,是客户 B 将一个节点加入客户 A 的网络中的过程。完成这个过程需要以下五步:

(1) 客户 B 从云提供商 B 那里获取所有相关的节点信息,并生成加入请求的 json 文件;

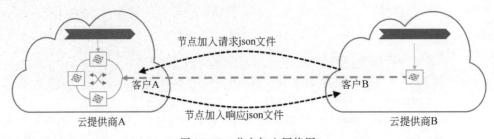

图 13.35 节点加入网络图

(2)将这个请求 json 文件发送给客户 A；

(3)客户 A 收到客户 B 发送的加入网络的请求后，将其节点信息更新到自身的系统通道内部，并将自身网络信息生成响应 json 文件；

(4)客户 A 将响应 json 文件发回到客户 B 那里；

(5)客户 B 将响应 json 文件中的客户 A 网络配置导入自身网络中，完成节点加入网络流程。

13.4.2 加入区块链网络通道

如图 13.36 所示，是客户 B 和客户 A 已经在同一个区块链网络中后，发起请求并加入通道的流程。由于在区块链网络中可以支持加入多个通道，所以这个操作可以重复执行。完成下面的加入通道的过程也需要五步：

(1)客户 A 告诉客户 B 哪些通道可以加入后，客户 B 生成加入这个通道的请求的 json 文件；

(2)客户 B 将加入通道请求的 json 文件发送给客户 A；

(3)客户 A 收到请求文件后导入自己的云网络中，然后生成通道加入的响应 json 文件；

(4)客户 A 将响应 json 文件发送给客户 B；

(5)客户 B 将响应 json 文件导入自己的云网络完成加入通道，更新锚点等操作的整体过程。

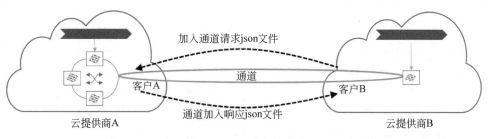

图 13.36 通道加入网络

13.4.3 部署链码到区块链网络通道中

如图 13.37 所示，客户 A 和客户 B 都可以部署和实例化链码到上一步中加入的通道内。客户和不同的合作伙伴之间可以共享他们的链代码，但是链码源文件在不同操作系统拷贝相当脆弱，因此可以使用遵循签名链码规范的标准格式生成二进制链码文件。这一步如能妥善处理代码传输，同样可以支持使用源代码文件。

(1)客户 A 生成链码的二进制文件；

(2)客户 A 将二进制文件发送给客户 B；

(3)客户 B 将二进制文件上传进行安装部署。

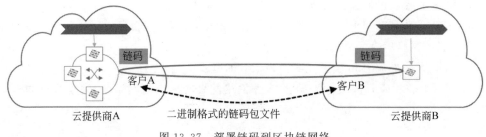

图 13.37　部署链码到区块链网络

13.5　丰富的应用插件助力企业快速构筑区块链能力

华为云 BCS 服务可以帮助企业快速搭建区块链平台,但仅仅有平台是不够的,还需要用户编写智能合约,然后编写应用去调用智能合约。虽然 BCS 提供了工具帮助用户开发合约,但合约的开发工作和应用的开发部署对最终用户来说仍然是难以逾越的高墙。华为云区块链服务针对不同层次的客户,在区块链平台上提供了更加细分的服务组件,为用户提供了开箱即用的区块链能力,并且华为云将会逐步提供更丰富的组件给用户选用。下面为读者分别详述华为云区块链服务当前现有的插件组件。

13.5.1　可信数据交换与计算服务 TC3

可信数据交换与计算服务(Trusted Data Exchange & Computing Service)基于区块链共享账本,为链上应用提供支持多参与方之间的可信数据资产交换和可信联合分析计算能力。通过数字水印技术嵌入数据使用者的信息,提供数据交换全生命周期的追踪溯源能力,便于追责定界。建立可信沙箱计算容器环境,实现数据提供方、使用方、执行方的三权分置能力,做到数据"可用不可见,可见不可得"和"用后即焚",保护隐私数据(见图 13.38)。

1. 可信数据交换与计算服务的功能

(1) 数据可信交换。基于区块链,实现用户认证数据的发布、申请、授权、评价等能力。同时数据交换支持开启积分支付、评价等扩展功能。

(2) 身份管理。统一的身份管理体系,提供身份的创建、更新等功能。用户可以基于分布式身份完成数据交换和计算,保护用户隐私。

(3) 数字水印。针对不同数据类型提供添加水印的能力,结合区块链技术实现数据交换全流程的保护。

(4) 可信计算。为每个参与方提供基于 Spark 的可信沙箱计算环境,通过区块链注册和管理计算节点。实现算法的发布、申请、授权、执行、结果上传等。全流程通过密码学算法进行隐私保护。算法支持类型包括大数据分析计算、机器学习分析、SQL 数据查询等。

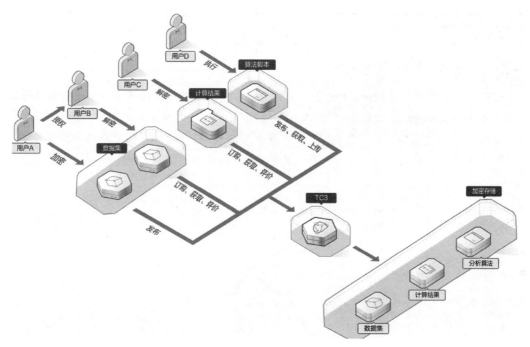

图 13.38　可信数据交换与计算服务 TC3 应用场景

资料来源：https://www.huaweicloud.com/product/bcs/tc3.html

2. 可信数据交换与计算服务的产品优势

（1）操作可审计。数据交换和计算的申请、授权、评价等操作行为完整保存上链，全流程自动、透明、可监督，支持事中校验、事后审计，保障多方权益。

（2）数据确权追溯定责。数据目录、摘要、所有者等信息上链，快速完成确权共识。共享数据中加入使用方信息水印并更新上链，在发生数据泄露时，追踪源头定界定责。

（3）数据安全隐私保护。数据交换和实时计算中，数据内容与计算结果均进行加密保护，链上授权链下解密使用，支持国密算法。

（4）可信安全计算。建立可信沙箱计算容器环境与区块链系统的对接，完成基于可信硬件的多方数据安全计算和联合分析，支持大数据计算、机器学习、SQL 查询等。

3. 产品优势

（1）解决"数据孤岛"。随着数字社会的发展，政府、企业各部门累积掌握了大量的数据。部门和部门之间存在强烈的保证数据安全前提下进行数据交换共享的诉求。

（2）提升客户价值。国家大数据战略要求推进数据资源的整合和开放共享。基于区块链的多方联合数据分析，有利于发挥大数据在促进产业带动、优化服务等方面的先导作用，提升数据价值和企业效益。

（3）方便易用接入门槛低。提供可视化平台和插件两种模式，大幅降低用户接入门槛。

用户可以通过可视化界面操作完成数据交换和计算,也可以通过 SDK 将能力集成导入已有业务系统。

13.5.2 分布式身份服务 TDIS

分布式身份服务(Decentralized Identity Service)是一种基于区块链的分布式数字身份及可验证凭证的注册、签发、管理平台,符合 W3C 标准规范。它为个人和企业用户提供统一的、可自解释的、移植性强的分布式身份标识。同时支持多场景的可验证凭证管理,细粒度的凭证签发和验证,有效解决跨部门、跨企业、跨地域的身份认证难和隐私泄露等问题(见图 13.39)。

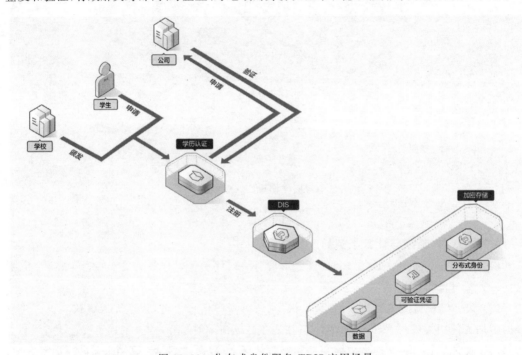

图 13.39　分布式身份服务 TDIS 应用场景

资料来源：https://www.huaweicloud.com/product/bcs/tdis.html

1. 产品的功能

(1) 身份管理。提供分布式身份标识的统一管理能力,包括用户身份的创建、更新、验证、恢复、服务发布等基础能力。同时,提供 Resolver,支持链外解析能力。

(2) 认证管理。提供功能强大的统一认证体系。基于分布式身份标识,可完成可验证凭证的申请、签发、授权、组合出示、验证等能力。同时,凭证模板管理能力方便用户构建标准化的业务凭证体系。

(3) 隐私保护。通过密码学算法保护凭证申请、签发、出示等全流程的数据安全。基于分布式身份提供可信的数据交换和共享。

(4) 密钥托管服务。提供密钥托管服务,减少用户维护分布式身份所需公私钥的复杂性,降低密钥丢失带来的安全风险。支持通过 RESTful API 调用管理分布式身份。

(5) 链上链下认证。支持通过链上和链下两种方式完成凭证的申请和签发。链上模式,通过智能合约可自动化完成凭证使用的全流程管理。链外模式,可以更好地与已有业务系统结合,支持应用快速上链。

(6) 分布式身份插件。支持以插件的形式在已有区块链服务上安装部署分布式身份,用户可通过证书、私钥以及 API 灵活方便地使用分布式身份和可验证凭证的管理能力,快速构建应用。

2. 产品的优势

(1) 分布式身份系统。遵循 W3C 的 Decentralized Identifiers(DIDs)V1.0 和 Verifiable Credentials(VC)V1.0 标准规范实现。系统扩展性强,支持身份和可验证凭证的全流程链上管理能力。

(2) 强数据隐私保护。可验证凭证支持基于属性级别的细粒度出示,凭证使用者可根据隐私保护需要,任意组合出示凭证中的属性给验证者完成验证,可最大限度地保护用户隐私,同时解除已签发凭证对应用业务场景的限制。凭证申请和签发的相关材料全链路加密存储,使数据"可用不可见"。

(3) 丰富的扩展组件。提供凭证模板管理、可信数据交换协议、积分支付、链下凭证签发等扩展功能组件,帮助用户基于分布式身份快速构建应用。

(4) 简单低门槛接入。支持密钥托管和插件部署两种方式,满足用户的不同需求。秘钥托管模式下,通过简单易用的 RESTful 接口轻量接入使用,无须购买和管理区块链资源。插件部署模式下,通过证书、密钥使用分布式身份。

3. 产品的应用场景

它的应用场景比较灵活,基于区块链构建电子证照应用平台,减少用户携带纸质证明办事的不便,保护用户隐私,增强身份凭证自主可控。

(1) 完备的身份和认证管理。随着数字社会的发展,数字身份得到越来越多的使用。传统的身份管理中,身份颁发和获取依赖中心化的第三方,无法实现身份的自主可控、自解释。同时身份的可移植性差。TDIS 服务可提供完备的身份管理和认证凭证管理。

(2) 强数据隐私保护。分布式场景下用户通过出示凭证获得相应的权限和权益。但凭证出示粒度较粗,隐私保护能力较差,在出示验签的过程中导致用户无关属性暴露。TDIS 服务提供强数据隐私保护能力,保障证照应用中的证照数据"可用不可见"。

(3) 丰富的扩展组件。证照应用中凭证多种多样,难以管理和维护。凭证模板管理组件可以将证照统一化、标准化。

13.5.3 业务流程驱动区块链服务 BDB

尽管有了华为区块链平台,可以帮助客户迅速搭建企业应用,但是在企业应用构建的过程中，客户还是不可避免地直接接触到区块链的专业知识，尤其是应用如何调用链码，应用业务逻辑如何与链码逻辑结合的部分，都对开发人员提出了较高的要求。当前企业中大部分还是传统的软件开发人员，大多数的开发人员只专注于业务逻辑，并不具备区块链领域的专业知识，开发挑战主要来自以下几个方面：

(1) 开发人员并不知道如何设计智能合约，符合企业要求的智能合约开发人员严重缺乏。

(2) 基于区块链的应用开发起来比较复杂，即便开发完成也不知道如何测试、如何调试。

(3) 开发人员并不知道如何设计区块链网络，虽然华为云区块链提供了灵活配置区块链网络的能力，但是如何驾驭这些功能成了众多企业使用区块链的门槛。

(4) 如何将区块链网络与当前企业已有系统进行集成，完成区块链与外部系统的交互，也是企业开发人员头疼的一个难题。

因此，仅仅提供一个完善的区块链平台，其实并不能完全满足企业的诉求，还应该针对不同的垂直业务领域给出更上层的更贴近业务的组件，将区块链领域的知识封装在底层，因此华为云的"业务驱动区块链"(Business Diven Blockchain，BDB)产品应运而生，其业务流程可通过 BPD(Business Process Designer)工具承载(见图 13.40)。

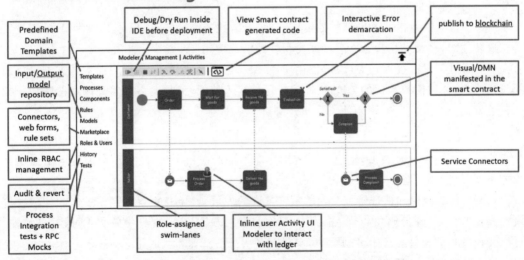

图 13.40　业务驱动区块链工具 BPD 界面示意图

该产品是一种低代码工具，提供了一种根据业务流程引擎自动生成区块链智能合约代码的能力，用户只需要在界面上拖拽复合 BPMN 标准的图形，就可以生成响应的区块链智能合约代码。并且产品提供了一站式的使用体验，可以将生成的区块链代码一键部署到区块链网络，部署好的智能合约代码就相当于一个运行在区块链上的流程引擎，用来接收外部系统的输入，控制业务流程的流转。

BDB 产品同时还具备一系列调试、监控和查看流程细节的能力。用户可以在图形界面查看当前流程的处理情况,例如,当前有多少在途流程,流程当前停滞在哪个节点,当前节点等待何种操作等,一目了然(见图 13.41)。

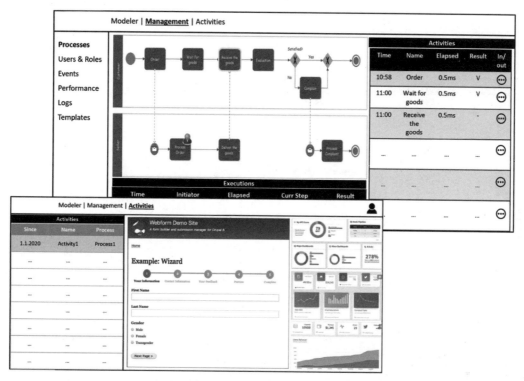

图 13.41　业务驱动区块链 BPD 子功能示意图

13.5.4　行业区块链平台

行业区块链平台是提供具有行业属性的区块链平台,支持行业区块链应用、软硬资源、智能合约等管理和维护,目前只支持创建一个政务区块链平台实例。政务区块链平台带有政务属性,以业务链为中心,提供了一套方便政务行业开发人员适配的接口。接口封装了大量区块链服务以及华为云其他服务的接口,屏蔽了负责的区块链创建参数,使得政务业务区块链的创建变得更轻松、简单。

开通行业区块链平台的步骤如下:
- 登录区块链服务管理控制台。
- 单击左侧导航栏中的"行业区块链平台"。
- 单击页面右上角的"开通行业区块链平台",开通行业区块链平台。
- 根据界面提示配置参数。
- 单击"立即创建",开通行业区块链平台需要创建云容器引擎、云服务器、弹性 IP 和数据库资源,然后立即创建(见图 13.42)。

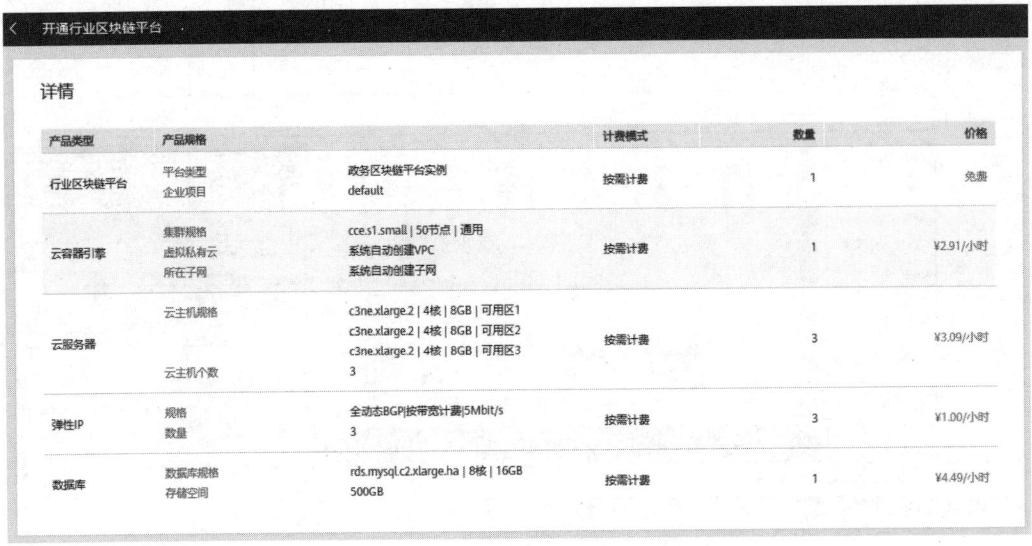

图 13.42 开通行业区块链示意图

- 创建好的政务区块链平台实例如图 13.43 所示。

图 13.43 政务区块链平台实例示意图

以行业区块链平台为基础，可以开发出多种适合政务领域需求的前端页面，示例如图 13.44 和图 13.45 所示。

13.5.5 轻节点实现扩容以及隐私保护

当前基于 Fabric 研发的区块链背书节点都是全量数据，因此当用户想扩容的时候，多运行一个背书节点对资源消耗是巨大的，而且当联盟链参与的组织众多，各个组织希望只同步自己组织的数据，这个需求就变得难以实现。Fabric 也可提供了隐私数据的方案，但是很有局限性，而且使用上也不灵活。因此，华为云 BCS 服务专门为此研发了轻节点，只同步部分数据，支持轻量化级联部署。

轻节点的物理部署如图 13.46 所示。树形结构 root 为全节点，其余节点均为轻节点。全节点拥有全量账本以及全量的状态数据库。级联部署时，轻节点根据规则实时从全节点仅同步所需数据，并且满足同一规则的轻节点可以实行级联以保证轻节点数目满足业务所需。

图 13.44　政务区块链平台前端页面示意图(1)

图 13.45　政务区块链平台前端页面示意图(2)

轻节点的架构如图 13.47 所示。首先,轻节点与全节点之间通过 gRPC 的多路复用,在原有 Peer 端口上扩展出了数据同步接口,实时将所需账本数据同步到轻节点。其次,在链码的 Shim 层增加了隐私数据的配置规则接口(见图 13.48),扩展了链码的能力。最后,轻节点扩展了原生的 Invoke 和 Query 接口,并提供了扩展能力的客户 SDK,方便用户使用轻节点。

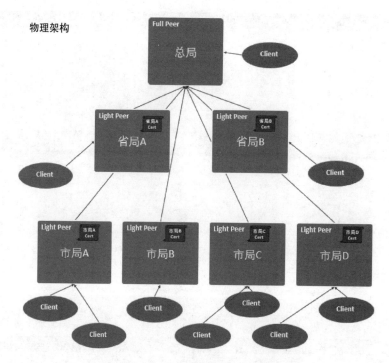

图 13.46　轻节点的物理部署

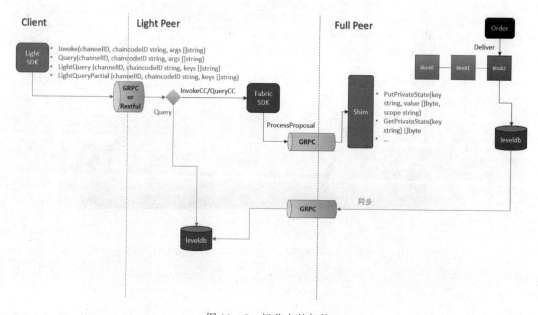

图 13.47　轻节点的架构

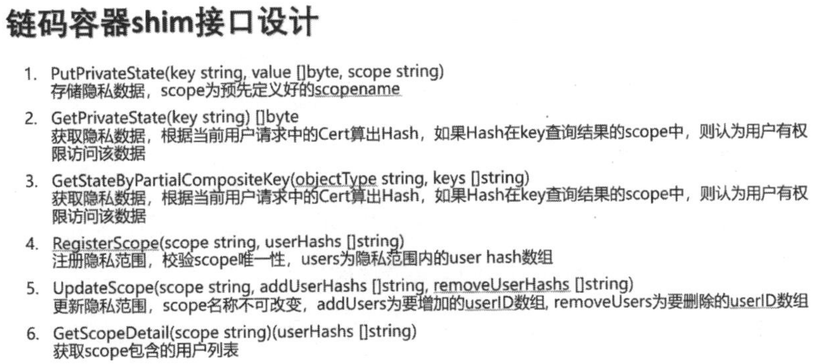

链码容器 shim 接口设计

1. PutPrivateState(key string, value []byte, scope string)
   存储隐私数据，scope 为预先定义好的 scopename
2. GetPrivateState(key string) []byte
   获取隐私数据，根据当前用户请求中的 Cert 算出 Hash，如果 Hash 在 key 查询结果的 scope 中，则认为用户有权限访问该数据
3. GetStateByPartialCompositeKey(objectType string, keys []string)
   获取隐私数据，根据当前用户请求中的 Cert 算出 Hash，如果 Hash 在 key 查询结果的 scope 中，则认为用户有权限访问该数据
4. RegisterScope(scope string, userHashs []string)
   注册隐私范围，校验 scope 唯一性，users 为隐私范围内的 user hash 数组
5. UpdateScope(scope string, addUserHashs []string, removeUserHashs []string)
   更新隐私范围，scope 名称不可改变，addUsers 为要增加的 userID 数组，removeUsers 为要删除的 userID 数组
6. GetScopeDetail(scope string)(userHashs []string)
   获取 scope 包含的用户列表

图 13.48　链码 Shim 层接口

在链码上增加的 API 为用户提供了隐私数据定制，轻节点根据数据属性，将只属于节点角色的隐私数据同步到轻节点。

BCS 服务基于原生链码 API 扩展出了存储隐私数据、获取隐私数据等 API，使得用户可以在编写链代码时方便地进行隐私数据的操作。

13.6　华为自研区块链

13.6.1　华为自研区块链简介

2021 年 3 月，华为发布了自主研发的区块链平台——华为区块链，此平台不是基于行业开源社区的区块链技术，而是全新的自研区块链技术平台。此举不仅标志着区块链自主创新迈上新的台阶，而且为构建区块链生态提供了更加坚实的多元基石。

本次华为发布的自主研发的区块链技术平台在以下六个方面带来了突破（见图 13.49）：

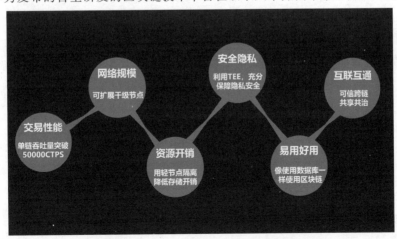

图 13.49　华为自研区块链关键技术突破

1. 交易性能方面——实现单链吞吐量突破 50 000 CTPS

（1）结合可信执行环境和 CFT 一致性算法，华为设计与实现了可信共识算法。在保证 CFT 共识算法高性能的基础上，使得区块链系统依然能够具备拜占庭容错的能力，同时大大提升交易共识的性能。

（2）对交易的提交流程进行细化、切分，并最终进行并行化处理，大大提升了分布式账本节点的一致性交易性能。

（3）细分账本中区块数据与账本状态的不同存储特点，进行存储与缓存优化。

2. 网络规模方面——率先实现了千级节点的可扩展能力，同时保证了性能不劣化

（1）华为区块链设计的可信共识降低了全链参与共识的必要节点数量，解除了共识对全链节点规模的约束；

（2）华为区块链将网络分区分层，即将网络中的节点分成共识节点、同步主节点和次级同步节点，将网络划分为一个个小的区域，仅在小范围内部采用类似于 Gossip 的同步扩散机制，从而减小对带宽，尤其是跨公网的带宽诉求。

3. 资源开销方面——使用轻节点加隔离手段，降低存储开销

华为区块链使用轻节点，运用一些隔离手段，使得轻节点只同步和自己有关的数据，从而降低存储开销。华为区块链后续还将通过压缩、归档等方式进一步降低存储资源的压力。

4. 安全隐私方面——利用 TEE，充分保障隐私安全

华为区块链利用 TEE 环境，将复杂的密码学计算调整为在一个可信的区域内部进行明文计算，使得计算复杂度大幅下降，同时数据只在可信区域内部以明文方式呈现，一旦出了可信区域，仍然是以密文形式存在，加密的密钥也仅存放于可信区域内部，这样实现了安全隐私的保护。

5. 易用性方面——多支持提升易用性

华为区块链底层支持了关系型数据库，同时提供了智能合约相关的 SQL 易用性接口，支持用户简单高效地进行业务的开发，可以像使用数据库一样使用区块链系统，节省用户开发、学习的成本。

6. 互联互通方面——可信跨链，数据共享共治

华为区块链支持了基于可信环境的跨链服务，包括异构跨链和链上链下事务能力，保证跨链过程可信，满足事务要求；同时华为区块链团队还在积极参与互联互通的标准制定，为能够实现更大范围内的数据共享共治，更有效地服务社会做出积极贡献。

区块链平台是区块链应用的底层基础，华为区块链不断创新，攻克核心技术，推动区块链与各领域、各行业加快深度融合，努力构建具有较强创新能力和自主可控的区块链发展生态体系。

13.6.2　华为自研区块链使用简介

作为最终用户，其实大多数场景下并不希望感知底层区块链的差异，因此 BCS 服务为了提供统一的用户体验,屏蔽底层链的影响,为华为区块链服务提供了类似于 Fabric 区块链的安装模式。以下为华为区块链的安装步骤(此特性即将在华为云隆重推出,目前还在 beta 阶段,实际上线版本与本书的介绍可能略有差异):

(1) 在区块链服务控制台服务管理页面单击右上方华为区块链服务的"购买"按钮(见图 13.50 和图 13.51)。

图 13.50　购买华为区块链服务(1)

图 13.51　配置华为自研区块链(2)

（2）配置华为自研区块链(见图13.52)。

配 置 项	配 置 值	备 注
计费模式	按需计费	长期使用选择包年模式价格更优惠
企业项目	default	企业项目便于资源管理，选择默认值即可
区块链名称	bcs-marbles	根据使用需求输入，无限制
版本类型	基础版	不同版本支持的规格页面都有详述
共识策略	Raft	提供了多种共识策略供选择
安全机制	ECDSA	椭圆曲线，还将支持国密算法
资源密码	用户输入	底层使用的资源密码，如虚拟机密码

图 13.52 华为区块链服务配置

（3）单击"快速创建"之后即可完成华为区块链的创建。

13.7 本章小结

本章主要是面向开发人员，介绍华为公有云上的区块链服务。本章首先分析了基于公有云的区块链系统的优势所在，而后开始介绍华为云区块链服务的上手和构建。整个区块链的应用构建是从计划部署开始，到购买区块链服务进行开发，最后对整个系统进行运维。本章还扩展介绍了区块链的跨云部署和云上云下结合的模式，使读者能更加系统地了解区块链云服务的开发思路。

第四部分
区块链治理

习近平总书记在主持中共中央政治局第十八次集体学习时强调,要加强对区块链技术的引导和规范,加强对区块链安全风险的研究和分析,密切跟踪发展动态,积极探索发展规律。要探索建立适应区块链技术机制的安全保障体系,引导和推动区块链开发者、平台运营者加强行业自律、落实安全责任。要把依法治网落实到区块链管理中,推动区块链安全有序发展。

互联网不是法外之地,号称"去中心化"的区块链同样也不能成为法外之地,必须用好、管好。

第 14 章

监　管

区块链作为新兴的技术发展方向和产业发展领域,引起了全球科技、经济、法律和政府人士的广泛关注。近年来,随着比特币、以太坊等加密货币价格的上涨,以及大量资本入场,区块链吸引了大量的从业者,基于区块链的应用项目也迅速增多。区块链因其去中心化、不易篡改的特性,成为一个由技术驱动,但又深刻影响着社会、经济、金融、组织形态及治理的综合课题。

尽管区块链技术在提高交易效率、降低交易成本、提高信息透明度等方面有着得天独厚的优势,但是由于加密货币的风行,特别是对ICO(首次代币发行)可能引发风险的担忧,使得金融机构、科技企业、资本市场以及政府部门异常警惕区块链的发展,对区块链必须予以严格监管逐渐成为人们的共识。

14.1　区块链为什么需要监管

区块链去中心化的分布式共享账本机制,在提升多方协作效率、降低信任成本的同时,也给当前的法律和监管机制提出了新的问题和挑战。本部分将从技术和应用两个维度阐述我们的思考。

技术方面,区块链通过链式结构存储了自创世区块以来的所有上链数据,基于密码学机制确保了数据的难以篡改,并且通过点对点的分布式网络完成区块数据同步后,使得数据存在大量的副本,达到了数据难以删除的效果。这些特点构建了信任,然而,同时也带来了一些弊端。区块链自身也可以作为一种信息传播系统，因此，一旦有人利用区块链去传播有害信息、网络谣言、具有煽动性和攻击性的信息，将会带来非常恶劣的社会影响，也会给区块链技术的产业布局和发展带来不利影响。因此，对区块链上链内容的监管非常重要。

另一方面，欧盟2018年5月正式生效实施的《通用数据保护条例》（GDPR）核心要求中，如数据最小化、对数据跨国转移的限制和对数据的被遗忘权，都与区块链中分布式网络、数据难以篡改、难以删除的特性相冲突。在多国跨境创建联合区块链应用的场景中，将会面临许多挑战。

应用方面，基于区块链的ICO项目规模爆发，大量的项目方以ICO名义从事融资活动，其中大部分金融活动并未取得任何许可，给市场带来许多不可控的风险，其中包括涉嫌诈骗、非法证券、非法融资等。同时，由于区块链系统去中心化和匿名化的特点，在加密货币网络中不存在中央控制机构，交易者的身份信息可被隐藏，而且加密货币可在整个网络中流通，不受国界限制，也为犯罪分子转移资金、洗钱、进行恐怖主义融资等行为提供了便利。因此，各国的政府机构都在加强对加密货币和各种代币的监管，相关的监管措施也在密集出台。

2019年7月，社交网络巨头Facebook推出Libra计划，其愿景是作为一款全球性的数字原生货币，集稳定性、低通胀、全球普遍接受和可互换性于一体，推行金融普惠，主打支付和跨境汇款。然而，其发展并非一帆风顺，而是迎来了重重监管和听证，重量级会员一再流失。面对监管机构的关注，2020年4月，Facebook发布了新版Libra白皮书，做出了几个方面的重大改变，其中最为重要的就是通过更加强大的合规性框架来拥抱监管。

此外，在区块链中还普遍存在着责任主体不清晰的问题。私有链本质上仍是属于一个法律主体控制的，因此尚能完全兼容当前的社会法律架构。在联盟链中，成员虽需要许可和认证，但在不同的法律主体之间，尤其当联盟参与方属于不同国家、地区的情况下，就会涉及现行法律对在不同国家设立节点的适用性问题。在公有链中，往往没有节点准入限制，几乎谈不上责任主体，对节点的监管难度更大，法律属性及监管政策需全球多国协作共同推进。

14.2 全球区块链的监管政策

尽管在区块链应用中存在着上述的风险，但我们也要认识到，区块链的应用价值是由其法律属性决定的，区块链技术本身并不会对金融体系、社会秩序构成威胁。因此，我们需要避免混淆对区块链技术的监管与对区块链应用的监管，必须结合应用的具体场景讨论是否需要监管、如何监管等问题。中国社会科学院法学研究所赵磊在《信任、共识与去中心化——区块链的运行机制及其监管逻辑》一文中提到，对于区块链技术的应用应该坚持视行业决定是否监管的原则，比如，金融业本来就属于严格监管的范畴，对区块链技术在证券、保险、银行等行业的应用，应由相应的监管机构进行监管。而对于在法律层面以及其他无须行政干预的行业的应用，则应该将区块链视为技术手段，一般来说无须监管。

当前区块链的应用主要可分为两大类：一类是数字货币应用的延伸，统称为数字资产；

另一类则是在实体经济中服务于金融、政务、民生、供应链等各领域的应用。监管部门对第一类应用通常采取了严格审慎的态度,而对第二类应用则通常采取积极探索和支持的态度,鼓励探索研究区块链技术标准与技术安全应用,推动技术应用创新和行业规范发展,构建新型数字经济,而对数字资产的监管则普遍较为审慎。

从目前区块链技术发展和全球区块链监管发展来看,一是要继续加强借区块链之名进行非法集资、诈骗等行为的监督和监管;二是培育创新型监管方式,并对新的监管科技给予政策方面的支持或监管,使用技术手段监管区块链在金融、法律以及其他行业的应用。

14.2.1 国内监管政策

我国对区块链市场的监管十分重视,自 2013 年起就陆续出台了多项监管政策要求,坚决打击借区块链之名进行非法集资、诈骗等行为。

2013 年 12 月,中国人民银行、工业和信息化部、银监会、证监会、保监会等发布的《关于防范比特币风险的通知》表示,比特币是一种特定的虚拟商品,不具有与货币等同的法律地位,不能且不应作为货币在市场上流通使用,各金融机构和支付机构不得开展与比特币相关的业务,要求加强对比特币互联网站的管理,防范比特币可能产生洗钱风险,加强对社会公众货币知识的教育及投资风险提示,引起了社会的广泛关注。

2017 年 7 月,国家计算机网络应急技术处理协调中心、新华网股份有限公司、赣州市人民政府联合发布的《合规区块链指引(2017)》中指出,相关企业应严格执行国家有关反洗钱的法律法规以及中国人民银行等部门的有关规定,制定和完善反洗钱制度和操作流程,将反洗钱工作落实到日常业务运作中。同时,为了保障区块链平台的正常合法运行,区块链平台需要自觉支持监管需求,遵照相关要求对接监管机构的系统,按照监管要求提供监管功能,对外提供监管接入接口,对于日常的监管,能够自动记录,方便后续分析挖掘。

2017 年 9 月,中国人民银行、中央网信办、工业和信息化部、工商总局、银监会、证监会、保监会七部委联合发布了《关于防范代币发行融资风险的公告》。该公告指出,代币发行融资本质上是一种未经批准非法公开融资的行为,涉嫌非法发售代币票券、非法发行证券以及非法集资、金融诈骗、传销等违法犯罪活动。该公告要求各类代币发行融资活动应当立即停止。已完成代币发行融资的组织和个人应当做出清退等安排,合理保护投资者权益,妥善处置风险,对拒不停止的代币发行融资活动以及已完成的代币发行融资项目中的违法违规行为依法严厉查处。

2018 年 1 月 22 日,中国人民银行营业管理部支付结算处下发《关于开展为非法虚拟货币交易提供支付服务自查整改工作的通知》。该通知要求各单位及分支机构开展自查整改工作,严禁为虚拟货币交易提供服务,并采取措施防止支付通道用于虚拟货币交易;同时,要求加强日常交易监测,对于发现的虚拟货币交易,应及时关闭有关交易主体的支付通道,并妥善处理待结算资金。

2018 年 8 月,银保监会、中央网信办、公安部、中国人民银行、市场监管总局联合发布的

《关于防范以"虚拟货币""区块链"名义进行非法集资的风险提示》文件指出,一些不法分子打着"金融创新""区块链"的旗号,通过发行所谓的"虚拟货币""虚拟资产""数字资产"等方式吸收资金,侵害公众合法权益。此类活动以"金融创新"为噱头,实质是"借新还旧"的庞氏骗局,并非真正基于区块链技术,而是借炒作区块链概念行非法集资、传销、诈骗之实。

2019 年 1 月,国家互联网信息办公室发布了《区块链信息服务管理规定》。该规定明确了在中国境内从事区块链信息服务应当遵守的规定。鼓励区块链行业组织加强行业自律,建立健全行业自律制度和行业准则,指导区块链信息服务提供者建立健全服务规范,推动行业信用评价体系建设,督促区块链信息服务提供者依法提供服务、接受社会监督,提高区块链信息服务从业人员的职业素养,促进行业健康有序发展。该规定也明确了作为区块链信息服务提供者应当落实的信息安全管理责任,以及应当具备的技术条件,为区块链信息服务的提供、使用、管理等提供有效的法律依据。对于区块链信息提供者开发上线的新产品、新应用、新功能,均要求按有关规定报国家和省、自治区、直辖市互联网信息办公室进行安全评估,并在国家互联网信息办公室区块链信息服务备案管理系统完成备案。

这些政策的出台,对区块链市场的健康发展起到了极大的促进作用。随着区块链市场监管政策的逐步成熟和完备,以及区块链技术的进一步提升,行业监管制度体系建设进一步完善,为区块链项目深入服务实体经济提供了有力保障,违法违规的项目逐步优化出局,市场趋于规范,产业发展环境得以改善。

14.2.2　国外监管政策

在海外,对区块链应用的监管主要集中在数字资产方面,美国、英国、日本、俄罗斯、新加坡等国先后发布了相关的政策。

美国的监管主要由美国证券交易委员会(SEC)、商品期货交易委员会(CFTC)等多个机构联合推动实施。SEC 与 CFTC 联合起来的监管职能类似于中国的证监会,其对虚拟货币的态度代表了美国的整体立场。SEC 与 CFTC 承担为投资者和市场参与者建立监管环境的责任,目标是促进创新、市场诚信和消费者信心。2018 年 1 月,SEC 和 CFTC 在发布的《关于对虚拟货币采取措施的联合声明》中提到,不论是以虚拟货币、代币还是其他名义开展的违法违规行为,SEC 和 CFTC 都要进行穿透分析,判定其业务实质并依法采取监管措施。2018 年 2 月,CFTC 在虚拟货币及区块链监管讨论会议上宣布成立虚拟货币委员会和区块链委员会,前者重点关注虚拟货币行业,后者则加强区块链技术在金融领域的应用。2019 年,SEC 发布了指导方针,帮助确定数字货币的证券合法性,并对欺诈性加密资产交易网站、加密行业发布了多则警告。

英国金融管理局(FCA)在 2016 年率先提出"监管沙盒(Regulatory Sandbox)"这一概念,并实施了沙盒计划。监管沙盒提供了一个安全环境,允许进入其中的金融科技公司测试其创新产品、服务以及商业模式,旨在促进英国金融科技的有效竞争,鼓励企业创新、激发市场活力、保障消费者权益。监管沙盒的推出,对于控制包括区块链在内的金融科技领域新型风险,持续鼓励技术创新,具有重要的意义。

日本关于虚拟货币的规制,主要体现在 2016 年 5 月 25 日参议院全体会议通过修订的《支付服务法》中,新法于 2017 年 4 月 1 日实施。该法正式承认虚拟货币为合法支付手段并将其纳入法律体系内,日本成为为虚拟货币交易所提供法律保障的国家。该法新增章节引入了登记制度,监管从事比特币等数字资产交易的平台。为配合其实施,在 2017 年 3 月 24 日公布了《资金结算法施行令》和《虚拟货币交换业者内阁府令》,对资金转移、资金清算、认证从业者协会、纷争解决等有十分详尽的规定。据日本新修订的监管规范,虚拟货币可充当结算手段,从事虚拟货币与现金之间兑换的交易机构必须到日本金融厅登记。金融厅作为监管部门,有权进入交易机构检查,并向交易机构发出整改业务或停止交易的命令。从以往经历来看,日本交易所需要增强网络安全性,以保护消费者权益,这也正是日本相关立法中特别强调的重点。

俄罗斯央行曾就比特币交易发出风险提示并禁止比特币的相关活动。2018 年发布的第 419059-7 号联邦法律表达了监管层对数字货币和 ICO 的态度。俄罗斯数字货币交易所受牌照化管理,且俄罗斯联邦金融监控局(FFMS)规定,加密货币交易所须遵循俄罗斯联邦法律中的反洗钱和反恐怖主义融资条款,否则将吊销经营执照。2020 年 5 月,俄罗斯国有银行 Sberbank 旗下机构与俄罗斯国家清算托管局(NRD)合作,利用俄罗斯央行监管沙盒框架开展 ICO 实验,同年 10 月的《数字金融资产法案》新版草案显示,俄罗斯国家杜马计划允许民营企业将股权代币化并出售,股权代币定名为数字金融资产。2021 年 1 月 28 日生效的第 258 号联邦法律《关于俄罗斯联邦数字创新领域的实验性法律制度》引入了监管沙箱制度,允许对新软件进行测试,以确保其有效性和实用性,然后根据测试结果决定是否修改现行法律以适应创新。

新加坡金融管理局(Monetary Authority of Singapore,MAS)于 2017 年 8 月 1 日声明称,MAS 目前尚未监管虚拟货币的立场与大多数司法管辖区相似。然而,MAS 已经注意到数字代币的功能已经超越了虚拟货币的范畴,如果数字代币构成受 MAS 执行的证券法定义下的一种产品,那么对该种数字代币的发行或提供必须遵守相关的证券法。MAS 主要监管服务商的洗钱和恐怖主义融资风险。2019 年 1 月,《支付服务法案》(PSA)通过新加坡国会审议,被正式立法,并自 2020 年 1 月 28 日起正式实施。该法案包括两套平行的监管框架,"指定制度"主要针对大型支付系统,新加坡金融管理局(MAS)可以指定某一受监管的支付系统以保持金融稳定和维护公众信心;"牌照制度"则是为了更灵活地响应市场变化而设置的监管框架。标准支付机构牌照对业务金额总量有所限制,申请要求较低,服务商受到的监管程度也较低。大型支付机构牌照适用于那些超过标准支付机构牌照所设额度的所有业务,因涉及的金额更大、风险更高,所以受到最严格的监管。MAS 规定所有服务商需按时提供牌照申请备案文件。同时,也对服务商的申请资格给出具体要求,包括公司主体与管理人员结构、行业竞争力、办公室或注册地址、基础资本金、担保金和审计情况等。

官方颁布的法案及修正案填补了数字资产的监管空白,对加密数字货币、加密资产交易等新生事物有了明确的监管要求。这对于完善加密资产领域的监管政策有着非常重要的意义。

14.3 区块链监管技术

监管政策的陆续推出,为区块链的科技创新提供了相对宽松的环境,也推动并促进了区块链监管技术的发展。区块链的监管大致可以分为两大类:一类是对区块链本身的监管;另一类是利用区块链来实施对其他领域的监管。

14.3.1 对区块链本身进行监管

对区块链本身的监管,可以分为事前监管(上链前)、事中监管(链上合约执行)和事后审计以及应急响应处理。

事前监管主要是为了预防风险。例如,通过信息通信行业的信用管理系统,以及其他行业信用共享系统上链,多维度刻画市场主体及主要经营人员的"信用画像",实现许可审批与实际信用水平衔接。对于区块链信息传播系统而言,事前监管更多的是为了防范非法的不良信息进入区块链,利用点对点网络进行传播,从而带来不良的社会影响。事前监管与普通互联网应用的内容监管差异不大,通常通过区块链的应用平台开展业务时,由应用平台内嵌在其处理逻辑中。

事中监管主要是利用区块链的智能合约技术,在系统中建立内置的预防性合规措施,实现如反洗钱、反欺诈等内嵌监管行为,从而实现风险的预防。另一方面,也可以通过事中记录环节,将信用记录信息上链,使每次的违法违规处置记录建档留痕,做到可查可核可溯。

区块链本身是一个多方共同维护的数据账本,其保证了数据的可追溯性和安全性,因此监管机构可以加入其中,接收账本数据,并根据权限对数据进行访问,实现对历史数据的查阅。监管机构自身不必再费时费力去进行数据的收集、存储、协调和汇总方面的工作,就可以对交易记录进行可视化的追踪,实现事后审计能力。通过各行业信用共享系统上链,支持跨地区、跨部门、跨层级的数据交换与信息共享,实现多方联合惩戒措施自动触发执行,提升信用惩戒力度和威慑力。

不可否认的是,面对新兴技术,监管总是存在一定滞后性。面对新业务,如果事前监管和事中监管都未能实现有效拦截,则可能还需要实施应急响应的处理措施。由于区块链难以篡改的特性,使得应急响应远比传统互联网系统更困难,业界也针对可编辑区块链有一些研究,但目前尚不成熟,与区块链本身的特点也存在冲突,仍然有待于继续探索。

14.3.2 利用区块链实施监管

传统的监管解决方案可以解决很多问题,规范市场健康运行,但也存在监管成本高、效率低等问题,主要体现在分业监管使信息流通不畅,数据不全面,数据实时性不高等方面。而利用区块链技术来加强监管是一个非常有效的方式。

因为人们在区块链上的所有操作都是可以被记录,且难以更改的。通过技术手段来改变监管方式,利用区块链技术对区块链进行监管,降低监管成本,提高监管效率,提升监管机构的服务能力和监管的有效性,或许能解决市场监管中的很多问题。

例如,在金融应用中,根据事前、事中的监管行为,以及事后的审计分析,可以识别出一些具备不良信用行为的企业或个人,可以利用区块链来记录这些企业和个人的不良信用记录。同时,这个识别的过程和原始信息也作为证据一并进行记录,使得这些失信个体在后续开展业务时寸步难行,有助于对不良企业和个人进行正向引导和规劝。

随着区块链技术的进步,通过区块链技术对区块链行业进行监管或将成为共识,区块链的监管方向也会愈加全面。未来,区块链行业监管将在市场、信息管理、服务提供、加密货币管理等层面进一步完善,并呈现出规范化、全面化发展趋势。总体来说,区块链应用正朝着积极加强行业监管,有效防范金融风险的规范化方向发展。

14.4 区块链监管的发展方向

区块链涉及的运作机制复杂,其去中心化带来的天然排斥监管的特点,会给监管造成很大的难度。监管机构对区块链技术应深刻剖析其机理,采用相应的监管措施。目前区块链技术仍处在高速发展的阶段,监管机构应考虑对区块链技术的特征、应用、政策、技术等问题展开预研,在重要领域开展试点项目,为之后制定相应的区块链监管机制建立基础,避免监管过度或者监管不到位。

《区块链蓝皮书:中国区块链发展报告(2020)》中指出,当前全球主要国家区块链政策及监管重点呈现三个方面的主要趋势:①对技术的支持加大,数字货币监管趋向成熟;②联合监管进程加快,并影响各国政策的制定;③监管框架逐渐形成,监管特色初步显露。

在数字货币监管方面,许多国家和地区开始推行监管沙盒制度。监管机构为其选定的科技创新服务公司提供机会,在特定领域和规定时间内,选定的公司可以通过客户和市场参与者对自身服务进行测试,但需受相关监管机构的监督,以确保公众在受保护的前提下接触新产品,享受新模式的效率,而不会对公众造成风险或伤害。提出监管沙盒最重要的目的就是在国家监管体系下鼓励创新。

除首推监管沙盒的英国外,新加坡、澳大利亚、美国等国家也纷纷在2016—2017年间推出了关于监管沙盒的相关文件,对准入条件与操作方法进行了说明。2016年9月6日,我国香港金融管理局推出了金融科技监管沙盒,对被授权机构展开的金融科技及其他技术倡议进行试点。被授权机构将被允许在受控的环境中,收集真实的数据和用户反馈,以对其金融科技产品及服务进行调整和升级。

在我国,2017年,贵阳区块链金融孵化器也在试运营区块链金融沙盒监管,在不断的试点应用中,实施监管沙盒的条件和时机日趋成熟。但是,监管沙盒的应用实施仍然面临着操作层面上的若干障碍,例如,配套的信用信息体系、监测评估体系等基础设施的建设,以及政府对监管沙盒的鼓励、支持和引导。在监管沙盒机制引导下,监管机构应加快推进区块链等创新技术与监管体系的深度融合,以促进新技术在合规监管中的应用和普及,提升区块链应用监管的专业性、精准性和实效性。在区块链项目中应用监管沙盒,有助于传统企业与区块链技术的应用深度结合,评估技术收益,并推动区块链技术拥抱监管,更重要的是,通过监管沙盒,推动监管科技的研发,促成监管科技发挥出效果。

在联合监管方面,国际行业自律组织纷纷成立区块链专门机构,如欧盟区块链观察站和论坛、世界银行区块链实验室、国际货币基金组织金融科技高级顾问小组等专门组织。各国际组织也在加强对区块链技术和加密货币的研究,以推进对其全球化的监管。国际组织在跨境及联合监管方面将发挥更重要的作用。目前,部分国际组织的监管要求对各国政策制定已经产生了实质性影响。联合监管主要体现在应对全球稳定币的发行,促成监管的协同和一致性,另一方面是联合反洗钱、反恐怖组织融资。受 Facebook 推出 Diem(原名 Libra)这一全球稳定币的影响,各国政府及国际组织对稳定币给予了高度关注和警惕,并加快了对相关监管政策的研究。

在监管框架方面,2020 年 2 月,欧盟委员会广泛收集欧盟公民、企业、监管机构和其他有关方面的反馈意见,以建立针对欧洲范围内加密资产和市场的监管框架。可以预见,随着欧洲范围内加密资产和市场监管框架的建立,欧盟内的跨境联合监管机制将逐渐形成。

14.5 本章小结

本章首先从区块链在技术和应用上存在的问题出发,阐述了为什么区块链需要监管,同时也针对全球主要国家对区块链监管的政策及主要动作进行了介绍。随后从技术和应用的角度,思考在中国国内如何做可以满足监管要求,最后对区块链监管的发展方向进行了展望。

第五部分
展望区块链未来

互联网是信息流转网络,区块链在互联网基础之上增加了价值属性,成为开放的数字价值流转网络。从技术上来看,区块链构建了去中心化的信任机制,随着区块链应用的不断发展,区块链技术与云计算、人工智能、物联网等技术不断融合,更好地服务于社会生产生活。从产业发展上来看,目前国内从中央到地方政府机构都在努力构建区块链的孵化环境,推动区块链产业健康发展,这为区块链技术和产业的发展创造了良好的环境。

第15章 区块链的价值与前景

> "这是最好的时代,也是最坏的时代;这是智慧的年代,也是愚昧的年代;这是信仰的纪元,也是怀疑的纪元;这是光明的季节,也是黑暗的季节;这是希望之春,也是失望之冬;我们面前应有尽有,我们面前一无所有;我们正走向天堂,我们正直下地狱。"
>
> ——狄更斯《双城记》

15.1 区块链技术的价值

基于中心化的组织或机构构建的信用体系是传统商业社会的基础。区块链技术出现之前,人们无法构建一个行之有效的去中心化的大规模信用系统。以比特币为代表的区块链技术的社会化实验,首次实现了真正去中心化的价值交换系统,保证了数字货币交易系统安全、稳定地长期运行。以太坊携图灵完备的智能合约而来,使得人们可以基于区块链技术构建更多去中心化信任的分布式应用。而随着联盟链技术在更多领域的快速落地,其必将在更深层次影响和改变商业社会。可以说,区块链是人类迄今为止去中心化和解决信任问题最具革命性的一次探索,从一开始就致力于解决人类信任问题,将人与人的信任转变为人与机器的信任。

区块链技术对商业社会的影响具体体现在以下三个方面:

1. 降低社会交易成本

传统的社会交易中往往依赖人与人之间的信任或人对第三方机构的信任,然而这种信任是不安全的。一方面，人与人的信任通常只存在于一个相对较小的范围内，面对工业社会以"陌生人"为主的社会体系会显得较为无力，而第三方机构同样存在着类似的问题，在社会生活中不乏第三方机构破产跑路等案例；另一方面，即便是通过正式的制度、法律合同进行约束，在执行过程中也难免存在灰度部分，可能会导致交易参与方的权利和义务不能得到充分的保障。

区块链系统的去中心化特征，决定了所有的交易均由参与方通过共识机制在平权、分散的网络中建立共享账本，参与方通过区块链网络对交易内容进行提交、记录、验证、追溯等操作，从而无须信任单个个人或第三方机构。换言之，区块链网络中的所有信息都是经过多方共同确认，并且是不可伪造、不可篡改的。这将极大简化传统交易模型中所要面对的冗长的交易审查、确认等流程，甚至不再需要重复的账目核对、价值结算、交易清算等操作从而大幅降低社会交易的成本。

此外，区块链技术中智能合约的提出，有效地解决了合同执行的灰度问题。通过在交易协商过程中将合约内容"代码化"，区块链系统将负责忠实地执行整个合约，保证交易执行的有效性和参与方的合法权益。

2. 提升社会效率

以金融场景为例，当前金融系统是一个复杂庞大的系统，跨行交易、跨国汇兑往往需要依赖各类"中介"组织来实现。漫长的交易链条加之缺乏统一的监管方式，使得交易效率低下，大量资产在交易过程中被锁定或延时冻结。而借助区块链系统实现的去中心化体系，社会中的投资和交易将可以实现实时结算，这将有助于大幅提升投资和交易效率。扩展到其他领域，各类需要依赖"中介"来解决信任问题的场景，或者依赖往复核对来解决信息一致的场景，都可以使用区块链技术作为其解决方案，可以大大减少操作步骤以及人力投入，降低对中心化机构的依赖，提升效率。

3. 交易透明可监管

信息的真实性、实时性及有效性是监管的关键。除了涉及个人隐私或商业机密等情况外，区块链技术可以实现有效的交易透明、不可篡改特性，监管机构可以实现实时的透明监管，甚至可以通过智能合约对交易实现自动化的合规价差、欺诈甄别等事中监管的能力。

总体来说，区块链是一种去中心化的信任中介，它将人与人之间的信任转化为人与机器的信任。更进一步地说，它是将人们对抽象的社会制度、法律合同的信任转化为计算机语言书写的、可自动执行的规则的信任。区块链扩大了信任的范围，降低了信任成本，使得更大规模的多实体相互合作成为新的可能。

15.2 区块链的发展前景

在过去的 20 多年中，互联网技术一直处于高速发展的状态，信息和通信技术的演进为填平数字鸿沟贡献了巨大的力量，也给人们的生活方式带来了巨大的革新。而纵观区块链技术的发展历程，又与互联网何其相似。

从表 15.1 中可以看出,区块链的更新与发展和互联网呈现出极其相似的周期性变化规律。不同的是,区块链的周期更短,迭代更快。

表 15.1 区块链与互联网发展历程的对比

互联网(10 年尺度)	区块链(5 年尺度)
1974—1983 • ARPANet 试验网络	2009—2014 • 比特币试验网络
1984—1993 • TCP/IP 基础协议确立 • 可扩展基础架构完成	2014—2019 • 超级账本、以太坊等 • 基础协议和框架探索
1990—2000 • HTTP 开始被应用 • 正式向商用领域开放	2018—2023 • 核心协议探索中 • 商业应用加速
2000— • 互联网普及	? • 商业协同网络

互联网的发展历程是科学技术飞速发展的历程,也是生产力和生活水平迅猛提高的历程,科学技术是第一生产力的论断在科学技术和生产实践中得到了充分检验。从技术发展的角度来看,区块链是互联网技术的发展和延续,如果把互联网比作信息之路,那么区块链的目的就是为它加上红绿灯、照明设施、信号标志等,让信息之路更安全、更可信。通过互联网技术实现了信息的流通,而通过区块链则可以实现价值的流通,信息流通通过半自动化提升了生产生活效率,而价值流通将和机器智能、IoT 等技术一起实现全自动化,必将进一步推动生产力发展。从发展趋势来看,互联网将向着高速、可信、万物互联、智能化的方向发展,其代表技术方向分别是 5G、区块链、IoT、机器智能。互联网是区块链的基础,作为多方可信计算落地的区块链是互联网的发展和延伸,是互联网从信息高速公路向价值高速公路升级的必然结果。

我们当前正处于 2018—2023 年这一时间跨度之内,从业人员正在积极探索核心协议,并且加速落地商业应用。在这一阶段,区块链技术将会日益成熟,而区块链可以应用的行业领域将得到充分的探索,届时区块链也将如互联网一样深入人们的生活,改变人们的生活习惯。而未来,"万物互联"将不再是一个口号,区块链以其去中心化、传递信任的特性和能力,将会作为最底层的通信协议撑起未来的网络通信,区块链终将成为人们生活不可或缺的一部分。

15.3 本章小结

区块链作为数字经济时代的新生产要素,提供技术保障的新生产关系,解决数据、价值交换过程中最核心的安全和信任问题。本章从交易成本、协作效率和监管等方面分析了区块链的价值,又以互联网的发展历程作为对照,洞察区块链更新和发展的规律。本章能够使读者对于区块链的核心价值有更深刻的理解。

第 16 章
区块链的发展趋势

从 2009 年比特币诞生至今，历经 10 余年，区块链技术已经有了长足的进步。从最早仅支持虚拟货币交易的公有链，逐步发展出适用于企业、行业的私有链、联盟链，在性能、安全、隐私保护方面都取得了很大的突破。区块链以其去（弱）中心化、难以篡改、便于追溯的特征，逐步在金融、政务、民生、制造、文化等领域得到了初步应用，成为打造可信新技术基础设施的重要组成部分。

2019 年 10 月，业界著名咨询公司 Gartner 发布了《2020 年十大战略技术趋势的预测》(*Gartner Top 10 Strategic Technology Trends for 2020*)。该项报告研究的是在未来 5 年内迅速增长、高度波动、预计达到临界点的企业技术趋势，意味着这些技术趋势在未来 5 年内不仅更加确定能够落地，而且还会引发商业或商业场景趋势。在这份报告中，提出了实用区块链的理念，报告指出虽然由于一系列技术问题（包括可伸缩性和互操作性）的存在，使得区块链对于企业部署仍然不成熟，但在当前的区块链实验和小型项目中，采用了一种实用的方法。通过使分类账独立于单个应用程序和参与者，并在分布式网络中复制分类账，以创建重要事件的权威记录，从而只实现完整的区块链中的部分元素。拥有访问权限的每个人看到的信息都是相同的，并且通过拥有一个共享区块链简化了集成。而共识则通过更传统的私有模型来进行处理。Gartner 认为，在未来，随着 AI 和 IoT 等互补技术开始与区块链整合，真正的区块链或"完整的区块链"将有潜力改变行业，最终改变经济。

16.1 区块链技术的发展趋势

16.1.1 区块链自身技术的发展趋势

趋势 1：自研底层区块链引擎比例增加

随着区块链在各行业中应用的不断发展，基于开源架构的区块链平台逐渐遇到性能、规模、安全性的瓶颈，限制了其在更广泛的业务场景中的落地。为了满足更高的性能要求，覆盖更多的业务场景，各大区块链供应商纷纷搭建自研区块链引擎，并陆续投入应用，为用户提供多种底层框架的选择。国内对区块链技术虽布局较晚，但近年来发展迅猛，图 16.1 为整理的国内各科技公司发布的区块链自研平台时间点。

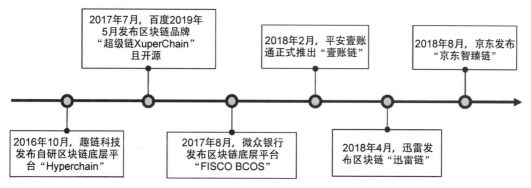

图 16.1 国内各科技公司区块链自研平台发布时间

由上图可看出，国内各公司也早在 2016 年即布局了区块链技术研究及应用，截至 2020 年 10 月 30 日，国家互联网信息办公室已发布 4 批境内区块链信息服务备案清单，累计 965 个区块链信息服务名称及备案编号，其中耳熟能详的有百度超级链 XuperChain 平台、京东智臻链平台、微众 FISCO BCOS 平台等。各科技公司对区块链技术和商业应用的持续探索，也加速了区块链的技术发展和业务落地，区块链应用目前也在金融、政务等各领域应用中遍地开花。

趋势 2：性能持续突破天花板

对于单个联盟区块链网络来说，通常会采用拜占庭容错的共识算法，但随着共识节点数量的增多，节点之间需要交换的信息显著增加，使得系统和网络通信量增大，造成联盟链整体性能下降，因此，通常单个联盟链网络的规模都不大。

业界在联盟链的性能提升方面进行了多个方向的研究，包括创新的交易机制、分片并行扩展、高性能的共识算法、高效的智能合约引擎，以及软硬件的协同优化。

在面对业务并发诉求越来越大的压力下，单个区块链的性能始终会存在上限的约束，通过分片、多链等方式可以在部分场景中大幅提高交易的并发能力。在不同的业务中，需要考虑选用适合于业务的分片策略，减少跨片的交易数量，避免跨片交易带来的性能损失。

另一方面，由于区块链中每个账本节点均会保留自创世区块以来的全量区块记录，而随着时间的推移，区块累积占用的存储资源将会面临很大的开销。以以太坊公有链（见图 16.2）为例，截至 2020 年 12 月 16 日，单个全节点的数据量已经接近 6T，而这仅仅是每秒 20 笔交易带来的存储开销。

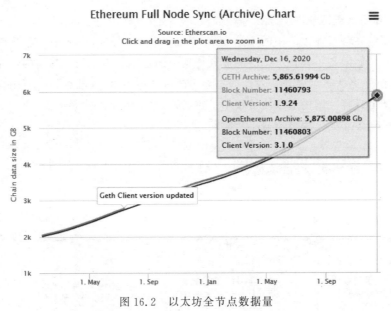

图 16.2　以太坊全节点数据量

资料来源：http://etherscan.io/chartsync/chainarchive

在联盟链高吞吐量的情况下，存储面临的压力会更加凸显。假设每笔交易实际承载的内容为 200B，加上交易的签名、数字证书等其他数据，按 20 000TPS 的交易平均吞吐量计算，每秒将产生 20MB 以上的数据量，一天就会累积达到 1.7TB，一年将达到 630TB。如此庞大的数据量对于各联盟链组织来说，将会带来很大的负担，因此通过账本数据的分布式存储、数据归档和老化、轻节点等方式减少数据量，将成为应对存储压力的主要方向。

趋势 3：安全和隐私保护的重要性愈加突出

区块链应用离不开数据的支撑，在监管机构对数据权属与治理意识不断增强的背景下，安全要求会不断强化，如何确保区块链信息系统的安全性，保护用户在链上数据不被非法访问，将会越来越重要。在密码学方面，国密算法逐渐成为联盟链的标准配置，各大区块链平台厂商都适配了国密证书、国密传输协议等技术方案，结合国内品牌的硬件和操作系统，以此提升系统的安全可控能力。

对于链上数据的隐私保护，越来越多的联盟链平台通过提供同态加密、群环签名、零知识证明、安全多方计算等技术能力，实现交易参与方的身份匿名和交易内容的隐私保护。但单纯密码学的隐私保护方案面临着性能不足的问题，因此也有部分平台厂商通过软硬件结合方式，利用可信执行环境对交易敏感信息进行保护，在可信执行环境内部对数据进行明文运算，从而大幅提升隐私交易的性能。

但另一方面,在保证链上数据隐私的情况下,如何解决可监管的问题,仍是行业不断研究的方向。

趋势 4:链外协同和互操作打通"数据孤岛"

当前各区块链平台厂商主推的区块链产品在基础框架层及协议层各不相同,同时出于一些商业利益的考虑,也存在同一个业务由不同层级的主体在分别建设,随之带来了区块链时代的"数据孤岛"。

随着区块链覆盖范围的拓展,数据交换、共享粒度的加大,同一业务不同主体的数据打通,不同业务之间的数据协同,未来不同区块链业务平台间的互操作性必不可少。支持多云部署、跨链能力、提高兼容性会是未来区块链技术逐步推广后的主要诉求。

高效通用的跨链技术是实现万链互联的关键,跨链技术能够连通分散的区块链生态,成为区块链时代的 Internet。业界在跨链领域已经有大量的探索和积累,跨链技术正成为业界技术发展的热点方向。

另一方面,传统信息系统与区块链系统之间的数据交互诉求也会越来越突出。区块链系统需要通过链下系统扩展计算和存储能力,链下系统需要与区块链对接以解决信息可信、防篡改等问题。

趋势 5:学习成本大幅降低,用户体验更加友好

随着联盟链核心技术逐步过渡到相对成熟稳定的阶段,行业着力对区块链的部署运维体验进行优化,BaaS 平台厂商基于云基础设施搭建区块链平台框架,提供统一的应用程序编程接口、多语言软件开发工具包、便捷的区块链创建、管理、资源使用监控、运维等功能,保证了区块链系统稳定可靠,服务可用。

考虑到企业、政府、金融机构客户已有的 IT 信息系统的对接和集成,提供底层关系型数据库的支撑能力,并在编程接口层提供易用的 SQLAPI,使得用户可以无须感知底层技术的变化,仍然像使用数据库一样使用区块链。

为了更进一步降低用户的学习成本,也有部分厂商开始考虑提供可视化编程能力,通过拖拽等方式,实现区块链智能合约的功能开发、验证、调试、上线等能力。

16.1.2 区块链与周边技术深度融合

1. 区块链与云计算

云计算通常是指为企业、个人客户提供用来进行开发测试生产的计算、存储、网络等资源。在过去的 10 年间,云计算让传统信息行业变得前所未有的便捷。利用云计算所提供的服务,开发者只需要进行简单的工作,就可以完成在过去需要投入大量研发和运营时间成本的任务。目前市场上存在很多云服务架构,比如,基础设施即服务(IaaS)、平台即服务(PaaS)、软件即服务(SaaS)。用户可以利用 IaaS 获得可伸缩的基础设施资源,利用 PaaS 方便地在线管理开发应用,利用 SaaS 使用网络软件。

云计算为区块链提供了底层的 IaaS 资源。区块链 BaaS 平台厂商基于云基础设施搭建区块链平台框架，提供统一的应用程序编程接口、多语言软件开发工具包，便捷的区块链创建、管理、资源使用监控、运维等功能。应用集成商基于 BaaS 平台服务开发智能合约与 IT 系统进行对接，实现业务与区块链的深度融合。

也有观点认为，云计算使得区块链变得趋于中心化。但这里要说明的是，云计算虽然由某个云计算公司来负责运行和管理，但其本身仍然是一种典型的分布式的技术，通过云计算，把大量的集中式的应用系统变成了分布式的应用系统，云计算的中心化仅仅体现在统一的运行运营管理。当然，在联盟链中，不同的组织机构也可以选择不同的云计算提供商，来打消这方面的疑虑和担忧。

2. 区块链与大数据

我们说，大数据是生产资料，人工智能是生产力，区块链是生产关系。

大数据技术的目的是通过对数据的深度挖掘来发现问题，进而制定规则，而在区块链则为数据挖掘提供可信的数据支撑。区块链的分布式存储特性使得数据存储的可靠性比集中式的存储方式更强，共识机制确保链上数据的真实准确，链式结构使得数据变得可追溯，被篡改的风险变得更小，从而使得区块链在数据的安全性和数据质量方面具备其他技术难以比拼的优势。结合链外协同和链间的互操作，有利于将分散的"数据孤岛"联系起来，使得数据的分享和更大规模的数据挖掘成为可能。

可以预见的是，大数据的规模会随着区块链技术的发展而变得越来越大，不同业务场景的区块链数据融合连接，将进一步扩大数据的丰富性，帮助大数据发挥出更大的价值。

3. 区块链与 AI

人工智能的三大要素是算法、算力、数据。在"数据"维度上，区块链可以解决 AI 应用中数据可信度问题，同时通过链外协同和链间的互操作，有利于组织更大规模的数据，使得 AI 能够更加聚焦于算法。

在应用方面，AI 负责自动化的业务处理和智能化的决策，区块链负责在数据层提供可信数据，同时，区块链中的智能合约也是一段实现某种算法的代码，既然是算法，那么 AI 就能够植入其中，使区块链智能合约更加智能。

从另一角度来看，AI 模型的可解释性和可验证性也一直是一大痛点，将 AI 引擎训练模型结果和运行模型存放在区块链上，能够确保模型可验证，以及模型不被篡改，提升了模型的可信度，同时也降低了 AI 应用遭受攻击的风险。

4. 区块链与物联网

区块链只解决了链上数据的安全可信，但对于数据上链之前是否可信，却无法提供保证。在区块链解决方案中，通常使用预言机从链外获取信息并提供给链上的智能合约。物联网设备有望为数据可信上链提供更便捷可信的有效手段。

区块链能为物联网终端提供身份标识，明确数据权属，并提供数据价值交换的基础环境，实现数据源头的可信保障。如物流场景中,如果可以使用 GPS 定位技术将货物的实时位置记录上链,则可以省去大量的人工录入成本。通过在物联网终端设备上使用可信硬件技术,同时部署可信数据上链能力,将有望解决上链前数据可信的问题。

另一方面,考虑到物联网的发展趋势,未来终端与终端之间的直接通信将成为趋势,使得在一个局部网络内,可以利用区块链实现自治型的物联网系统,应用于无人机集群、车联网等业务场景中。

区块链与物联网结合,将有助于打造可信数据网络,催生出诸如分布式智能等新的应用场景,推动数据市场化进程。

5. 区块链与边缘计算

我们把云计算作为中心化的计算,然后把中心化的计算再往外延伸,叫作边缘计算。在区块链应用中,可以将智能合约的运行节点部署在离用户很近的网络节点上,使得交易的验证和执行效率得到大幅提升;也可以将个人设备,比如,路由器或机顶盒设备里的存储空间贡献出来,并通过激励机制让个人用户参与到区块链分布式存储的网络中。

16.2 区块链产业的发展趋势

趋势 1:整体发展环境向好,产业扶持力度加大

2019 年 10 月 24 日,习近平总书记在中央政治局第十八次集体学习时强调,把区块链作为核心技术自主创新的重要突破口,加快推动区块链技术和产业创新发展,体现了国家对区块链核心技术的重视。

2020 年 4 月,区块链技术被纳入新技术基础设施。这也是区块链技术基础设施首次被国家层面明确为新型基础设施。

据不完全统计,国内已有 22 个省市发布了区块链相关的产业政策,国内经济发展趋势和政策扶持导向给区块链发展带来机遇,政务、金融、贸易、溯源、存证、医疗、工业互联网等领域将成为区块链应用的突破口和主战场。

趋势 2:平台化服务化

2018 年以来,市场上涌现出一批区块链即服务(BaaS)的平台厂商,其中包括蚂蚁、腾讯、百度等互联网大公司,以及华为、浪潮等传统 ICT 企业,具体时间点如图 16.3 所示。

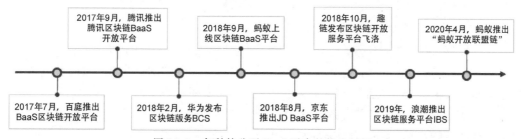

图 16.3 各科技公司 BaaS 平台的推出时间

2020年4月，蚂蚁金服发布了"蚂蚁开放联盟链"，通过服务化的方式引导小型企业加入联盟链生态，传递出产业发展的新方向。即区块链企业不仅仅停留在区块链技术和产品的研发，同时也逐步向平台服务进行升级转变。其目标在于打造安全可靠、高效灵活、简单易用的区块链服务体系，降低行业应用开发部署门槛和成本，积极扩展灵活多样的接入和增值服务，为行业企业应用区块链提供基础性产品，提升区块链服务企业的产品竞争力和创新力，提高行业应用创新效率。

趋势3：应用多向落地，行业渗透程度攀升

随着区块链解决方案的丰富和示范应用的落地成熟，区块链的行业渗透率逐步提升。在金融应用方面，以供应链金融、贸易金融领域为主，形成了较为成熟的商业模式。在政务、民生方面，以数据开放共享、一网通办等示范应用为主，利用区块链技术优势，促进行业数字化改造升级，推动行业全方位探索实践，促进区块链技术在更多行业应用落地。

16.3 区块链仍面临的挑战

1. 标准化道路仍然很漫长

现阶段国内国际各大标准组织，正在与各大区块链厂商积极推进区块链标准体系的建设。但现阶段大部分标准仍处于立项或草案阶段，在市场上各大区块链平台仍然存在通信协议不统一、数据结构不统一、共识算法不统一、合约接口不统一等问题。区块链技术仍将长期处于烟囱式建设的阶段。

区块链和分布式账本标准体系见图16.4。

2. 核心技术仍有待于突破

作为多种技术的集成系统，区块链自身在可扩展性、性能、安全性等方面仍存在很多瓶颈。在跨链互通方面，不仅涉及数据的可信交互，而且需要实现身份互认、共识转换和治理协同。隐私合规问题仍然是区块链服务于更多行业的一大阻力，处理不当就有可能造成数据泄露，或违反相关法律法规。

虽然我国在区块链方面的专利申请量排名靠前，但在国际顶会上发表的高价值论文数量仍然有限，在开源社区的话语权也仍然较弱，对区块链核心技术的研发和基础算法的研究方面投入不足。

3. 应用模式仍需探索，联盟治理需求强烈

联盟链与公有链存在较大的差异，在公有链中，使用激励机制牵引广大用户加入；而在联盟链中，通常不设立激励机制，而是依靠联盟共同利益来撮合各方参与者。如何牵引联盟参与方持续投入联盟的运营，如何保持联盟的向心力仍是需要长期关注解决的问题。

在评估是否建设区块链信息系统时，尤其是在业务已有传统信息系统的情况下，在评估进行区块链信息系统改造时，如何评估收益和成本，也还没有确定的答案。

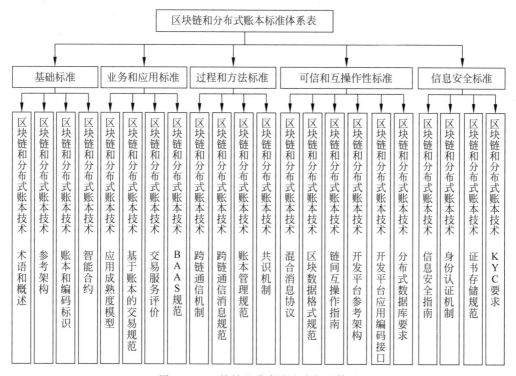

图 16.4 区块链和分布式账本标准体系

此外，区块链技术尚在快速发展阶段，目前大部分国家对区块链的监管体系尚未形成，监管措施多是在新应用落地之后，才会进行相应法规调整。

16.4 本章小结

在信息时代的浪潮中，区块链作为信任构建的基石，不断地进行着自我改进，在性能、可扩展性、安全、隐私保护等方面持续创新，并与周边技术深度融合，产业也随之蓬勃发展。但同时，不可否认的是，区块链仍然处于发展的初期阶段，面临着标准不统一、法律法规不健全、治理运营等各种问题，有待于更多志同道合的人们一起共同解决。

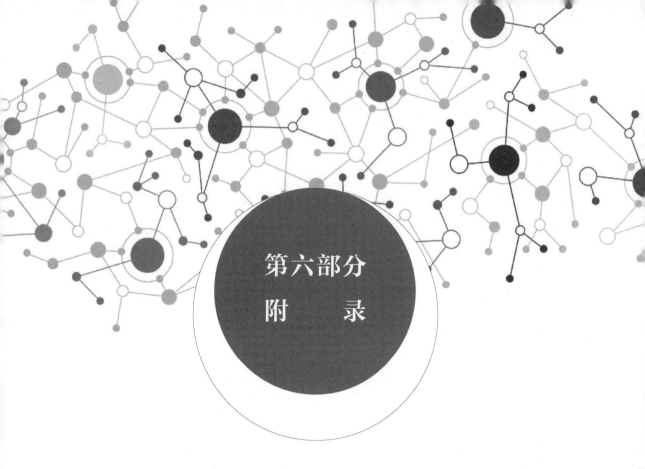

第六部分 附录

第 17 章
区块链 FAQ

（1）什么是硬分叉和软分叉？

由于区块链是一个链表结构，当把不同的新区块连接到同一个旧区块后面的时候就会出现分叉。一般来说，经过一段时间，由于不同的人选择不同的分叉出块，所以速度会有差异，这不同的分叉的区块链长度就会有所不同。按照区块链的规则，一般是选择最长的分叉作为主链而舍弃其他较短的分叉，这时分叉便会被消除了。

但如果有一部分人坚持选择某一条较短的分叉，这时就会与主链分道扬镳，成为两个不同的区块链系统。这时我们就说这个新的区块链系统是从原有的系统中硬分叉出来的。如果区块链系统出现比较大的升级，一般也会进行硬分叉，一部分矿工会用新的规则挖矿，一部分会遵循旧的规则。最后的结果要么是旧的矿工逐渐放弃旧规则，要么继续分叉出现两个系统。

所以我们看到通过硬分叉实现的升级是不向前兼容的，而如果这个升级是向前兼容的则被称为软分叉。新的挖矿规则可以接受旧的规则产生的区块，当接受新的规则的矿工挖矿的算力超过 51% 的时候就会完成新旧规则的转换。

（2）量子计算机会不会对区块链造成威胁？

量子计算机是一种运用量子力学的特性使得计算机完成传统的电子计算机无法完成的算法的计算机。它在某些算法上的性能远远超过了传统计算机，比如，大数分解算法。传统计算机分解一个大数的复杂度是指数级增长的，而量子计算机只需要多项式时间复杂度。而现在主流的 RSA 加密算法就是基于大数分解的指数复杂度保证安全的，而显然在量子计算机面前 RSA 将不再安全。虽然现在量子计算机还处于研究阶段,但在不远的将来,量子计算机实现商用是可以预见的。

因此,量子计算机有可能会被发现一种算法能够以极高的效率运算 SHA-256 哈希值,这无疑对那些运用 PoW 共识算法的区块链项目产生威胁。它还可能破解椭圆曲线算法,从根本上破解区块链的安全性。然而,先不说量子计算机到底能不能真的破解这些算法,就算真的可以,对于区块链来说,也没什么必要太担心。人们必然还能发明出许多量子计算机破解不了的密码学算法,到时候只需要进行一次算法升级的硬分叉,区块链网络还是可以正常运行的。

(3) 区块链对链上资产的描述、记录能力是怎样的?它支持哪些类型的资产?资产的生命周期怎么管理?

除了早期的像比特币这样的项目仅能记录数字货币,现在主流的区块链系统都是通过智能合约来承载资产的,用户可以自由定义自己的资产。合约中的资产可以理解为一个会被持久存储的变量,变量类型可以是一个复杂的结构,所以可以描述丰富的信息。至于资产类型以及生命周期管理均由智能合约编写者来决定,这个是开放给用户的。

(4) 链上交易记录的形式可以包括哪些信息?

同样取决于智能合约是怎么编写的。一笔交易可以记录很多信息,取决于智能合约的用途,比如,可以做转账,可以做投票,可以做存证,等等。

(5) 用户在区块链上的账户是什么样的?账户信息可以包括哪些?和华为账号关联起来有哪些技术可以用?

区块链上的账户是用智能合约来承载的,具体一个账户可以理解为智能合约中的一个变量。

账户可以包含丰富的信息,我们可以创建一个复杂结构来承载丰富的信息,因此技术上可以包括现有系统的各类信息。

与华为账号关联方面,区块链的账户体系目前大多采用一对公私钥对来实现,只要将一对公私钥对跟华为账号绑定,即可实现一对一映射。

(6) 谁负责记账?记账节点有多少个?节点的所有者是谁?

区块链是一个复试记账的模型,所有的记账节点都会记录一本账,记账节点数量没有限制,节点间依靠 P2P 网络实现最终一致性。

通常在公链里(比如,比特币、以太坊),每个节点对应一对公私钥,谁拥有这对公私钥谁就拥有该节点。一个组织或个人也可能拥有很多节点。

在联盟链里,每个组织掌握一定数量的节点,像互联网一样,每个组织类似于一个 AS 自己治理自己的节点,组织之间互相同步、鉴别数据。

(7) 作为非专业人员如何使用区块链?

很多非开发人员提到区块链的时候,一般指的是加密数字货币,他们与区块链会产生的交集一般也是买卖加密数字货币。拥有以太币等加密数字货币可以参与以太坊等平台上面的许多 DApp 项目。如果非专业的开发人员想使用区块链技术,那么根据不同情境会有不同的选择。如果是个人想要开发一些简单的 DApp 应用,可以选择以太坊等支持智能合约的公有链,这些大型的公有链一般都有很详细的教程。如果是小型组织想要发行自己的代币,同样可以学习以太坊上面的智能合约。如果是企业用户想要通过区块链技术来创造一些应用的话,可以选择一些企业级的区块链平台,比如,Quorum、Corda 以及华为公司的 BCS 等。

(8) 联盟链相比于公有链是否失去了去中心化的特性?

在区块链技术发展的最初阶段,区块链和"去中心化"是绑定在一起的,人们认为去中心化是区块链的最大特点。然而近年来,随着区块链技术的发展和人们对区块链理解的深入,人们发现区块链的许多特性并不需要完全地去中心化。适当地放弃一些去中心化可以提高共识效率,或者更加适配特定的应用场景。联盟链就是对这种思想的有效实践。联盟链中的各个节点都是经过审批加入的,所以可以放宽它们的权限来提高效率。从这种意义上讲,联盟链确实不够去中心化,只能说是"弱中心化"或"多中心化"。但实际上,这并没有减少其作为区块链的种种特性,比如,可追溯性、不可篡改性等。

(9) 区块链是不是"割韭菜"的工具?

"割韭菜"原来常用于股票市场,指的是大型机构通过提高股价,吸引大量散户买入股票,然后大型机构在股价达到高点的时候卖出股票,将散户的钱收入囊中的做法。加密数字货币的交易市场出现以后,由于加密数字货币的资本基数小、加入门槛低、监管不完善等特点,使得"割韭菜"在加密数字货币领域远远比股市容易。既然有利可图,金融机构必然不会眼睁睁地放弃。所以,在虚拟货币市场泡沫巨大的时期,区块链的确被当作"割韭菜"的工具。正如枪炮可以杀人,也可以保家卫国,区块链在有些人手里是骗钱的工具,而在另一些人手里则是变革社会的武器。从另一个角度来讲,那些被割的"韭菜"通常是那些盲目跟风、不理性地贪婪、妄图一夜暴富的人,而那些谨慎理性的投资者则不会轻易地被割。这些"韭菜"就算不在加密数字货币市场被收割,也会在股市等地方孤注一掷。可见,他们遭受损失的根源并非区块链。

(10) 区块链是不是分布式数据库?

区块链最重要的特点就是每个节点都储存一份完整的账本,很多人都管区块链叫分布式账本,所以它是不是就是一个分布式的数据库呢?区块链储存交易信息的确是运用了某种数据库结构(比如,LevelDB、SQLite 等),而且它的节点又的确是分布式的。但是当我们把这两个词合起来说的时候,分布式数据库在现实工程中是有特定的特性和要求的。分布式数据库和区块链的共同点就不说了,它们的区别点还是有很多的。数据库有索引管理,而区块链的索引是固定的;数据库在一致性上要求 ACID 模型或者 BASE 模型,而区块链是可以出现大规模分叉的,不符合数据库的一致性模型;数据库有管理员权限和单一管理入口,而区块链的所有人都有相同权限,是多管理入口;数据库可以删除内容,而区块链不可以删除内容;分布式数据库的内容一般是分片的,而区块链每个节点的内容都是完整的。区别还有很多,不再一一列举。

另外，区块链不单单如数据库一般只是负责承载数据本身，而是通常需要与智能合约结合起来作为一个功能完整的应用，可以处理复杂的逻辑。从这个角度来看，分布式数据库便不再可以简单概括区块链系统了。

(11) 加密数字货币真的有价值吗？

货币的本质是一般等价物。我们传统意义上的货币之所以有价值是因为大家都认可它有价值，大家都愿意用实际的商品与它作交换。面包有吃的内在价值，车有出行的内在价值，而纸币只不过是一张纸，黄金只不过是一块金属而已。由于比特币和黄金一样具有稀缺性、防伪性、可分割性等特点，可以被用作一般等价物。从当年 10 000 比特币购买了两个披萨开始，比特币就已经可以用来买东西了。如今，比特币、以太币、门罗币等加密数字货币都可以用来购买商品，而其他加密数字货币在一些交易所也可以换成法定货币，因此可以认为它现在是有价值的。正如法定货币也可以变得没有价值，比如，津巴布韦元。当人们对某个加密数字货币失去信任的时候，它的价值也会随之消失。

(12) 加密数字货币和数字货币以及法定数字货币的关系是什么？

数字货币在很多情况下就是代指加密数字货币，但是也很容易想到数字货币的形式不止加密数字货币，比如，银行的电子支付或者支付宝等支付方式就可以看作支付数字货币。但实际上目前的电子支付中所交换的并不是真正意义上的数字"货币"，而是银行的资产证明，你只能通过银行才能把它换成法定货币。而真正意义上的数字货币须是由央行发行的法定数字货币，这种数字货币无须由银行兑换，其本身就是法定货币。

加密数字货币是否可以被称为"货币"，众说纷纭。由于加密数字货币没有国家信用背书，很多专家认为只有法定货币才能被视为真正的货币。事实上，如今的比特币等少数几个加密数字货币已经被大量用作支付和购买商品，符合货币的价值尺度、流通手段、贮藏手段和支付手段四种职能，称其为"货币"亦无不可。

而加密数字货币之所以能够有这么良好的货币性质正是区块链技术所保证的。所以人们会理所当然地认为法定数字货币就是央行发行的加密数字货币。但事实上，区块链对于法定数字货币的研究有一定的借鉴意义，但必须得结合具体的需求来选择具体的技术。因此，加密数字货币是法定数字货币的重要参考，但不是必然的形式。

(13) 加密数字货币的转账是匿名的吗？

区块链的账户本质上是一个公私钥对，不需要和现实身份挂钩，从这个意义上来看，它是匿名的。很多人利用比特币来洗钱，或者在暗网上做非法交易。但不能说它是完全匿名的，因为每个人手里都有一份完整的账本，所有的交易都是公开可查的。如果将区块链的账户和现实身份对应起来就会暴露这个人的交易历史。有一些加密数字货币专门为此创造了解决方案，比如，门罗币、达世币、Zcash 等。这些加密数字货币用一些加密算法使得转账记录可以被验证但不可被浏览，所以可以实现匿名。

(14) 区块链和去中介的关系是什么？

由于区块链网络没有一个中心节点，所有的价值交换都是"点对点"进行的，不需要第三方中介的认证或背书,所以很多人将区块链视为一种去中介化的工具。而金融领域的主要工作是资产权益的发放和流通,比如,股票和债券的发行和交易。从这个角度来看,大型金融机构的主要角色其实是中介。那么,区块链是否能够取代这些作为中介的金融机构呢?这里我们可以看一下 ATM 机的例子。ATM 机发明之前,银行柜员每天绝大部分的工作就是存钱和取钱。后来绝大多数的存取款工作被 ATM 机代替,但银行柜员的职位并没有消失,他们有更多的时间来处理存取款以外的业务,工作效率大大提高。区块链对于中介的作用其实也是类似的,它不会完全取代中介,而是解放中介的生产力,提高中介的效率。比如,金融业务的三大流程——资产权益的评估、资产权益证明的发放和资产权益证明的流通,其中资产权益的评估这个过程是无法以区块链代替的,而资产权益证明可以用区块链的 Token 来代替,但将其与实际价值物联系起来的仍然是中介机构。而区块链最显著的作用,是大大提高资产权益证明流通的效率。因此,区块链并不一定是完全去中介化的。

(15) 区块链技术都很耗电吗?

谈及区块链技术,很多人都会将其与高能耗联想到一起,正如第 1 章中所介绍的,比特币对能源的消耗程度已经达到了可以用"恐怖"一词来形容的地步。然而,区块链并不等于比特币,当前的区块链系统从公有链到联盟链再到私有链不一而足,而不同的区块链系统,其能耗情况其实也千差万别。比如,以 Hyperledger Fabric 为代表的联盟链系统是可以运行在通用服务器上的,并不需要高能耗的"矿机"来进行共识。所以,说区块链技术都很耗电是片面的。

(16) 区块链不可篡改是指不可以做任何修改吗?

区块链的不可篡改特性是区块链最基本的优秀特性之一,然而不可篡改并不意味着在任何时候都不可修改。首先,可以将区块链系统所使用的共识算法分为强一致共识和弱一致共识。针对强一致共识(如 PBFT),一旦某一个区块通过了共识过程,那么这个区块就是确定了的,不可篡改。而针对弱一致共识(如 PoW),虽然某一时刻已经产生了一个区块,但是这个区块仍有可能在后续共识过程中由于全网的主链选择而被抛弃,也就是"分叉"过程。而更特别地,以 PoW 为例甚至会受到 51% 算力攻击的威胁,也就是一旦某一方掌握了超过 51% 的算力,他可以在系统里为所欲为,任意修改。所以,针对弱一致共识,通常需要更长的时间来保证某一笔交易被确认的概率,如比特币需要再生成 6 个区块才能在很大概率上保证当前区块不会被篡改,但仍然不能免于 51% 算力攻击(虽然这极其难做到)。而另一方面,不可篡改是说我们不能修改所有节点的数据,但我们依然可以修改本地节点的数据,只不过尽管我们修改自己的数据,但是其他未被修改的节点不会相信我们修改了的数据,我们"自欺欺人"其实是无效的。所以,我们需要辩证地来看待"不可篡改"这一特性。

(17) 区块链可监管吗?

区块链系统的可监管性需要结合具体情况来看。公有链系统对所有参与方都是交易透明的,但是其隐私特性在一定程度上为监管带来了不便。而联盟链和私有链则加入了准入机制和权限控制的特性,这为监管带来了极大的便利,我们可以通过加入监管方,并为监管方设置最高查询权限以达到监管目的。

(18) 区块链系统的"不可能三角"是指什么?

区块链系统的"不可能三角"是指衡量区块链系统的三个指标不可能同时达到最优,这三个指标分别是指可扩展性、安全性和去中心化程度。可扩展性其实包含了两个方面的含义,一是系统性能表现良好(吞吐量高,交易确认时延短);二是指系统需要支持节点扩展能力,并且节点扩展时系统整体性能不会下降。安全性是指区块链系统要保障整体安全可靠,在一定假设条件下系统不会被攻破。去中心化程度是指整个系统是否是去中心化的,是否存在具有一些特权的特殊节点等。虽然,"不可能三角"并不像分布式系统里的 FLP 或者 CAP 定理一样有着严格的证明,但是目前的区块链系统确实只能在这三个指标中的两个里表现优秀。比如,比特币和以太坊在安全性和去中心化程度上表现较好,EOS 在可扩展性和安全性上表现较好,而没有 coordinator 的 IOTA 则在可扩展性和去中心化程度上表现较好。

(19) 区块链技术当前面临什么挑战?

区块链技术当前所面临的主要挑战包括:处理交易的性能需要持续提升,用户隐私需要进一步保护,应用场景需要进一步拓展等。华为区块链服务(BCS)在面对这些挑战时均做了一定有意义的工作:针对处理交易的性能,BCS 现已达到单通道 9 000＋TPS 的吞吐量水平,处于业界领先水平;针对用户隐私保护能力,BCS 正在积极探索基于可信执行环境的解决方案和纯自研系统;而针对应用场景,BCS 一直在积极寻求各行各业的合作伙伴,期待可以打造"爆款"应用,尤其希望能够结合区块链技术产生模式创新的应用,充分利用区块链技术的几大特性,发挥区块链的最大价值,进而助力区块链被更多的人所认知,吸引更多优秀人才进入区块链领域,推动区块链技术本身的发展。

(20) 中本聪身份之谜。

2008 年 10 月 31 日,中本聪(Satoshi Nakamoto)在一个密码学邮件列表中发布了比特币白皮书。2009 年 1 月 3 日,中本聪开发出比特币的程序并挖出了创世区块,获得了 50 个比特币。这个开创了区块链时代的天才,其身份却一直是一个谜团。他在 P2P Foundation 网站的个人资料里自称是一名日本人,且跟外界交流只通过邮件列表的形式。但他从来没有用日语进行过任何交流,而且他的英语之流利程度与英语母语者无异。他常常切换英式英语和美式英语,而且在一天中选择随机的时间来发送邮件,让人无法猜测他所在的时区。他在该密码学邮件列表中地位非常显赫,而该列表中的成员不乏密码学界的大师。后来他将比特币的官网 bitcoin.org 交由其他人掌管,并逐渐销声匿迹。

2010 年年末,维基解密准备接受比特币捐款,而后中本聪突然发邮件表示不建议这样做,认为比特币尚不成熟。后来,中本聪便不再在邮件列表中露面。但中本聪的神秘引起了媒体的狂热兴趣,各种报道纷纷猜测中本聪的真实身份,媒体所报道的其候选人越来越多,比如,望月新一、尼克•萨博等。但后来被认为最有可能的候选人,是新闻周刊在 2014 年 3 月 6 日所报道的 Dorian Nakamoto。他出生时的名字正是 Satoshi Nakamoto,且曾在军方从事保密性工作,另外还有很多其他的证据。但他本人极力否认自己是中本聪。就在报道的当天,中本聪再次现身发文称自己不是 Dorian Nakamoto,这件事才逐渐平息下来。而后,中本聪再也没有出现过。2018 年 11 月 30 日，中本聪在 P2P Foundation 网站上的状态中添加了一个单词"nour"，并关注了一个密码圈的博主。由于该账号在 2014 年曾遭受过攻击，所以本次操作是否中本聪个人所为不得而知。

现在更多人则坚信中本聪并非一个人，而是一个团体组织，因为像比特币这种具有跨时代意义且设计如此精良的工作很难由一个人完成。还有人猜测中本聪匿名是为了躲避有关当局的追查，因为在 2007 年的时候，曾有数字货币 Liberty Dollar 和 e-Gold 被追查和对有关人员判刑。但后来加密数字货币大行其道的时候，出现了无数个其他加密数字货币的创始人，这些人都没有被抓，而中本聪也没有必要因为这个原因匿名了。但就有没有创始人而言，比特币相对于其他加密数字货币更能体现"去中心化"的思想，因为其他加密数字货币的创始人可能直接能够影响公众对该加密数字货币的信任程度，比如，莱特币的创始人每次发 Twitter，或者卖出莱特币，都会或多或少影响莱特币的价格。而比特币没有一个具体的人作为领袖，使得大家对它的信任更加放在这个货币本身。所以，中本聪的身份保持神秘对比特币也是具有重要意义的。

（21）智能合约到底"智能"吗？

智能合约其实是一个出现得很早的概念，但直到区块链技术得到广泛认可，智能合约才在与区块链技术进行结合的前提下再次走进公众视野。然而，区块链技术的火热发展让很多人盲目地认为区块链可以解决任何事情，尤其是很多区块链系统支持图灵完备的智能合约开发环境，这让人们误以为智能合约达到了真正的智能程度。然而，现实是智能合约依然要求我们在规则下做事，这里的规则是指智能合约开发环境所限定的规则（比如，只能支持固定的操作码等），而不是我们用智能合约开发环境编写出来的规则。因此，我们在区块链系统上写智能合约依然是比较受限的，比如，不能访问对不同节点呈现出随机特性的数据，不能访问不可信源的数据，不能访问系统资源等。不过，虽然智能合约开发环境是一个受限环境，但是我们依然可以写出很多完整、丰富的逻辑。所以，智能合约可以说是在一定程度上达到了智能，但不能盲目乐观地认为智能合约可以完成我们需要的任何智能逻辑。

第18章
常见区块链产品及平台介绍

当前,区块链应用蓬勃发展,各类区块链平台层出不穷。尽管其中不乏许多盲目跟风的并无实际应用价值的"割韭菜"项目,撇去浮沫,仍有许多十分优秀的区块链项目和区块链平台值得了解和借鉴。本章将对部分主流的区块链项目及平台进行介绍,从而为读者提供一些启发。

18.1 比特币及其拓展

比特币的巨大成功带动了区块链方向的整体发展,然而,比特币区块链也存在着一些较为严重的问题,比如,其对计算资源有着极大浪费的 PoW 共识及其极为有限的脚本执行能力。因此,在比特币出现后,也有不少拓展项目及"山寨"项目紧随其后被推出,试图对比特币的一些缺陷进行弥补。本节将对比特币以及相关的几个项目进行介绍。

18.1.1 比特币

正如本书前置章节所介绍的,比特币是一种去中心化的加密数字货币(见图18.1)。它的设计思路在 2008 年由化名为"中本聪"的人或机构提出,并在 2009 年 1 月被正式发行。

比特币系统的每个节点上都可以维护一份完整的历史交易记录,从而使所有节点都可以对某一交易进行验证。具体地说,比特币

图 18.1 比特币 logo

系统的"账本"是由许多记录多条交易信息的区块组成的,每个新区块的生成需要引用最新生成的区块的信息作为自己的区块头,在这种方式下,区块间首尾相连构成区块链。有能力收集网络中客户端发送的交易并将其打包生成区块的节点被称为矿工,每个矿工需要完成一定量的工作证明(Proof of Work, PoW)才能出块。比特币系统巧妙地选取了工作证明的具体形式,即通过计算一个符合条件的哈希值来完成工作证明。这种工作证明的实现方案保证了每个节点完成工作证明的时间是随机的,单个节点完成时间的期望与该节点的计算力成反比。同时,比特币系统会根据全网总算力的情况,动态地调整工作证明获取的难度,从而保证所有参与挖矿的节点群完成一个工作证明的时间期望维持在一个较稳定的值。在出现由网络隔离或恶意节点攻击所造成的分叉情况下,比特币采取"最长链胜出"的决策方案。此方案下,正常矿工总是在最长的链上进行区块追加,恶意节点需要至少控制系统中一半以上的计算力才能对区块链进行掌控。

比特币的出现,可以说是代表着对集中式货币政策、交易管理的对抗。通过比特币这样一个完全去中心化的电子货币,用户可以自由地进行交易,一方面,跨越了现实世界中存在的许多壁垒;另一方面,也给一些非法交易提供了平台。然而随着比特币价值的不断上涨,逐渐出现了许多使用专用挖矿硬件、集中大量算力的矿场,这无疑削弱了比特币的去中心化的特性。

比特币原生的区块链设计具有十足的开创性,引领了一系列区块链平台的产生和发展。然而其本身由于节点完成工作证明所需的大量计算对资源的浪费,以及随之带来的缓慢的交易确认时间和低下的吞吐量,广为区块链研究者所诟病。后续的许多新区块链技术都是致力于改进比特币原生区块链的这些问题。尽管如此,比特币区块链系统仍是为数不多的(甚至可能是唯一的)从创建至今未发生过大规模的系统设计上的漏洞的区块链系统,其中的缘由还是很值得思考的。

比特币的官方网站是 https://bitcoin.org/,其发展历程及主要大事件见图 18.2。

18.1.2 闪电网络

随着比特币的不断发展,其缓慢的交易确认时间(等待 6 个块的可信确认大致需要一个小时)、远不能满足需求的交易吞吐量(每秒 7 笔左右)越来越不能满足急剧增长的交易需求。首先引起比特币社区讨论的是比特币区块链的扩容问题。由于初始比特币区块链的单个区块体积有着 1MB 的限制,而逐渐增长的交易数目使得这部分空间逐渐被填满,因此需要对区块进行扩容。然而由于比特币区块链的去中心化特性,进行全球性的扩容并非易事。比特币社区针对这个问题提出了多种扩容方案,但至今仍没有达成关于何时扩容、扩容规模的一致意见。

于 2015 年 2 月提出的闪电网络(Lightning Network)便起源于比特币扩容问题。简单来说,它通过将大量交易放置于比特币区块链之外进行,仅将关键环节放置于链上确认的方法,从另一个角度在一定程度上解决了比特币扩容问题。

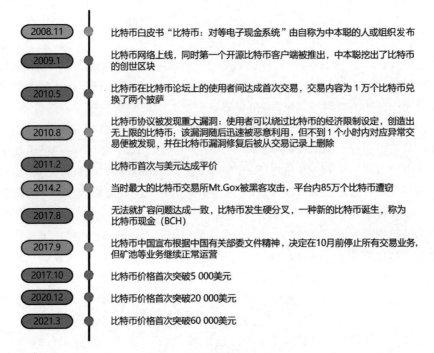

图 18.2 比特币的发展历程

闪电网络主要通过引入两种类型的交易合约,即序列到期可撤销合约(Revocable Sequence Maturity Contract,RSMC)及哈希时间锁定合约(Hashed Timelock Contract,HTLC)。其中,RSMC 解决了链外交易通道中币单向流动的问题,HTLC 则解决了币跨节点传递的问题。两者结合便构成了闪电网络,使得用户可以直接一对一进行交易,从而避免向整个区块链世界广播自己的业务。一方面,能够在避免支付昂贵的交易费用的同时达到较快的交易速度;另一方面,也可以对交易细节进行隐藏。

18.1.3 侧链

侧链(Sidechain)概念上属于比特币区块链的一个拓展协议,该协议允许资产在比特币区块链与其他区块链之间流通。侧链主要是比特币区块链社区在面对众多"山寨币"以及以太坊等新兴区块链平台对比特币区块链的冲击时,为扩充比特币区块链底层协议而提出的。通过侧链,可以在不影响主链的主要功能的基础上,拓展交易隐私保护、智能合约等新功能。

简单来说,侧链可以是一个独立的区块链,即有自己的账本、底层的共识机制,可以支持各种交易类型、合约类型。侧链需要与比特币区块链挂钩来引入和流通一定数量的比特币作为自己的代币,当这部分比特币在侧链中流通时,主链上的比特币会被锁定,直到侧链比特币回流。类似于闪电网络,侧链机制也可以将一些高频的交易放到比特币区块链之外进行,从而提高比特币区块链的吞吐量。

18.1.4 隔离见证

隔离见证(通常简写为SegWit)是对比特币软件提出的一种更新,旨在解决比特币面临的一系列严重问题。最初,该更新旨在解决交易的可扩展性,这也是比特币软件中众所周知的弱点。后续,其关注的焦点也从修复交易可扩展性转移到解决比特币扩容的问题。

隔离见证方案的基本思路是将交易分为两部分,一部分是交易信息,另一部分是见证信息,这两部分信息分开进行处理。好比一辆车太小,要搭车的人太多,于是让车上所有人将背包和行李放在另一辆跟着的货车上,这样原来的车就可以容纳更多的人了。

矿工们认为流通的高效才是最重要的,这样才能体现比特币的世界货币价值。矿工的利益来源在于挖矿,实际上,如果比特币区块堵塞,矿工可以获得超额手续费,短期收益是增加的。但长期来看,只有比特币价格不断上涨,挖矿的收益才会大幅提升。因而,从长远考虑,只有比特币交易更加顺畅,入场人数增多,资金盘越来越大,矿工的收益才会获得显著增长。而隔离见证如果一经运作,小额的交易将不通过区块确认,矿工连少量的手续费都收不到。因而为了更长远的利益,矿工希望扩容。

而代码团队隔离见证的支持者们则认为随着区块变大,使得挖矿的门槛将越来越高,导致普通矿工们无法参与,这样将导致比特币所代表的公平性将被减弱。隔离见证方案需要应用的闪电网络技术,相当于为隔离出来的见证信息加一辆大货车。在后续的时间里,扩容方案与隔离见证方案最终也没有磨合与兼容,给"硬分叉"埋下了伏笔。

18.2 莱特币

莱特币(Litecoin,见图18.3)是一种对等电子加密数字货币,可以使用户以低廉的交易费向其他人进行付款或转账。莱特币自从推出起便与比特币对标,在各个方面与比特币都十分相似。尽管如此,莱特币也有部分与比特币不同的设计,以期达到改进比特币的目的。两者的对比可以见表18.1。

图 18.3 莱特币 logo

表 18.1 比特币与莱特币的对比

	比 特 币	莱 特 币
货币总量	两千一百万	八千四百万
加密算法	SHA-256	Scrypt
出块时间	10 分钟	2.5 分钟
难度调整	每 2016 个块	每 2016 个块
初始奖励	50btc	50ltc
当前区块奖励	25btc	50ltc

莱特币的总量是比特币的 4 倍,同时其每个币的出块时间是比特币的 1/4,从而使交易确认的时间相对更短;同时,莱特币也率先于比特币采取了隔离见证及闪电网络的拓展。共识协议方面,莱特币使用了与比特币类似的工作量证明的机制。然而,为了削弱大规模矿池的影响,使莱特币更加"中心化",莱特币采用了不同的挖矿算法:用 Scrypt 代替了比特币使用的 SHA-256。这是由于在比特币原生的 SHA-256 挖矿算法下,挖矿的速度是与机器的算力成正比的,这就催生了专门的挖矿专用集成电路,即矿机。矿机的挖矿效率相比于普通的 GPU 高数个数量级,从而导致算力越发集中于专用矿场,使得普通用户难以入场,降低了区块链的"去中心化"程度。而 Scrypt 是一种"内存难题算法",其求解速度主要取决于计算机内存大小,因此 Scrypt 算法使得并行化的大规模矿场在莱特币中不再占优势,保证了莱特币的去中心化程度。

莱特币的官网为 https://litecoin.org/,其发展历程及主要大事件见图 18.4。

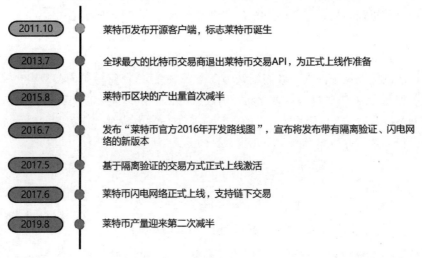

图 18.4 莱特币的发展历程

18.3 以太坊

以太坊(见图 18.5)由 Vitalik Buterin 在 2013 年受比特币启发而提出,并于 2015 年 7 月 30 日正式发布,其定位是"下一代加密数字货币与去中心化应用平台"。它是一个具有智能合约功能的公共区块链平台,是创造基于区块链的各种去中心化应用的基础。以太坊通过图灵完备的去中心化虚拟机(称为以太坊虚拟机,Ethereum Virtual Machine,EVM)来处理"点对点"合约。为了量化 EVM 执行操作的开销,防止某些恶意合约无限消耗以太坊系统计算力,以太坊引入了"汽油"(gas)的概念,即 EVM 处理"点对点"合约需要消耗"汽油"(gas),而"汽油"可以由以太币(Ether)进行购买。

以太坊的出块速度很快,基本维持在 15 秒出一个块的速率。这样相对来说,较快(与网络同步时间相比)的出块速度会产生大量由于网络同步不及时而产生的未被收入到主链中的区块,即比特币所谓的孤块。在比特币系统中,由于出块速度被控制在 10 分钟一个块,相比于现有网络状况来说,出块时延远大于传播时延,因此很少会出现孤块的情况,比特币系统便直接废弃掉这类区块。然而,以太坊允许主链上的区块头结构中包含对这些区块的引用,并称这些区块为叔块,挖出叔块的矿工也将会得到奖励,而挖出主区块的矿工也会因为包含叔块而得到额外的奖励。对叔块的引用进一步验证了其父块的有效性,增加了网络的安全性。对叔块的引用可以增加主区块的"重量",在以太坊的共识机制中最重的链是主链。

图 18.5 以太坊 logo

相比于比特币小心翼翼尽量避免硬分叉(hard fork),以太坊的理念是大胆实验,遇到问题勇于使用硬分叉,其规划的不同版本就需要用硬分叉实现。2016 年 6 月,以太坊上的一个去中心化自治组织项目 The DAO 被黑客攻击,造成市值 6 000 万美元的以太币被转移。最后在 2016 年 7 月 20 日,以太坊进行硬分叉,做出一个向后不兼容的改变,让所有的以太币(包括被移动的)回归原处,但是有部分人不接受此改变,他们在没有更改的区块链上继续挖矿,成为以太坊经典(Ethereum Classic)。这是第一次有主流区块链为了补偿投资人,而通过分叉来更改交易记录,引起了一定的争议。

以太坊的缺点在于,其应用代码本身及应用产生的数据都存在同一个区块链中,造成了区块链的快速膨胀,容易引起交易拥堵。目前,以太坊正在研发不同的侧链(Sidechain)和离链(Off-Chain)技术以缓解主链的拥堵状况。此外,为了解决恶意合约造成节点无限循环执行,每个合约执行都有 gas 限制,导致它无法支撑大规模的应用。

以太坊目前采用的是工作量证明方式挖矿,采用的算法是 Ethash。该算法与莱特币使用的挖矿算法相似,都需要较大的内存,所以难以制造针对性的 ASIC 矿机,大众可以以相对不高的投入参与进来。在以太坊的规划中,最后的阶段将会采用权益证明(Proof-of-Stake,PoS)来对交易进行验证,即权益人通过缴纳一定数量的以太币作为保证金来参与验证工作,如果权益人做出不诚实的行为,其保证金会被罚掉。相较于工作量证明,权益证明可节省大量在挖矿时浪费的硬件与电力资源,并避免矿池引起的中心化。

以太坊的官网为 https://www.ethereum.org/,其发展历程及主要大事件见图 18.6。

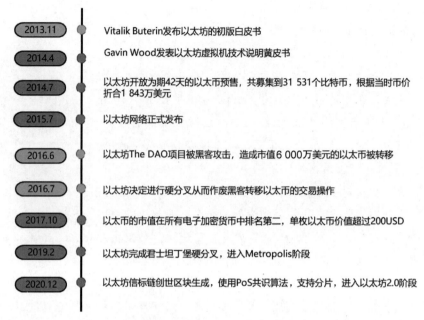

图 18.6　以太坊的发展历程

18.4　EOS

EOS（Enterprise Operation System）是由 Block.one 团队主导研发的一个区块链操作系统。Block.one 的首席技术官 Daniel Larimer 是 Bitshares、Steem 和 EOS 的联合创始人,他可能是目前世界上唯一一个连续成功开发了三个基于区块链技术的去中心化系统的人。

EOS 可用于开发、托管及执行商用的分布式应用程序（dApp）,它主要致力于解决现有区块链应用性能低、开发难度高、对手续费依赖较为严重的问题,从而实现分布式应用程序的规模性扩展,是"区块链 3.0"的代表性项目。

EOS 生态系统包括两个主要组件,即 EOS.IO 与 EOS 代币。其中,EOS.IO 在概念上等价于计算机的操作系统,它的主要作用是控制和管理整个区块链网络,并支持用户在其上进行分布式应用程序的开发和部署。EOS 代币则是 EOS 网络的加密数字货币。一个在 EOS 上进行分布式应用程序开发的用户需要持有一定的 EOS 代币,从而才能利用 EOS 网络的资源,但 EOS 本身并不对其上的应用收取手续费。同时,EOS 网络的用户也可以将自己持有的 EOS 代币所对应的资源分配或租赁给其他人使用。

EOS 网络官方声称通过使用多链并行技术,使得其目前可支持上千个商用级别的分布式应用程序正常运行。

EOS 网络在刚发布的时候采用了 DPoS 的共识机制——委托股权证明（Deligated Proof of Stake）。这种共识机制的基本原理是，网络中的所有节点依据其拥有的代币（Stake）的量，分配对应的投票权重；网络中的所有节点进行投票，选出一定数量的（EOS 使用的是 21 个）区块生产者进行新区块的生产与协商；区块生产者通过某种方式（随机或顺序）进行出块，且每个区块生产者通过出块来对之前的块进行确认。总体来说，由于区块生产者之间可建立直接连接从而保证通信的可靠及快速，DPoS 能在较快的时间里达成共识。

EOS 最新的白皮书中已将共识机制由 DPoS 升级为带有拜占庭容错的委托股权证明（Byzantine Fault Tolerance - Deligated Proof of Stake）。简单来说，即将之前的"每个区块生产者通过出块来对之前的块进行确认"的机制修改为每个生产者出块后即广播该快，收到广播的区块生产者回复自己的确认消息，原区块生产者收到 2/3 以上的确认消息即将该块设置为不可逆状态。通过进行这样的修改，EOS 中区块的确认时间能够进一步缩短。

EOS 的官网为 https://eos.io/，其发展历程及主要大事件见图 18.7。

图 18.7 EOS 的发展历程

18.5 瑞波网络

瑞波（Ripple）网络是一个开放的支付网络，主要用于全球范围的货币兑换及汇款。瑞波网络的提出主要是为了解决现有的集中化的国际金融交易的结算和交割所存在的缓慢、交易费昂贵的问题。依赖在瑞波网络的网关中共享的账本以及其底层的共识技术，瑞波网络能够做到即时、成本低廉的全球支付及清算，每笔交易的确认时间可以被降低至几秒的级别。

严格来说，瑞波网络并不能算是去中心化的数字货币。用户在交易时，需要通过瑞波网络中的瑞波网关来"代理"自己的交易。各个网关之间通过"点对点"通信来对整个网络中的交易达成共识，共同维护一份交易账本。瑞波网络中的每个参与记账的节点都预先配置了一份可信任节点名单(Unique Node List, UNL)，并与名单中的每个节点维护着"点对点"的网络连接。每间隔一段时间，瑞波网络的验证节点之间会互相交换确认彼此的交易信息并确认能被一定比例的验证节点承认的交易，从而达成共识。由于参与记账的节点是事先确定的，且节点间的通信很快，因此其记账效率很高，且没有 PoW 类挖矿算法的额外计算开销。当然，这也使得瑞波网络只适合于联盟链的场景。

实际上，可以将瑞波网关理解为传统意义上的银行，只是瑞波网络中的网关可以由任何可以访问瑞波网络的实体担任，包括但不限于银行、货币兑换商、交易所，等等。

瑞波网络理论上可以支持全球任何货币(包括各类法币以及加密数字货币)、贵金属、各类商品的交易，只需有支持这种交易的商家作为网关存在于瑞波网络之中即可。为了扩宽用户利用瑞波网络进行的交易的种类及范围，瑞波网络为用户提供了两种类型的交易：使用法币进行交易(xCurrent)，即各银行直接通过瑞波网络进行交易；交易中使用瑞波币 XRP 作为桥梁货币(xRapid)，即首先通过瑞波网关将待交易法币转换为 XRP 代币，然后在瑞波网络中进行 XRP 的转账，最后交易接收方将代币通过对应的网关转换为法币。

由于瑞波网络在跨境支付、清算方面所表现出的优势，越来越多的银行选择开展与瑞波网络的合作。截至目前，全球 Top50 的银行集团有不少已加入了瑞波网络。上海华瑞银行于 2017 年 2 月宣布正在与瑞波联合开发跨境汇款创新产品。

需要说明的一点是，瑞波网络对应的代币 XRP 与其他大部分加密数字货币不同，并没有挖矿的发行机制，而是采用派送和购买的方式来进行对用户的分配。这与 XRP 在瑞波网络中的作用有关，XRP 本身的价值与瑞波网络的运转是解耦的，类似于以太坊中的"燃料"，瑞波网络中的每笔交易的开展是需要消耗 1/100 000 的 XRP 作为手续费的，且这部分 XRP 一经消耗就彻底销毁。瑞波网络希望通过这种方式防止恶意用户在其中发布大量恶意交易。从这个角度上讲，由于被赋予了实际的使用价值，XRP 的价格实际上是存在潜在上限的，即 1/100 000 的 XRP 的价格是不能超过原有银行体系中境外汇款或交易的手续费的，否则用户便不会选择瑞波网络进行支付，XRP 也随之失去了作用。

瑞波网络的官网为 https://ripple.com/，其发展历程及主要大事件见图 18.8。

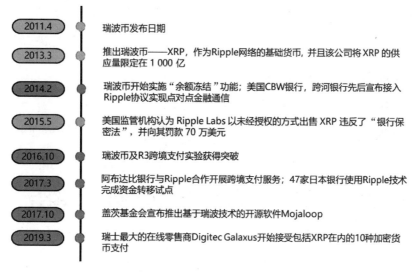

图 18.8 瑞波网络的发展历程

18.6 IOTA

IOTA 是一种适用于物联网场景下的小额支付的开源分布式账本,由 David Sønstebø、Sergey Ivancheglo、Dominik Schiener 及 Dr. Serguei Popov 在 2015 年推出。IOTA 主要致力于提供物联网中各个机器之间的安全通信及付款,应用场景包括支付停车费、传感器向太阳能电网购买少量电力、支付一次扫地机器人的清扫费等。

为了适应物联网节点种类数量繁多,存在的交易种类较多、交易量大、单笔交易额度较小的特点,IOTA 采取了如下的设计思路:

(1) 系统中币的数目是在创世区块就已确认的($3^{33}-1$)/2 个,总数不变,无须开采,参与节点没有挖矿的过程,从而避免了挖矿过程中不必要的能耗损失;

(2) 底层选用的共识协议 Tangle 将传统区块链中的区块组织成为有向无环图(DAG),其好处在于区块间互相验证,确认交易时间快,每秒能够处理的交易量较大,且网络中参与共识的节点越多,交易量就越大,交易的确认速度及确认度也就越高。

然而,IOTA 所采用的对区块 DAG 形式的组织也存在着一些问题,如区块确认度低、容易被攻击者通过生成大量交易的手段而控制等弱点。目前,IOTA 官方通过放置一个闭源的 coordinator 的方式来对上述问题进行暂时的解决。该中心化的 coordinator 定期发送 milestone 交易从而对系统中的一些交易进行确认。这在一定程度上解决了节点数目较少的时候共识容易被恶意节点群掌控的问题,然而,coordinator 的存在就有中心化的意味。如何有效地移除该中心化的 coordinator,并建立一个具有良性激励机制的去中心化 coordinator 群体,仍是 IOTA 需要解决的问题。

IOTA 的官网为 https://www.iota.org/，其发展历程及主要大事件见图 18.9。

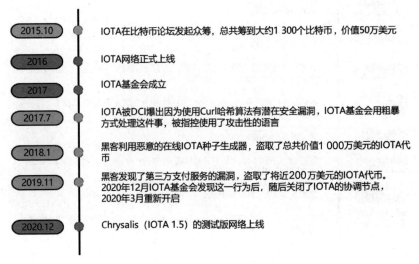

图 18.9 IOTA 的发展历程

18.7 超级账本

超级账本（Hyperledger）是首个面向企业应用场景的开源分布式账本平台。该项目于 2015 年 12 月，由 Linux 基金会牵头并联合 30 家初始成员（包括 IBM、Accenture、Intel、J. P. Morgan、R3、DAH、DTCC、FUJITSU、HITACHI、SWIFT、Cisco 等）成立。超级账本项目首次提出和实现了完备权限管理、创新的一致性算法和可拔插的框架，对于区块链相关技术和产业的发展都将产生深远的影响。

目前，超级账本项目的主要顶级项目如下：

（1）Fabric：区块链的基础核心平台，支持可插拔的共识选择和权限管理，使用户可以根据应用场景和错误模型、通信模型自由地对平台进行配置。该项目最早由 IBM 和 DAH 发起。

（2）Sawtooth：它是 Intel 主要贡献和主导的区块链平台，利用 Intel 芯片所提供的可信执行环境的特性，支持全新的共识机制 Proof of Elapsed Time（PoET）。

（3）Iroha：主要面向 Web 和 Moblie 的账本平台项目，由 Soramitsu 发起和贡献。

（4）Explorer：由 DTCC、IBM、Intel 等开发支持，提供一个可以快速查看绑定区块链的状态信息（如区块个数、交易历史等）的 Web 操作界面。

（5）Cello：由 IBM 团队发起，提供区块链平台的部署和运行时管理功能。

（6）Indy：提供基于分布式账本技术的数字身份管理机制，由 Sovrin 基金会发起。

（7）Composer：由 IBM 团队发起并维护，提供面向链码开发的高级语言支持，自动生成链码代码等功能。

（8）Burrow：由 Monax 公司发起，提供以太坊虚拟机的支持，以实现支持高效交易的带权限的区块链平台。

（9）Caliper：由华为公司于 2018 年向社区贡献，并于 2020 年正式捐献给社区。Caliper 是一个区块链基准测试工具，让项目可以不间断地跟踪不同区块链实现的性能指标。

Hyperledger 的官网为 https://www.hyperledger.org/，其发展历程及主要大事件见图 18.10。

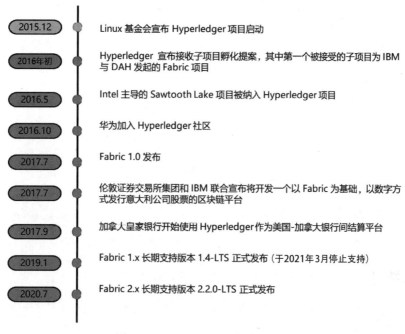

图 18.10　Hyperledger 的发展历程

18.8　FISCO BCOS

FISCO BCOS 是由国内企业主导研发、对外开源、安全可控的企业级金融联盟链底层平台。由金链盟开源工作组协作打造，并于 2017 年正式对外开源。

它以联盟链的实际需求为出发点，兼顾性能、安全、可运维性、易用性、可扩展性，支持多种 SDK，并提供了可视化的中间件工具，大幅缩短建链、开发、部署应用的时间。具体设计上，支持哈希链式结构、不分叉的账户模型，同时具备可插拔的共识设计，自带 PBFT、Raft、rPBFT 等共识实现。配备 PBFT 共识的情况下，性能达 20 000＋TPS，秒级交易时延。

FISCO BCOS 在技术方面有着非常不错的突破，自开源以来公布了很多不错的关键技术点，具体如下：

(1) 引入了高扩展性、高吞吐量、高可用、高性能的分布式存储，重新抽象了区块链的底层存储模型，实现了类 SQL 的抽象存储接口，支持多种后端数据库，包括 KV 数据库和关系型数据库。

(2) 支持 MPT 存储结构作为账本备选方案，作为一种均衡存储与性能的平衡方案。

(3) 交易并行化，可以通过一定方法识别出每笔交易需要占用的互斥资源，再根据交易在 Block 中的顺序及互斥资源的占用关系，构造出一个交易依赖 DAG 图，最终达到交易并行验证的效果。

(4) 落盘加密，在机构的内网环境中，每个机构独立地对节点的硬盘数据进行加密。当节点所在机器的硬盘被带离机构，并让节点在机构内网之外的网络启动，硬盘数据将无法解密，节点无法启动，进而无法盗取联盟链上的数据。

(5) 其他，支持基于 CNS 支持的多版本合约，支持多版本合约共存、灰度升级，支持合约和账户的冻结、解冻等。

FISCO BCOS 的官网为 http://fisco-bcos.org/zh/，其发展历程及主要大事件见图 18.11。

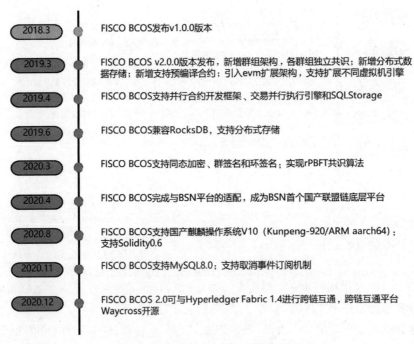

图 18.11　FISCO BCOS 的发展历程

参 考 文 献

[1] YUAN Y, NI X C, ZENG S, et al. Blockchain consensus algorithms: The state of the art and future trends[J]. Acta Automatica Sinica, 2018, 44(11): 2011-2022. [DOI: 10.16383/j.aas.2018.c180268] (袁勇, 倪晓春, 曾帅, 等. 区块链共识算法的发展现状与展望[J]. 自动化学报, 2018, 44(11): 2011-2022. [DOI: 10.16383/j.aas.2018.c180268])

[2] LAMPORT L. Proving the Correctness of Multiprocess Programs[J]. IEEE Transactions on Software Engineering, 1977, 3(2): 125-143.

[3] AKKOYUNLU E A, EKANADHAM K, HUBER R V. Some constraints and tradeoffs in the design of network communications[C]. In: Proceedings of the Fifth Symposium on Operating System Principles (SOSP'75). ACM, 1975: 67-74. [DOI: 10.1145/800213.806523]

[4] LAMPORT L, SHOSTAK R E, PEASE M C. The Byzantine Generals Problem[J]. ACM Transactions on Programming Languages and Systems (TOPLAS), 1982, 4(3): 382-401. [DOI: 10.1145/357172.357176]

[5] FISCHER M J, LYNCH N A, PATERSON M. Impossibility of distributed consensus with one faulty process[J]. Journal of the ACM, 1985, 32(2): 374-382. [DOI: 10.1145/3149.214121]

[6] LAMPORT L. The part-time parliament[J]. ACM Transactions on Computer Systems (TOCS), 1998, 16(2): 133-169. [DOI: 10.1145/279227.279229]

[7] CASTRO M, LISKOV B. Practical Byzantine fault tolerance[C]. In: Proceedings of the Third USENIX Sympo-sium on Operating Systems Design and Implementation (OSDI). New Orleans, LA, USA, February 22-25, 1999: 173-186.

[8] NAKAMOTO S. Bitcoin: A peer-to-peer electronic cash system[EB/OL]. 2008.

[9] BUTERIN V, GRIFFITH V. Casper the friendly finality Gadget[EB/OL]. 2017.

[10] GRIGG I. EOS—An introduction[EB/OL]. 2017.

[11] GOLAN-GUETA G, ABRAHAM I, GROSSMAN S, et al. SBFT: A scalable decentralized trust infrastructure for Blockchains[EB/OL]. 2018.

[12] MILLER A, XIA Y, CROMAN K, et al. The Honey Badger of BFT protocols[C]. In: Proceedings of the 2016 ACM SIGSAC Conference on Computer and Communications Security. ACM, 2016: 31-42. [DOI: 10.1145/2976749.2978399]

[13] DWORK C, LYNCH N A, STOCKMEYER L J. Consensus in the presence of partial synchrony[J]. Journal of the ACM, 1988, 35(2): 288-323. [DOI: 10.1145/42282.42283]

[14] ABRAHAM I, GUETA G, MALKHI D. Hot-stuff the linear, optimal-resilience, one-message BFT devil[EB/OL]. 2018.

[15] E. Buchman. Tendermint: Byzantine fault tolerance in the age of blockchains. M. Sc. Thesis, University of Guelph, Canada, June 2016.

[16] YIN M, MALKHI D, REITER M K, et al. HotStuff: BFT consensus in the lens of blockchain[C]// ACM Symposium on Principles of Distributed Computing. ACM, 2019: 347-356.

[17] ALI S, WANG G, WHITE B, et al. Libra critique towards global decentralized financial system [C]//Communications in Computer and Information Science. Springer, 2019: 661-672.

[18] LAMPORT L. Paxos made simple[J]. ACM SIGACT News, 2001, 32(4): 51-58.

[19] ONGARO D,OUSTERHOUT J. In Search of an Understandable Consensus Algorithm[C]. USENIX Annual Technical Conference. 2014:305-319.

[20] ONGARO D. Consensus: Bridging Theory and Practice. PhD thesis, Stanford University, Aug. 2014.

[21] J. Liu, W. Li, G. O. Karame, and N. Asokan. Scalable Byzantine Consensus via Hardware-assisted Secret Sharing. arXiv preprint arXiv:1612.04997,2016.

[22] Maofan Yin, Dahlia Malkhi, Michael K. Reiter, Guy Golan Gueta, Ittai Abraham. HotStuff: BFT Consensus in the Lens of Blockchain. 2018.

[23] Mathieu Baudet, Avery Ching, Andrey Chursin, George Danezis, François Garillot, Zekun Li, Dahlia Malkhi, Oded Naor, Dmitri Perelman, Alberto Sonnino. State Machine Replication in the Libra Blockchain. 2019.

[24] The Secret Lives of Data, http://thesecretlivesofdata.com/raft/

[25] Sam Blackshear, Evan Cheng, David L. Dill, Victor Gao, Ben Maurer, Todd Nowacki, Alistair Pott, Shaz Qadeer, Rain, Dario Russi, Stephane Sezer, Tim Zakian, Runtian Zhou. Move: A Language with Programmable Resources.

[26] Diem 官方文档, https://learnblockchain.cn/docs/libra/docs/life-of-a-transaction/

[27] 潘森杉,仲红.现代密码学概论.北京:清华大学出版社,2017:145.

[28] 姚前,朱烨东.区块链蓝皮书:中国区块链发展报告(2020).北京,社会科学文献出版社,2020.

[29] 赣州市人民政府,国家计算机网络应急技术处理协调中心,国家互金专委会.合规区块链指引(2017).

[30] 人民创投.中国区块链政策现状及趋势分析报告.2019-08.

[31] 何宝宏.读懂区块链.北京:中共中央党校出版社,2020.

[32] 赵磊.信任、共识与去中心化——区块链的运行机制及其监管逻辑.银行家,2018(5).